PERCEPTIONS OF THE SECOND SOPHISTIC AND ITS TIMES –
REGARDS SUR LA SECONDE SOPHISTIQUE ET SON ÉPOQUE

The Second Sophistic (50 to 250 BCE) was an intellectual movement throughout the ancient Greek and Roman world. Although it can be characterized as a literary and cultural phenomenon of which rhetoric is an essential component, other themes and values such as *peideia*, *mimesis*, the glorification of the past, the importance of Athens, and Greek identity pervade the literature and art of this era.

From a workshop held at Université Laval, *Perceptions of the Second Sophistic and Its Times – Regards sur la Seconde Sophistique et son époque* brings together fifteen essays and a range of perspectives, including work from scholars in literature, philology, linguistics, history, political science, sociology, and religion. The essays explore the Second Sophistic and describe how the intellectual elites of this period perceived and defined themselves, how they were judged by later authors, and how we understand them today.

(Phoenix Supplementary Volumes)

THOMAS SCHMIDT is professeur ordinaire de philologie classique, Institut des Sciences de l'Antiquité et du Monde byzantin, Université de Fribourg (Suisse).

PASCALE FLEURY is professeure agrégée, Département des littératures, Université Laval.

PHOENIX

Journal of the Classical Association of Canada
Revue de la Société canadienne des études classiques
Supplementary Volume XLIX
Tome supplémentaire XLIX

Edited by THOMAS SCHMIDT and PASCALE FLEURY

Perceptions of the Second Sophistic and Its Times – Regards sur la Seconde Sophistique et son époque

UNIVERSITY OF TORONTO PRESS
Toronto Buffalo London

© University of Toronto Press 2011
Toronto Buffalo London
utorontopress.com

Reprinted in paperback 2020

ISBN 978-1-4426-4216-4 (case)
ISBN 978-1-4875-2597-2 (paper)

Catalogage avant publication de Bibliothèque et Archives Canada

Titre: Perceptions of the Second Sophistic and its times = Regards sur la Seconde Sophistique et son époque / edited by Thomas Schmidt and Pascale Fleury.

Autres titres: Regards sur la Seconde Sophistique et son époque

Noms: Schmidt, Thomas S., éditeur intellectuel. | Fleury, Pascale, éditeur intellectuel.

Collections: Phoenix. Supplementary volume (Toronto, Ont.) ; 49.

Description: Mention de collection: Phoenix. Supplementary volume ; 49. | Comprend des références bibliographiques et un index. | Textes en anglais et en français.

Identifiants: Canadiana 20200182366F | ISBN 9781487525972 (couverture souple)

Vedettes-matière: RVM: Seconde sophistique. | RVM: Littérature grecque – Rome – Histoire et critique. | RVM: Rhétorique ancienne.

Classification: LCC PA3086 .P47 2020 | CDD 880.9/001–dc23

This book has been published with the help of a grant from the Humanities and Social Sciences Federation of Canada, through the Aid to Scholarly Publications Program, using funds provided by the Social Sciences and Humanities Research Council of Canada.

University of Toronto Press acknowledges the financial assistance to its publishing program of the Canada Council for the Arts and the Ontario Arts Council, an agency of the Government of Ontario.

Canada Council for the Arts
Conseil des Arts du Canada

ONTARIO ARTS COUNCIL
CONSEIL DES ARTS DE L'ONTARIO
an Ontario government agency
un organisme du gouvernement de l'Ontario

Funded by the Government of Canada
Financé par le gouvernement du Canada

TABLE OF CONTENTS / TABLE DES MATIÈRES

Acknowledgments/Remerciements   vii

Introduction   ix
THOMAS SCHMIDT ET PASCALE FLEURY

SECTION I: ESSENCE ET PRÉSENCE DE LA SECONDE SOPHISTIQUE   1

Narrative of Cultural Geography in Philostratus's *Lives of the Sophists*   3
ADAM KEMEZIS

The Second Sophistic and Non-Elite Speakers   23
IAN HENDERSON

L'Héraclès d'Hérode: héroïsme et philosophie dans la sophistique de Philostrate   36
DOMINIQUE CÔTÉ

SECTION II: L'ORATEUR ET SON IMAGE   63

L'orateur oracle: une image sophistique   65
PASCALE FLEURY

Portrait d'un rhéteur: Aelius Aristide comme initié mystique et athlète dans les *Discours sacrés*   76
JANET DOWNIE

Une écriture du visuel au temps de la Seconde Sophistique: Clément
d'Alexandrie (*Protreptique*) et Philostrate (*Images*)   87
ANNE PASQUIER

SECTION III: PASSÉ ET IDENTITÉ GRECQUE   103

Sophistes, barbares et identité grecque: le cas de Dion Chrysostome   105
THOMAS SCHMIDT

Reflets de l'hellénisme chez Athénée à travers l'emploi des termes
Ἑλληνικός et βάρβαρος   120
MARIE-HÉLÈNE MAINGUY

Pausanias le Périégète et la Seconde Sophistique   133
JANICK AUBERGER

SECTION IV: TEXTE, TRADITION ET PERFORMANCE   147

Dance and Discourse in Plutarch's *Table Talks* 9.15   149
KARIN SCHLAPBACH

Galen on ἔκδοσις   169
SEAN A. GURD

SECTION V: HÉRITAGE ET INFLUENCE DE
LA SECONDE SOPHISTIQUE   185

Were the Speeches of Aelius Aristides 'Rediscovered'
in the 350s p.C.?   187
JOHN VANDERSPOEL

Libanius's *Monody for Daphne* (*Oration* 60) and the *Eleusinios Logos*
of Aelius Aristides   199
DIANE JOHNSON

Thémistios et la Seconde Sophistique: le thème du tyran   216
CHRISTIAN R. RASCHLE

Bibliography/Bibliographie   235

Index Locorum   259

Index of Proper Names/Index des noms propre   267

Subject Index/Index thématique   270

ACKNOWLEDGMENTS/REMERCIEMENTS

L'atelier de recherche « Regards sur la Seconde Sophistique et son époque – Perceptions of the Second Sophistic and Its Times » et la publication qui en découle ont bénéficié de l'appui financier du Conseil de recherches en sciences humaines du Canada (CRSH, programme d'aide aux ateliers et aux colloques), du Budget de développement de la recherche (BDR) de la Faculté des lettres de l'Université Laval, ainsi que du Département des littératures et de l'Institut d'études anciennes de cette même université. Que toutes ces institutions trouvent ici l'expression de notre profonde gratitude, ainsi que toutes les personnes qui nous ont aidés dans l'organisation de cet événement et pour la publication des actes, en particulier Agathe Roman, Marie-Hélène Mainguy, Marie Chantal, Maude Lajeunesse, Marie Piccand, Francis Bédard, René Létourneau, Martin Voyer, Mathieu Dumont-Deslandes et Chantal Fortier.

INTRODUCTION

Thomas Schmidt et Pascale Fleury

Les regards portés par les modernes sur la Seconde Sophistique ont beaucoup changé au cours des deux derniers siècles.[1] Sous l'influence d'une vision classicisante de l'Antiquité, la littérature grecque de l'époque impériale a été largement ignorée, voire décriée pendant le XIXe et une bonne partie du XXe siècle. Les manuels d'histoire de la littérature grecque rédigés à cette époque n'en font pas ou peu de cas, et l'on ne compte pas le nombre de jugements condescendants portés sur cette littérature considérée comme vide, décadente et vaniteuse.[2] Elle pâtit aussi de la controverse entre atticisme et asianisme qui fit rage en Allemagne à la fin du XIXe siècle pour définir la nature de cette nouvelle forme de rhétorique à l'époque impériale[3] et, pour clore le débat, Ulrich von Wilamowitz (1900) en vint même à statuer que les preuves d'un renouveau de la rhétorique déclamatoire étaient insuffisantes et qu'une Seconde Sophistique n'avait jamais réellement existé.[4] Lui-même, tout en reconnaissant une certaine valeur à cette littérature (« Es ist zwar kein echter Glanz, der über allem liegt ... aber Glanz liegt doch über allem »),[5] a eu des mots très durs à son sujet, estimant notamment qu'elle avait perdu tout sens du contenu et de la réalité (« ... lässt uns erkennen, dass dieser Gesellschaft jedes Gefühl für den Inhalt, für das Wirkliche abhanden gekommen ist ») et qu'elle en était venue à publier les choses les plus insupportables (« die unerträglichsten Fratzen »).[6] D'autres, comme les frères Croiset, ont certes émis des jugements plus nuancés (« cette sorte d'éloquence, malgré tout le mal qu'on peut en dire à bon droit, est incontestablement la forme d'art la plus remarquable que le génie grec ait produite dans son dernier âge »),[7] mais l'opinion négative a largement prévalu et, encore en 1965, Bernard van Groningen publiait un véritable pamphlet contre cette littérature qu'il jugeait faible et décadente.

Depuis une quarantaine d'années, toutefois, la Seconde Sophistique connaît un net regain d'intérêt dans la communauté scientifique. Grâce aux travaux fondateurs de Glen Bowersock (1969), de Ewen Bowie (1970) et de Bryan Reardon (1971), une intense activité de recherche s'est développée autour de la Seconde Sophistique, d'abord dans le monde anglo-saxon, puis de façon plus large. Il convient aussi de mentionner les travaux pionniers d'André Boulanger sur Aelius Aristide (1923) et de Jacques Bompaire sur Lucien (1958), qui ont largement contribué à la réhabilitation de la Seconde Sophistique et qui ont donné des impulsions majeures aux études sur cette littérature. En quatre décennies, ces dernières ont permis d'éclairer les multiples facettes de cette « renaissance » des lettres grecques sous le Haut-Empire romain: sa dimension rhétorique et « performative », son goût pour la langue attique et sa glorification du passé classique, son cadre historique et politique, la fonction sociale de ses élites intellectuelles, leurs rapports avec Rome, leurs préoccupations religieuses et philosophiques, et beaucoup d'autres aspects.

En dépit de cette multitude d'études – ou peut-être justement à cause de leur grand nombre et de leur diversité – il reste, encore aujourd'hui, un certain flou autour de la notion de Seconde Sophistique. Qu'est-ce que la Seconde Sophistique ? En posant cette question, Graham Anderson (1990, 91) et Tim Whitmarsh (2005, 4), parmi d'autres, ont mis le doigt sur le problème de la définition et de la délimitation de ce qu'on appelle, à la suite de Philostrate, la Seconde Sophistique. En effet, partant de l'image que nous en a laissée le sophiste de Lemnos dans ses *Vies des sophistes*, la critique moderne la définit tantôt comme un mouvement strictement littéraire et rhétorique, tantôt comme un phénomène culturel plus large englobant la quasi-totalité de la production littéraire et artistique grecque du Haut-Empire romain, tantôt enfin comme une période historique (à l'égal, par exemple, de l'époque hellénistique) couvrant en gros les trois premiers siècles de notre ère. Par ailleurs, alors que la Seconde Sophistique est traditionnellement perçue comme un phénomène grec, de plus en plus de voix s'élèvent pour y inclure également la littérature romaine contemporaine (cf. Anderson 1990, 98–9), en particulier des auteurs comme Fronton (Fleury 2006), Aulu-Gelle (Keulen 2009) et Apulée (Harrison 2000b).

À vrai dire, ce flou commence déjà avec Philostrate, qui offre une définition problématique de la Seconde Sophistique, comme on l'a souvent relevé:[8] le cadre chronologique est imprécis (il la fait remonter à Eschine, mais ses notices débutent en réalité vers le milieu du Ier siècle p.C. avec le sophiste Nicète de Smyrne, laissant un trou de quelque 350 ans); il opère une distinction insatisfaisante entre l'ancienne et la nouvelle sophistique, fondée sur leur rapport à la philosophie; il ne dresse de la Seconde Sophistique qu'un portrait partiel, limité aux « stars » parmi les sophistes de l'époque; il en exclut certains auteurs qui sont devenus, aux yeux des modernes, des paradigmes de la Seconde Sophistique, notamment Dion de Pruse et Favorinus d'Arles (rangés par Philostrate dans une catégorie distincte, celle des philosophes-sophistes) et Lucien de Samosate. Devant tant d'imprécisions, la critique moderne a rapidement repris à son compte le concept de Seconde Sophistique, le limitant chronologiquement à l'époque impériale, mais selon des acceptions assez variables, comme il a été rappelé ci-dessus.

Ce n'est évidemment pas le but de ce volume de régler le problème de la définition de la Seconde Sophistique. Il vise plutôt à offrir divers « regards » sur ce phénomène que nous comprenons plus strictement, à la suite de Whitmarsh (2005), comme la manifestation d'un mouvement littéraire et culturel limité dans son essence à la pratique de la rhétorique, mais dont les valeurs et les caractéristiques principales (*paideia*, *mimesis*, glorification du passé, athénocentrisme, identité grecque, etc.) débordent largement sur les autres domaines de la littérature et des arts durant les trois premiers siècles de notre ère. C'est pourquoi les études proposées ici ne se limiteront pas strictement aux sophistes – bien qu'il y soit abondamment question, bien sûr, de Philostrate, d'Aelius Aristide et de Dion Chrysostome – mais porteront aussi sur des auteurs qui, sans être eux-mêmes des sophistes, appartiennent à l'époque de la Seconde Sophistique et ont subi – ou non – l'influence de cette dernière.

Ces « regards » sont le reflet d'un atelier de recherche organisé à l'Université Laval (Québec) les 28–30 septembre 2007 sous le titre « Regards sur la Seconde Sophistique et son époque / Perceptions of the Second Sophistic and Its Times ». Le volume rassemble quatorze communications qui furent présentées à cette occasion par des participants provenant essentiellement d'universités canadiennes ou ayant des liens étroits avec ces dernières. L'atelier avait pour objectif d'explorer comment les élites intellectuelles de l'époque de la Seconde Sophistique se sont perçues, définies et mises en scène elles-mêmes, comment elles ont été évaluées par la postérité et quels jugements nous pouvons poser sur elles avec nos yeux de modernes. C'est donc une multiplicité de regards qui est offerte ici à propos de la Seconde Sophistique: regards des contemporains sur eux-mêmes, sur leurs activités, leurs productions, leurs identités, mais aussi regards des générations postérieures, celle de Philostrate, bien entendu, mais aussi celle de Libanios et de Thémistios, héritiers directs de la Seconde Sophistique; regards des modernes, enfin, dont les approches ne sont pas uniquement littéraires et philologiques, mais relèvent également de l'histoire, de la politique, de la sociologie et des sciences des religions. Les communications sont ici rassemblées en cinq groupes thématiques qui illustrent différents points de vue sur la Seconde Sophistique et son époque. Les remarques qui suivent visent à en éclairer les lignes directrices.

Essence et présence de la Seconde Sophistique

« Studies on the Second Sophistic are necessarily founded upon the *Lives* of Philostratus, our source for the term itself »: cette phrase de Ewen Bowie (1982, 29) peut sembler une évidence, mais elle nous rappelle que notre source principale pour la connaissance de la Seconde Sophistique est et restera constituée principalement par les *Vies des Sophistes* (ci-après *VS*) de Philostrate et que notre vision de ce mouvement est forcément tributaire de l'image que le « biographe » des sophistes a voulu en transmettre. L'oeuvre, on l'a dit, n'est pas sans poser problème (voir ci-dessus) et l'on s'est à juste titre interrogé sur sa fiabilité, mais ce recueil de notices biographiques de valeur inégale reste incontournable pour notre compréhension de la Seconde Sophistique. C'est à cette question que sont consacrées les trois communications du premier groupe thématique.

Contrairement à beaucoup d'autres critiques qui n'y voient qu'une accumulation d'anecdotes et de parcours individuels, Adam Kemezis aborde les *VS* comme une oeuvre littéraire à part entière, à laquelle son auteur a donné une structure cohérente et dans laquelle il poursuit des intentions littéraires et historiographiques bien définies. En mettant en évidence la vision géographique véhiculée dans les *VS*, il montre que Philostrate construit la Seconde Sophistique pour expliquer son monde culturel et pour mettre de l'avant une perspective qu'il voudrait historique: celle de la centralité d'Athènes. En effet, dans sa description, non seulement le mouvement a-t-il son origine à Athènes (puisque son fondateur n'est autre que le grand orateur athénien Eschine), mais encore n'a-t-il pu trouver son plein essor qu'à cet endroit, le seul, à ses yeux, à présenter ce lien direct entre culture et tradition qui lui confère sa légitimité. Cette vision, incarnée par la figure d'Hérode Atticus, dont la notice occupe la place centrale des *VS* (comme le rappelle aussi Côté), se fait au détriment d'autres centres d'activité sophistique comme les villes d'Asie Mineure et Rome, dont le rôle est volontairement minimisé par Philostrate et subordonné à son plan général qui place Athènes au coeur de la Seconde Sophistique. L'athénocentrisme des *VS*, qui n'est pas seulement thématique comme dans les déclamations des sophistes, mais qui se veut également historique, se révèle ainsi comme une construction littéraire qui n'est que le reflet partiel et biaisé de la réalité. Il convient donc de garder à l'esprit que les *VS* offrent de la Seconde Sophistique la vision géographique, historique et littéraire d'un homme, qui nous impose ses valeurs et ses normes pour définir ce mouvement.

Or, comme le rappelle Ian Henderson, les normes définies par Philostrate sont celles d'une élite sociale et intellectuelle. On a reconnu depuis longtemps que les sophistes décrits dans les *VS* appartiennent tous – à quelques exceptions près – aux couches supérieures de la société et qu'ils défendent des valeurs qui leur permettent d'asseoir leur prestige social et leur influence politique. C'est dans ce contexte que s'inscrit la valorisation de la parole et de la virtuosité épidictique qui caractérise la Seconde Sophistique et qui définit la norme rhétorique de ce mouvement. À travers les exemples de Lucien, d'Épictète et de la rhétorique chrétienne (en particulier celle de l'Apôtre Paul et de Méliton de Sardes), Henderson montre toutefois que le modèle élitiste et normatif de Philostrate ne reflète pas toute la réalité et qu'il existait à la même époque une autre forme de rhétorique, (volontairement) moins sophistiquée et surtout plus critique face à ce mouvement dont elle connaît les standards tout en refusant de s'y conformer. Lucien, lui-même un cas paradoxal dans la mesure où ses oeuvres attestent une virtuosité rhétorique éclatante alors qu'il n'a pas été retenu dans le canon philostratéen, offre de nombreux exemples de sophistes de second rang, et la rhétorique de Paul et de Méliton permet de voir à l'oeuvre des orateurs adoptant consciemment une attitude anti-rhétorique défiant les normes du système.

À l'inverse, Dominique Côté illustre toute la force du modèle philostratéen et de ses normes en mettant en lumière la centralité de la figure d'Hérode dans les *VS* et la signification de l'épisode de la rencontre avec le « bon sauvage » Agathion au coeur de cette notice. Cette rencontre est a priori paradoxale puisqu'elle introduit une opposition entre culture et nature, entre *paideia* urbaine et sagesse naturelle, tension que l'on retrouve au coeur même de la Seconde Sophistique avec sa valorisation simultanée du savoir académique et de la spontanéité du discours *ex tempore*. En réalité, cette tension se résorbe dans la mesure où Agathion incarne à l'état naturel l'idéal attique, autant par la pureté linguistique de son éloquence que par son autochtonie et son mode de vie simple et protégé des influences extérieures. Il devient ainsi le modèle de l'hellénisme, dont le type le plus achevé est, dans la pensée de Philostrate, la sophistique, synthèse de la rhétorique et de la philosophie. Les *VS*, qui visent à une définition ou une évocation du sophiste exemplaire, trouvent en Agathion l'incarnation d'une sagesse naturelle, une *sophia* d'origine divine dont la sophistique est une émanation tout aussi naturelle. Au fil du récit, Agathion acquiert ainsi le statut d'un être semi-divin, une sorte de héros fondateur qui donne sa légitimité aux valeurs prônées par Philostrate et représentées par Hérode, conférant à l'art de la parole une dimension surnaturelle qui en assure la supériorité.

L'orateur et son image

La deuxième section thématique montre précisément que cette conception religieuse de la parole civilisée, telle qu'elle émerge du récit de la rencontre d'Hérode Atticus et d'Agathion, est en fait un trait propre à la Seconde Sophistique. Le lien avec le divin est en effet très présent dans les réflexions des sophistes sur leur pratique oratoire: au moyen d'images et de métaphores soigneusement choisies et exploitées, l'orateur se présente volontiers comme un homme inspiré par les dieux et son art non comme une technique, mais comme une activité mystique.

Ainsi, Pascale Fleury parle d'une resacralisation de la rhétorique à cette époque, qu'elle illustre à travers des exemples pris chez le rhéteur latin Fronton en les confrontant aux réflexions qui émaillent les écrits de ses homologues grecs, Dion Chrysostome, Aelius Aristide et Philostrate. Comme c'était le cas avec Agathion, dans la dualité qui oppose nature et raison, la rhétorique se situe du côté de la nature: elle est présentée comme viscérale à l'homme et possédant une origine divine qui confère à la parole civilisée un rôle ordonnateur et créateur. Le propos investit clairement le domaine du religieux, de la métaphysique et de la cosmologie. L'unité de pensée qui se dégage des textes étudiés est remarquable, d'une part parce qu'elle remet en question la séparation des sphères culturelles qu'on opère traditionnellement entre Grecs et Latins, d'autre part parce que cette revalorisation religieuse de la parole coïncide avec la montée de mouvements religieux et mystiques à cette époque, qui redéfinissent le rapport avec le sacré.

Dans le même ordre d'idées, mais dans un autre registre métaphorique, la contribution de Janet Downie montre que cette dimension religieuse de la rhétorique se retrouve dans la définition de la pratique oratoire proposée par Aelius Aristide dans les *Discours sacrés*: parallèlement au récit de sa guérison (elle-même dotée d'une très forte connotation religieuse en raison des liens très étroits qu'il entretient avec le dieu Asclépios), Aristide se livre en effet à une réflexion sur son activité de rhéteur et, au moyen de deux métaphores fréquemment utilisées, il compare l'orateur tantôt à un athlète, tantôt à un initié des mystères. Par la combinaison de ces deux images, il met l'accent à la fois sur la performance physique de la déclamation rhétorique et sur le caractère rituel et initiatique qui l'entoure. Il parvient ainsi à augmenter le prestige professionnel de l'orateur en mettant de l'avant ses vertus d'héroïsme et de mysticisme, deux notions qui, une nouvelle fois, rejoignent directement le portrait d'Agathion dans les *VS*, dont l'importance pour la définition de la Seconde Sophistique ne saurait être minimisée.

Anne Pasquier poursuit cette idée en examinant la « culture du visuel » propre à la Seconde Sophistique. On connaît l'importance de l'*ekphrasis* dans cette nouvelle forme de rhétorique, plus proche de la poésie et de la représentation théâtrale, qui a renouvelé la réflexion sur le rôle de l'image, que ce soit dans sa puissance évocatrice, sa valeur affective ou son rapport à la vérité. L'examen porte ici sur le *Protreptique* de Clément d'Alexandrie en comparaison avec les *Eikones* de Philostrate. De cette confrontation entre un tenant de la culture classique et un auteur chrétien – ces chrétiens qui ont toujours entretenu un rapport ambigu avec la culture classique et en particulier avec la rhétorique, qu'ils rejettent alors qu'ils en sont profondément imprégnés, comme le montre aussi la communication d'Henderson – il ressort que, pour l'un comme pour l'autre, les images, ou plutôt les descriptions d'images, sont susceptibles de provoquer chez le lecteur une possession divine, et que le discours, à travers l'utilisation d'images, « s'apparente à la création d'un modelage à qui l'on tente de donner vie » (Pasquier).

Passé et identité grecque

La rencontre entre Hérode Atticus et Agathion dans les *VS*, si riche en enseignements pour notre compréhension de la Seconde Sophistique, met aussi l'accent sur un autre thème cher à Philostrate: celui de la définition de l'hellénisme. Son portrait d'une éloquence attique naturelle chez Agathion et acquise chez Hérode, la mention de l'autochtonie de l'un et des ancêtres glorieux de l'autre, et l'image de la pureté générale d'Agathion, restée à l'abri des menaces barbares, sont autant d'éléments qui nous rappellent qu'à l'époque de la Seconde Sophistique, la définition de l'identité grecque se fait toujours et encore selon le modèle traditionnel de l'opposition entre Grecs et barbares et qu'elle passe par une glorification du passé, celui d'Athènes en particulier, et par un purisme linguistique centré sur le dialecte attique. Ce sont ces sujets que développe le troisième groupe thématique.

Thomas Schmidt s'intéresse à la question de l'identité grecque en lien avec la représentation des barbares dans les écrits de Dion Chrysostome et montre que, si l'antithèse entre Grecs et barbares est bel et bien présente, surtout dans les discours à fort caractère épidictique, et qu'elle reprend les clichés habituels hérités de l'époque classique, elle est néanmoins faiblement exploitée en vue d'une valorisation des Grecs (ou des Romains) au détriment des barbares. C'est le cas, en particulier, dans les quatre *Discours sur la royauté*, où l'absence de cette antithèse s'apparente davantage à un désaveu de Trajan et de ses visées impérialistes, rejoignant par là d'autres passages plus critiques où transparaît une grande solidarité avec les barbares et mettant, semble-t-il, Dion à l'écart des autres sophistes de l'époque, chez qui ce thème est abondamment exploité.

Cette habitude séculaire des Grecs de se définir en opposition aux barbares a conduit Marie-Hélène Mainguy à examiner la question de l'identité grecque telle qu'elle ressort de l'utilisation des termes βάρβαρος et Ἑλληνικός dans les *Deipnosophistes* d'Athénée. Son étude lexicale montre toutefois que pour les doctes convives du banquet relaté dans cette oeuvre, la question identitaire ne tourne pas, en réalité, autour de l'antithèse entre Grecs et barbares – présente certes, mais de façon plutôt marginale – mais qu'elle se manifeste surtout dans leur souci de préserver la pureté de la langue grecque. Ce purisme linguistique est d'autant plus intéressant que le banquet se déroule à Rome et que les usages dénoncés par ces Ἑλληνίζοντες concernent l'introduction de termes latins dans la langue grecque. Il témoigne de la confrontation entre cultures grecque et romaine à l'époque de la Seconde Sophistique et de l'importance de la question linguistique dans la définition de l'identité grecque. Ainsi, les *Deipnosophistes*, qu'on situe en général aux marges de ce mouvement, se révèlent au contraire comme une oeuvre particulièrement riche pour illustrer les préoccupations des intellectuels de l'époque, dont Athénée est le témoin privilégié.

La *Périégèse* de Pausanias, elle aussi, avec son regard tourné vers le passé de la Grèce, semble a priori participer de la mise en valeur de l'hellénisme caractéristique de cette période de renaissance du monde grec et les études récentes n'hésitent pas à ranger Pausanias sans réserve parmi les auteurs de la Seconde Sophistique. Cette question est au coeur de la communication de Janick Auberger, qui cherche toutefois à montrer que si la quête de l'identité grecque et la nostalgie du passé sont sans conteste des thèmes majeurs de l'entreprise de Pausanias, elles prennent chez lui une signification méthodologique qui l'éloigne des pratiques habituelles des sophistes de l'époque, et que le Périégète, comme beaucoup d'autres auteurs de l'époque, a certes subi l'influence de la Seconde Sophistique, mais qu'il se situe aux marges de ce mouvement auquel il n'adhère pas. « On appartient au monde de la Seconde Sophistique sans être sophiste soi-même », rappelle-t-elle à juste titre.

Texte, tradition et performance

Cette remarque de Janick Auberger résume en quelque sorte l'enjeu du quatrième volet thématique, consacré précisément à des auteurs qui, a priori, se situent aux marges de la Seconde Sophistique, mais chez qui une influence des thèmes ou des pratiques caractéristiques de la Seconde Sophistique est clairement perceptible.

Ainsi, Karin Schlapbach part d'un texte, d'apparence anodine, de Plutarque sur la danse, tiré des *Propos de table* (IX, 15), pour illustrer à quel point certains concepts propres à la Seconde Sophistique – en l'occurrence la relation entre le texte et la performance – dépassent le cadre strictement sophistique et imprègnent l'ensemble de la société contemporaine. La description d'une danse présentée à l'occasion d'un banquet donne en effet lieu à une réflexion sur la danse. Les propos de Plutarque – par la bouche de son maître Ammonios – se révèlent non seulement d'une grande originalité en comparaison des théories anciennes et semblent se faire l'écho de réflexions contemporaines sur la question, mais plus encore leur complexité et leur érudition font du brillant discours d'Ammonios une performance en soi, réduisant la danse elle-même à un rôle purement figuratif: ce n'est plus la danse, mais le discours sur la danse qui est la véritable performance du banquet. Cet aspect nous ramène évidemment au coeur de la Seconde Sophistique, où le discours prime sur le sujet, qui n'est que prétexte, et où c'est le discours qui constitue désormais la performance.

Cette culture du discours-performance se retrouve aussi, paradoxalement, chez un auteur comme Galien, qui refuse pourtant explicitement de céder à certaines modes de la Seconde Sophistique, en particulier à l'atticisme généralisé de ses contemporains. En étudiant de près les pratiques éditoriales de Galien, Sean Gurd parvient toutefois à montrer que dans la distinction qu'il opère entre textes destinés ou non à la publication, il ne peut faire abstraction des pratiques habituelles des sophistes, en particulier celle de ne jamais reformuler un discours déjà prononcé: le discours improvisé (*ex tempore*) n'est plus seulement performance, il est aussi et surtout l'oeuvre d'un maître, produit inaltérable d'une *paideia* consommée et, à ce titre, véritable oeuvre d'art. Ainsi, en appliquant ce principe à ses propres écrits, de nature pourtant hautement technique, Galien cherche non seulement à mettre en valeur sa maîtrise du sujet, mais aussi à se profiler comme un authentique πεπαιδευμένος, au même titre que ses collègues sophistes. Il s'insère par là dans la tradition de la mise en scène de soi si caractéristique de la Seconde Sophistique, comme Janet Downie l'a montré pour Aelius Aristide et comme en témoignent d'innombrables exemples dans les *VS* de Philostrate.

Héritage et influence de la Seconde Sophistique

Le respect de la tradition est le thème de la dernière section, consacrée à la postérité de la Seconde Sophistique et à son influence sur ce qu'on qualifie parfois de Troisième Sophistique, à savoir le dernier sursaut de la rhétorique classique incarné par Thémistios, Libanios et leurs contemporains.

Dans un premier temps, John Vanderspoel se livre à une enquête littéraire et prosopographique visant à déterminer s'il est possible de parler d'une redécouverte des discours d'Aelius Aristide dans les années 350 p.C., à une époque où Libanios et Thémistios se mettent à les citer ou à les utiliser plus abondamment. L'admiration de Libanios pour Aelius Aristide et l'influence directe de ce dernier sur les écrits et le style de Libanios sont bien connues; les discours de Thémistios eux aussi montrent des traces évidentes de l'influence du grand rhéteur du IIe siècle. Divers indices permettent de déterminer que Libanios aussi bien que Thémistios connaissaient les oeuvres d'Aristide avant 350 p.C., mais c'est dans la décennie suivante que cette influence semble s'accentuer. Au moyen de divers recoupements, Vanderspoel suggère que cette recrudescence serait liée à la parution d'une nouvelle édition des oeuvres d'Aristide, elle-même en lien avec la création d'une nouvelle bibliothèque dans la capitale orientale de l'Empire.

Cette « redécouverte » cadre bien avec la reprise, par Libanios, des thèmes et de la structure du *Discours éleusinien* d'Aelius Aristide pour la rédaction de sa *Monodie pour Daphné* (*Discours* LX), dont Diane Johnson livre une analyse détaillée mettant en lumière l'extraordinaire influence qu'Aristide a exercée sur Libanios. Celle-ci se manifeste aussi bien dans le concept même du discours – une complainte au sujet de la destruction d'un lieu de culte – que dans l'agencement des idées et dans les figures de style et les tours rhétoriques. L'imitation n'est toutefois pas servile: Libanios, fidèle aux habitudes des sophistes, cherche à surpasser son modèle tout en l'adaptant aux circonstances de son époque. Dans le discours de Libanios, c'est bien le respect de la tradition qui prime, mais l'enjeu va au-delà du simple hommage à un illustre prédécesseur: en s'efforçant de bâtir un pont avec la Seconde Sophistique, Libanios vise à s'inscrire dans le prolongement de la vieille tradition hellénique qu'il espère voir revivre et si possible triompher face à la concurrence grandissante des nouvelles valeurs issues du christianisme.

Pour Christian Raschle, ce respect de la tradition est aussi ce qui caractérise le *Discours* VII de Thémistios, dont il montre qu'il reprend de nombreux éléments des *Discours sur la royauté* de Dion Chrysostome tout en les adaptant au contexte culturel et historique de l'époque. De prime abord, ce discours se lit en effet comme un panégyrique de l'empereur Valens, mais l'attitude philosophique adoptée par Thémistios, ses réflexions sur la tyrannie et ses mises en garde adressées à l'empereur le situent plutôt dans la lignée des écrits sur la royauté (*Peri basileias*) dans lesquels le philosophe se fait le conseiller ou l'éducateur du prince. Le recours au modèle de Dion Chrysostome n'a pas empêché Thémistios de se montrer novateur et d'adapter son discours aux circonstances politiques de son temps, mais cette filiation dénote, comme dans le cas de Libanios, une volonté de s'inscrire dans une tradition séculaire et de reprendre à son compte un héritage classique dont les racines remontent certes bien avant le deuxième siècle, mais que les écrivains de la Seconde Sophistique ont valorisé au point d'en faire une norme de référence qui a perduré jusqu'à la fin du IVe siècle et bien au-delà.

Ce rôle normatif de la Seconde Sophistique apparaît, somme toute, comme l'élément commun qui se dégage des regards proposés ici. Philostrate est sans doute le premier à l'avoir reconnu et, même si le modèle qu'il propose dans les *VS* apparaît, à bien des égards, comme une construction littéraire qu'il s'agit de nuancer, il l'a sans conteste défini – de façon descriptive bien plus qu'analytique – autour d'un certain nombre de valeurs qui avaient cours à cette époque et qui trouvent, en quelque sorte, leur quintessence dans la rencontre entre Hérode Atticus et Agathion. En premier lieu, il s'agit bien sûr de normes techniques: la Seconde Sophistique, c'est le triomphe de la rhétorique érigée en système de valeurs, qui s'accompagne, comme on l'a vu, d'une réflexion sur le rôle de l'orateur et d'une resacralisation de la parole, et qui se manifeste entre autres par la primauté accordée au discours et par la culture de la performance et du visuel. À cet égard, la littérature de la Seconde Sophistique correspond à une esthétique moderne qu'il n'était sans doute pas possible d'apprécier précédemment et qui explique l'engouement qu'elle suscite aujourd'hui. Mais ce sont aussi et surtout des valeurs culturelles qui sont élevées au rang de normes: la *paideia*, la valorisation de la culture, le respect de la tradition, la *mimèsis*, le retour aux classiques et la nostalgie du passé, qui se traduisent par l'atticisme linguistique autant que par la glorification du passé et l'athénocentrisme. Il est manifeste que ces valeurs découlent de la quête d'identité d'une élite sociale et intellectuelle confrontée à un monde de plus en plus cosmopolite et dominé par Rome et qu'elles ont abouti à une définition culturelle de l'hellénisme, qui existait certes en germes dès l'époque classique – on pense notamment aux idées d'un Isocrate – mais dont les auteurs de la Seconde Sophistique ont fait un modèle qui devait avoir un impact considérable sur les époques postérieures. « The Second Sophistic seduced its heirs, including Byzantium, with its normative model of cultural Hellenism », écrit très justement Anthony Kaldellis (2007, 36). Libanios et Thémistios en sont nos premiers témoins, comme on vient de le voir, tout comme l'action éphémère de l'empereur Julien pour restaurer la place de la culture classique. Toutefois, même après le triomphe définitif du christianisme, ce modèle d'hellénisme culturel est demeuré valable et a pu être endossé par les auteurs chrétiens du « premier humanisme byzantin », tels Photios et ses contemporains, et, par la suite, il a servi de référence – inconsciemment sans doute – pour le mouvement philhellénique du classicisme européen et pour la quête identitaire de la nation grecque au moment de son indépendance et de la création de l'État grec moderne.[9]

Si la Seconde Sophistique a pu avoir un tel impact et qu'elle a retrouvé aujourd'hui une si grande actualité, c'est sans doute parce qu'elle constitue le premier exemple d'une mondialisation culturelle. En effet, pour la première fois dans l'histoire grecque, la culture n'est plus limitée à un grand centre comme Athènes ou Alexandrie, mais elle s'étend désormais à l'ensemble du bassin méditerranéen: les sophistes proviennent aussi bien de Grèce continentale que d'Asie Mineure (Dion de Pruse, Aelius Aristide de Smyrne), d'Orient (Lucien de Samosate, Athénée de Naucratis) et d'Occident

(Favorinus d'Arles, auquel on ajoutera des auteurs comme Fronton et Apulée qui, bien que d'expression latine, peuvent être intégrés au mouvement de la Seconde Sophistique). Ainsi, les regards sur la Seconde Sophistique ont beau avoir changé au fil du temps, le regard de la Seconde Sophistique sur l'identité et la culture helléniques s'est avéré d'une portée universelle.

NOTES

1 On trouvera quelques évaluations récentes chez Whitmarsh (2001, 41–5), Whitmarsh (2005, 6–10), Gleason (1995, xvii–xix), Reardon (1971, 3–13 et 80–96).
2 Par ex. chez Christ (1905, 742): « die ganze Richtung der Literatur ward eine gekünstelte, unnatürliche ... Die Rede wurde unwahr und geriet sachlich und sprachlich in eine gespreizte Überschwenglichkeit, bei der Gemüt und Herz leer ausgingen ».
3 Un bon résumé de cette controverse se trouve chez Sirago (1989, 43–8).
4 Voir aussi Wilamowitz (1925). Cette thèse a été endossée encore récemment par Brunt (1994).
5 Wilamowitz (1925), cité par Reardon (1971, x).
6 Wilamowitz (1912, 224 et 226). Voir aussi Gleason (1995, xviii).
7 Croiset et Croiset (1899, 547).
8 La discussion la plus récente est celle de Côté (2006).
9 Voir Lemerle (1971), Kaldellis (2007), Zacharia (2008).

SECTION I

Essence et présence de la Seconde Sophistique

Narrative of Cultural Geography in Philostratus's *Lives of the Sophists*

Adam Kemezis

Philostratus's account of the sophist Philagrus of Cilicia and his visit to Athens could be a guide to how to fail as a visiting academic speaker. Philagrus comes from Asia Minor with good credentials, but on his arrival he does everything wrong. The cultural scene there in the mid-second century is dominated by Herodes Atticus and, according to Philostratus, Philagrus 'got himself into a quarrel with Herodes, quite as if that were why he had come there' (ἐς ἀπέχθειαν Ἡρώδῃ κατέστησεν ἑαυτόν, καθάπερ τούτου ἀφιγμένος ἕνεκα, VS 578). He expects to be recognized by others rather than introducing himself; he quarrels with Herodes' students and in the process commits a verbal barbarism; he rejects Herodes' admittedly patronizing attempt to mend the quarrel. He cannot give the expected encomium of the city without straying on to his own family history, and eventually he is publicly humiliated when Herodes' students detect him 'improvising' a speech that he has in fact given before and start reading his memorized text back at him (579).[1]

This anecdote is typical of the *Lives of the Sophists* in many ways and could be cited to make any number of points. It testifies to the pressure placed on extempore speakers, to the importance of audience factions in a performance setting, and to an obsession with Attic verbal purity, all of which are characteristic of the world in which Philostratus's sophists operate.[2] The story can and has been read as a typical illustration of how the second-century cultural scene worked, but in its context in the *VS* it can also be read as part of an ongoing progression. Philagrus is coming from Ionia, the traditional centre of the Second Sophistic, to a city that is reaching new levels of prominence largely thanks to Herodes, whose quarrelsome students will eventually be dominant figures in the sophistic scene all over the Greek world. Eventually, in Philostratus's telling, they will eclipse Philagrus and his intellectual descendants even in Asia Minor itself.

This distinction in ways of reading can extend to the whole *VS*. The most usual modern reading of the *VS* is a plural and disjointed one in which Philostratus tells multiple stories that allow moderns to derive an overall picture of the cultural scene that, using his terminology, we call the Second Sophistic. This essay instead will explore some important unifying aspects of the *VS*, in particular the geographic space it creates for its action, and the overall narrative that it uses its various data to build. My contention is that the *VS* is one of relatively few works from antiquity that approximates what moderns would call literary history or even cultural history.[3] It tells the story of how the author's own cultural world came into being, and in doing so gives that world a definition that would have been by no means obvious to his contemporaries.

The overall project of the *VS* is to identify what Philostratus calls the Second Sophistic as a significant cultural movement whose defining activity is extempore declamations on historical themes, and to give that movement a setting in time and space. This Second Sophistic, as distinct from the First Sophistic founded by Gorgias, is founded by Aeschines on Rhodes, where he had taken refuge after his feud with Demosthenes. However, from the late fourth century a.C. to the mid-first century p.C., Philostratus describes no significant sophists, and for practical purposes the story begins under Nero and the Flavians, when figures such as Nicetes and Isaeus start emerging in Ionia. In the following generation, superstars such as Scopelian and later Polemo become prominent and the Second Sophistic is fully under way. Book 2 of the *VS* introduces Herodes Atticus, the Athenian magnate, who for Philostratus represents the peak of the sophistic movement,[4] and from this point on the main scene of the action is Athens, which is Herodes' base and that of most of his many intellectual heirs. Some of those heirs in turn move their operations to Ionia or to Rome. By the end, we are in the writer's own time, in the 220s and 230s, and Rome and Athens appear almost equally important as *loci* of sophistic activity.

Given how much the *VS* is thought of as showing us what is typical of the period it describes, one should stress how counter-intuitive the original audience would have found the overall narrative. There is no reason to suppose that most of Philostratus's contemporaries would have had a conception of a 'Second Sophistic,' that they considered declamation as important to Hellenic self-definition as Philostratus does, or that they would have seen Herodes and Athens as so seminal. The *VS* has a narrative and a geography of its own, and these make it a more daring and original literary work than it is generally reckoned. The rest of this essay will trace that narrative and

5 Philostratus's *Lives of the Sophists*

geography through the *VS* as a whole, by looking both at explicit statements by the narrator and at the implicit pattern that emerges from his smaller anecdotes. First I will outline the story that Philostratus does tell, in particular how he expresses the cultural significance of various locations in his story. Then I will examine the stories he does not tell, specifically instances in which Philostratus is deliberately de-emphasizing otherwise attested people or events of which he must be aware, but which do not fit into his narrative scheme.

The salient geographical feature of Philostratus's story is its emphasis on Athens as the ideal site for sophistic activity. His narrative is that of how the movement reached that ideal site and how it subsequently developed. He sees Athens as particularly suited to mimesis of the classical past on multiple levels, and he portrays such mimesis as the defining activity of Hellenic culture in his day. Herodes and his fellow Athens-based or Athens-trained sophists can engage with and imitate their ancestors in ways not possible elsewhere. On a larger level, Philostratus sees the Athens of the Second Sophistic as re-enacting the city's traditional role as a nodal point of the Greek world, the place that gathers in cultural activity from elsewhere to produce its own form of Greekness that it then transmits back to other points. In the case of the *VS*, these other points include not only Ionia but also Rome. Philostratus's story, I will argue, incorporates Rome into an Athens-centred cultural history so as to produce a new grand narrative for the larger Greco-Roman world, at a time in the early third century when such narratives were for the first time in decades becoming major objects of contention.

Such a reading of the *VS* is not customary. Moderns, following ancient precedents, have given the work a plural title and read it as a basically plural entity, a collection of facts and anecdotes – the most recent commentator speaks of a 'magma flow' of them – that are held together by their common subject matter rather than any formal literary unity or overall narrative.[5] This plural or disunited reading of the *VS* in turn corresponds to the way in which it is generally used. Moderns who are trying to reconstruct the intellectual setting of the Greek world in the second and third centuries take individual stories or episodes and use them to build arguments about the environment in which Philostratus lived.[6]

Such an approach scarcely does violence to its object. Philostratus's work does indeed have an episodic structure that invites a piece-by-piece reading, and recent work based on the *VS* has greatly enhanced our understanding of the cultural and intellectual history of the High Empire. Still, scholars have often found Philostratus himself less interesting than the people and events he writes about and have explored his factual data and their reliability rather than his literary techniques and objectives. What I aim for in this essay is a reading of the VS as a unified literary and cultural artefact, and this reading is intended as complementary to those I have just described. Philostratus, I would argue, is an important source for two moments in cultural history, both the times and places that he describes in the VS and the ones he was actually living in when he wrote it, the latter being most likely in the 230s.[7] The two moments are certainly related – the VS describes events very close in time to its own dramatic date – but they are not the same, and exploring the second will, I hope, increase our understanding of the first.

My reading of the VS starts from the hypothesis that the work has an overall coherent structure, and that people and events are included or excluded based at least in part on whether or not they contribute to that structure. This has not been the most common view of Philostratus's work. A more usual approach has been to assume that the shape of his work is largely dictated by the biases or idiosyncracies of the author and by the informational conditions under which he wrote. Philostratus is taken to be putting down whatever he knows or can easily find out about whatever subjects happen to interest him, and thus scholars have used the presence or absence of given material to make inferences as to what kind of sources Philostratus had and what intellectual milieu was responsible for his apparent biases.[8] This approach is valid and indeed essential for determining the factual value of Philostratus's data but should not be our primary basis for reading the work as a whole. Philostratus's informational constraints determined the data he could use, but not the story he used them to tell, for which he had his own literary objectives. We may deduce source- and bias-based reasons why certain things are or are not in the VS, but those reasons do not render meaningless the author's own rhetorical rationale, nor must the former always be more real than the latter.

Sophistic Origins: Athens to Rhodes to Ionia

The first question to ask about Philostratus's overall narrative is why it begins where it does. The VS starts in the fifth century a.C. with most of the action in Athens, where it will eventually conclude nearly seven hundred years later. The first quarter of the VS thus has little in common with the rest of the work. Philostratus invents a content-based definition of 'sophistic' that allows him to link the fifth- and fourth-century sophists to the performers of his own time, but from the point of view of narrative economy there is still a great distortion. Although the apparently incongruous addition of the earlier material is scarcely informative for modern readers, who have better sources for classical Athens, it has important effects on the shape of Philostratus's story and its rhetorical presentation. In particular, the 'prehistory' section allows Philostratus to give the Second Sophistic an Athenian pedigree and to introduce the idea of Athens as the natural centre of Hellenic culture. The First Sophistic began when figures such as Gorgias and Protagoras came from the ends of the Greek world to Athens, and seems to end at an ill-defined point in the fourth century when the Athenians came to fear the sophists' verbal abilities and 'drove them out of the courts.'[9] The Second Sophistic begins when Aeschines takes his craft from Athens and re-establishes it in a different form in Rhodes. Philostratus lays stress on the cultural barrenness of that island before Aeschines arrived and the changes he personally was able to bring about when he 'mixed in some Attic ways with the Dorian.'[10] In effect the Second Sophistic is a product of Athenian culture that has its first flourishing elsewhere, and the narrative of the First Sophistic has accustomed readers to the idea of cultural phenomena moving back and forth across an Athens-centred map. Thus Athens becomes a potential, even natural, point of return for the Second Sophistic in its later phases.

The rest of Book 1 can be read as the story of how the Second Sophistic returns to its origin in Attica. For the first three hundred years nothing really happens: the three men Philostratus claims as sophistic practitioners in the interval have widely scattered geographical epithets and are all glaringly obscure.[11] Philostratus does mention some more famous figures who lived during or around the intervening years, but he labels them as philosophers who were inaccurately called sophists and cordons them off in a prefatory section. Thus Philostratus's definitional scheme and structural decisions do not make his picture neater, but in fact create and emphasize the chronological discontinuity, which is accompanied by a geographical shift. At some point the movement that traces itself to Aeschines has relocated from Rhodes to Ionia, where, in the Neronian and Flavian era, it resurfaces in the person of Nicetes. Philostratus does not explain why this happened in Ionia as opposed to anywhere else, but it in effect represents a step on the road back to Athens, via such traditionally Athenian colonies as Smyrna.

The next step is described in more detail, though not explicitly. The rest of Book 1 will focus on sophists based in Smyrna or Ephesus, and the Second Sophistic will look like an Ionian project.[12] However, the first part of Book 1, and the mention of Herodes Atticus in the prologue, have at least suggested to the reader that the story will eventually move back to Athens. Philostratus has already put forward a model for how this might happen. He has twice portrayed individual sophists as travelling to new locations and, by performing and teaching, causing the sophistic to flourish there: first the Sicilian Gorgias brings the new rhetoric to Athens, and then Aeschines goes to Rhodes and refashions it.[13] Philostratus evidently likes the idea of a new sophist coming to a city and introducing or re-introducing his art there, since there will be further examples, but the move from Ionia to Athens will not be accomplished that way, in spite of several false starts.

Athens remains an important secondary location in the second half of Book 1. It is a place that sophists from Ionia visit, but Philostratus recognizes no home-grown talent there before Herodes Atticus.[14] The visits of the Ionian sophists to Athens are important occasions in themselves, but they are isolated events that do not advance the narrative. Polemo's first visit to Athens is a notable example (*VS* 535). Naturally, Polemo treats his hosts to a display, but he does not start off with the fulsome praise of Athens that Philostratus sees as both customary and rhetorically easy. Instead, he brusquely notes that the Athenians have a reputation as a discerning audience and that he is about to find out whether the reputation is deserved. Philostratus is not unsympathetic to Polemo's predicament. As he notes, the collective ego of the Athenians needs to be restrained rather than encouraged. Still, whatever the reason, the encounter still achieves nothing in terms of advancing the plot. We have no other details of what Polemo said or did in Athens, nor of anyone he taught or influenced while there, let alone a revival of the sophistic art. The same might be said both for Polemo's later visit to Athens to speak at the dedication of the Olympeion (*VS* 533) and for Lollianus of Ephesus, who will be discussed below.

The moral seems to be that the Second Sophistic cannot be exported from Ionia to Athens. The contretemps between Polemo and his audience gives us a clue as to why not. The story is told as an example of Polemo's arrogance, but in it he faces a real rhetorical dilemma.[15] Even though Philostratus sees Athens in the 120s and 130s as deficient in sophistic talent, it is still the greatest *locus* of cultural significance in the Greek world. Polemo is assuredly a great figure, but Athens presents him with unique difficulties. He might acknowledge the city's greatness, but in doing so he would lose face and take up a suppliant posture. Alternatively, he can do what he does and assert his own worth in a way that is bound to alienate his hearers. This problem can be extrapolated to the whole structure of the *VS*. Athens needs teaching but cannot accept a teacher from among its own colonial descendants without humbling him so much that he cannot teach.

Herodes and the Move to Athens

The solution to Polemo's dilemma is for a great Athenian to take the initiative by first acquiring, as opposed to being taught, the skills of the Ionians and then acting as a conduit for his compatriots. This role is neatly filled by Herodes Atticus. Herodes' entry in the *VS* is the longest of any sophist; for

9 Philostratus's *Lives of the Sophists*

Philostratus he represents a kind of ideal point for the sophistic as a whole, and it is under his auspices that the focal point of the sophistic movement shifts to Athens.[16] He is able to do this by personal contact with the two most prominent characters of Book 1, namely Scopelian and Polemo. In both instances, the meeting is described in the section on the older sophist, not in Herodes' own. It is a mark of Herodes' centrality that he is uniquely able to project himself into the sections on other sophists and turn all attention on himself, and in the case of sophists from Book 1, to create a sense of anticipated climax as we wait to see what Herodes will do when the stage is fully his.

In the case of Scopelian, the encounter takes place in Athens, but we are given no other details of Scopelian's visit or any effect the great man had on Athens at large (*VS* 521). Rather, his influence is entirely mediated by Herodes. As Philostratus has it, Herodes as a youth already had a passion for declamation but before meeting Scopelian lacked confidence and 'did not know how to set about his improvisations' (οὐδ' ἥτις ἡ τῶν αὐτοσχεδίων ὁρμὴ γιγνώσκων). The story is told entirely as a series of Herodes' impressions of and reactions to his visitor. When Herodes hears a declamation of Scopelian, the young man 'was set on the wing by him and became fully prepared' (ἐπτερώθη ὑπ' αὐτοῦ καὶ ἡτοιμάσθη). Herodes then decides to convince his reluctant father of the value of the sophistic art by declaiming for him in imitation of Scopelian. The episode is supposedly about Scopelian, but it is basically a story about how Herodes, who is the subject of nearly every finite verb, sought out Scopelian and became the great speaker he did.

A similar pattern emerges when Herodes meets Polemo, this time on the latter's home ground in Smyrna. Philostratus relates how, while serving as *corrector* of the free cities of Asia in the late 130s, Herodes made it his business to call on Polemo and hear him declaim (*VS* 537–8). The two have a remarkably successful encounter. In particular, Polemo feels able to offer his guest an encomium, thus giving to the one greatest Athenian what he could not give to the Athenians collectively. This is the start of an intellectually productive relationship. Herodes learns from Polemo, and can thereafter use him as a model for his students and recommend that they read his works, and in his letters he can give an account of Polemo's delivery that can serve as Philostratus's best source on the point. Once again Herodes is the active and initiating partner in the relationship. He thus becomes the student of the three most prominent figures in the generation of sophists before him – Polemo, Scopelian, and Favorinus – and acts as nearly the only link between them and the later generations of sophists.[17] The exclusive nature of his role is very marked. Even Polemo has at most one or two other pupils, and it is worth noting that Philostratus does not mention the tradition known from the *Suda* in which Herodes' student Aelius Aristides also studied with Polemo directly.[18]

Philostratus's way of telling the story can certainly be seen in terms of source and authorial bias. It is hardly surprising that Herodes and Athens figure prominently in the work of an Athens-based writer who traced his intellectual heritage back to Herodes. However, if we focus on the text rather than the author, the centrality of Herodes and his city is integral to the overall shape of the *VS* and changes it in ways that go beyond advocacy for one place and person as opposed to other basically similar places and people. For Philostratus, Herodes is the realization of a conception of the sophistic much wider than anything Polemo or Scopelian could manage. The author often seems less interested in Herodes' literary products than in the phenomenon he represented in Athens.[19] We are shown how he took the sophist's characteristic performative engagement with the past and applied it to other areas than declamation. Herodes claims descent from the Aeacids and thus speaks of Cimon and Miltiades as cousins, which gives him by far the most illustrious family tree of any sophist in the *VS*.[20] He serves as archon eponymous, his euergetism involves sponsoring the Panathenaia and the City Dionysia, and he befriends Agathion, the herdsman from the *mesogeia* who represents uncorrupted Attic purity (*VS* 549–50, 553–4). It is also probably not coincidental that Herodes is particularly devoted to the oratory of Critias and that he is accused of setting up a tyranny.[21] All of these exercises are the realization by other means of the mimesis of the classical past that is basic to sophistic declamation, a realization that can only happen in Athens.[22] Although the Ionian cities certainly had histories and were sources of cultural significance, Philostratus does not make a comparable effort to make his Ionian sophists re-enact their local past in settings other than the lecture hall. Herodes is 'Athens-specific' in ways that Polemo cannot be 'Smyrna-specific.'

Once Herodes comes to rule the scene in Athens, much of the action of Book 2 shifts there, and visiting sophists' interactions with the city depend on him for success. Alexander Clay-Plato shows the best way to do it. When he arrives and finds Herodes away from the city, he writes to invite him, and uses him as an intermediary between himself and Herodes' followers, whom Alexander simply calls 'the Hellenes.'[23] Possibly due to Herodes' control of the situation, Alexander is able without losing face to give an encomium of Athens, as Polemo was not. Herodes' delayed arrival allows Alexander to pull off his most notable feat, giving consecutive declamations with no verbal repetition on the same theme – 'Recalling the Scythians to Their Former Nomadic Life' – and Herodes heightens the pitch of his own performance in salute to his visitor (572–3).

11 Philostratus's *Lives of the Sophists*

The other side of this coin is the unfortunate Philagrus, with whose misadventures this essay began. From our point of view, these are rather sinister anecdotes. Herodes, a representative of wealth and Roman political connections, allows visitors to operate if they show him deference; otherwise he allows or encourages his followers to sabotage them.[24] However, this is emphatically not how Philostratus tells the tale. It is first and last Philagrus's own fault that his show closed before it had really opened. His dilemma is much the same as Polemo's, though compounded by his inferior talent, and he will not avail himself of the solution offered by Herodes. We may well be seeing the influence of Herodes' propaganda, but Philostratus has narrative objectives of his own to further.

Successors of Herodes

As Book 2 continues, the figure of Herodes himself is replaced by his lingering image as a teacher. Of the thirty-two sophists who follow in Book 2, two-thirds can claim intellectual descent, direct or otherwise, from him, as can Philostratus himself, and the network of relationships among these students is the organizing principle of Book 2.[25] Herodes' Athens becomes what Polemo's Smyrna was not: a productive centre that can draw talent in from other locations and then export that talent out in all directions, especially east back to Ionia and west to Rome and Italy.

In the first generation, two of Herodes' greatest pupils, Hadrian of Tyre and Aelius Aristides, come to Athens to study with him and go on to dominate in the two greatest Ionian centres, Aristides in Smyrna and Hadrian in Ephesus (*VS* 605), and in the following decades the leading teachers in those two cities are Heraclides and Damianus respectively, both of whom trace their professional lineage back to Herodes (605, 613). It takes a little effort to turn Aristides and Hadrian into honorary Athenians. Their entries each begin with a μέν...δέ in which the man's native city is said to have borne (ἤνεγκεν) him, while Athens educated him (ἤσκησαν).[26] Hadrian of Tyre does point up his own ancestry in his famous quip to the Athenians that 'again letters have come from Phoenicia' (πάλιν ἐκ Φοινίκης γράμματα), but the story is told to illustrate not his foreignness in Athens but his extraordinary manner while there and his unique rapport with the Athenian people (*VS* 587).[27] The anecdote serves if anything to embed him deeper in the contemporary Athenian scene and is immediately followed by Philostratus's personal recollection of having known Athenians who could remember Hadrian and would become tearful as they mimicked his voice, walk, or dress.

In Book 2 of the *VS*, Ionia remains a significant scene of action, but is now at best equal in importance to Athens and dominated by Herodes' students. The metaphor of a second Athenian colonization of Ionia is made explicit: referring to Aristides' obtaining earthquake aid for Smyrna from Marcus, Philostratus says the orator can with justice be called the οἰκιστής of that city. This properly filial relationship is reflected in a more constructive rivalry between the two cities than had been seen with Polemo and Philagrus.[28]

Another major feature of Book 2 is the increased prominence of Rome as a sophistic centre. In Book 1, Rome is present, but mainly as a place that sophists visit as petitioners to emperors, not as one where sophistic activity takes place independently. Both Polemo (VS 533) and Herodes (567) are recorded as visiting there, and Herodes gives lectures, at one of which Aristocles of Pergamum hears him and is converted from philosopher to sophist, but the result is that he goes back to teach in his home city. As with Polemo and Lollianus in Athens, there are hints in the early stages of a move from Ionia to Rome, but nothing really comes of it.[29] Most notably, after describing Philagrus's appearance in Athens, Philostratus adds concessively that he did later occupy the Roman chair of oratory, but he then reminds us emphatically of his failure in Athens (VS 580). We are firmly directed away from the idea that Philagrus might have achieved anything significant in Rome, and we never hear of any Italian pupils of his. Philagrus cannot play Gorgias in Rome. The man who can make this breakthrough is, as one might expect, a student of Herodes, specifically Hadrian of Tyre, one of the most prolific teachers in the whole VS. It is when he takes the rhetoric chair that for the first time we see Romans in their own city show a productive response to sophistic rhetoric communally rather than as isolated individuals.[30] Philostratus describes Hadrian as a popular phenomenon. People who do not know Greek are nevertheless wild to hear him; when his performances are announced, both the senate and the mime shows are emptied, and Romans of all levels come to see him at a venue that the author is careful to identify as the Athenaeum.[31]

In the same generation, we see Aristocles' student Euodianus of Smyrna active in Rome (596–7), and soon Hadrian's students follow their teacher. By the reign of Severus, we see two of them, Apollonius of Athens and Heraclides, giving public sophistic performances (601) and another, Antipater, acting as an imperial secretary and tutor to the crown princes (607). Soon thereafter Italy can boast at least two home-grown sophists in the persons of Aelian, the sophist who never went to Greece, and Aspasius of Ravenna. Philostratus of Lemnos (627) and Philiscus (622) are also active in Rome, both trading on connections with Hippodromus. And not least, of course, our own narrator has clearly practised his art in Rome, and Rome is the only city other than Athens where he claims to have knowledge of what sophists are currently active at the time he is writing (*VS* 627–8). In addition, his dedicatee, a senior senator from the west who will later become emperor, can be grafted into the family tree of Herodes, whether by biological, marital, or intellectual means.[32] This picture of ancestry reflects an overall model in the *VS* whereby Rome becomes an intellectual colony or descendant of Athens. The idea in itself is nothing new: Dionysius of Halicarnassus had developed a similar notion at length but assumed the colonization happened centuries before. Philostratus argues rather that it happened within living memory and that the author, dedicatee, and some part of the audience are products of it.

Alternative Possibilities

In assessing Philostratus's portrait of the Second Sophistic, we have to ask how closely it corresponded with the cultural realities of the Greek world as best we can otherwise establish them. Does Philostratus portray the sophistic world as he does because that is how it looked to most of his contemporaries, or is he presenting them with a vision that is original, or even at odds with known facts? There is considerable evidence for the latter possibility, both in chronological and geographical terms. Philostratus's world is artificially circumscribed in time and space. Most obviously, his chronological scheme passes over the entire Hellenistic era down to the time of Nero with barely a word, and such major cultural centres as Alexandria and Antioch are scarcely mentioned.[33] In this respect Philostratus is picking up on current trends in his culture, but he is emphasizing them greatly. He deliberately underlines how strange his omission of the Hellenistic period is. Even a reader with a built-in prejudice against the Hellenistic period must doubt whether Ariobarzanes, Xenophron, and Peithagoras can really have been the best sophists active over all those three centuries. Including Rhodes in his narrative makes this all the stranger. Once he has started with Aeschines there, one naturally expects him to mention Rhodes's role in Hellenistic literary culture, especially given the association of the island with Dio Chrysostom. Instead the place is not mentioned at all after the story of Aeschines. The omission of Alexandria is also made more striking by Philostratus's repeated references to relatively nearby Naucratis.[34]

A detailed comparison of Philostratus's picture with that presented by other sources is beyond the scope of this essay, but it is worthwhile to look at a few instances where we can see Philostratus shaping his story by omission. In particular, we have external data on a number of Philostratus's sophists that, if it had been included in the *VS*, would have considerably muddied the narrative traced in previous sections. We can tell or infer that Philostratus knew more than he tells about these people, but he has de-emphasized key aspects of their careers about which he was probably or certainly well informed.

The most notable of these instances is the series of sophists whose intellectual pedigree begins with Isaeus the Syrian. They form something of a minor, Ephesus-centred dynasty to compare with the major, originally Smyrnaean, one that runs from Nicetes through Scopelian and Polemo to Herodes.[35] Isaeus has three pupils: Dionysius of Miletus (*VS* 513), Lollianus of Ephesus (527), and Marcus of Byzantium (528). The third and fourth generations are made up of Antiochus of Aegae, Alexander Clay-Plato, Philagrus, Theodotus, and Phoenix the Thessalian. Philostratus by no means ignores these people, and as individuals he has much good to say about many of them.[36] Collectively they start off as very prominent. Isaeus and his three pupils make four of the first six 'modern' (i.e., post-Aeschines) sophists, along with Nicetes and Scopelian. Once the focus shifts to Polemo and then Herodes, however, the third generation from Isaeus become either minor figures (Antiochus, Phoenix) or subordinate characters in Herodes' milieu (Alexander, Philagrus, Theodotus), and by halfway through Book 2 they have all but died out.[37] As we have seen with Lollianus and Philagrus, their activities in Athens and Rome are barely noticed.

Non-Philostratean evidence suggests quite a different picture, especially for Isaeus and Lollianus. For Isaeus we have both epigraphic and literary evidence that he was active in Rome and possibly Athens, a fact totally absent in the *VS*, where it is implied but never stated that he was mainly based in Ionia.[38] The inscription in question refers to him as having had charge of the emperor Hadrian's literary education, and was put up at Eleusis in the first decades of the third century by Isaeus's great-great-grandsons, who were prominent at Athens and can hardly have been unknown to Philostratus.[39] More contemporary evidence comes from Pliny the Younger (*Letter* 2.3), who devotes a whole letter to recording Isaeus's much-anticipated and successful appearance in Rome.[40]

The omission of Isaeus's time in Rome is one of several instances where Philostratus occludes sophistic activity there before the post-Herodes generation. Philagrus's activities, as noted above, are largely passed over, and Polemo's are referred to only incidentally. Dio Chrysostom and Favorinus are active there, but since they are classed as philosophers and dealt with at the start of Book 1, they do not interfere with the narrative flow, which may be part of Philostratus's reason for employing such a strange classification.[41] Even Herodes' initial impact is muted. Only a brief note in Aristocles' entry tells us that Herodes lectured there at all, and it is from Cassius Dio and the *Historia Augusta* that we know he tutored Marcus Aurelius in Greek oratory.[42] Philostratus is at great pains to preserve the idea that Rome was a tabula rasa until the comparatively recent past, and that only the fully realized Athenian sophistic in the years after Herodes could turn it into a centre of Greek cultural activity.

Lollianus's case is quite similar to that of his teacher. If Philostratus had wanted to have some outside figure bring the Second Sophistic to Athens as Gorgias brought the First, Lollianus would have been an excellent candidate, as the first holder of the municipal chair of rhetoric there.[43] There was in fact a non-Philostratean tradition that placed Lollianus in that very role. Traces of it can be seen in an anonymous prolegomenon to Hermogenes, which gives a very brief history of rhetoric at Athens.[44] In this version, Antipater expels the rhetors from Athens in the late fourth century a.C., and the art languishes until Lollianus comes from Ephesus to revive it, with help from an otherwise unknown Pyrrhus of Clazomenae.[45] Whatever lies behind this tradition, Lollianus was a very prominent man in the Athens of his day, where he served as hoplite general, was honoured with at least three statues and lampooned in an epigram attributed to Lucian. His technical works survived into the fifth century.[46] Philostratus does not slight Lollianus, but he emphasizes the political aspects of his career at Athens to the exclusion of the literary and thus elides another problem with his Herodes-centred story of how the sophistic came to Athens.

Conclusion: Philostratus's Narrative Project

Philostratus's story of the Second Sophistic has been immensely influential on our modern portrayal of the movement, but there are points of contention between ancient and modern. In particular, the idea of geographical movement between Asia and Attica, and the prominence of Herodes' Athens, have been sometimes recognized but not generally adopted in modern accounts, which on the whole give more prominence to Asia.[47] One recent hypothesis is that the Ionian intellectual community centred around Polemo wanted to promote an ideology of Greekness as based on birth and ethnicity rather than on language and learning, and were thus anxious to increase the intellectual profile of Athens, even at the risk of some artificial inflation.[48] In this model, 'Smyrna was in reality the most vibrant intellectual city of contemporary Greekness,' while Athens was its intellectual satellite and object of nostalgia.[49]

Such an idea fits well with what we know of Polemo and his quarrel with the Gaulish-born Favorinus, but it is harder to see why Philostratus would adopt it as his own decades later. Philostratus toys with ideas of Greek autochthony, notably in his portrait of Agathion[50] (VS 553–4), but his primary criteria for Hellenic identity remain linguistic and intellectual. In the VS he displays considerable admiration for Favorinus and Aelian, native Latin speakers who turn themselves into Greek literary figures.[51] Philostratus and Polemo perhaps did share the idea referred to above, that Athens made possible a more complete mimesis of the classical past. It may have been Philostratus's Athenocentrism that made him promote sophistic declamation, with its Athens-centred themes, as such a central cultural activity, since the idea of re-enacting historical events in the actual city where they took place creates a unique link between Athens and declamation that does not apply to other cultural activities.[52]

Ultimately, however, the form of Philostratus's narrative is perhaps less remarkable than his decision to place his sophists in a narrative at all. There are few works from antiquity like the *VS*: it is essentially a narrative cultural history whose closest parallel is Suetonius's *On Grammarians and Rhetors*.[53] It fits no orthodox ancient definition of historiography, but it can nevertheless be considered a narrative of the Roman Empire. It links events and places from all over that empire into one teleological structure, and nearly every emperor from Trajan to Elagabalus figures as a minor character in it. In this respect it forms a diptych with the *Apollonius*, which deals with similar themes of Greek cultural revival, features appearances by emperors from Nero to Nerva, and refers to some of the same cultural figures who feature in the early portion of the *VS*.[54]

Much of the time thus described, especially the second century p.C. after Tacitus, is a near-total blank in conventional contemporary Roman historiography. The Antonine period sees Arrian and Appian writing about long-ago events, but we have little or no evidence of contemporary historiography beyond the laudatory and ephemeral war monographs referred to by Lucian and Fronto.[55] It was difficult for people in the High Empire to situate themselves in any grand historical narrative, beyond saying that after Augustus's establishment of the Roman monarchy political and military history more or less stopped.[56]

In Philostratus's generation things change considerably. Assuming he was born in the 160s, he is a near-exact contemporary of Cassius Dio and Marius Maximus, and perhaps a generation older than Herodian and Asinius Quadratus.[57] The explanation is too complex to be considered here, although it surely lies in the political and dynastic changes that followed the wars of the 190s. In spite of his different subject matter, Philostratus is part of the same phenomenon. He is taking what previous generations had seen as a static phenomenon and placing it within a process of change over time. In doing so, he is providing a grand narrative for a period that had previously lacked one.

The narrative he provides, however, constitutes a radical departure from what contemporaries would have expected. Its content is primarily Greek, a story of how a central activity of Hellenic culture emerged and developed. But the setting is strikingly and deliberately Roman. Philostratus could have written a story that altogether excluded emperors and Rome: instead he includes them, but in a subordinate role. Philostratus's sophistic is remarkable in that although it exists in the Roman Empire, it retains its autonomy and has a narrative causality independent of emperors. The sophistic moves from place to place because of such people as Aeschines, Nicetes, and Herodes, not because of anything rulers do. Thus the end of the First Sophistic and the start of the Second are pointedly not consequences of the changed Greek political realities after Alexander but are results of popular reaction to the sophists' skills, and of a personal decision by Aeschines. Aelius Aristides can re-found Smyrna not because of the emperor's spontaneous graciousness but because Aristides' own initiative and persuasive powers stir the emperor to action.[58] In the most daring inversion of all, Rome itself can be envisioned as an intellectual colony, an important peripheral location on a map whose centre remains at Athens.

Philostratus has provided potent evidence both for those who wish to see the Greek elites of the imperial era as fully engaged with the Roman-dominated present and for those, on the other hand, who see those elites as focusing on the past in order to mark their separateness from or superiority to Roman political realities.[59] The former point to Philostratus's characters' civic honours and embassies to emperors; the latter cite the declamatory themes themselves and the interest in them that Philostratus makes contemporary men of power show. These seemingly contradictory interpretations go back to a cultural dilemma that must have confronted anyone in the Roman Empire with a claim to Hellenic identity. The Greek past on the one hand and the power structure of the Roman Empire on the other were both immensely rich sources of cultural prestige. How were individuals and communities to avail themselves most fully of the two together and, if possible, to use each to increase their share of the other?[60] Philostratus's distinctive approach to the problem lies in his constructing a narrative of the present around contemporary Greek culture, and around the one aspect of that culture, declamation, that seemed most to draw on the resources of the past to the exclusion of the present. He is able to take the declaimers' mimesis of the past and use it as a basis for a spatial and narrative redefinition of the present. In doing so he blurs a distinction that had existed in the High Empire, whereby participants in Hellenic culture generally coded their literary and artistic activities as 'Greek' and high politics, even when engaged in by Greek speakers, as 'Roman.'[61] The *VS* comes right at the end of what most moderns would define as the 'Second Sophistic' and has of course greatly informed the current conception of that movement, but it also built a narrative that crossed important cultural boundaries that were fundamental to the contemporary audience's definition of itself and of the world in which it lived.[62]

NOTES

The author would like to thank the editors and his fellow participants in the Regards sur la Seconde Sophistique conference for many helpful comments and suggestions on the version of this paper delivered there, and also Kristopher Fletcher, Liz Czach, and Jared Secord for reading subsequent drafts.

1 See Papalas (1979–80) for consideration of the event, including dating.
2 The anecdote is cited, for example, at Bowersock (1969, 92–3), Anderson (1993, 37–8, 86), Billault (2000, 13), Eshleman (2008, 406).
3 Bowie (1970, 17) observes that 'it is in Philostratus's *Lives of the Sophists* … that a substitute for a Greek political and cultural history of the recent past is most clearly found,' and also associates the *Apollonius* with a similar project.
4 See Côté in this volume.
5 Philostratus does not use the word βίος, singular or plural, to characterize his own works either on the sophists or on Apollonius of Tyana. In both cases our earliest instance of a title including βίος is found in Eunapius (*VPS* 2.1.1). For the issue of the title, see most recently Côté (2006, 19–20). See Civiletti (2002, 15) for 'magmatico flusso di notizie.' Reardon (1971, 115–19) is especially insistent on the lack of unified historical narrative in the *VS*.
6 The approach is very common, but see e.g. Bowersock (1969, passim), Anderson (1993, esp. 13–68).
7 Assuming that the Gordian referred to in the preface is either the emperor Gordian I or his son Gordian II, the *terminus ante quem* for the *VS* becomes both men's death in 238. The *terminus post quem* is probably 230/31, given the reference at 628 to Nicagoras as herald of the Eleusinian Mysteries. See Clinton (1974, 80–1). For the view that the Gordian in question is Gordian III and that the *VS* must therefore be dated between 238 and 244, see Jones (2002), with full bibliography on other questions of dating and addressee.
8 See Anderson (1986, 23–38, 82–9), Swain (1991), Billault (2000, 76–82). Some recent scholarship has departed from this approach: see Eshleman (2008) and Schmitz (2009) for readings of Philostratus's inclusions, exclusions, and references to sources as narratorial techniques.
9 *VS* 483: ἐξεῖργον αὐτοὺς τῶν δικαστηρίων. What Philostratus actually says is that Gorgias founded the First Sophistic and Aeschines the Second, and the 'expulsion from the courts' seems to happen at some point between the two

men's careers. While Philostratus never formally says that the First Sophistic ends, one is presumably meant to conclude that all sophists mentioned after Aeschines are followers of his movement.

10 See VS 484 for Rhodians as previously ignorant of rhetoric and 509 for Δωρίοις ἤθεσιν ἐγκαταμιγνὺς Ἀττικά.
11 The sophists in question are Ariobarzanes of Cilicia, Xenophron of Sicily, and Peithagoras of Cyrene (VS 511). None is meaningfully attested elsewhere and they may be inventions of Philostratus's. See Civiletti (2002, 428).
12 See Giner Soria (1981), Sirago (1989, 38–43), Romeo (2002, 35–7).
13 See VS 493 for Gorgias.
14 The exception that proves this rule is Secundus of Athens, the final sophist of Book 1, who thus finds himself sandwiched between Polemo and Herodes (VS 544–5). Secundus is portrayed as a second-rate figure whose very mediocrity adds to the lustre of his pupil, Herodes Atticus.
15 For the rhetorical dynamic between Polemo and his Athenian audience, see Schmitz (2009, 63–4).
16 See Côté in this volume, and for Herodes' centrality to the VS, see Anderson (1986, 80–4).
17 Although Philostratus does not classify Favorinus as a sophist, he lists the three teachers together at VS 564 with no differentiation. See also VS 490 for Favorinus as Herodes' teacher. Once again the more detailed account is in the entry for Favorinus.
18 Philostratus notes that some people claim Euodianus of Smyrna as Polemo's pupil (VS 597), but he does not lend his own endorsement, and no other sophist is listed as a pupil. Ptolemy of Naucratis is said to have taken after Polemo's style rather than that of his teacher Herodes (595), but it is not clear whether Philostratus envisions personal contact. For Aelius Aristides, see *Suda s.v.* Ἀριστείδης, repeated *s.v.* Πολέμων. Boulanger (1923, 117) takes the story to be a probabilistic invention.
19 Description of Herodes' actual sophistic output is limited to VS 564–5, with references elsewhere to his writings in other genres, especially letters.
20 VS 546–7. The only other Philostratean sophist with a mythical heritage is Marcus of Byzantium, who goes back to his city's eponymous founder Byzas, a son of Poseidon (VS 528). Philostratus does not mention Polemo's descent from the late-Hellenistic royal family of Pontus, for which see Bowersock (1969, 23).
21 VS 564 for Critias, 559 for tyranny. Breitenbach (2003) argues for a thoroughgoing identification of Herodes and Critias. See Kennell (1997) for the relevance of the language of tyranny in Roman-era city politics.
22 See Bowie (1970, 28–35) for the role of Athens and Herodes in a more general culture of re-enacting the classical past.

23 *VS* 571. For treatment of the episode see Graindor (1930, 137–41), Papalas (1979–80, 101–2).
24 See Papalas (1979–80) for an extended argument along these lines.
25 The exceptions are Antiochus of Aegae, Varus of Perge, Hermogenes of Tarsus, Philagrus of Cilicia, Phoenix of Thessaly, Hermocrates of Phocaea, Varus of Laodicea, and Heliodorus the Arab. For the *VS* as a reflection of Herodes' network of influence, see Eshleman (2008, 397–400), including a useful chart. For consideration of Herodes' impact in the light of other sources, see Graindor (1930, 150–5), though overemphasizing the specific phenomenon of linguistic Atticism.
26 *VS* 581 (Aristides), 585 (Hadrian). In both cases the cities are the grammatical subjects of the verbs.
27 *VS* 587. For a contrary reading, see Bowie (1970, 29).
28 See e.g. Hippodromus's encomium of Heraclides (*VS* 617) and encounter in Smyrna with Megistias (618–19).
29 The very brief entry on Carneades (*VS* 486) does not mention his embassy to Rome in 155 a.C. and rhetorical performance there, the account of which in Plutarch (*Cato Maior* 22.2–3) has similarities to Hadrian of Tyre's visit to Rome in the *VS* (589). The reader is probably meant to notice the absence, since Philostratus's only interest in Carneades is in his rhetorical skill.
30 *VS* 589. There is a partial exception at *VS* 490, where the Roman aristocracy takes sides in the Favorinus-Polemo feud. However, this incident is seen as intellectually sterile and is told in Favorinus's section, thus outside of the main flow of the narrative.
31 The Athenaeum is, strictly speaking, the only location in Rome specifically mentioned in the *VS*. This is in contrast to the quite detailed geographical picture of Athens.
32 For the question of the addressee, see note 7 above.
33 Alexandria is not mentioned by name at all in the *VS*. There are brief references to the Museum (*VS* 524) and to Cleopatra (486), but the city is not named. Antioch is mentioned three times (*VS* 480, 571, 574), and only the itinerant Alexander Clay-Plato and his critic Antiochus of Aegae are active there. For the chronological gap, see Côté (2006, 11–14).
34 For the absence of Alexandria as against Naucratis, see Anderson (1986, 85), Schubert (1995, 179–84).
35 Eshleman (2008, 410) shows cogently how one might easily, by a few changes of emphasis, turn the *VS* into an Isaeus-centred rather than Herodes-centred collection. Schissel (1930) traces an Ephesus-Smyrna rivalry through the early stages of the *VS*. See also Boulanger (1923, 94–7), Papalas (1979–80, 97–104).
36 This is especially true of the earlier figures; see *VS* 514 (Isaeus), 522 (Dionysius), 527 (Lollianus).

37 Philagrus, the last of the third generation to be mentioned, has the eighth of the thirty-three entries in Book 2. Phoenix, the sole member of the fourth generation, is the twenty-second entry. See Schissel (1930, 1856).
38 Although Isaeus is referred to as Ἀσσύριος, none of his activities in the *VS* seems to be located in Syria. No precise location is given for anything he does, but two of his three pupils are from Ionia, and he has a contretemps with a young Ionian admirer of Nicetes (*VS* 513).
39 *IG* II² 3632 = Puech no. 123; also *IG* II² 3709. See Puech (2002, 276 for dating and 270–83, 516–26 for prosopographical data on the family and references to previous editions of the inscription).
40 See also Juvenal 3.74, with scholia.
41 Favorinus in particular, if included among the authentic sophists, would complicate the smooth Nicetes-Scopelian-Polemo-Herodes progression.
42 See Dio 72.[71].35.1; HA *Marc.* 2.4.
43 See Avotins (1975) and Rothe (1989, 23–7) for the distinction between the municipal and imperial chairs and for chronology.
44 *RhG* 7 p. 6.13–19 Walz = *RhG* 14 (*Prolegomenon Sylloge*, ed. Rabe), 189–90. See Schissel (1927, 181), Civiletti (2002, 468).
45 Some editors have emended 'Pyrrhus' to 'Zopyrus,' meaning the Zopyrus of Clazomenae mentioned by Quintilian (*Institutio Oratoria* 3.6.3); see Rabe ad loc.
46 For Lollianus's career in relation to Philostratus's Athens, see now Bowie (2009, 21). Two of the statues, as well as the hoplite generalship, are recorded in the *VS* (526–7). The third statue stood above the inscription that is now *IG* III 625; see Puech (2002, 327–9). The inscription originally contained a list of Lollianus's pupils. For Lucian see *AP* 11.274, which imagines the recently dead Lollianus, as he is being led to Hades, trying to lecture to Hermes. For his role in the technical tradition, see Schissel (1927).
47 See e.g. Boulanger (1923, 74–108), Bowersock (1969, 17–29), Anderson (1993, 3–5). Bowie (1970, 28–30) is an exception. Nasrallah (2005) sees in the works of Lucian, Tatian, and Justin Martyr an interesting contrasting pattern of cultural geography, in which each of those authors represents himself as a figure from the eastern periphery living in such metropolitan centres as Rome and Athens, and taking up what the author presents as a correct position relative to Greek *paideia*, as against the inappropriate models current in those cities.
48 Romeo (2002, 32–6). Swain (2009) takes a related tack, though without a specific geographical focus, arguing that the Philostratean corpus as a whole reflects a 'conservative' view of Greek identity that gives greater emphasis to nature relative to *nomos* than do other contemporary models.
49 Romeo (2002, 36).
50 For further details on Agathion's portrait, see Côté in this volume.

51 Philostratus (*VS* 624) explicitly and approvingly notes that Aelian, although he never visited Greece, ἠττίκιζε δέ, ὥσπερ οἱ ἐν τῇ μεσογείᾳ Ἀθηναῖοι.
52 For the 'Athenocentric' tendency in declamation themes, see Bowie (2004, 70–2).
53 For comparison of the two texts, see Civiletti (2002, 34–7); also Elsner (2009, 8).
54 In particular Dio Chrysostom, who appears extensively in both works; Scopelian, who is mentioned at *VA* 1.23.3 and 1.24.3; and Euphrates, Apollonius's main enemy, who is mentioned at *VS* 536. Apollonius of Tyana himself, and Philostratus's work on him, are mentioned at *VS* 570.
55 See Zimmermann (1999) and Kemezis (2010) for the absence. For a more general overview of historiography in the period, see Bowie (1970, 10–28).
56 See Appian *praef.* 7–9, Florus 1. *praef.* 4–8 for explicit chronological schemes in which significant historical events largely or completely cease after the death of Augustus.
57 Philostratus's birthdate cannot be guessed more precisely than some time in the 160s or early 170s. See Civiletti (2002, 55–6). Dio's birth in the early 160s can be deduced from his having been praetor in 194 (74.[73].12.2); for Marius Maximus, see Birley (1997, 2698).
58 One might note in this context that Philostratus never mentions the Hadrianic Panhellenion or any of his sophists' connections with it.
59 Bowersock (1969) is a thorough exposition of the first position, using the *VS* throughout; Bowie (1970, esp. 3–10) and Swain (1996, 380–400) both argue for the second.
60 The problem is well formulated by Pernot (1998b), although his evidence for declamation and its characteristic *passéisme* comes from the technical rhetorical tradition (see esp. 133–4), which leads him to see declamation as more a strictly educational activity than the end in itself that it is in the *VS*. See also on this point Schmitz (1997), though focusing primarily on political power within Greek communities rather than at the Roman imperial level.
61 See Pernot (1998b, 143–4). Philostratus's hero Herodes seems in real life to have been somewhat an exception to this dichotomy, which may be one aspect of why Philostratus saw him as such a compelling figure. See Smith (1998, 75–9) for the evidence of Herodes' artistic self-presentation.
62 See Elsner (2009, 14) for the idea of Philostratus in all his works as consciously standing at the end of and thus 'capping' the Second Sophistic as a whole.

The Second Sophistic and Non-Elite Speakers

Ian Henderson

What follows here will seek to articulate and gently test a double hypothesis about the relationships between social power and discourse in the large world of the Second Sophistic. The first stage of the hypothesis proposed here sounds rather postcolonial: whatever the Second Sophistic was in ancient perception or whatever it is in our analytical work, all definitions agree that the movement was both technically and socially elitist. 'Second Sophistic' is a useful category for scholarly study primarily because it heuristically and flexibly links a wide, but finite, range of elite phenomena: phenomena cited by Philostratus himself; phenomena documented in and behind Bernadette Puech's epigraphic collection (2002); phenomena represented in a rather fluid corpus of surviving texts by authors we and/or Philostratus perceive as sophistic. That is, if it refers to anything more precise than a vague zeitgeist of late Roman Hellenism, 'Second Sophistic' must designate a high-prestige subset of Greco-Roman rhetorical culture in later antiquity. Most persuasive speech and writing in the Greco-Roman world *must* have been practised in ways which cannot be included under the category 'Second Sophistic,' or the category loses its usefulness either for Philostratus or for us. The Second Sophistic was not a universal or egalitarian movement.

Precisely because of the elite yet highly visible and audible character of the Second Sophistic within Greco-Roman social experience, however, even the gentlest postcolonial insight would warn us to expect that sub-sophistic persuasion would tend to become or, rather, to inspire selectively counter- or pseudo-sophistic discourses. That is, while resisting the temptation to subsume all Greco-Roman rhetorical performance under the Second Sophistic, we should nevertheless expect that other levels and kinds of public speech will have been more or less consciously and selectively related to the work of the outstanding sophistic professionals.

Homi Bhabha (1994) has written evocatively of the role of mimicry reflecting the ambivalence of power relationships in modern colonial history and of the threat/menace posed by such mimicry to the self-representation of elite power, especially where such self-representation is delegated to semi-autonomous cultural agents. Bhabha especially emphasizes the metonymic (or, rather, synecdochic) quality of cultural mimicry across wide power differentials:

In mimicry, the representation of identity and meaning is rearticulated along the axis of metonymy ... mimicry is like camouflage, not a harmonization or repression of difference, but a form of resemblance, that differs from or defends presence by displaying it in part, metonymically. Its threat, I would add, comes from the prodigious and strategic production of conflictual, fantastic, discriminatory 'identity effects' in the play of a power that is elusive because it hides no essence, no 'itself.' (1994, 90)

The *menace* of mimicry is its *double* vision which in disclosing the ambivalence of colonial discourse also disrupts its authority. (1994, 88)

In a Greco-Roman world saturated with sophistic performance, projecting virtuosic *paideia* for mass audiences in every respectable town, sophistic display should have conditioned less prestigious discourses on the margins of its audiences. Consequently, one theoretically important use of the category should be to retrieve or reconstruct as many as possible of the discourses practised around, beneath, or against the 'Second Sophistic.' Bhabha's work would suggest that we look for traces of such sub-sophistic mimicry behind selected, metonymic/synecdochic features of the Second Sophistic performed outside the theatre of the sophists' live performances. Postcolonial curiosity might also lead us to look within the phenomena of the Second Sophistic for hints of the 'menace of mimicry' scattered among sophistic 'identity effects.'

At this first stage our hypothesis suffers from the aprioristic character of much revisionist historiography: theoretically there *ought* to have been pseudo-sophists, but were there? In a curt footnote, Tim Whitmarsh has noted that 'the existence of lower-class sophists has been asserted, but is unlikely' (2005, 33n31). The concept 'lower-class' is ambiguous, but it is the second stage of our hypothesis that early Christianity offers positive evidence for highly mobile, semi-public speakers and writers who rather consciously utilized some of the resources of the sophists in an anti-sophistic cause. Christianity for its own reasons tended to preserve evidence of some of its 'sophists,' but the fact of more or less sophistic Christian communicators makes the existence of sub-canonical sophists after all more likely than Whitmarsh suggests.

The second stage of our hypothesis is thus the thought (for a New Testament scholar, self-serving) that the study of early Christian texts, audiences, and performances offers a privileged basis for insights into the processes of sub- and counter-sophistic rhetorics. Put simply, early Christianity is a uniquely well-documented, but in other ways not necessarily unique, instance of a discursive, communicative movement which often consciously mimicked, parodied, borrowed, adapted, and on occasion exaggerated aspects of the Second Sophistic. Christian voices variously appropriate and criticize the Second Sophistic in order to support programs and identities which were in selected ways opposed to interests served by the sophists proper. Whitmarsh (2005, 9) rather patronizingly notes that 'the removal of some of the hysteria surrounding the historiography of the early Church ... has meant that Christianity can now be discussed as part of the same cultural and intellectual landscape as the pagan culture of the Roman east.'

It is a strikingly sophistic move for Whitmarsh to talk about someone else's 'hysteria.' Curiously, in the immediately preceding sentence he points out that the Second Sophistic was 'dominated by anxieties over manhood' and can therefore be usefully studied from a gender-critical standpoint. Similarly, I do not think it is, in fact, some sort of disciplinary hysterectomy that has drawn scholars of early Christianity increasingly toward the study of Greco-Roman rhetorical culture generally and of the Second Sophistic somewhat less generally. Rather, scholars of early Christianity are studying the Second Sophistic because it provides a powerful, intentionally normative mirror through which both early Christian social conformity and early Christian social deviance were historically experienced. The Second Sophistic was dominated and sought to dominate by the verbal, discursive representation of all kinds of social power; the Christian Gospel inevitably reflected that dominance. Early Christian discourse was thus designed in part to reflect and refract the Second Sophistic, and 'the historiography of the early Church' provides a useful viewpoint from which to ask how the Second Sophistic by its sheer normativity provided opportunities after all for cultural resistance, cultural deviance, even religious hysteria.

All the essays in this volume reflect awareness of the constructedness of the Second Sophistic as an analytic category, whether in Philostratus's own conceit, in modern and postmodern synthesis, or in actual social practice in the Greco-Roman world. The huge attraction of the Second Sophistic as a category is that it claims to be making relatively strong connections between selected texts and social experiences. The cost is suppression of some other possible connections. Philostratus's *Vitae sophistarum* is a massive exercise in definition by example in which, however, the narration of the examples is as decisive as their selection.[1] By listing and describing the speakers he chooses, Philostratus is also declining to list and describe the huge majority of people who spoke more or less publicly in the Greco-Roman world. Bernadette Puech has catalogued a partly complementary, partly contrasting range of examples presented epigraphically, but still presented cumulatively as examples of something. Both Philostratus's canon and Puech's catalogue include individuals who not only fit the model of virtuosic performance artists, but who are also known to scholarship as the authors of books. We therefore add to the Second Sophistic writers and texts that show family resemblance to texts written by canonical performers, even though the sources agree in reminding us of the pre-eminence of performance over text-publication in sophistic self-understanding. The resulting collage already expresses interesting tensions in relation to perceptions and expressions of cultural power and 'identity effects.'

Late modern scholarship, certainly since Glen Bowersock's *Greek Sophists in the Roman Empire*, has focused on the Second Sophistic itself as a sub-discourse, responding to and participating in Roman imperial power with subtly constructed ambivalence, re-asserting and justifying the limited power of local and regional elites by linking them to the contextually displayed prestige of Hellenistic communicative culture. Furthermore the sophists and their audiences enacted a vivid link between the nostalgic commemoration of an ideal Hellenic past and a contemporary mass performance culture: sophists performed elite values for often mass audiences. The Second Sophistic, moreover, provided both an ideology and qualified personnel for maintaining diplomatic recognition among local elites and between such elites and the representatives of imperial authority. Especially North American scholarship may have exaggerated but has not entirely fabricated the usefulness of sophistic discourse for negotiating and nuancing both imperial and local power relationships (Whitmarsh 2005, 8–9). I guess that the politics and politicians of Sophistopolis (Russell 1983, 22) could on occasion focalize Greek and local elite identity or mediate real influence in the Greco-Roman world precisely because their explicit claims to power, though performed often in highly public space, were so easily marginalized as fictional, nostalgic, self-referential. If we accept Ewen Bowie's argument (2004) that those sophists who wielded the greatest trans-regional influence did so as members of trans-regional elites by rank and wealth prior to their sophistic practice, then the less spectacularly successful majority of sophists must be thought of as offering at least a degree of cultural alternativity in the public celebration of imaginatively pure Greekness.

Deeply internalized in sophistic self-representation was the competitive valuation of style. 'Asianism' may be largely a straw man, constructed in an agonistic culture to give Atticism an opposite, but the concern for Attic style represents a much more widely explicit focus of anxiety than any concern about Romanness. Non-verbal aspects of performance style also feature prominently in the fierce competition among upper-league sophists. Such aspects of personal style are regularly, though always ambiguously, related to perceptions of marginal social and/or ethnic origin, not least in Philostratus's own catalogue: 'Isaeus, the Assyrian sophist' ('Ἰσαῖος δὲ ὁ σοφιστὴς ὁ Ἀσσύριος, VS 512), Pollux (592) and Apollonius, both of Naucratis (599), are all carefully characterized as successful despite their origins and yet also as limited in their success. Specifically all three are said to have been limited in their ability to speak in the improvisational style despite proven ability in careful composition. Secundus, the son of an Athenian carpenter (544–55) and the physically weak Aelius Aristeides (582) are likewise unable to excel fully in improvisation. Philostratus stresses the humble social origins of Heracleides the Lycian and then goes on to note both that he worked harder than most to overcome his natural limitations and yet that he broke down during an improvisation at the imperial court (613–15). Hadrian the Phoenician, though naturally brilliant, often failed because of an over-tragic manner (585–91). Several figures in Philostratus's catalogue succeed as sophists despite rustic or vulgar appearance or accent.[2] It is largely immaterial whether any of Philostratus's evaluations of his examples' personal images and performance achievements was actually fair or insightful; what matters is that Philostratus is concerned to identify the variables of social and cultural origin and appearance as potentially, but not absolutely, limiting factors in the formation of a sophist. Philostratus's character Apollonius of Tyana embodies most of the ambiguities of identity which typify the Second Sophistic, not least of all because Apollonius is not called a sophist. Perhaps a more economical example of essential ambiguity might be Philostratus's account of Favorinus (489–92), whose credentials as both philosopher and sophist suggest that he is really neither, just as his sexual identity is emphatically indeterminate. Similarly Favorinus is, again, emphatically 'from the western Gauls' (τῶν ἑσπερίων Γαλατῶν οὗτος, Ἀρελάτου πόλεως, 489) though, after all, from the *polis* of Arelate and so presumably no mere 'rug-headed kern.' Dio Chrysostom tells us that the Corinthians honoured Favorinus as the 'best of Greeks' (ἄριστος Ἑλλήνων, 37.22; Jones 2007, 330). Yet Philostratus's Favorinus summed himself up in three paradoxes:

Γαλάτης ὢν ἑλληνίζειν,
εὐνοῦχος ὢν μοιχείας κρίνεσθαι,
βασιλεῖ διαφέρεσθαι καὶ ζῆν.

A Gaul speaking Greek;
A eunuch tried for adultery;
Quarreled with an emperor, yet alive. (*VS* 489)

One implication is that for Philostratus being a sophist involves a rather flexible aggregation of achievements, with virtuoso performance at its core. That is, Philostratus and, according to him, Favorinus did feel the typically Roman irony of a Gaul speaking virtuoso Greek but did not experience the tension of identity as an absolute paradox (see Ando 2003, 357). On the other hand, an inference which Philostratus might not welcome is that there may well have been speech practitioners in the Greco-Roman world whose projected cultural, sexual, or political identities could not be domesticated into ironically unmenacing ambiguity.

An important step beyond such hints toward that second-stage hypothesis promised above is the evidence of failed sophists, would-be virtuosi. The parade example here is Lucian of Samosata. Lucian's vast writings prominently include astonishingly varied examples of oratorical display genres, declamations (μελέτη), descriptions (ἔκφρασις), topical lectures (διάλεξις), prefaces (προλαλιά), and extravagant encomia (ἐγκώμιον ἄδοξον), texts that seem to have been designed for live, sophistic performance (Urena Bracero 1995). Other works are devoted to the right way, or rather the wrong ways, to teach rhetoric and to practise sophistic, or else defend the purity of Lucian's Attic against detractors (Nesselrath 2001, 16–19; Whitmarsh 2005, 21, 64). In addition to works written in genres which have their putative *Sitze im Leben* in sophistic performance, competition, and school-rehearsal, Lucian also experimented in more broadly literary, non-performance genres of historiography, letter-writing, and novel in ways typical of a sophist (Bowie 2004, 73–4; Whitmarsh 2005, 86–9). Occasionally, Lucian's characters do interact with some of Philostratus's heroes (e.g., Herodes Atticus in Lucian, *Demonax* 24),[3] yet Lucian himself is not represented in Philostratus's canon of well-known performers. Apart from Lucian's own writings, the only contemporary evidence we have for his reputation is a single note by Galen. It narrates credibly how Lucian forged a text, solely in order to entrap a reputable philosopher (Clay 1992, 3407–9; Branham 1989, 181; Anderson 1994a, 1435). Savage professional ethics may be quite sophistic, but forging a text is not typical of the sophists' central interest in performance. Even Eunapius at the close of the fourth century does not include Lucian among his philosophers and sophists, but rather patronizingly refers to him as a humorist who happened to pen a few serious works, including one about the philosopher Demonax (*VPS* 2.1.9). Lucian is thus in a paradoxical relation to the Second Sophistic movement: he is its most brilliant literary master but is absent from the records of the sophistic performance profession. This is only partially an argument from silence (and in a realm where silence is, after all, good evidence of limited fame): the implied author of Lucian's literary corpus and many of the quasi-authorial characters in his essays are portrayed as marginal in relation to a performance discipline where virtuosic skill is supposed to lead to publicity. By the utterly clear standards of the profession itself, Lucian was not a successful sophist, despite his massively sophistic literacy. His *literary* achievement can be read as an apology and consolation for the failure to secure the rewards which only a performance career could bring. Insisting on the centrality of performance values to the Second Sophistic, Clifford Ando (2003, 357) notes, 'it is not for nothing that Lucian laid such emphasis on deportment, dress and pronounciation, as well as diction, in the performance of Hellenicity.' Ando reads Lucian's portrait of the hopelessly alien Scythian, Anacharsis, lost in Athens until he stumbles on his more assimilated countryman, Toxaris, as a story which amuses 'precisely because Lucian lived in a world in which the relationship between origin, ethnicity, and citizenship had radically changed' (358, *Scytha* 1–3). Rather, I think Lucian's books repeatedly dramatize a reality in which very few late starters could so successfully assimilate to Roman Hellenism as to pass for sophists in public performance. In Lucian, the emphasis on overall personal presence is finally ironic as it fills the brilliant books of a speaker who seems not to have made the grade in competitive performance. It is more than possible that Lucian's unconcealed, yet de-emphasized 'Assyrian' ethnicity (*The Syrian Goddess* 1: γράφω δὲ Ἀσσύριος ἐών) was obtrusive enough in live performance to deny him success in the sophists' defining, public medium (see Whitmarsh 2005, 46–7, citing Swain 1996, 298–308).

An even more spectacularly ironic instance of a Greco-Roman speaker whose writings succeeded better than his speeches, who is therefore just sophistic enough to be fairly judged a sophistic failure, is the self-declared apostle, Paul of Tarsus. Bruce Winter has definitively shown that Paul, especially in his Corinthian correspondence, was forced to deal with the consequences of his own rhetorical failures, sometimes in written persuasion, but also especially in live performance (Winter 2002, 204–39). In making his case in relation to Paul, by the way, Winter also usefully shows that the phenomena of the Second Sophistic were already expressing themselves in such centres of cultural *métissage* as Alexandria and Corinth at a rather earlier date than we might otherwise suggest (Winter 2002, 19–106). 2 Corinthians 10–13 are a remarkable apologia by an apostle who had, indeed, enjoyed some degree of success at establishing an audience in Corinth for his particular brand of proto-Christian proclamation but who has lost control of his adherents despite repeated visits and letters in the face especially of rival 'super-apostles' (ψευδαπόστολοι, 2 Corinthians 11:13, ὑπερλίαν ἀπόστολοι, 11:5, 12:11).

Paul's self-defence focuses on two issues and uses two different strategies, evoking two different *staseis*. First, Paul confirms his opponents' claims that in live performance he is not as verbally or personally persuasive as his Christian and non-Christian rivals. His response here is to characterize himself as a fool, nevertheless entrusted with divine authority:

If in any way I boast too much about my authority which the Lord has given me for your up-building not your tearing-down, I am not ashamed, so as to think that I can only frighten you through letters ... for someone says, 'His letters are weighty and strong, but his bodily presence is feeble and his speech is nothing.' Let such a person reckon that when I am present I shall be in deed what I am in speech by my letters during my absence. (2 Corinthians 10:8–11)[4]

Even if I am a layman in speech, I am not so in knowledge ... (11:6)[5]

Paul's worst detractor would have to grant, and evidently did, that his letters were a considerable achievement in literary rhetoric. I am inclined then to believe Paul when he concedes that in the specifically sophistic skills of public performance he was not so impressive.

That Paul was defending himself against the charge in Corinth of being a not very good sophist is perhaps confirmed by the presence in the same epistolary contexts of a defence against the charges of financial greed. Against this charge Paul makes fewer concessions: at least from the Corinthians he has never sought or accepted any financial reward. In this respect Paul can confidently assert his superiority over the ψευδαπόστολοι (2 Corinthians 11:8–13, 12:16–18).

Paul's rhetorical weakness in the essential sophistic function of direct communication with a physically present audience, combined with his and other early Christians' relative success at generating persuasive written texts, has had enormous influence on Christian and Western assessments of rhetoric and communication generally. West Asian prophetic tradition often emphasized the personal inarticulateness of God's chosen prophet (Moses, Muhammad). In a Greco-Roman context the Christian proclamation of the crucifixion of Jesus of Nazareth as a universal εὐαγγέλιον could not entirely shed the pronounced counter-cultural irony that a recently executed Jew might be both message and messenger of God. Both in style and in argument early Christian epistolary and biographical/historical texts projected a hybrid decorum, uncomfortably yet intentionally mixing intelligible persuasion and rather spookier prophetic assertion:

31 The Second Sophistic and Non-Elite Speakers

Paul's oral sermon would have been a reproclamation of the gospel in the form of an evangelistic argument. At several junctures that argument proves to be very peculiar, however, because of Paul's conviction that he can proclaim the gospel only in the presence of God who makes the gospel occur, being its always-contemporary author. Rhetoric, then, can serve the gospel, but the gospel itself is not fundamentally a matter of rhetorical persuasion ([Galatians] 1.10–12). For the gospel has the effect of placing at issue the nature of argument itself ... Thus, because Paul's rhetoric presupposes God's action through Paul's words, this rhetoric proves to be more revelatory and performative than hortatory and persuasive, though it is both. (Martyn 1997, 22–3)

The philosophical tradition, of course, had long generated the suspicion of rhetoric generally and sophistic rhetoric particularly. Paul, in part compensating for his own personal weakness as a sophist in competition in Corinth both with anti-Christian sophists and with relatively sophisticated Christians, gave majestically sophistic form but sub-sophistic, epistolary-scriptural format to the anti-sophistic λόγος ὁ τοῦ σταυροῦ (1 Corinthians 1:18): 'Since in the wisdom of God the world through its wisdom did not recognize God, God has been pleased through the folly of the proclamation to save those who believe' (1 Corinthians 1:21).[6] Paul's momentous rejection of a sophistic hermeneutic as well as of some elements of sophistic practice involves paradoxically the reinstatement of other aspects of the sophistic project, so that live prophetic-liturgical performance becomes an important feature of Christian engagement with a canon of received texts giving access to a universalized ethnicity with its own idealized past.

The best illustration of this reinstatement of a Christian sophistic is surely the *Peri pascha* attributed to Melito of Sardis. The *Peri pascha* is usually read as an important monument to the Christian appropriation of an Israelite biblical past – an appropriation which is uncomfortably open to anti-Jewish vituperative. *Peri pascha* deviates from more obviously sophistic rhetorical models above all in its massive substitution of an Israelite, biblical intertextuality for the classical, Hellenic intertexts of (other) sophistic performances. As Laurence Broadhurst (2005, 62) has written, 'Melito's appeal to history is both total and crucial not only to his overall argument, in which he needs to show that "Israel" has let its own history pass it by, but also to our attempt to understand both his perception of Judaism and his opinion of the Hebrew Scriptures.' But even in this key, deliberately chosen difference, *Peri pascha* is intimately though critically related to the project of the Second Sophistic of reappropriating a Greek past usable in the Roman Empire (Henderson 2010, 168–81, Bowie 1970, Pernot 1998b). Above all for the present argument, *Peri pascha*, more than any other text

I can think of from the period of the Second Sophistic, can be imagined in live performance before a real audience. The text's many critics would, often ruefully, acknowledge the incantatory power of its massively Gorgianic development. In terms of classical periodic prose style, the text is probably wanting in variety. In any reasonably competent performance, however, this script would have been mesmerizing, haunting, even menacing. Though – indeed, because – thematically deviant and, perhaps, stylistically limited, it clearly attests the possibility of mimicking sophistic performance within an emerging Christian public.

Even rhetorically more modest early Christian texts may illuminate the underside of the Second Sophistic. Both Whitmarsh, in his helpful little volume on the Second Sophistic for the *Greece & Rome, New Surveys* (2005, 47–9), and Winter, in his description of early stages of sophistic influence in Corinth (2002, 111–22), prominently cite the case of the ex-slave Epictetus of Hierapolis. Epictetus has long been cited as evidence for linguistic and ethical background to early Christianity. Winter mentions Epictetus rather uncritically as a straightforward instance of resistance to sophistry as Paul might have encountered it; Whitmarsh gives Epictetus a more ironic and, for my purpose, more interesting reading, centred on the fact that our surviving evidence for Epictetus's discourses is in its nostalgic, romanticizing representation by the sophistic and aristocratic essayist Arrian, senator, consul, and legate of Cappadocia under Hadrian. Arrian's Epictetus thus ironically presents a sophistically domesticated anti-sophistic voice, an ex-slave moralizing in his noticeably sub-sophistic Greek – precisely through the learned stylistic imitation of the Greco-Asian aristocrat: 'So we are left with something of a dilemma: is the rugged prose of the *Dissertations* the authentic language of a freed slave, or the contrived effect of a master literary impersonator?' (Whitmarsh 2005, 49).

We do not know whether Epictetus ever really spoke in the non-sophistic style and sentiments attributed to him, but Arrian clearly took an ironically sophistic interest in the possibility, theoretical or actual, of such a sub-sophistic voice. Arrian's deliberate avoidance of aggressively sophistic Atticism in his representation of Epictetus thus reflects a 'calculated choice' (Whitmarsh 2005, 49). An even more sharply ironic, insistently unromanticized, but equally calculated instance of the tension between writer and represented speaker imposes itself, however, in the accounts of Jesus of Nazareth and his *logia*, composed in unpretentious Greek by anonymous writers in the first century of Christianity. The social and stylistic distance between anonymous gospel writers and crucified Galilean is less emphasized than that between Arrian and Epictetus. Still, famously, the author of Luke-Acts, for example, prefaces his work in a self-consciously historiographic style, switches to an equally self-consciously biblical, Septuagintal style, and then increasingly allows his character Jesus a distinctive voice. One result is that few Historical Jesus researchers would deny that it is possible to attribute to Jesus of Nazareth significant historically distinctive speech patterns, patterns which had been remembered reasonably well through Greek-language oral tradition and gospel textualization. The early Christian gospels thus portray Jesus of Nazareth, if not precisely as a lower-class, ethnic sophist, then certainly as a speaker who is marginal along a social and stylistic boundary which the sophists themselves could experimentally violate.

Finally, we return to Lucian, specifically to his famous characterization of the Christian milieu in Syria, episodically embedded in the narration by a typically Lucianic quasi-authorial secondary narrator (*The Death of Peregrinus* 7–31; see Pilhofer et al. 2005, 54n24) as background to the primary, still quasi-authorial, theatrical narration of Peregrinus's theatrically self-willed death. It is typical of Lucian's massive literary/sophistic *Selbstinszenierung* that he so mercilessly attacks Peregrinus's own over-the-top theatricality (Pilhofer et al. 2005, 129–50; Elm von der Osten 2006). The almost respectful treatment of Christian self-performance is all the more remarkable in this context.

With regard to Peregrinus's self-construction as a Christian leader, we are told that Peregrinus 'learned the extraordinary wisdom of the Christians when he encountered their priests and scribes around Palestine' (ὅτεπερ καὶ τὴν θαυμαστὴν σοφίαν τῶν Χριστιανῶν ἐξέμαθεν, περὶ τὴν Παλαιστίνην τοῖς ἱερεῦσιν καὶ γραμματεῦσιν αὐτῶν ξυγγενόμενος, *The Death of Peregrinus* 11). Peregrinus proceeds with marked speed through the rather complex ranks of the movement's cult officers. It is remarkable how far the Lucianic sub-narrator emphasizes scribes and book culture among the many Christian cult personnel. 'Some of their books he [Peregrinus] interpreted and expounded, and many he composed himself' (τῶν βίβλων τὰς μὲν ἐξηγεῖτο καὶ διεσάφει, πολλὰς δὲ αὐτὸς καὶ συνέγραφεν, *The Death of Peregrinus* 11; see Pilhofer et al. 2005, 48–93, 58–61nn37 and 38). The point is not really to describe Christianity, for the first time as a religion of the book, but rather to describe Peregrinus's formation as a counter-cultural, for the moment Christian, sophist.

Finally the Lucianic text's primary narrator allows his secondary storyteller a digression to describe further aspects of the Christian movement with a certain distant empathy: Christians believe in immortality and therefore manifestly despise death; their lawgiver taught them that they are all brothers; they deny the Greek gods; they share their goods and are therefore vulnerable to charlatans (*The Death of Peregrinus* 13). This characterization is not wholly reducible to the literary requirement for an interesting foil to the shameless self-representation and pseudo-martyrdom of Peregrinus and his Cynic groupies. Notwithstanding all the typical layers of Lucianic authorial self-veiling, when Lucian writes here of the Christians' devotion to their nomothete and 'impaled sophist' (τὸν δὲ ἀνεσκολοπισμένον ἐκεῖνον σοφιστὴν, *The Death of Peregrinus* 13) he is not merely invoking that pejorative force of the word 'sophist' which it has so often even among the sophists themselves (Whitmarsh 2005, 17). He is actually acknowledging the projection of a sophistically public voice from far beneath the canonical ranks of Roman Hellenism.

Thus Lucian comes closest to naming explicitly the phenomenon which underlies the current wave of rhetorical-critical studies of early Christianity but which has been underemphasized in scholarship on the Second Sophistic. We know the Second Sophistic largely on its own enthusiastically elitist terms. Even so we may read between the lines that although such elite representative performance could dominate culturally prestigious public speech, it could not monopolize significant public discourse entirely. Famously Paul, the archetypal Christian apostle, is represented in Acts 19 as engaging in a series of disputations on the sovereignty of God, held over a period of months in the semi-public space of the Jewish meeting house in Ephesus. Eventually, in the face of opposition, Paul changes the venue for his daily disputations to the lecture hall of Tyrannus (ἀποστὰς ἀπ' αὐτῶν ἀφώρισεν τοὺς μαθητάς, καθ' ἡμέραν διαλεγόμενος ἐν τῇ σχολῇ Τυράννου, Acts 19:9). Whether this picture – or Lucian's account of Peregrinus's Christian phase – is factual or not, they both assert the cultural fact in early Christianity of public rhetorical performance which in certain respects mimics the behaviour of professional sophists while subordinating it to other values. For special reasons, Christian counter-sophistic rhetoric was relatively often given textual form and preserved. In other respects, however, early Christian rhetoric may usefully substantiate the possibility of wider rhetorical practices more or less consciously on the fringes of the Second Sophistic and giving voice to some among its audiences.

NOTES

1 See Côté and Kemezis in this volume.
2 Pausanias the Cappadocian, *VS* 594; Hippodromus the Thessalian, 618–19; Marcus of Byzantium, 528–9; Onomarchus of Andros, 599; see Henderson (2003, 25–6), Whitmarsh (2005, 30–1).
3 Also Agathion in *Demonax* 1; see Côté in this volume.
4 ἐάν [τε] γὰρ περισσότερόν τι καυχήσωμαι περὶ τῆς ἐξουσίας ἡμῶν, ἧς ἔδωκεν ὁ κύριος εἰς οἰκοδομὴν καὶ οὐκ εἰς καθαίρεσιν ὑμῶν, οὐκ

αἰσχυνθήσομαι, ἵνα μὴ δόξω ὡς ἂν ἐκφοβεῖν ὑμᾶς διὰ τῶν ἐπιστολῶν· ... ὅτι, Αἱ ἐπιστολαὶ μέν, φησίν, βαρεῖαι καὶ ἰσχυραί, ἡ δὲ παρουσία τοῦ σώματος ἀσθενὴς καὶ ὁ λόγος ἐξουθενημένος. τοῦτο λογιζέσθω ὁ τοιοῦτος, ὅτι οἷοί ἐσμεν τῷ λόγῳ δι' ἐπιστολῶν ἀπόντες, τοιοῦτοι καὶ παρόντες τῷ ἔργῳ.
5 εἰ δὲ καὶ ἰδιώτης τῷ λόγῳ, ἀλλ' οὐ τῇ γνώσει ...
6 ἐπειδὴ γὰρ ἐν τῇ σοφίᾳ τοῦ θεοῦ οὐκ ἔγνω ὁ κόσμος διὰ τῆς σοφίας τὸν θεόν, εὐδόκησεν ὁ θεὸς διὰ τῆς μωρίας τοῦ κηρύγματος σῶσαι τοὺς πιστεύοντας.

L'Héraclès d'Hérode: héroïsme et philosophie dans la sophistique de Philostrate

Dominique Côté

La position centrale et la longueur de la notice consacrée à Hérode Atticus dans les *Vies des sophistes* témoignent de l'admiration que Philostrate vouait à celui qu'Hadrien de Tyr appelait le Prince de l'éloquence, le βασιλεὺς τῶν λόγων.[1] Il aurait pu, tout aussi bien, le surnommer le Prince des richesses, puisqu'il passait pour être l'un des hommes les plus riches de son temps, ou encore, le Prince tout court, puisque l'illustre sophiste d'Athènes, lui-même consul, comptait parmi ses relations les hommes les plus puissants de l'Empire, empereurs, préfets, consuls et autres personnages de la haute société.[2] C'est pourtant la rencontre d'un homme dépourvu de toute éducation, de toute richesse et de tout pouvoir que Philostrate a choisi de placer au coeur de la vie d'Hérode Atticus, la rencontre d'un être si exceptionnel et si rustique que les uns l'appelaient Héraclès et les autres le disaient né de la terre. Cette intrusion, dans la vie d'Hérode, d'un personnage qui préfère la nature à la culture semble, en premier lieu, nous entraîner loin du domaine propre à la sophistique, c'est-à-dire, le domaine du savoir et du pouvoir.[3] Comme Hérode lui-même admire au plus haut point cet Héraclès, il semble, au contraire, que la rencontre du sophiste et du « bon sauvage » nous ramène au coeur même de la sophistique, c'est-à-dire à son rapport à la sagesse. Indirectement et subtilement, par le biais d'une anecdote, Philostrate pose, en quelque sorte, le problème des relations de la sophistique avec la philosophie. Brièvement et sans doute moins subtilement, par le biais de l'analyse du personnage d'Héraclès, nous aborderons, dans cette étude, le même problème. Nous garderons à l'esprit, bien entendu, que chez Philostrate la philosophie n'est jamais très loin de la sophistique.[4]

Le récit de la rencontre entre Hérode et Héraclès (*VS* 552–4)

Celui que la plupart appelaient l'Héraclès d'Hérode était en fait un jeune homme dans la fleur de l'âge, aussi grand qu'un Celte, dont la taille atteignait huit pieds.⁵

C'est en ces mots que Philostrate introduit l'anecdote qui porte sur les rapports entre Hérode et son Héraclès, précisant que l'histoire provient d'une lettre d'Hérode adressée à un certain Julianus.⁶ Il n'est pas nécessaire de remettre en question l'authenticité de la lettre,⁷ mais il faut reconnaître avec Paul Graindor qu'elle porte la « marque » de Philostrate. Par ailleurs, nous ne connaissons pas très bien le style d'Hérode (Graindor 1930, 160). Autrement dit, on peut se demander où s'arrête la citation d'Hérode et où commence la paraphrase de Philostrate. Quoi qu'il en soit, les *Vies* donnent en premier lieu une description physique du personnage, tout à fait conforme aux règles de l'ἔκφρασις d'une personne, i.e., ἀπὸ κεφαλῆς ἐπὶ πόδας (Aphthonius, *Progymnasmata* 12 *apud* Kindstrand 1979–80, 61), et c'est par là qu'il faut commencer:

Portrait d'Agathion

Sa chevelure avait quelque chose d'uniforme, ses sourcils touffus se rejoignaient de sorte qu'ils semblaient n'en former qu'un seul et ses yeux brillaient d'un éclat qui révélait un caractère impulsif. Son nez était recourbé, son cou était robuste; sa poitrine était bien bâtie, mince et bien proportionnée, et ses jambes légèrement recourbées vers l'extérieur donnaient à sa démarche de la stabilité.⁸

Il était vêtu de peaux de loup. Il avait, en effet, l'habitude de se battre avec les sangliers, les chacals, les loups et les taureaux enragés.⁹

Origines et régime d'Agathion

Sur ses origines, les uns disaient qu'il était né de la terre et qu'il appartenait au peuple béotien, mais Hérode avait entendu dire que sa mère était une femme forte au point de pouvoir garder le bétail et que son père était Marathon, le héros rustique dont il y avait à Marathon une statue.

Hérode lui demanda alors s'il était immortel. Héraclès répondit qu'il vivrait tout simplement plus longtemps qu'un mortel.

Hérode lui demanda ensuite quelle était sa nourriture. Héraclès répondit qu'il se nourrissait de lait la plupart du temps, lait de chèvre, de vache, de jument et d'ânesse, mais que lorsqu'il mangeait de l'orge [du pain de farine d'orge?], il en mangeait dix mesures que lui fournissaient les paysans de Marathon et de Béotie. Ce sont d'ailleurs ces paysans qui lui ont donné le surnom d'Agathion parce qu'il leur portait chance.¹⁰

La langue et l'éducation d'Agathion

Hérode interrogea Agathion à propos de sa langue et de son éducation, parce qu'il ne lui faisait pas l'effet d'un homme sans éducation. Agathion lui fit cette réponse: « C'est l'intérieur de l'Attique qui m'a éduqué, une excellente école pour celui qui veut apprendre à dialoguer ». L'intérieur de l'Attique est à l'abri de tous les jeunes gens issus de contrées barbares, comme la Thrace et le Pont, qui affluent à Athènes. La langue des Athéniens, sous l'influence des barbares, se dégrade plus rapidement que ne s'améliore celle des nouveaux venus. La langue parlée dans la partie intérieure de l'Attique n'est donc pas corrompue par les barbares, elle est pure.[11]

La philosophie d'Agathion ou la critique des jeux et des concours

Hérode orienta l'entretien sur les panégyries et chercha à savoir si Agathion avait déjà assisté à une panégyrie. Il répondit qu'il avait déjà assisté aux jeux pythiques, installé au sommet du Parnasse, cependant, et non au milieu de la foule. Il prêta plus particulièrement attention au concours musical: c'était l'année où Pamménès remporta le concours de tragédie, et il lui sembla que les sages commettaient une immoralité en écoutant avec plaisir le récit des crimes des Péléides et des Labdacides. En effet, les mythes, quand ils ne sont pas remis en question, deviennent des conseillers d'actes indignes.

Constatant que l'homme était capable de philosophie, Hérode poursuivit en l'interrogeant sur les concours gymniques. Il était risible, à son avis, que l'on reçoive une couronne pour lutter ou courir les uns contre les autres. Il vaudrait mieux que l'athlète qui pourrait courir plus vite qu'un cerf ou un cheval, reçoive un prix, estimait-il, ou encore que celui qui pourrait lutter avec un ours ou un taureau reçoive de même un prix, car c'était là ce que, lui, il accomplissait tous les jours.[12]

Le prodige d'Agathion

En admiration devant un tel homme, Hérode invita donc Agathion à partager un repas avec lui. Agathion accepta l'invitation à la condition que le repas ait lieu le lendemain à midi au temple de Canobos [Canope] et qu'il lui soit servi, dans le plus grand contenant que l'on puisse trouver dans le temple, du lait qui n'ait pas été trait par une femme. Le lendemain, à l'heure dite et à l'endroit convenu, Agathion se présenta et après avoir porté le bol à son nez le déposa et dit: « le lait n'est pas pur, j'y sens la main d'une femme ». Il quitta sur le champ sans même avoir goûté le lait. Quand Hérode eut vérifié l'affaire auprès des gens de la métairie et appris qu'une femme avait bel et bien touché au lait, il reconnut la nature divine d'Agathion.[13]

Le caractère historique d'Agathion

Bien que certains aient parfois remis en question la fiabilité de Philostrate, il n'y a pas lieu, dans le cas qui nous occupe, de douter de l'historicité du personnage. L'auteur des *Vies*, il est vrai, entretient un rapport un peu complexe avec la réalité historique. Il n'a pas coutume, cependant, d'inventer les faits.[14] L'Héraclès–Agathion qu'aurait rencontré Hérode Atticus est fort probablement le Sostratos de Lucien et peut-être aussi le Sosastros de Plutarque, si du moins l'on accepte de lire, chez ce dernier, Σώστρατος à la place de Σώσαστρος.[15] Au tout début de la *Vie de Démonax*, Lucien mentionne le Béotien Sostratos, que les Grecs appelaient Héraclès, persuadés qu'il était vraiment le héros. Il précise avoir déjà rencontré Sostratos et en avoir décrit, dans un autre ouvrage, la taille et la force exceptionnelles, la vie en plein air, sur le Mont Parnasse, la diète de montagnard, le lit de fortune et les exploits, dignes de son surnom, tels éliminer les brigands, construire des routes et des ponts en des lieux impraticables.[16] Les traits communs avec l'Agathion d'Hérode ou de Philostrate paraissent évidents: le surnom, la taille, les exploits, le régime et la fréquentation du Mont Parnasse. Il est vrai, cependant, que Lucien le considère comme un Béotien, alors qu'Hérode, bien que connaissant la thèse d'une origine béotienne, préfère lui attribuer une ascendance attique.[17] Pour ce qui est du Sosastros auquel Plutarque fait allusion dans ses *Propos de table* (IV, 1), c'est sa diète à base de lait qui permet de le relier à l'Héraclès d'Hérode et, par conséquent, au Sostratos de Lucien. En fait, il nous semble raisonnable de conclure avec J.F. Kindstrand (1979–80, 57–8) que l'Agathion de Philostrate, le Sostratos de Lucien et le Sosastros de Plutarque représentent le même personnage historique. Il s'agit maintenant de revenir au passage des *Vies* et de poser la question de Simon Swain (1996, 80): « What does Philostratus' account mean? »

La fonction du récit et l'idéal attique

Simon Swain propose de lire dans ce passage une affirmation de l'identité hellénique. Le fait que le personnage soit de la Mésogée et qu'il parle, pour cette raison, une langue attique pure et dénuée de barbarismes, constitue, à ses yeux, le point central du récit.[18] Comme S. Swain le note bien, c'est Hérode, celui que l'on surnommait l'Attique, qui réfute la thèse d'une origine béotienne au profit d'une ascendance héroïque et marathonienne, une ascendance qu'il pourrait très bien avoir inventée de toutes pièces si l'on en croit S. Swain.[19] La transformation de l'Héraclès béotien en Héraclès marathonien servirait en fait à souligner la pureté attique d'Hérode, puisque la perfection linguistique de son Héraclès qui vit sur ses terres de Marathon refléterait en quelque sorte sa propre perfection attique. De plus, l'isolement géographique du personnage, conjugué au caractère héroïque que les *Vies* lui confèrent, revêt, pour ainsi dire, une dimension temporelle. En effet, si son père était Marathon, le héros qui aurait donné son nom à la plaine de

Marathon,[20] il appartiendrait alors à un passé lointain, celui de l'Attique des temps légendaires. Il aurait préservé, d'une certaine manière, la langue pure de l'Âge d'or athénien. Déjà, Jacques Bompaire, dans son étude sur Lucien et sur le phénomène de la *mimèsis*, notait que Sostratos, « un homme primitif, miraculeusement préservé dans l'Attique du IIe siècle » avait été « annexé par la coterie atticiste » parce qu'il parlait le « pur attique », parce qu'il était le « défenseur du nationalisme grec et du passé grec », en un mot, parce qu'il incarnait « l'idéal du retour aux sources » (Bompaire 1958, 109). La figure d'Agathion aurait donc été récupérée par Hérode et Philostrate pour sa valeur d'exemple (cf. Anderson 1986, 14), le modèle athénien de l'époque classique, à la base de la sophistique impériale, trouvant là une sorte d'incarnation. Tim Whitmarsh fait toutefois remarquer que la pureté linguistique d'Agathion ne fait pas que renforcer l'idéal attique d'Hérode, elle le confronte aussi, beaucoup plus qu'elle ne le complète.[21] L'atticisme naturel d'Agathion, sa *paideia* rustique et locale, s'opposent à l'atticisme académique d'Hérode, à sa *paideia* urbaine et internationale.[22] Peut-être vaudrait-il mieux se limiter à dire que Philostrate nous place, en réalité, devant une sorte de paradoxe, puisque lui-même, dans ce passage, ne cherche pas à prouver la supériorité d'une *paideia* sur l'autre. Hérode, admiratif, constate tout simplement qu'il existe à l'état naturel, comme le montre le cas d'Agathion, une langue attique pure, qu'il s'est évertué, lui, le sophiste, à apprendre et qu'il a fini par maîtriser au terme d'un rigoureux et long parcours d'études.[23]

La fonction du récit et l'idéal philosophique

Il est indéniable, comme le montre S. Swain, qu'à travers la figure d'Agathion, Philostrate cherche à souligner l'importance de la pureté attique dans la définition de la Seconde Sophistique. Le sophiste Hérode et son Héraclès expriment, dans leur rencontre providentielle, l'essence même de l'hellénisme.[24] Il y a lieu, toutefois, de nous demander si la lecture de Swain ne sous-estime pas quelque peu les traits du personnage qui révèlent ses qualités de philosophe et de héros.

Agathion le philosophe

Pour Hérode et Philostrate, Agathion mène, de toute évidence, une vie de philosophe. Selon Philostrate, Hérode aurait, en effet, constaté le penchant philosophique de son interlocuteur après l'avoir entendu déplorer l'immoralité des mythes mis en scène dans les concours dramatiques et l'immoralité des Grecs qui prenaient plaisir à les écouter. Étant donné que Sostratos, que nous identifions ici avec l'Héraclès d'Hérode, se trouve associé, chez Lucien, à Démonax, un philosophe cynique, il faut, à notre avis, commencer par voir si la philosophie du personnage s'apparente au cynisme. J.F. Kindstrand (1979–80, 69) a probablement raison de dire que la critique des mythes et de leur immoralité n'a rien de spécifiquement cynique et relève avant tout d'une attitude morale très répandue chez les Grecs. Il est vrai aussi que les Cyniques, à l'origine, ne se préoccupaient pas beaucoup des dieux et des mythes, contrairement à Platon.[25] À l'époque impériale, cependant, comme l'atteste, au IVe siècle, l'empereur Julien dans ses deux discours adressés aux Cyniques, les disciples de Diogène n'hésitent pas à s'en prendre aux dieux et à la mythologie.[26] La critique des jeux et des concours, pour sa part, semble bel et bien faire référence au discours cynique traditionnel, du moins tel que nous l'ont transmis Plutarque et Diogène Laërce.[27] De même, le mode de vie du personnage rappelle, *grosso modo*, l'ascèse cynique. La simplicité du vêtement, l'austérité de la diète[28] et la vie en plein air font penser effectivement aux exercices pratiqués par les Cyniques. Par exemple, le vêtement en peaux de loup que porte Agathion[29] correspond bien à la peau d'ours du philosophe cynique Honoratus que mentionne Lucien dans sa *Vie de Démonax*.[30] S'ajoute à cela le fait que le héros Héraclès, avec lequel Agathion est identifié, occupe une place de choix dans le panthéon des Cyniques où il joue, ni plus ni moins, le rôle d'un saint patron.[31]

Il est bien possible que le personnage dont font état Hérode et Philostrate ait réellement été un Cynique, comme le suggèrent les traits que nous venons d'évoquer. Il se peut également, si l'on prend en considération le fait que Philostrate, l'auteur de la *Vie d'Apollonius de Tyane*, possédait une certaine connaissance du pythagorisme,[32] que la philosophie d'Agathion ait été subtilement enrichie d'une touche pythagoricienne. Après tout, les Pythagoriciens revendiquaient eux aussi le patronage d'Héraclès[33] et l'abstinence, que l'on peut déduire de l'attitude d'Agathion à l'égard des femmes,[34] correspond davantage à l'idéal pythagoricien qu'à celui des disciples de Diogène.[35] De la même façon, la nature divine du colosse, dont nous parlerons un peu plus loin, semble plutôt appartenir au domaine pythagoricien qu'à celui des Cyniques. L'Héraclès d'Hérode, en effet, fait penser, par ses dons et son ascétisme, à un θεῖος ἀνήρ comme le pythagoricien Apollonius de Tyane,[36] celui-là même qui, selon Philostrate, se serait comparé à Héraclès, à l' Ἡρακλῆς Ἀποτρόπαιος (Philostrate, *VA* IV, 10, VIII, 7, 31), pour être exact.

Par ailleurs, certains traits du personnage ne s'expliquent pas forcément par une référence au type du philosophe, cynique ou pythagoricien. Par exemple, les vêtements faits de peaux caractérisent non seulement certains philosophes cyniques, mais aussi certains barbares, comme les Germains,[37] et la diète des Cyniques, tout comme celle des Pythagoriciens d'ailleurs, se compose habituellement de légumes et non pas de lait ou de fromage.[38] Une alimentation à base de lait viendrait, de toute manière, en contradiction avec le principe d'autarcie préconisé par la philosophie cynique (Kindstrand 1979-80, 67). Ce sont plutôt des barbares comme les Scythes, dont le mode de vie est souvent représenté comme exemplaire par sa simplicité, qui ont la réputation, depuis Hérodote et peut-être même depuis Homère, d'être γαλακτοφάγοι.[39] Ces buveurs ou mangeurs de lait, comme le note Janick Auberger, « sont restés très proches de l'état de nature »[40] et même de la pureté de l'Âge d'or.[41]

En fait, de même qu'Agathion peut parler l'attique le plus pur sans le secours de la *paideia*, en vertu d'un don de la nature, de même, il peut aussi philosopher à la manière d'un cynique ou d'un pythagoricien, sans le secours d'aucun maître, en raison d'une sagesse naturelle comme celle de ces barbares « rescapés de l'Âge d'or » qui se nourrissent exclusivement de lait.

Agathion le héros

Agathion mène donc une vie de philosophe qui se rapproche de l'état de pureté des origines. Autrement dit, il mène une vie qui s'apparente à celle d'un être divin ou semi-divin, il mène une vie de héros, comme celle de son « père » Marathon. Les deux noms sous lesquels le personnage est présenté dans les *Vies* le soulignent bien: Héraclès, le héros par excellence, et Agathion, le surnom que l'on donne à celui qui est de bon présage ou qui apporte la chance, l'εὐξύμβολος.[42] Les derniers mots du passage le confirment également: ξυνῆκεν ὡς δαιμονία φύσις εἴη περὶ τὸν ἄνδρα (« il reconnut alors la nature divine de l'homme », VS 554), bien qu'il soit sans doute nécessaire d'apporter quelques précisions à propos de cette δαιμονία φύσις. En effet, pour reprendre les termes de Philostrate, Agathion n'est pas immortel: il peut vivre plus longtemps, c'est tout. Il n'est pas le fils d'un dieu: il est le fils d'un héros, tout simplement. De façon ambivalente, mais conforme à la nature héroïque, il participe à la fois du divin et du mortel.

Tout comme Héraclès, en effet, l'homme qui se fait appeler Agathion se signale par une force physique exceptionnelle qui le rend capable d'exploits hors du commun. Le terme utilisé pour décrire ses combats contre des bêtes sauvages, le mot ἆθλος est celui-là même qui sert à désigner les travaux d'Héraclès chez Dion de Pruse et ailleurs chez Philostrate.[43] Il est revêtu, comme Héraclès d'une peau de lion, d'un vêtement fait de peaux de loups et son appétit, à l'instar de celui du fils de Zeus, atteint parfois des sommets étonnants.

Tout comme Héraclès, le personnage d'Agathion présente des traits physiques bien déterminés et conformes aux canons de beauté définis par les traités de physiognomonie.⁴⁴ Pour un sophiste du IIIe siècle comme Philostrate ou, mieux encore, pour un sophiste comme Polémon de Laodicée, l'auteur justement d'un traité de physiognomonie,⁴⁵ le corps révèle réellement le caractère et l'âme d'un homme. La physiognomonie, « cet art de lire les caractères à partir des traits du corps » (Laurand 2006, 191), repose sur le principe d'une sympathie entre l'âme et le corps, tel qu'énoncé par le Pseudo-Aristote, au début de son traité de physiognomonie: « Les psychologies suivent les caractéristiques des corps et ne sont pas indépendantes, comme si elles n'étaient pas affectées par les mouvements du corps. C'est tout à fait évident dans l'ébriété et dans la maladie. Les psychologies en effet révèlent des altérations par le fait des affections du corps. Et, réciproquement, c'est un fait que le corps est co-affecté par les affections de l'âme ».⁴⁶ Gilbert Dagron (1987, 69) a certainement raison de relever, non sans humour, que « comme l'astrologie, la physiognomonie est une fausse science qui pose de vraies questions et dont les réponses satisfont », mais il reste qu'au IIe siècle elle s'intègre parfaitement à l'art d'un Suétone,⁴⁷ d'un Galien,⁴⁸ d'un Artémidore⁴⁹ et d'un Polémon.⁵⁰ Timocrate, le philosophe cynique et l'un des maîtres de Polémon, passait d'ailleurs pour connaître à fond la doctrine hippocratique.⁵¹ Philostrate, pour sa part, bien que très attentif à la dimension physique de la sophistique,⁵² n'accorde pas à tous les sophistes des *Vies* le privilège d'une description physique. Il se contente de mentionner, en passant, l'allure divine d'un Alexandre Péloplaton,⁵³ l'apparence rustique d'un Hippodromos⁵⁴ ou encore les sourcils et le visage d'un Marc de Byzance.⁵⁵ Ce n'est pas, pourtant, que l'apparence physique soit indifférente aux yeux de Philostrate. Il considère, au contraire, que dans le cas de Marc de Byzance, l'ἦθος de ses sourcils et la σύννοια de son visage suffisent à faire la preuve de ses qualités de sophiste, en dépit d'une apparence rustique.⁵⁶ Il semble plutôt que les sophistes, qui dans les *Vies* ont droit à quelques éléments de description physique, ont tous en commun de présenter des traits qui évoquent le divin ou le philosophique.⁵⁷ La description systématique, i.e., de la tête aux pieds, que nous avons ici dans le cas du personnage d'Agathion, revêt donc une certaine importance. Comme si Philostrate, en gratifiant ce personnage d'un portrait, invitait le lecteur à faire le rapprochement avec les autres portraits qui jalonnent les *Vies*. Comme un Polémon ou un Hippodromos, Agathion aurait ainsi le pouvoir d'exprimer la noblesse ou le divin par la seule beauté de ses traits. C'est du moins ce que suggère la lecture physiognomonique du portrait d'Agathion. Quand Hérode qualifie le regard de son Héraclès de brillant,⁵⁸ il utilise, en effet, la même catégorie physiognomonique⁵⁹ que Suétone pour décrire Auguste⁶⁰ ou Clément d'Alexandrie pour faire le portrait d'Héraclès.⁶¹ Agathion, en fait, partage avec Héraclès, l'empereur Auguste et même l'apôtre Paul,⁶² la distinction d'avoir soit des sourcils qui se rejoignent soit un nez aquilin.[63] Autrement dit, il semble appartenir physiquement à la classe du θεῖος ἀνήρ,[64] où l'on retrouve le sage, le philosophe, le saint, le héros et le sophiste.[65]

Sous ses airs de « bon sauvage », Agathion se présente sous les traits d'un être complexe. À l'instar du célèbre fils de Zeus dont il porte le nom, il conjugue philosophie et héroïsme, sagesse et prodiges. Comme le héros Marathon dont il serait le fils, il est de l'Attique, il parle l'attique et en cela, à la manière des sophistes de Philostrate, il incarne l'hellénisme face aux barbares. En résumé, Philostrate propose une figure qui réunit les qualités du sophiste, du philosophe et du héros. Puisque l'auteur des *Vies* n'a vraisemblablement pas introduit l'épisode d'Agathion sans raison, il y a tout lieu de revenir à la question de départ de notre étude: quel est le rapport entre le personnage rustique d'Agathion et le sophiste Hérode Atticus? Si Hérode, dans sa rencontre avec Agathion, qui lui sert, en quelque sorte, de miroir, peut se reconnaître dans sa maîtrise naturelle – et de ce fait prodigieuse – de l'attique, il ne semble pas vraiment possible de lui attribuer une forme d'activité philosophique qui corresponde à la sagesse un peu rude du personnage.[66] Il partage cependant avec Agathion la distinction d'avoir des origines héroïques. Ses ancêtres, nous apprend Philostrate dès les premiers mots de la notice qu'il lui consacre, remontent à la famille illustre des Éacides.[67] Du sang divin ou plutôt de l'ἰχώρ coule donc dans les veines du sophiste. Il est intéressant de noter, par ailleurs, que l'épisode d'Agathion s'insère dans la notice tout juste après le passage où Hérode déplore le fait qu'en dépit de toutes ses réalisations monumentales il ne pourra jamais léguer aux générations futures la seule réalisation qui à ses yeux aurait été vraiment digne de lui: creuser un canal à travers l'Isthme. Pour y parvenir, il aurait fallu qu'il fût Poséidon et non un homme (*VS* 551–2). Tous ses discours, fruit d'une éducation et d'un accomplissement intellectuel exceptionnels, ne valent pas, à ses yeux, un exploit divin ou héroïque, un exploit philanthropique,[68] comme celui de creuser un passage à travers l'Isthme. Philostrate passe ensuite du sophiste (Hérode) qui aurait voulu être un héros au héros (Agathion) qui aurait pu être un sophiste, tellement il incarne naturellement, voire divinement, l'idéal attique qu'Hérode lui-même a laborieusement atteint au terme d'un parcours intellectuel et professionnel exigeant. L'enchaînement des thèmes ne relève certainement pas du hasard. Il y a un lien subtil, semble-t-il, entre le désir d'Hérode de prouver sa valeur sophistique par une oeuvre impérissable, qui serait un exploit divin ou héroïque, et la rencontre d'Agathion, qui par sa nature divine et son origine héroïque, exprime l'essence même du sophiste.[69] Faute d'être Poséidon et de pouvoir creuser l'Isthme, Hérode assume ses racines héroïques et adopte le jeune prodige qui vit sur ses terres en lui donnant le nom d'Héraclès. Il devient son héros, l'Héraclès d'Hérode.

Au fond, Philostrate, dans les *Vies* aussi bien que dans la *Vie d'Apollonius de Tyane* et dans l'*Héroïkos*, cherche à définir le type le plus achevé de l'hellénisme, qui se confond chez lui avec la sophistique, croisement ou synthèse de la rhétorique et de la philosophie, sur fond de sagesse divine.[70] Un type qui prend ici la forme d'Hérode et de son reflet héroïco-philosophique et ailleurs, celle d'un Apollonius, figure historique, ou d'un Protésilaos, figure mythique.

Agathion et Apollonius de Tyane

Le côté héroïco-philosophique d'Agathion trouve ainsi un écho dans la figure d'Apollonius de Tyane.[71] Les deux personnages, en effet, se voient associés à Héraclès,[72] ont des origines divines ou héroïques,[73] vivent dans un état très près de la nature, pratiquent une forme de philosophie, maîtrisent parfaitement le dialecte des sophistes, l'attique, et possèdent des dons divins. Il est vrai qu'Apollonius, à la différence d'Agathion, a reçu une éducation soignée et qu'il professe une doctrine philosophique précise, le pythagorisme,[74] tout en menant une brillante activité de type sophistique.[75] Il est vrai également que la carrière d'Apollonius fait l'objet, dans la *Vie d'Apollonius de Tyane*, d'un très long développement qui prend les allures d'une fresque, tandis que la vie d'Agathion, dans les *Vies*, se limite à quelques lignes et prend plutôt les allures d'une miniature. Il reste, néanmoins, que les deux hommes semblent incarner deux variantes d'un même thème, celui de l'idéal hellénique, qui se confond chez Philostrate, nous l'avons déjà relevé, avec l'idéal sophistique. Les deux ouvrages majeurs de Philostrate, les *Vies* et la *Vie*, en dépit de différences considérables, semblent ainsi poursuivre un même objectif: la définition ou plutôt l'évocation du sophiste exemplaire. Comme l'a bien démontré G. Anderson, la lecture des deux ouvrages laisse souvent l'impression que Philostrate a composé les figures de ses sophistes dans les *Vies* et celle d'Apollonius dans la *Vie* en travaillant à partir des mêmes fiches.[76]

Nous pourrions d'ailleurs faire les mêmes observations à propos des relations entre les *Vies*, la *Vie d'Apollonius de Tyane* et l'*Héroïkos*. Philostrate, tel un Midas, d'une certaine manière, transforme en sophistique tout ce qu'il touche, tout ce qui l'intéresse. Le sage Agathion, au contact du sophiste Hérode Atticus, se change en incarnation de l'idéal sophistique, le philosophe Apollonius devient un pythagoricien inspiré qui fait de la sophistique, et les héros Protésilaos et Achille, dans l'*Héroïkos*, apparaissent comme des philosophes qui parlent à la manière des sophistes.

Agathion et les héros de l'Héroïkos

L'*Héroïkos* se présente comme un dialogue entre un vigneron, qui prend soin de la vigne et du jardin qui entoure le tombeau du héros Protésilaos, à Éléonte, en Chersonèse de Thrace, et un marchand phénicien qui y fait escale.[77] Après les échanges d'usage, le Phénicien découvre vite que le vigneron, depuis déjà fort longtemps, entretient une relation avec le héros Protésilaos, qui non seulement lui apparaît régulièrement et l'aide dans ses travaux de jardinage, mais discute également, de façon très érudite, de la Guerre de Troie et des poèmes d'Homère. Le héros Protésilaos se livre, en effet, à une savante relecture des poèmes d'Homère, que ne renierait pas un sophiste, et se voit même qualifier de φιλόσοφος[78] par le vigneron qui lui rend un culte et s'instruit auprès de lui. Comme l'explique le vigneron au marchand phénicien avec lequel il s'entretient, depuis qu'il a fait la rencontre du héros, il mène une vie de philosophe,[79] devenant, au contact de sa sagesse, lui-même de plus en plus sage.[80] Il a dû, pour ce faire, renoncer à la ville, revêtir un vêtement de cuir, et cultiver la terre.[81] Le lien établi ici entre la sagesse du héros et l'exigence d'une vie isolée à la campagne renvoie au personnage d'Agathion.

L'*Héroïkos* présente effectivement avec l'épisode d'Agathion de nombreux points communs. Le passage qui met en scène l'Héraclès d'Hérode constituerait, de l'avis de G. Anderson, un *Héroïkos* en miniature.[82] Il suffit pour s'en convaincre de comparer les descriptions physiques de Protésilaos,[83] Palamède[84] et Achille[85] pour constater à quel point le portrait d'Agathion correspond à l'image idéalisée du héros.[86] À cela s'ajoute le lait, qui dans l'*Héroïkos* sert de nourriture au héros Protésilaos sous la forme d'une libation,[87] la lutte contre les bêtes sauvages de Protésilaos (4, 4) et Achille (22, 1) et la δαιμονία φύσις attribuée à Achille.[88] Il n'est pas impossible de supposer que Philostrate ait composé l'*Héroïkos* avec l'intention de « revitaliser » le culte des héros et que l'héroïsation d'un personnage historique comme Sostratos, l'Agathion des *Vies*, en confirmant l'existence des héros d'autrefois par celle d'un héros contemporain,[89] ait participé du même élan de piété. Le fait que l'*Héroïkos* se signale par d'évidentes qualités littéraires[90] ne signifie évidemment pas que les thèmes qui concernent le sacré ou le divin dans les oeuvres de Philostrate doivent être pris à la légère. S. Swain a parfaitement raison de voir dans la VA une forme d'apologie de l'hellénisme dont la religion n'est pas exclue et les S. Eitrem (1929), H.D. Betz (1996), T. Mantero (1996) et plus récemment J.K. Berenson Maclean et E. Bradshaw Aitken (2001) n'ont pas tort eux non plus de prendre au sérieux la dimension religieuse de l'*Héroïkos*.[91] Il n'est tout simplement pas nécessaire de parler ici, dans le cas des héros de l'*Héroïkos* et du héros Agathion qui leur ressemble, de propagande religieuse, comme le fait J.F. Kindstrand.[92] Dans l'*Héroïkos*, en effet, le traitement du thème, c'est-à-dire, les héros de la Guerre de Troie, s'inscrit résolument dans la veine sophistique.[93] Le vigneron, par exemple, qui possède toutes les qualités d'un sophiste,[94] relate à son interlocuteur les propos du héros Protésilaos qui prennent essentiellement la forme d'une discussion critique, pour ne pas dire sophistique, des poèmes homériques. Au cours de l'opération, le héros ne se contente pas de déployer une habileté sophistique, il réhabilite, en outre, le héros Palamède, qu'il présente ni plus ni moins comme un sophiste accompli.[95] En un mot, parce qu'il s'agit d'une oeuvre du sophiste Philostrate, il est normal que les vignerons mènent une vie de philosophe et que les héros de la Guerre de Troie parlent comme des sophistes.

Conclusion

Le sophiste Philostrate a rédigé un ouvrage sur les sophistes qui englobe toutes les formes que revêt la sophistique, y compris les formes philosophiques. Au centre de cet ouvrage, se trouve la notice consacrée à Hérode Atticus, le personnage qui incarne le mieux, aux yeux de Philostrate, l'idéal de la sophistique. Au centre de cette notice, qui décrit autant sinon davantage les exploits évergétiques et politiques d'Hérode que ses performances rhétoriques, se place le récit de la rencontre avec Héraclès-Agathion-Sostratos. Face à un homme qui a atteint la philosophie et la pureté de langage sans avoir reçu d'autre éducation que celle que lui ont donnée la terre attique et ses origines héroïques, face à un homme, autrement dit, qui incarne naturellement l'idéal sophistique – fait de rhétorique et de philosophie, ne l'oublions pas – Hérode ne peut qu'être admiratif et conclure à la nature divine de cet homme. Ce faisant, il reconnaît, il assume le rôle de la « philosophie héroïque » dans sa propre activité de sophiste. Le personnage d'Agathion, à la manière d'une image, montre, plus qu'il ne démontre, ce lien entre héroïsme et sophistique. Il s'agit, bien entendu, d'un héroïsme aux résonances philosophiques qui remonte à Héraclès lui-même. Il s'agit, également, d'une sophistique qui ne se résume pas à la parole et à la rhétorique, une sophistique qui peut très bien s'en tenir à l'action ou à la présence divine d'un sage. Une sophistique qui se veut aussi une σοφία, une σοφία comme celle d'Héraclès ou de Pythagore.

NOTES

1 *Vies des sophistes* 586. Sur l'importance d'Hérode Atticus dans l'économie des *Vies*, cf. Anderson (1986, 108): « For Philostratus, the Second Sophistic revolves around Herodes Atticus. He is the superlative philanthropist, the superlative sophist – both teacher and performer – and the superlative controversialist ».
2 Cf. Whitmarsh (2001, 105): « In his largesse and interactions with prominent Romans, he represents the very pinnacle of sophistic influence ».

3   C'est Pernot (2003, 141), qui définit ainsi le champ de la sophistique: « Par la rhétorique, l'art du sophiste réalise l'alliance du savoir et du pouvoir ».
4   Nous pensons à la définition de l'ancienne sophistique en tant que rhétorique « philosophante » et à la catégorie des philosophes-sophistes. Voir VS 480–1 pour la ῥητορικὴ φιλοσοφοῦσα et VS 484 pour les philosophes qui passent pour des sophistes en raison de leur éloquence.
5   VS 552: ὃν δ' ἐκάλουν οἱ πολλοὶ Ἡρώδου Ἡρακλέα, νεανίας οὗτος ἦν ἐν ὑπήνῃ πρώτῃ Κελτῷ μεγάλῳ ἴσος καὶ ἐς ὀκτὼ πόδας τὸ μέγεθος.
6   VS 552: διαγράφει δὲ αὐτὸν ὁ Ἡρώδης ἐν μιᾷ τῶν πρὸς τὸν Ἰουλιανὸν ἐπιστολῶν.
7   Swain (1996, 80) n'éprouve aucune difficulté à attribuer la lettre à Hérode. Il identifie même le dénommé Julianus à Tiberius Claudius Julianus, « suffect consul in or shortly after 154 and also of eastern origin ». Cf. Ameling (1983, 155).
8   À moins d'indication contraire, toutes les traductions dans cet article sont celles de l'auteur. VS 552: κομᾶν τε ξυμμέτρως καὶ τῶν ὀφρύων λασίως ἔχειν, ἃς καὶ ξυμβάλλειν ἀλλήλαις οἷον μίαν, χαροπήν τε ἀκτῖνα ἐκ τῶν ὀμμάτων ἐκδίδοσθαι παρεχομένην τι ὁρμῆς ἦθος καὶ γρυπὸν εἶναι καὶ εὐτραφῶς ἔχοντα τοῦ αὐχένος, τουτὶ δὲ ἐκ πόνων ἥκειν αὐτῷ μᾶλλον ἢ σίτου. εἶναι δὲ αὐτῷ καὶ στέρνα εὐπαγῆ καὶ ξὺν ὥρᾳ κατεσκληκότα, καὶ κνήμην μικρὸν ἐς τὰ ἔξω κυρτουμένην καὶ παρέχουσαν τῇ βάσει τὸ εὖ βεβηκέναι.
9   VS 553: ἐνῆφθαι δὲ αὐτὸν καὶ δορὰς λύκων, ῥαπτὸν ἔσθημα, ἄθλους τε ποιεῖσθαι τοὺς ἀγρίους τῶν συῶν καὶ τοὺς θῶας καὶ τοὺς λύκους καὶ τῶν ταύρων τοὺς ὑβρίζοντας.
10 VS 553: γενέσθαι δὲ τὸν Ἡρακλέα τοῦτον οἱ μὲν γηγενῆ φασιν ἐν τῷ Βοιωτίῳ δήμῳ, Ἡρώδης δὲ ἀκοῦσαι λέγοντός φησιν, ὡς μήτηρ μὲν αὐτῷ γένοιτο γυνὴ οὕτω τι ἐρρωμένη, ὡς βουκολεῖν, πατὴρ δὲ Μαραθών, οὗ τὸ ἐν Μαραθῶνι ἄγαλμα, ἔστι δὲ ἥρως γεωργός. ἤρετό τε τὸν Ἡρακλέα τοῦτον ὁ Ἡρώδης, εἰ καὶ ἀθάνατος εἴη, ὁ δὲ θνητοῦ » ἔφη « μακροημερώτερος ». ἤρετο αὐτὸν καὶ ὅ τι σιτοῖτο, ὁ δὲ « γαλακτοφαγῶ » ἔφη « τὸν πλείω τοῦ χρόνου καί με βόσκουσιν αἶγές τε καὶ ποῖμναι τῶν τε βοῶν καὶ τῶν ἵππων αἱ τοκάδες, ἐκδίδοται δέ τι καὶ θηλῆς ὄνων γάλα εὔποτόν τε καὶ κοῦφον, ἐπειδὰν δὲ ἀλφίτοις προσβάλλω, δέκα σιτοῦμαι χοίνικας, καὶ ξυμφέρουσί μοι τὸν ἔρανον τοῦτον γεωργοὶ Μαραθώνιοί τε καὶ βοιώτιοι, οἵ με καὶ Ἀγαθίωνα ἐπονομάζουσιν, ἐπειδὴ καὶ εὐξύμβολος αὐτοῖς φαίνομαι ».
11 VS 553: « τὴν δὲ δὴ γλῶτταν » ἔφη ὁ Ἡρώδης « πῶς ἐπαιδεύθης καὶ ὑπὸ τίνων; οὐ γάρ μοι τῶν ἀπαιδεύτων φαίνῃ ». Καὶ ὁ Ἀγαθίων « ἡ μεσογεία » ἔφη « τῆς Ἀττικῆς ἀγαθὸν διδασκαλεῖον ἀνδρὶ βουλομένῳ διαλέγεσθαι, οἱ μὲν γὰρ ἐν τῷ ἄστει Ἀθηναῖοι μισθοῦ δεχόμενοι Θρᾴκια καὶ Ποντικὰ μειράκια καὶ ἐξ ἄλλων ἐθνῶν βαρβάρων ξυνερρυηκότα παραφθείρονται παρ' αὐτῶν τὴν φωνὴν μᾶλλον ἢ ξυμβάλλονταί τι αὐτοῖς ἐς εὐγλωττίαν ἢ

μεσογεία δὲ ἄμικτος βαρβάροις οὖσα ὑγιαίνει αὐτοῖς ἡ φωνὴ καὶ ἡ γλῶττα τὴν ἄκραν Ἀτθίδα ἀποψάλλει ».

12 VS 553–4 : « πανηγύρει δὲ » ᾖ δ' ὁ Ἡρώδης « παρέτυχες; » καὶ ὁ Ἀγαθίων « τῇ γε Πυθοῖ » ἔφη « οὐκ ἐπιμιγνὺς τῷ ὁμίλῳ, ἀλλ' ἐκ περιωπῆς τοῦ Παρνασοῦ ἀκούων τῶν τῆς μουσικῆς ἀγωνιστῶν, ὅτε Παμμένης ἐπὶ τραγῳδίᾳ ἐθαυμάσθη, καί μοι ἔδοξαν οἱ σοφοὶ Ἕλληνες οὐ χρηστὸν πρᾶγμα ἐργάζεσθαι τὰ τῶν Πελοπιδῶν καὶ τὰ τῶν Λαβδακιδῶν κακὰ ξὺν ἡδονῇ ἀκούοντες, ξύμβουλοι γὰρ σχετλίων ἔργων μῦθοι μὴ ἀπιστούμενοι ». Φιλοσοφοῦντα δὲ αὐτὸν ἰδὼν ὁ Ἡρώδης ἤρετο καὶ περὶ τῆς γυμνικῆς ἀγωνίας ὅπως γιγνώσκοι, καὶ ὃς « ἐκείνων » ἔφη « καταγελῶ μᾶλλον ὁρῶν τοὺς ἀνθρώπους διαγωνιζομένους ἀλλήλοις παγκράτιον καὶ πυγμὴν καὶ δρόμον καὶ πάλην καὶ στεφανουμένους ὑπὲρ τούτου· στεφανούσθω δὲ ὁ μὲν δρομικὸς ἀθλητὴς ἔλαφον παρελθὼν ἢ ἵππον, ὁ δὲ τὰ βαρύτερα ἀσκῶν ταύρῳ συμπλακεὶς ἢ ἄρκτῳ, ὃ ἐγὼ ὁσημέραι πράττω … ».

13 VS 554 : ἀγασθεὶς οὖν ὁ Ἡρώδης ἐδεῖτο αὐτοῦ ξυσσιτῆσαί οἱ. καὶ ὁ Ἀγαθίων « αὔριον » ἔφη ἀφίξομαί σοι κατὰ μεσημβρίαν ἐς τὸ τοῦ Κανώβου ἱερόν, ἔστω δέ σοι κρατὴρ ὁ μέγιστος τῶν ἐν τῷ ἱερῷ γάλακτος πλέως, ὃ μὴ γυνὴ ἤμελξεν. καὶ ἀφίκετο μὲν ἐς τὴν ὑστεραίαν καθ' ὃν ὡμολόγησε καιρόν, τὴν δὲ ῥῖνα ἐρείσας ἐς τὸν κρατῆρα οὐ καθαρὸν ἔφη τὸ γάλα, προσβάλλει γάρ με χεὶρ γυναικός. καὶ εἰπὼν ταῦτα ἀπῆλθε μὴ ἐπισπασάμενος τοῦ γάλακτος. ἐπιστήσας οὖν ὁ Ἡρώδης τῷ περὶ τῆς γυναικὸς λόγῳ ἔπεμψεν ἐς τὰ ἐπαύλια τοὺς ἐπισκεψομένους τἀληθές, καὶ μαθὼν αὐτὸ οὕτως ἔχον, ξυνῆκεν ὡς δαιμονία φύσις εἴη περὶ τὸν ἄνδρα.

14 Voir Anderson (1986, 11) et Brunt (1994, 25) pour une critique sévère de la fiabilité de Philostrate et Swain (1991, 148–63) pour un jugement plus modéré et favorable.

15 Plutarque, en effet, dans les *Propos de table* (660e) fait allusion à un certain Sosastros : οὐ γὰρ ἐμεμνήμην, εἶπεν ὁ Φίλων, ὅτι Σώσαστρον ἡμῖν ὑποτρέφει ὁ Φιλῖνος, ὃν φασι μήτε ποτῷ χρησάμενον ἄλλῳ μήτ' ἐδέσματι πλὴν [ἢ] γάλακτος διαβιῶσαι πάντα τὸν βίον ἀλλ' ἐκείνῳ μὲν ἐκ μεταβολῆς ἀρχὴν γενέσθαι τῆς τοιαύτης διαίτης εἰκός: « C'est que je ne me rappelais pas que Philinos nous élevait un Sosastros, dont on dit qu'il a passé sa vie sans recourir, en fait de nourriture ou de boisson, à autre chose qu'à du lait; encore celui-là se mit-il probablement à ce régime à la suite d'un changement dans son existence » (trad. Fuhrmann, 1978). Comme Fuhrmann (1978, 127) le fait remarquer, « l'appellatif Sosastros est inattesté ». Certains savants (Reiske et Xylander) ont donc proposé de lire Sostratos, assimilant le Sosastros de Plutarque au cynique béotien connu de Lucien. D'autres y ont plutôt vu Zoroastre, puisque le sage, s'il faut en croire Pline (*Histoire naturelle* XI, 242) et Diogène Laërce (I, 7–8), se serait nourri pendant vingt ans de fromage. Pour le détail de la discussion, voir Kindstrand (1979–80, 50–1).

16 Nous donnons ici une traduction libre de Lucien, *Vie de Démonax* 1: λέγω δὲ εἴς τε τὸν Βοιώτιον Σώστρατον ἀναφέρων, ὃν Ἡρακλέα οἱ Ἕλληνες ἐκάλουν καὶ ᾤοντο εἶναι, καὶ μάλιστα εἰς Δημώνακτα τὸν φιλόσοφον, οὓς καὶ εἶδον αὐτὸς καὶ ἰδὼν ἐθαύμασα, θατέρῳ δὲ τῷ Δημώνακτι καὶ ἐπὶ μήκιστον συνεγενόμην. Περὶ μὲν οὖν Σωστράτου ἐν ἄλλῳ βιβλίῳ γέγραπταί μοι καὶ δεδήλωται μέγεθός τε αὐτοῦ καὶ ἰσχύος ὑπερβολὴ καὶ ἡ ὕπαιθρος ἐν τῷ Παρνασσῷ δίαιτα καὶ ἡ ἐπίπονος εὐνὴ καὶ τροφαὶ ὄρειοι καὶ ἔργα οὐκ ἀπῳδὰ τοῦ ὀνόματος ὅσα ἢ λῃστὰς αἴρων ἔπραξεν ἢ ὁδοποιῶν τὰ ἄβατα ἢ γεφυρῶν τὰ δύσπορα.

17 Swain (1996, 80): « It seems reasonably clear that this "Heracles of Herodes" is the same figure as the Sostratus mentioned at the beginning of Lucian's *Demonax* ». Cf. Schmitz (1997, 190).

18 Swain (1996, 80): « the most original feature of Philostratus' Heracles is his complete command of Attic Greek ».

19 Swain (1996: 80): « the descent of Heracles from the hero Marathon will be Herodes' fiction, since Herodes had a large estate in that part of Attica and officially termed himself Marathonios ». Sur l'atticisation d'Agathion, cf. Whitmarsh (2001, 106).

20 Sur le héros Marathon et le lien avec Héraclès, cf. Pausanias I, 32, 4: σέβονται δὲ οἱ Μαραθώνιοι τούτους τε οἳ παρὰ τὴν μάχην ἀπέθανον ἥρωας ὀνομάζοντες καὶ Μαραθῶνα ἀφ' οὗ τῷ δήμῳ τὸ ὄνομά ἐστι καὶ Ἡρακλέα, φάμενοι πρώτοις Ἑλλήνων σφίσιν Ἡρακλέα θεὸν νομισθῆναι: « Les Marathoniens ne vénèrent pas seulement ceux qui sont morts au combat et qu'ils appellent des héros, mais aussi Marathon, d'où le dème tire son nom, et Héraclès, qu'ils furent, disent-ils, les premiers parmi les Grecs à considérer comme un dieu ». Dans le même passage (I, 32, 5), Pausanias rapporte également la tradition selon laquelle un homme d'apparence rustique, qui s'était signalé durant la bataille de Marathon et que l'oracle, après avoir été consulté, avait désigné comme étant le héros Echetlaios, était vénéré par les Athéniens. Sur la présence d'Héraclès à Marathon, à laquelle Hérodote ferait peut-être allusion, voir Bowden (2005, 4–8). Assez curieusement, Bowden (2005, 6) semble croire que Philostrate, quand il mentionne la croyance suivant laquelle l'Héraclès d'Hérode était le fils de Marathon, fait référence au héros Héraclès: « Marathon was the eponymous hero of the deme, and according to one local tradition, Herakles' father ». La note 35 renvoie à *VS* 238 (sic).

21 Whitmarsh (2001, 107). Plus récemment, Whitmarsh (2005, 35) est revenu sur cette opposition: « Which one, then, is the true Greek, the Greco-Roman globe-trotter Herodes, or the pastoralist Agathion? Philostratus does not tell us. Different examples of ideal education coexist within the same text, sometimes in conflict ».

22 Cf. Whitmarsh (2001, 107): « whereas the former's identity is welded to the

rugged, primitive past, the latter represents the progressive cosmopolitanism of the present ».

23 Voir, à ce sujet, Schmitz (1997, 192–3), qui souligne le caractère paradoxal d'un cas comme celui d'Agathion ou encore d'Apollonius de Tyane. Tous les deux, en effet, atteignent l'idéal linguistique des sophistes et des atticisants sans passer par le « système », au moyen d'une intervention divine (« durch göttliche Fügung »), mais confirment tout de même, aux yeux des πεπαιδευμένοι, l'authenticité de la *paideia*. Cf. également Gleason (1995, 145): « A prodigy like this obviously appealed to Herodes and his friends because he embodied a connection between their Atticism, the product of elaborate literary culture, and a sort of pure, primitive, and manly *Ur*-Atticism that, as they liked to think, existed in nature ».

24 Cf. Swain (1996, 82): « the story offers a particularly neat representation of the second sophistic's quest for a Greek identity ».

25 Concernant la place du mythe dans la philosophie de Platon, voir Brisson (1996, 28–44) et Brisson (1994).

26 Sur l'importance de la religion dans le cynisme ancien, voir Goulet-Cazé (1996). L'empereur Julien, au printemps de l'an 362, dans le discours adressé au Cynique Héraclius, s'attaque au mauvais usage que les Cyniques font de la mythologie. Il réagit, en fait, à un discours d'Héraclius, prononcé en présence de l'empereur, dans lequel les dieux et la mythologie avaient été ridiculisés. Julien, dans le même discours (*Contre le Cynique Héraclius* 210d), fait référence aux tragédies attribuées à Diogène et à celles d'Oenomaos de Gadara (IIe siècle a.C.). Il mentionne également, du même philosophe cynique (Oenomaus), un traité sur l'inspiration des oracles et un autre contre les oracles (*Contre le Cynique Héraclius* 209b). À propos du cynisme à l'époque de Julien, voir Smith (1995, 49–90) et Billerbeck (1996, 216–21).

27 Kindstrand (1979–80, 69). L'auteur renvoie effectivement à Plutarque, *De la tranquillité de l'âme* 20, 477d et à Diogène Laërce VI, 24.

28 Voir Kindstrand (1979–80, 67), qui souligne à juste titre que la diète cynique est essentiellement végétarienne ou à base d'orge (ἄλφιτα).

29 VS 553: ἐνῆφθαι δὲ αὐτὸν καὶ δορὰς λύκων, ῥαπτὸν ἔσθημα.

30 *Vie de Démonax* 19: τὸν δὲ Κυνικὸν τὸν ἐν ἄρκτου δέρματι φιλοσοφοῦντα. Pour cette raison, Démonax ne voulait pas qu'on l'appelât Honoratus mais plutôt Arctésilas.

31 Diogène Laërce VI, 71: τὸν αὐτὸν χαρακτῆρα τοῦ βίου λέγων διεξάγειν ὅνπερ καὶ Ἡρακλῆς, μηδὲν ἐλευθερίας προκρίνων: « Il disait mener le même style de vie qu'Héraclès: préférer la liberté à tout autre chose ». Sur l'importance d'Héraclès dans le cynisme, voir Long (1996, 35) et Kindstrand (1979–80, 60).

32 Voir Swain (1999, 159).

33 Là-dessus, voir Detienne (1960, 19–53). Comme le démontre Detienne, dans

l'élaboration d'un Héraclès philosophique, il semble bien que la priorité des Pythagoriciens soit incontestable (34) et que leur influence « sur le cynisme et peut-être sur Antisthène » soit possible (36). Des sophistes comme Hérodore d'Héraclée, auteur d'un ouvrage sur Héraclès (26), et Prodicos de Céos, auteur d'un célèbre apologue consacré à Héraclès au carrefour du vice et de la vertu, auraient eux aussi, toujours selon Detienne, subi l'influence du pythagorisme (38–43). Cf. Loraux (1985) pour le rôle de modèle que joue Héraclès dans la tradition platonicienne.

34 Kindstrand (1979–80, 70–1): « Now Sostratus' attitude is different [scil. de celle des Cyniques], being connected with the idea of purity and almost supernatural. Ascetics frequently abstain from sexual relations ».

35 Philostrate, dans la *Vie d'Apollonius de Tyane* (I, 13, 3), nous apprend qu'Apollonius, qui suivait les enseignements de Pythagore, croyait savoir que Pythagore s'était lui-même abstenu de relations sexuelles, bien qu'il ne l'eût pas imposé aux autres. Selon Philostrate, Apollonius, pour sa part, a su maîtriser, durant toute son existence, ses pulsions sexuelles: ὁ δ' ὑπ' ἀρετῆς τε καὶ σωφροσύνης οὐδ' ἐν μειρακίῳ ἡττήθη τούτου, ἀλλὰ καὶ νέος ὢν καὶ τὸ σῶμα ἐρρωμένος ἐκράτει τε καὶ λυττῶντος ἐδέσποζεν: « Apollonius, grâce à sa vertu et à sa tempérance, n'a jamais été, même adolescent, dominé par cela. En dépit de sa jeunesse et de sa vigueur, il parvenait à se maîtriser et à soumettre cette rage ».

36 À propos du lien entre l'ascétisme et la nature divine du sage, voir Kindstrand (1979–80, 71).

37 Cf. César, *Guerre des Gaules* VI, 21: *Germani … pellibus aut paruis renonum tegimentis utuntur magna corporis parte nuda*, apud Kindstrand (1979–80, 62).

38 Concernant le végétarisme dans l'Antiquité, voir Balaudé (1997) et Heuzé (1995). Le traité de Porphyre, *De abstinentia*, constitue le témoignage ancien le plus complet et le plus intéressant que nous ayons sur le sujet.

39 Sur le rapport entre le lait et la barbarie, voir Auberger (2001, 137–41).

40 Auberger (2001, 137).

41 Auberger (2001, 141): « Car il n'en reste pas moins qu'en dépit de leur état, les « barbares » sont également, parfois, considérés comme des rescapés de l'Âge d'or ». Puisque l'une des « vertus de l'Âge d'or, poursuit Auberger (144), est d'ignorer les maladies » et la vieillesse, le lait permet ainsi aux Éthiopiens d'Hérodote et à l'Héraclès d'Hérode de vivre très vieux. Selon Hérodote (III, 23), les Éthiopiens pouvaient vivre jusqu'à 120 ans.

42 Cf. Kindstrand (1979–80, 68), qui relève, dans la *Vie d'Apollonius de Tyane* VIII, 12, un emploi de l'adjectif εὐξύμβολος en rapport avec le mot θεός: θεοῖς εὐξυμβόλοις ἔσπεισεν. Kindstrand se demande d'ailleurs s'il n'y pas lieu de rapprocher le nom d'Agathion, qui est extrêmement rare, de l'expression

ἀγαθὸς δαίμων, utilisée notamment pour désigner des êtres humains, comme les philosophes cyniques Diogène, Cratès et Démonax, qui peuvent apporter secours et protection.

43 Dion, *Discours* VIII, 28, Philostrate, *Images* II, 20, 2 et 23, 1.
44 Sur la question de la physiognomonie dans l'Antiquité, on consultera en premier lieu les textes édités par Förster (1893), André (1981), Swain (2007) et l'étude de référence d'Elizabeth Cornelia Evans (1969). Un certain nombre de travaux récents ont d'ailleurs été consacrés à ce sujet. Voir Laurand (2005), Laurand (2006) et Swain, ed. (2007).
45 Concernant Polémon et son traité de physiognomonie, voir Förster (1893 I, 93–294) pour le texte arabe et la traduction latine de G. Hoffmann, Hoyland (2007) et Ghersetti (2007) pour le texte arabe et la traduction anglaise. Voir aussi Evans (1969, 11–15), Gleason (1995, 21–81) et Swain (2007).
46 Pseudo-Aristote, *Physiognomonica* 1 805a 1–8: ὅτι αἱ διάνοιαι ἕπονται τοῖς σώμασι καὶ οὔκ εἰσιν αὐταὶ καθ' ἑαυτὰς ἀπαθεῖς οὖσαι τῶν τοῦ σώματος κινήσεων, τοῦτο [δὲ] δῆλον πάνυ γίνεται ἔν τε ταῖς μέθαις καὶ ἐν ταῖς ἀρρωστίαις· πολὺ γὰρ ἐξαλλάττουσαι φαίνονται αἱ διάνοιαι ὑπὸ τῶν τοῦ σώματος παθημάτων. Καὶ τοὐναντίον δὴ τοῖς τῆς ψυχῆς παθήμασι τὸ σῶμα συμπάσχον φανερὸν γίνεται (trad. Laurand 2005, 26). Sur la composition et la date du traité, première moitié du IIIe siècle a.C. – il s'agit en fait du plus ancien traité de physiognomonie qui nous soit parvenu – voir Evans (1969, 7–10), Laurand (2005, 24–35), Laurand (2006, 192–200) et Boys-Stones (2007, 44–6 et 55–8).
47 Voir Cox (1983, 13–14) qui note que Suétone, dans ses ouvrages biographiques, « followed closely the schemata contained in current handbooks of physiognomy ».
48 Voir Boys-Stones (2007, 99–109) et Evans (1969, 19 et 24–6). Les liens entre la physiognomonie, la médecine et la philosophie sous-tendent les traditions contradictoires qui attribuent l'invention de la physiognomonie à Pythagore ou à Hippocrate. Voir Galien, *Quod animi mores corporis temperamenta sequantur* 4.768 K. Cf. Evans (1969, 5): « We may recall that Pythagoras, the Greek philosopher, of the sixth century B.C., is credited with "inventing" the science, but that Galen regards "the divine Hippocrates" as its originator » et Boys-Stones (2007, 94): « the word "physiognomy" appears to have its first attestations in Hippocratic literature ».
49 Cf. Rocca-Serra (1997, 137): « Le chapitre 56 du livre IV d'Artémidore est, pour l'essentiel, un petit traité de physiognomonie ».
50 Sur l'intégration de la sophistique et de la physiognomonie dans la carrière de Polémon, voir Gleason (1995, 28 et 52) et Whitmarsh (2005, 30).
51 Voir Philostrate, *VS* 536 et Evans (1969, 13).

52 Cf. Castelli (2005, 1).
53 *VS* 571: θεοειδὴς δὲ ὁ Ἀλέξανδρος καὶ περίβλεπτος ξὺν ὥρα. Cf. Whitmarsh (2005, 27).
54 *VS* 618: ἀγροικότερός τε ὢν τὸ εἶδος ὅμως ἀμήχανον εὐγένειαν ἐπεδήλου τοῖς ὄμμασι γοργόν τε καὶ φαιδρὸν βλέπων : « Bien qu'il fût d'une apparence quelque peu rustique, ses yeux exprimaient néanmoins une extraordinaire noblesse et son regard était à la fois terrible et brillant ».
55 *VS* 528: τὸ δὲ τῶν ὀφρύων ἦθος καὶ ἡ τοῦ προσώπου σύννοια σοφιστὴν ἐδήλου τὸν Μάρκον.
56 En effet, si les sourcils et le visage de Marc révélaient le sophiste, les cheveux et la barbe, du moins aux yeux de Polémon le sophiste et le physiognomiste, annonçaient plutôt le rustique. À propos de la rusticité de Marc de Byzance et des liens entre barbe et cheveux négligés, d'une part, et l'image du philosophe, d'autre part, voir Castelli (2005, 2), qui rapproche le γενειάδος δὲ καὶ κόμης αὐχμηρῶς εἶχεν, utilisé pour Marc (*VS* 529), du ἐφιλοσόφει χρόνον αὐχμηρὸς δοκῶν, employé pour décrire Aristocle de Pergame, le philosophe péripatéticien, avant qu'il ne se « convertisse » à la sophistique (*VS* 567). Cf. Robiano (1994) au sujet de la chevelure négligée d'Apollonius de Tyane et de l'emploi des mots αὐχμός et αὐχμηρός.
57 Parmi les sophistes qui ont droit à une forme de description physique – souvent sommaire – on retrouve Marc de Byzance (*VS* 528–9), Alexandre de Séleucie, dit « Péloplaton » (*VS* 570–1), Varus de Perge (*VS* 576), Philagros de Cilicie (*VS* 580–1), Hermocrate de Phocée (*VS* 612), Hippodromos de Thessalie (*VS* 618) et Philiscos de Thessalie (*VS* 623).
58 *VS* 552: χαροπήν τε ἀκτῖνα ἐκ τῶν ὀμμάτων ἐκδίδοσθαι.
59 La catégorie est celle des « yeux brillants » (ὄμμα χαροπόν) que le Pseudo-Aristote établit comme le signe du courageux (*Physique* 807a 31: ἀνδρείου σημεῖα) et du bon naturel (*Physique* 807b 13–19: εὐφυοῦς σημεῖα). Pour une traduction et une analyse de ce passage, voir Laurand (2006, 195). Sur l'importance des yeux dans la hiérarchie des signes, voir le Pseudo-Aristote (*Physique* 814b 4–5) et l'Anonyme latin (*Traité de physiognomonie* 10): *Potissima autem signa iudicabuntur oculorum. Hos enim tamquam fores animae uideri uolunt; nam et animam dicunt per oculos emicare*: « On accordera, d'autre part, le plus d'importance aux signes donnés par les yeux. On veut y voir en effet comme les portes de l'âme, car l'âme, dit-on, brille dans les yeux » (trad. André 1981). Cf. Laurand (2006, 198), qui fait une distinction entre « l'ὄμμα χαροπόν, regard brillant du bon naturel et les ὀφθαλμοὺς στιλπνούς, les yeux brillants du sensuel ».
60 Suétone, *Vies des Douze Césars. Auguste* 79: *Oculos habuit claros ac nitidos, quibus etiam existimari uolebat inesse quiddam diuini uigoris*: « Ses yeux étaient vifs et brillants; il voulait même faire croire qu'il y avait dans son regard

55   L'Héraclès d'Hérode

comme une autorité divine » (trad. Ailloud 1931). Sur Suétone et son utilisation des catégories physiognomoniques, voir Cox (1983, 14): « Suetonius was the first biographer to connect the physical and moral portraits of a man in this way ».

61 Clément d'Alexandrie, Le Protreptique II, 30, 7: Ἡρακλέα οὖν καὶ αὐτὸς Ὅμηρος θνητὸν οἶδεν ἄνθρωπον, Ἱερώνυμος δὲ ὁ φιλόσοφος καὶ τὴν σχέσιν αὐτοῦ ὑφηγεῖται τοῦ σώματος, μικρόν, φριξότριχα, ῥωστικόν· Δικαίαρχος δὲ σχιζίαν, νευρώδη, μέλανα, γρυπόν, ὑποχαροπόν, τετανότριχα: « C'est donc qu'Homère, lui aussi, sait qu'Héraclès ne fut qu'un homme mortel. Hiéronyme le philosophe nous présente son portrait physique: petit, les cheveux hérissés, vigoureux; mais Dicéarque le fait raide comme un morceau de bois, nerveux, noir, le nez aquilin, les yeux brillants, les cheveux longs et plats » (trad. Mondésert 1949).

62 Actes de Paul et de Thècle 3: ἄνδρα μικρὸν τῷ μεγέθει, ψιλὸν τῇ κεφαλῇ, ἀγκύλον ταῖς κνήμαις, εὐεκτικόν, σύνοφρυν, μικρῶς ἐπίρρινον, χάριτος πλήρη· ποτὲ μὲν γὰρ ἐφαίνετο ὡς ἄνθρωπος, ποτὲ δὲ ἀγγέλου πρόσωπον εἶχεν.

63 Pour le nez aquilin d'Héraclès, voir, en plus du passage de Clément d'Alexandrie déjà cité (supra n. 61), Plutarque, Vie d'Antoine 4: προσῆν δὲ καὶ μορφῆς ἐλευθέριον ἀξίωμα, καὶ πώγων τις οὐκ ἀγεννὴς καὶ πλάτος μετώπου καὶ γρυπότης μυκτῆρος ἐδόκει τοῖς γραφομένοις καὶ πλαττομένοις Ἡρακλέους προσώποις ἐμφερὲς ἔχειν τὸ ἀρρενωπόν: « Il avait aussi dans son extérieur un grand air de dignité: sa barbe majestueuse, son large front et son nez aquilin semblaient reproduire l'aspect viril que les peintres et les sculpteurs prêtent au visage d'Héraclès » (trad. Flacelière et Chambry 1977). Auguste (Suétone, Vies des Douze Césars. Auguste 79: supercilia conjuncta) et Paul (Actes de Paul et de Thècle 3: σύνοφρυν) ont les sourcils joints, ce qui, selon Malherbe (1986, 173), serait considéré comme un signe de beauté. Il est vrai que Suétone affirme dès le départ qu'Auguste était d'une rare beauté, ce qui semble inclure les sourcils joints. Toutefois, Bollók (1996, 8) et Bremmer (1996, 38–9) ont parfaitement raison, contra Malherbe (1986), de souligner que les traités de physiognomonie n'associent pas les sourcils joints à la beauté, mais, dans le meilleur des cas, à la sévérité ou à la morosité, dans le pire, à un manque d'intelligence. Cf. Pseudo-Aristote, Physiognomonica 812b: οἱ δὲ σύνοφρυες δυσάνιοι et l'Anonyme latin, Traité de physiognomonie 18: supercilia cum coeunt, tristem maxime hominem sed parum sapientem significant. De fait, en termes de physiognomonie, la description de Paul comporte des éléments contradictoires (Bollók 1996, 9) ou assez peu positifs (Bremmer 1996, 38) qui se voient toutefois contrebalancés par la conclusion du passage: χάριτος πλήρη· ποτὲ μὲν γὰρ ἐφαίνετο ὡς ἄνθρωπος, ποτὲ δὲ ἀγγέλου πρόσωπον εἶχεν: « il était rempli de grâce; en effet, tantôt il avait l'aspect d'un homme, tantôt il avait le visage d'un ange ».

De la même manière, la description d'Agathion ne semble pas correspondre parfaitement aux signes positifs des traités de physiognomonie – pas plus d'ailleurs que le portrait d'Auguste chez Suétone – mais l'intention de Philostrate ne fait aucun doute. Il s'agit bien de souligner la nature héroïque et divine du personnage.

64 Cf. Kindstrand (1979–80, 62). Le concept et la définition du θεῖος ἀνήρ doivent beaucoup à l'ouvrage fondamental de Ludwig Bieler (1935–6). Sur l'évolution du concept depuis Bieler, voir notamment Anderson (1994b, 30–3), Hanus (1998, 203–7) et Koskenniemi (1998) pour une critique en règle du concept. Hanus (1998, 207) note que le terme *theios aner* est « pour une part une sorte de construction abstraite, élaborée par les modernes à partir de textes composés principalement entre le IIe et le Ve siècle de notre ère, qui cependant se rattachent à une très ancienne tradition ». L'homme divin, selon Hanus, ne semble donc pas être une « invention moderne », bien qu'il soit « abusif de le voir partout ».

65 Sur les multiples facettes du « Holy Man », voir, naturellement, Anderson (1994b), bien que l'exposé manque parfois de clarté, et Hanus (1998, 203–4).

66 Philostrate nous apprend qu'Hérode a étudié la doctrine de Platon auprès de Taurus de Tyr (*VS* 564: συνέγενετο καὶ Ταύρῳ τῷ Τυρίῳ ἐπὶ ταῖς Πλάτωνος δόξαις). Cependant, il n'est dit nulle part dans les *VS* qu'Hérode aurait pratiqué une philosophie en particulier.

67 *VS* 545: περὶ δὲ Ἡρώδου τοῦ Ἀθηναίου τάδε χρὴ εἰδέναι· ὁ σοφιστὴς Ἡρώδης ἐτέλει μὲν ἐκ πατέρων ἐς τοὺς δισυπάτους, ἀνέφερε δὲ ἐς τὸν τῶν Αἰακιδῶν, οὓς ξυμμάχους ποτὲ ἡ Ἑλλὰς ἐπὶ τὸν Πέρσην ἐποιεῖτο: « Voici ce qu'il faut savoir à propos d'Hérode l'Athénien. Du côté paternel, le sophiste Hérode appartenait à une lignée qui avait obtenu à deux reprises le consulat et qui remontait à la famille des Éacides ». Sur la généalogie d'Hérode, voir Graindor (1930, 25), Ameling (1983, 5–14) et Skenteri (2005, 16–18).

68 Comme les dieux et plus encore comme les héros, le sophiste bâtisseur qu'est Hérode fait preuve de philanthropie. À l'évergétisme d'Hérode, répond le surnom d'Agathion, qui révèle par lui-même la philanthropie involontaire du personnage. Il porte chance aux paysans de la région par sa seule présence.

69 Pour d'autres illustrations des liens qui unissent le sophiste et la divinité, cf. J. Downie et P. Fleury dans le présent volume.

70 Le contexte dans lequel s'inscrit l'oeuvre de Philostrate, la *VA* (= *Vie d'Apollonius de Tyane*) et les *VS*, plus particulièrement, est certainement marqué par la question de l'hellénisme, à la lumière, notamment, du problème que pose la montée du christianisme. Comme le note Swain (1999, 158), avec la *VA*, pour la première fois, l'hellénisme se définit par une combinaison de philosophie et de religion.

71 Le parallèle entre Agathion et Apollonius de Tyane n'est peut-être pas aussi

incongru qu'il y paraît à première vue. Tout comme Apollonius de Tyane, Agathion peut accomplir des prodiges. Rappelons que c'est après avoir constaté le prodige qui consistait à savoir qu'une femme avait trait le lait qu'on lui apportait qu'Hérode a reconnu, comme nous l'avons déjà souligné, la nature divine de son hôte. Bien que, comparée aux exploits thaumaturgiques et prophétiques d'Apollonius, la performance d'Agathion semble plutôt modeste, il n'en reste pas moins qu'elle relève au fond du même pouvoir, celui que l'on associe généralement au θεῖος ἀνήρ. Parmi les prodiges accomplis par Apollonius, figure sans doute au premier rang la prophétie spontanée de la mort de Domitien. Alors qu'il était à Éphèse, il aurait vu le meurtre de Domitien qui avait lieu à Rome (VA VIII, 26 et Dion Cassius LXVII, 18, 1). La VA constitue l'oeuvre principale de Philostrate. Il s'agit, de l'avis de Swain (1999, 174), d'une oeuvre littéraire importante. Anderson (1986), dans sa monographie sur Philostrate, ne consacre pas moins de six chapitres sur quinze au philosophe de Tyane. Sur Apollonius de Tyane, en général, on consultera tout d'abord Bowie (1978), Anderson (1986, 121–239) et Francis (1998). Pour le contexte et la dimension apologétique de la VA, voir l'excellente étude de Swain (1999). Concernant la figure d'Apollonius de Tyane en tant que θεῖος ἀνήρ, voir Anderson (1994b, 36), Hanus (1998) et Koskenniemi (1998).

72 Nous avons déjà mentionné (supra p. 41) les deux passages de la VA où Apollonius est associé à l'Héraclès Apotropaios.

73 Les signes ou les prodiges qui entourent la naissance d'Apollonius nous plongent dans un contexte héroïque ou hagiographique. Alors qu'elle portait Apollonius dans son sein, sa mère aurait eu la vision du dieu Protée. Nullement effrayée, elle aurait demandé à l'apparition qui serait l'enfant qu'elle portait. « Moi », lui aurait répondu Protée (VA I, 4). Au moment de sa naissance, des témoins affirmaient avoir vu un éclair qui se serait arrêté dans sa course tout juste au moment de toucher le sol. Un signe, à n'en point douter, de la proximité de l'enfant avec le ciel (VA I, 5). Les gens de Tyane disaient d'ailleurs qu'Apollonius était le fils de Zeus (VA I, 6). Ce qui est certain, en tout cas, aux yeux de Philostrate, c'est que le type de sagesse pratiquée par Apollonius lui a valu d'être presque considéré comme un être possédé et inspiré du divin (τοῖς τε τῆς σοφίας τρόποις, ὑφ' ὧν ἔψαυσε τοῦ δαιμόνιός τε καὶ θεῖος νομισθῆναι, VA I, 3).

74 Qu'Apollonius de Tyane ait été avant tout un philosophe et non pas comme l'ont laissé entendre certains détracteurs un magicien ou un charlatan constitue la raison d'être de l'ouvrage connu sous le titre de *Vie d'Apollonius de Tyane*. Philostrate, à la demande de l'impératrice Julia, entreprend en effet de démontrer qu'Apollonius n'aura fait que suivre la voie tracée par Pythagore, surpassant même le Maître en matière d'inspiration (θειότερον ἢ ὁ Πυθαγόρας τῇ σοφίᾳ, VA II, 2, 1), au point de pouvoir converser librement avec les dieux

(*VA* I, 1, 2). De cette proximité avec le divin et des prodiges qui en ont résulté provient l'accusation d'avoir pratiqué la magie. Apollonius serait ainsi un philosophe pythagoricien. Bien que le pythagorisme d'Apollonius semble se limiter aux aspects les plus externes de la doctrine: la longue chevelure, l'abstinence de viande, de vêtements faits de substances animales, l'abstinence sexuelle, le silence et le refus des sacrifices sanglants (*VA* I, 8, 2, VIII, 5, 1), il faut comprendre que le pythagorisme dont il est question ici est avant tout un mode de vie pythagoricien. Cf., à ce sujet, Swain (1999, 177). Comme le note d'ailleurs Swain (1999, 180), l'équation hellénisme = pythagorisme se trouve à la base même de la *VA*.

75 Mis à part ses allures de philosophe et de héros (ou de saint?), Apollonius, comme l'a très bien démontré Anderson (1986, 124), présente toutes les qualités du parfait sophiste. Né d'une noble et très riche famille de la Cappadoce, il reçoit comme il se doit une éducation soignée qui lui permet, très tôt, de parler le dialecte attique sans aucun accent (*VA* I, 6 et 7). Il passe le plus clair de son temps à prononcer des discours élaborés dans tous les lieux qu'il visite, de Rome à l'Inde, en passant par Alexandrie et la Grèce. Il donne des leçons de rhétorique à ses adversaires, il conseille les cités et les empereurs, il distribue les « bons mots » dans la plus pure tradition sophistique, bref, le disciple de Pythagore a souvent les allures d'un Scopélien, d'un Polémon ou d'un Hérode Atticus. Cf. Bowie (1994, 188–9).

76 Anderson (1986, 124) ne saurait dire plus juste quand il remarque que les *Vies* et la *Vie* se recoupent très souvent. Il note à ce propos toute une série de parallèles. Alors qu'Apollonius exhorte les Éphésiens à se détourner de la pantomime, Aelius Aristide s'en prend à la comédie; Hérode et Apollonius, tous les deux, doivent régler le problème du bon usage d'un trésor découvert fortuitement; tous les deux, également, s'intéressent à la question de l'Isthme de Corinthe. Tout se passe comme si l'auteur avait utilisé, pour la rédaction des *Vies* et de la *Vie*, les mêmes matériaux de base, les matériaux mêmes, en fait, qui définissent, d'une certaine manière, la sophistique selon Philostrate.

77 Pour le texte de l'*Héroïkos*, la traduction anglaise et l'introduction, voir Berenson Maclean et Bradshaw Aitken (2001). Pour le contexte et les questions de la date et du destinataire, voir Jones (2001).

78 *Héroïkos* 7, 8 (c'est le vigneron, l' ἀμπελουργός, qui parle): Ἀ. Νὴ Δι᾽, ἦ ἀδικοίην φιλόσοφόν τε καὶ φιλαλήθη ἥρωα μὴ τιμῶν ἀλήθειαν, ἣν ἐκεῖνος μητέρα ἀρετῆς ὀνομάζειν εἴωθε: « V. Par Zeus, j'offenserais le héros, qui est à la fois ami de la sagesse et de la vérité, si je n'honorais pas la vérité qu'il a lui-même coutume d'appeler la "mère de la vertu" ».

79 *Héroïkos* 2, 6: Φ (Φ = Φοῖνιξ: le Phénicien). Ἀλλ᾽ ἦ φιλοσοφεῖς, ἀμπελουργέ; Ἀ. Καὶ σύν γε τῷ καλῷ Πρωτεσίλεῳ: « Ph. Mais, vigneron, est-ce que tu mènes

une vie de philosophe ? V. Oui, bien sûr, en compagnie de l'excellent Protésilaos ».
80 *Héroïkos* 4, 10 (c'est le vigneron qui parle) : συνών τε αὐτῷ καὶ τῇ γῇ προσκείμενος, σοφώτερός τε ἐμαυτοῦ γίνομαι· περίεστι γὰρ καὶ σοφίας αὐτῷ : « Comme je suis en sa présence et que je me consacre à la terre, je deviens de plus en plus sage, car il l'emporte également en sagesse ».
81 Voir *Héroïkos* 4, 7–10 où le vigneron raconte au Phénicien comment il a dû quitter la ville, changer de vêtement et s'isoler à la campagne pour que Protésilaos devienne pour lui un « conseiller » (ξύμβουλος).
82 Anderson (1986, 108). Cf. aussi l'analyse comparative de Kindstrand (1979–80, 75–7).
83 *Héroïkos* 10, 2–4.
84 *Héroïkos* 33, 39–40 : γένεια μὲν γὰρ αὐτῷ ἁπαλὰ ἐκφύεσθαι καὶ ξὺν ἐπαγγελίᾳ βοστρύχων, τὴν κόμην δὲ ἐν χρῷ εἶναι, τὰς δὲ ὀφρῦς ἐλευθέρας τε καὶ ὀρθὰς καὶ ξυμβαλλούσας πρὸς τὴν ῥῖνα τετράγωνόν τε οὖσαν καὶ εὖ βεβηκυῖαν. Τὸν δὲ τῶν ὀφθαλμῶν νοῦν ἐν μὲν ταῖς μάχαις ἄτρεπτόν τε φαίνεσθαι καὶ γοργόν, ἐν δὲ τῇ ἡσυχίᾳ φιλέταιρόν τε καὶ εὐπροσήγορον τὰς βολάς : « une barbe tendre lui poussait, avec la promesse de belles boucles, ses cheveux étaient à fleur de peau, ses sourcils, nobles et droits, se rejoignaient au-dessus du nez qui était carré et ferme. Quant à l'intensité de ses yeux, elle se manifestait au combat par la frayeur et la fixité, alors qu'au repos, son regard était, au contraire, amical et affable ».
85 *Héroïkos* 48, 2 : τὴν μὲν δὴ κόμην ἀμφιλαφῆ αὐτῷ φησιν εἶναι καὶ χρυσοῦ ἡδίω καὶ εὐσχήμονα, ὅπῃ καὶ ὅπως κινοίη αὐτὴν ἢ ἄνεμος ἢ αὐτός, τὴν δὲ ῥῖνα οὔπω γρυπὴν ἀλλ' οἷον μέλλουσαν, τὴν δὲ ὀφρῦν μηνοειδῆ, τὸν θυμὸν δὲ τὸν ἐν τοῖς ὄμμασι χαροποῖς οὖσιν ἡσυχάζοντος μὲν ἀναβάλλεσθαι τινα ὁρμήν, ὁρμήσαντος δὲ συνεκπηδᾶν τῇ γνώμῃ : « Protésilaos dit que la chevelure d'Achille est épaisse, plus agréable que l'or, d'une belle apparence, peu importe comment le vent ou lui-même la secoue ; son nez n'est pas tout à fait aquilin, mais presque ; ses sourcils ont la forme d'un croissant. Le sentiment de son regard, qui est brillant, exprime, même au repos, de l'ardeur, alors qu'à l'attaque, il exprime la pulsion qui s'accorde avec une telle intention ».
86 Relevons ici les sourcils joints de Palamède, le nez aquilin et les yeux brillants d'Achille. Chez Philostrate, les sourcils joints, contrairement à ce qui est établi dans les traités de physiognomonie qui nous sont parvenus (voir supra n. 63), définissent en partie la beauté héroïque. Ailleurs, dans l'oeuvre de Philostrate, dans les *Images* II, 15, pour être exact, nous retrouvons le même trait dans le portrait de Glaukos Pontios : ὀφρῦς λάσιαι, συνάπτουσαι πρὸς ἀλλήλας οἷον μία : « ses sourcils épais se rapprochent de manière à n'en faire qu'un » (trad. Lissarrague et Bougot 1991). Bien entendu, si l'on compare, à la suite de Kind-

strand (1979–80, 75–7), le sobre portrait de Sostratos que Lucien nous propose dans la *Vie de Démonax* au portrait que Philostrate nous donne du même philosophe dans la notice biographique consacrée à Hérode, il va sans dire que l'auteur des *Vies* a cherché à héroïser le personnage. L'intention est manifeste.

87 *Héroïkos* 11, 9: σελήνης τε ἰούσης ἐς κύκλον ἐν τῇ τοῦ ἦρος ὥρᾳ, γάλα ἐγχέας ἐς τὸν ψυκτῆρα τοῦτον « ἰδού σοι » λέγω « τὸ τῆς ὥρας νᾶμα, σὺ δὲ πῖνε ». κἀγὼ μὲν εἰπὼν ταῦτα ἀπαλλάτομαι, τὰ δὲ βέβρωταί τε καὶ πέποται θᾶττον ἢ καταμῦσαι: « lorsqu'au printemps la lune devient pleine, je verse du lait dans une coupe et je dis: "Voici pour toi la source de la saison. Bois." Après avoir dit cela, je m'éloigne et l'offrande est consommée plus vite qu'en un clin d'oeil ». Sur l'usage religieux du lait sous la forme d'une libation aux morts, voir Auberger (2001, 146).

88 *Héroïkos* 48, 19: δαιμονίᾳ γὰρ δή τινι τὸν Ἀχιλλέα φύσει χρώμενον ἀεί τι μέγα ὑπὲρ τῶν φίλων πράττειν: « Achille, en effet, quand il mettait à profit une certaine nature divine, accomplissait toujours quelque chose de grand pour ses amis ».

89 Kindstrand (1979–80, 77): « The fact that Sostratus was a historical person was also most valuable for Philostratus. If heroes did exist in the present age, this was a strong argument for the reality of ancient heroes ».

90 Pour Bowie (1994, 186), l'*Héroïkos* doit se comprendre en rapport avec un des genres littéraires issus de la sophistique, i. e. le roman. Il mentionne notamment l'importance que Philostrate accorde à l'apparence physique des héros.

91 Après avoir passé en revue les points de vue d'Eitrem, Betz, Mantero et Anderson, Berenson Maclean et Bradshaw Aitken (2001, xxxi) concluent: « we are, however, inclined to take the *Heroikos* with some seriousness as seeking to persuade its audience of the value of hero cults ».

92 Kindstrand (1979–80, 77): « So I would regard Philostratus' comment on Sostratus, which is alien to its context, not only as a rhetorical embellishment of his general account but as a subtle piece of religious propaganda ». Cf., à ce propos, la remarque de Berenson Maclean et Bradshaw Aitken (2001, xxxi): « the categories of conversion, belief, and disbelief are, however, not the most precise for understanding the *Heroikos* ».

93 Cf. Bowie (1994, 186–7), concernant les bons mots de Palamède (*Héroïkos* 33, 44): « The heroes are quick with repartee, a facility that ranges them with Philostratus' sophists rather than with novelistic characters ». Cf. aussi Berenson Maclean et Bradshaw Aitken (2001, xlviii): « many aspects of the *Heroikos* reveal sophistic themes and concerns ».

94 Cf. Berenson Maclean et Bradshaw Aitken (2001, xlviii): « first of all, the vinedresser himself is presented as a sophist, whose education, eloquence, and insight are immediately evident to the Phoenician ».

95 Protésilaos explique au vigneron comment Palamède, contrairement à la

tradition, l'emportait sur Ulysse en sagesse et en connaissance (*Héroïkos* 33, 4–7). Il était même supérieur à Chiron, pourtant réputé très habile en discours et en actions (*Héroïkos* 32, 1–2 et 33, 1). Par sa sagesse, il éloigna des Achéens le fléau de la peste, en les enjoignant à s'abstenir de viande et de grain, et les Achéens considéraient que tout ce qui venait de Palamède était à la fois divin et oraculaire (*Héroïkos* 33, 14–15). Berenson Maclean et Bradshaw Aitken (2001, xlviii) font remarquer que dans la *VA* (III, 13), Palamède est considéré comme le patron des sophistes.

SECTION II

L'orateur et son image

L'orateur oracle :
une image sophistique

Pascale Fleury

Comme on l'a souvent répété, le concept de la Seconde Sophistique souffre d'un manque de délimitation.[1] Plusieurs pistes s'offrent au chercheur pour tenter de mieux comprendre et de mieux définir ce mouvement, en premier lieu, littéraire. Les travaux menés pour le corpus frontonien sur les genres littéraires, que nous avons comparés à ceux pratiqués par les sophistes des IIe et IIIe siècles de notre ère, ont révélé une unité de thèmes et de manières étonnante.[2] L'un de ces thèmes est une métaphore tissant des liens entre la parole et le divin. Métaphore déjà présente chez Gorgias,[3] ce lien entre pratiques religieuse et oratoire devait connaître un avenir mitigé : étrangement, Platon n'a pas abusé de ce flanc offert, qui lui aurait permis de railler copieusement ses adversaires.[4] Cette négligence de Platon rend d'autant plus intéressante la renaissance aux deux premiers siècles de notre ère de cette métaphore ; cette utilisation trahit sans doute une resacralisation de la rhétorique pendant la période de la Seconde Sophistique, tant du côté latin que du côté grec, à tel point que cette perception de la parole, différente en essence de celle de Gorgias et des premiers sophistes, peut être considérée comme l'une des caractéristiques du mouvement littéraire et culturel. En nous appuyant sur les exemples de Fronton, de Dion de Pruse, de Philostrate et d'Aelius Aristide, nous aimerions montrer en quoi cette conception religieuse de la parole est chez chaque auteur à la fois semblable et différente et émettre l'hypothèse que la diffusion de cette vision de la parole est l'un des traits de la Seconde Sophistique.

Une analyse approfondie des lettres de Fronton révèle une interprétation étonnante de la divinité de la rhétorique. Toutefois, cette perception est difficile à saisir dans ce corpus fragmentaire et épistolaire : le mauvais état des manuscrits combiné à tous les non-dits caractéristiques de la communication entre intimes rend délicates les interprétations. Par ailleurs, et cela est sans doute révélateur de la conception a-technique (avec un a-privatif) de la rhétorique chez Fronton, le rhéteur ne fait jamais d'exposé linéaire et théorique sur sa discipline: il préfère user de métaphores pour transmettre l'essentiel de sa pensée;[5] il utilise également ce moyen pour traduire sa conception plus précise de la convenance de l'orateur en regard de son public et de son discours, notamment par des images vestimentaires, guerrières et musicales.[6] Heureusement pour nous, Fronton, en bon créateur d'images, est cohérent dans son utilisation de métaphores. On peut donc, en recoupant ces divers passages imagés, dégager une conception de la parole, particulièrement de la parole civilisée qu'est la rhétorique. Le passage le plus instructif à ce propos constitue l'essentiel d'une lettre destinée à Marc Aurèle exprimant la satisfaction du professeur d'être aimé par son élève sans raison, sujet en apparence futile qui se transforme, selon une manière caractéristique de Fronton,[7] en jeu servant la défense de la rhétorique:

Mais, que nulle raison ne préside à ton amour pour moi m'est plus agréable que tout. Et cela ne me semble pas du tout de l'amour, l'amour qui naît de la raison et se lie sur des causes trop raisonnables et précises. Moi, je considère que l'amour doit être fortuit et libre, esclave de nulle cause, conçu par l'impulsion plutôt que par la raison. Celui qui ne découle pas des devoirs comme le feu d'un bois apprêté, mais celui qui réchauffe de ses chaleurs spontanément nées. Je préfère les grottes chaudes de Baïes à ces petits fours des bains où le feu est attisé avec frais et fumée et s'éteint facilement. Mais ces chaleurs naturelles sont pures et éternelles, aussi agréables que gratuites. De la même façon, ces amitiés attisées par les devoirs sont parfois de la fumée et des larmes et, aussitôt qu'on cesse de les attiser, elles s'éteignent; cependant, l'amour fortuit et inépuisable est encore plaisant.

Que dire encore de ceci: l'amitié engendrée par les mérites ne croît pas de la même façon et n'est pas autant fortifiée que cet amour imprévu et soudain? Comme, dans les vergers et les jardins, les arbustes soignés et arrosés par la main de l'homme se développent différemment de ce chêne, ce sapin, cet aune, ce cèdre et ce pin, qui, nés naturellement sur les montagnes, dressés sans raison et sans ordre, ne sont nourris par nuls travaux de culture et nuls devoirs, mais par les vents et les nuages.

Donc, cet amour qui est le tien, en friche et né sans raison, je l'espère, se développe autant que les cèdres et les chênes; et s'il était entretenu par la rationalité des devoirs, il ne croîtrait pas au-dessus du myrte et du laurier, où il y a assez d'odeur, mais peu de vigueur. Et, pour tout dire, l'amour fortuit surpasse d'autant l'amour nourri par les devoirs que la fortune surpasse la raison.

Et qui ignore que raison est le nom donné au conseil humain, que la Fortune est une déesse et la première des déesses, que des temples, des lieux sacrés, des sanctuaires sont partout dédiés à la Fortune, mais qu'à la Raison, ni une statue, ni un autel ne fut jamais consacré? Je ne me trompe pas donc en préférant que ton amour pour moi soit engendré par la fortune plutôt que par la raison.

En réalité, la raison n'est jamais égale à la fortune ni en majesté, ni en utilité, ni en dignité. En effet, tu ne compareras pas les remblais construits par la main et la raison aux montagnes, ni les aqueducs aux fleuves, ni les réservoirs aux sources. Ensuite, la rationalité des conseils est nommée prudence, l'impulsion des devins est reconnue comme de la divination. Et personne ne se rallierait plus volontiers aux conseils de la plus prudente des femmes qu'aux prophéties de la Sibylle.[8] (*Ad Marcum* I, 3, 5–9)[9]

D'autres utilisations des mêmes comparés et des concepts de Nature et de Raison permettent d'établir que, dans la construction frontonienne, la Nature et la Fortune s'opposent à la Raison et que la Raison produit des relations calculées et fausses parce qu'elles sont construites grâce à une parole trompeuse, propre aux dialecticiens et aux philosophes.[10] Pour déterminer la place de la rhétorique dans ce schéma, il suffit de citer, parmi de nombreux passages,[11] cet extrait du *De eloquentia* II, où Fronton élève la rhétorique au niveau des réalités naturelles incontournables:

Alors, si parfois, tu n'avais pas le temps de rédiger un discours, perpétuellement empêché par tes affaires, n'étais-tu pas soutenu par des allégements dans l'étude, hâtifs, mais profitables: la cueillette de synonymes, la quête parfois de mots rares, afin de changer par le système des synonymes les périodes des anciens et les membres de leurs phrases, afin de rendre élégant ce qui était vulgaire, neuf ce qui était souillé, en adaptant quelque image, en insérant une figure, en utilisant les mots anciens pour décorer, en ajoutant une teinte légèrement antique? Si tu méprises cela parce que tu l'as appris, tu mépriseras aussi la philosophie en l'apprenant.

Mais, tu ne peux mépriser les choses de l'éloquence; tu pourrais raisonnablement ne pas les aimer, comme autrefois un triste Crassus détestait le rire, comme à notre époque, un Crassus fuyait la lumière, comme semblablement à notre époque, un homme de rang consulaire craignait les plaines. (*De eloquentia* II, 19–20)[12]

Ou cet autre passage où le rhéteur replace dans une hiérarchisation stoïcisante la parole parmi les biens incontestés, nécessaires à la progression vers la sagesse:

Considère donc si l'étude de l'éloquence peut être placée dans cette deuxième division des fonctions. En effet, il revient aux empereurs de soutenir au Sénat des décisions utiles, de haranguer le peuple à propos de diverses affaires, de redresser une loi injuste, d'envoyer des lettres à travers le monde, de s'adresser aux rois des nations extérieures à l'Empire, de réprimer par des édits les fautes des alliés, de louer leurs bonnes actions, d'arrêter les séditieux, d'épouvanter les fougueux. Toutes ces choses doivent assurément être menées avec des mots et des lettres. Ne cultiveras-tu pas ce qui, selon ton opinion, te sera d'une grande utilité si souvent et pour des affaires importantes? (*De eloquentia* II, 6)[13]

Ainsi, pour Fronton, viscérale à l'homme, d'origine divine, la Rhétorique est une entité dont l'utilité et l'immanence ne peuvent être contestées. Cette constatation le conduit à construire un schéma binaire qui oppose Nature/Fortune à la Raison; le couple Nature/Fortune engendre la parole civilisée qui, elle-même, permet l'épanouissement de l'amour vrai entre les hommes. Dans l'autre partie de la construction antagonique, la Raison, mère de la philosophie, ne peut créer que des relations intéressées. Grâce à ce calque de la hiérarchie stoïcienne, facilité par l'utilisation que fait cette secte philosophique du terme Logos (Parole) pour désigner l'entité régulatrice du monde, Fronton en vient à donner à la Parole Civilisée, c'est-à-dire à la Rhétorique, un rôle ordonnateur et créateur; cette perception est surtout sensible dans le récit de l'apparition de la civilisation, qui est tout entière permise par la parole et voulue par la Nature.[14] Par ailleurs, si l'on relit la dernière partie du texte de l'*Ad Marcum* I, 3 dans cette optique – le passage qui concerne les temples et la divination – il devient évident que Fronton replace dans une logique religieuse et cosmologique, philosophique et métaphysique la parole et la rhétorique.

L'idée de la nature divine de la discipline n'est certes pas une originalité de Fronton. Comme nous l'avons mentionné, le pouvoir de la rhétorique chez Gorgias est comparé aux effets de la magie (*Éloge d'Hélène* 9), mais il semble qu'un parallèle réel entre le sacré et la parole, la religion et la rhétorique, l'orateur et l'oracle soit plus tardif, même si, dès Isocrate, la force cohésive d'une parole naturelle était ébauchée. En effet, pour Isocrate, la parole est à l'origine de la civilisation (*Sur l'échange* 254, *Panégyrique* 47, *Nicoclès* 6); la parole est une faculté naturelle qui distingue l'homme des animaux (*Sur l'échange* 253, *Panégyrique* 48, *Nicoclès* 3, 5). La conception d'une parole divine intervient brièvement dans une métaphore visant à montrer l'importance de respecter les professeurs de rhétorique: « Les gens qui osent blâmer ceux qui se consacrent à l'éducation et à la philosophie, doivent-ils encourir la même haine que les gens qui commettent des fautes envers la puissance divine? »[15] demande-t-il dans un passage célèbre du *Nicoclès* (9). Cela veut-il dire que le professeur donnait à la rhétorique, à la philosophie, comme il la nomme lui-même, le statut divin? Si l'on lit correctement l'image, elle relève plutôt qu'il est blasphématoire d'outrager les professeurs: la remarque d'Isocrate vise, nous semble-t-il, plus le respect des hiérarchies qu'elle n'est l'affirmation de la puissance divine des professeurs de rhétorique. Cette importance de l'orateur et du professeur de rhétorique est également soulignée par Cicéron (*De oratore* I, 202), qui, en suivant la tradition qu'un dieu donna l'éloquence aux hommes, montre la différence entre la rhétorique et l'éloquence, entre l'application de recettes et l'utilisation noble de la parole.[16] Dans le *De la nature des dieux*, Cicéron par la bouche du stoïcien Balbus affirme: « comme vous avez l'habitude de le dire, vous les Académiciens, la maîtresse des choses (*domina rerum*), la force de l'éloquence (*uis eloquendi*) est divine » (II, 148).[17] Ce qu'entend Balbus en mettant cette affirmation sous l'égide des Académiciens (« comme vous avez l'habitude de le dire », *ut uos soletis dicere*) n'est pas clair, mais il est certain que la nature divine de la rhétorique ne sert pas à fonder de raisonnement plus complexe, le but de ce passage dans le *De natura deorum* étant de montrer que les sens et la parole sont des voies menant à la connaissance.

Quant à la filiation entre la nature et la parole, la plupart des auteurs reprennent l'idée isocratéenne, sans que cela ne débouche sur une réelle filiation structurante. Pour le Pseudo-Longin, par exemple, le logos est donné à l'homme par la nature et la littérature est une fonction naturelle (*Du sublime* II, 2, IX, 1, XXII, 1);[18] l'affirmation sert à souligner l'importance de la parole et le caractère intrinsèque de la parole ouvrée, mais ne permet pas d'élaborer une conception métaphysique de la rhétorique.

Tous ces exemples pour montrer que, de prime abord, la construction idéologique présente chez Fronton, bien qu'elle ne sorte pas du néant, ne rencontre pas d'écho solide chez la plupart des théoriciens, penseurs et orateurs antérieurs au IIe siècle de notre ère.

Quelle est la situation au IIe siècle? Il semble que, à partir de la Seconde Sophistique, les métaphores mettant en parallèle l'orateur et l'oracle, notamment, se font plus fréquentes. Laurent Pernot (1993a, 621–35), à la suite de Jacqueline de Romilly (1976, 76 et suivantes), de Graham Anderson (1989, 123 et suivantes) et de bien d'autres, a magistralement montré les rapports importants qui unissent Seconde Sophistique et religion: d'une part, le deuxième siècle voit la montée de mouvements religieux et mystiques (on pense immédiatement au christianisme et au gnosticisme, mais également aux cultes d'Isis et de Mithra, cf. Reardon 1984, 32), ce qui modifie les rapports généraux avec le sacré, et d'autre part, il est également un moment de transformation de la conception de la rhétorique, discipline qui à cette époque déborde des cadres scolaires pour gagner tous les actes de parole et prendre en partie la place de la poésie.[19] L'adéquation entre l'aède et l'orateur dans une fonction sacrée commune serait sans doute suffisante pour expliquer la revalorisation religieuse de la parole: le lien entre rhétorique et religion serait uniquement l'avatar du concept de poète inspiré. Mais nous croyons que la situation est plus complexe et que la rénovation significative de cette image est apte à nous renseigner plus avant sur la conception de la parole pendant la Seconde Sophistique. Pour arriver à émettre quelques hypothèses à ce propos, observons les passages de Dion, de Philostrate et d'Aelius Aristide concernant les liens entre parole et divin, entre orateur et oracle.

Dion de Pruse invoque les Muses et s'associe Hésiode lorsque vient le temps de chanter les gloires olympiques (XII, 23-4); il met sur le même plan la proclamation d'oracle et la prononciation d'un discours, hissant son entreprise au niveau des actions voulues par les dieux (XXXII, 12-13); dans le premier *Discours sur la royauté*, il fait par ailleurs dire à la pauvresse qu'il rencontre que les mots des hommes, si subtils soient-ils, ne sont rien en comparaison avec l'inspiration et le discours donné par la volonté des dieux (I, 57-8). Mais la comparaison avec l'oracle et la divination est surtout négative chez Dion et semble même parfois servir à nier la possibilité qu'ont les hommes de discuter s'ils ne possèdent pas la connaissance des choses (cf. XXVI, 1: « Lorsque l'homme ne connaît ni ne comprend certaine chose, peut-il en discuter, vaticinant comme un devin et cherchant à découvrir ce qu'il ne connaît pas déjà? »);[20] parfois la communication divine est placée à un niveau moindre que la parole des hommes, car les signes donnés par les oiseaux, par exemple, demandent une explication, alors que la parole du conseiller est tout de suite identifiable comme néfaste ou adjuvante (XXXIV, 4-5). Cette appréhension négative résulte peut-être de l'ambiance sophistique: en effet, selon un passage du discours XXXV, prononcé devant les habitants de Célanée de Phrygie, qui sont, comme Dion le dit lui-même (1), trop épris d'éloquence, l'orateur critique la façon dont les sophistes se présentent, comme des divinités – Dionysos au milieu des Bacchantes – ou comme des prêtres. Dion, en montrant l'aspect ridicule de l'analogie avec le divin, voudrait donc se distinguer de cette habitude des sophistes de se présenter comme des orateurs inspirés, bien qu'il y cède parfois.[21]

L'affirmation de Philostrate au début des *Vies des sophistes* (480-1) aurait pu laisser croire que la comparaison de la sophistique et de la parole oraculaire servait uniquement à caractériser l'ancienne sophistique; l'auteur juge la sophistique et la philosophie dans une comparaison les mettant en parallèle, l'une avec la voix des oracles directement issue des dieux, l'autre avec la science divinatoire organisée par les hommes. En effet, le lien science divinatoire/parole semble, pour Philostrate, définir la Première Sophistique qui s'intéressait aux réalités métaphysiques, alors que la Seconde Sophistique, toujours selon Philostrate, ne s'intéresse pas à ces grands thèmes. Il n'empêche que les comparaisons qui établissent les sophistes comme des intermédiaires entre le divin et l'humain, des orateurs inspirés, des oracles, des prêtres, et également, les hommes sages et saints comme les égaux des sophistes, sont légion chez Philostrate, dans les *Vies des sophistes* (480-1,

513, 535, 568, 587) et dans la *Vie d'Apollonius de Tyane* (VI, 11). Le biographe des sophistes semble même nourrir une préférence marquée pour le style inspiré, dont il fait l'un des traits importants d'Eschine, fondateur de cette Seconde Sophistique (*VS*, 509: « à partir d'Eschine, qui discourait *ex tempore* comme s'il était emporté par une pulsion divine, à la manière de ceux qui rendent des oracles »).[22]

Mais nulle part les rapprochements entre rhétorique et religion ne sont plus sensibles que chez Aelius Aristide, où l'orateur est souvent présenté comme un initié de mystères.[23] La comparaison est fréquente, notamment lorsque l'orateur veut se distinguer d'un contradicteur en lui reprochant sa non-connaissance de l'art oratoire, son caractère profane (e.g. *Sur la digression*, 110, 135, *Sur les Quatre*, 50). Par ailleurs, dans le *Panathénaïque* (330), Aristide fait le lien entre l'éducation donnée par les Athéniens et la purification offerte à Éleusis: les Athéniens attirent les hommes grâce à leurs incantations, grâce à leurs discours, la plus douce des drogues. Mais le développement le plus important évoquant la nature divine de la parole se trouve dans le premier discours platonicien: là, Aristide démontre en plusieurs paragraphes que l'éloquence est un don des dieux qui permet à l'homme d'échapper à l'animalité (398) en créant la vie en société (210, 398) et en donnant une arme contre la force brute (207, 398); la parole permet également l'apparition de la justice, la législation (210) et la religion (399). Cette construction est intéressante puisqu'elle reprend, comme l'a souligné André Boulanger (1923, 233–7), des idées isocratéennes sur le pouvoir civilisateur de la rhétorique tout en y ajoutant – ce que n'a pas voulu voir A. Boulanger – un aspect métaphysique: en effet, pour Aristide, c'est Hermès qui a donné à l'homme ce don d'éloquence, mais ce don divin, comme les autres éléments importants de la vie humaine offerts par les dieux, est distinct des arts humains et leur est supérieur (34, 49, 397).

Pour bien comprendre la complexité de la construction, il faut mettre cette conception en parallèle avec l'affirmation d'Aristide selon laquelle c'est le feu de Zeus qui habite l'orateur: le feu de Zeus est la source de l'éloquence et l'initié, devant un public, ne peut se taire (*Sur la digression* 110). L'orateur est inspiré, le discours ne peut être arrêté et prend un rythme qui est le sien (112–13); Aristide compare également l'orateur avec un danseur ou un bacchant (114). De plus, il affirme que la chaleur de la flamme, comme une drogue, escorte et guide le discours (115); la possession est un don des dieux pour celui qui sait converser avec les divinités (116–17), ce n'est pas un don qui se refuse.

Or, qu'est-ce que ce feu de Zeus? Est-ce simplement le souffle de vie ou est-ce une flamme particulière que le roi des dieux destine à l'orateur? Cette seconde hypothèse semble la meilleure si l'on verse également au dossier le mythe du feu prométhéen, qui, chez Aristide, devient l'éloquence donnée volontiers par les dieux, et non pas volée par le Titan (*Pour la rhétorique* 396–7).

Cela veut donc dire que, pour Aristide, la présentation de l'éloquence comme un don divin n'est pas seulement utilisée pour montrer la nature supérieure de la rhétorique face aux autres arts, mais également pour définir le lien qui s'installe, grâce à l'éloquence entre le divin et l'orateur: récipiendaire privilégié d'une force vitale divine, l'orateur inspiré guide les hommes, surpasse l'homme.

On voit qu'il existe des différences notables entre ces approches de la religiosité de la rhétorique; il est cependant possible d'émettre l'hypothèse que nous sommes devant une conception ambiante dans la Seconde Sophistique, les distinctions s'expliquant par les usages particuliers que font les auteurs d'un tel concept: l'un, Aristide, le formule comme un mystique, l'autre, Dion, comme un philosophe voulant se distinguer de ses collègues sophistes, l'autre encore, Philostrate, comme un biographe fasciné par la grandeur de l'emportement oratoire, le dernier, Fronton, dans une optique philosophique, pour contrer la discipline adverse sur son propre terrain. Mais tous ces raisonnements en viennent à nous instruire sur une façon qu'ont les orateurs, latins ou grecs, de cette période de se représenter. Sommes-nous en présence d'une métaphore ou d'une réelle construction idéologique? Une réponse définitive à ce propos est difficile, mais il paraît évident que l'association de la rhétorique et de la poésie et la montée en popularité de l'expérience religieuse prédisposaient les hommes cultivés de cette époque à justifier leurs activités intellectuelles en les posant comme des rouages, devant rester inexpliqués, de l'univers.

NOTES

1 Cf. par exemple Stanton (1973), Russell (1990, 3–9), Anderson (1990, 99), Pernot (1993a, 55) et pour les difficultés à trouver une place aux auteurs latins dans ce mouvement, cf. Cova (1971, 481), Ramirez de Verger (1973), Pernot (1993a, 111).

2 On pensera notamment aux éloges paradoxaux et aux jeux littéraires en général, mais également à la place centrale qu'occupe la discussion avec Platon à propos de la nature de la rhétorique et de la parole. Sur le débat rhétorique avec Platon, cf. De Lacy (1975, 1–9), Trapp (1990, 141–73), Pernot (1993b, 315–38), Fleury (2007, 776–87); pour les affinités littéraires entre la Seconde Sophistique et la littérature latine contemporaine, cf. Fleury (2006).

3 Dans l'*Éloge d'Hélène*, Gorgias associe la plus belle femme du monde, sa magie et ses philtres, à la rhétorique. Cette image ambiguë, associant la beauté et la

73 L'orateur oracle: une image sophistique

magie, la guérison et le poison donnait un portrait sulfureux de la rhétorique, qui ne déplaisait sans doute pas à ce grand amateur de complexités qu'était Gorgias. Le lien entre la rhétorique et une forme de sacré fait donc partie de l'acte de naissance de la discipline en Occident tel que nous le connaissons.

4   Certes, il en a traité (e.g. *Protagoras* 316d), mais sans extravagance. Jacqueline de Romilly (1976, 30) et Barbara Cassin (1986, 3–29) ont émis quelques hypothèses pour expliquer ce manque d'intérêt de Platon.
5   La dilection de Fronton pour l'expression imagée au détriment de l'énonciation linéaire de la théorie rhétorique a été en premier soulignée par Pellini (1912, 246–8) et est depuis lors admise, cf. Schmitt (1934), van den Hout (1950, 330–5), Portalupi (1974, 46n26), Pennacini (1974, 253). Ce travail sur l'image est également présent chez Marc Aurèle, cf. Alexandre (1979, 153), et chez les sophistes contemporains, cf. Ussani (1923, 46), Michel (1985, 509), Pernot (1993a, 410–20), Portalupi (1995, 392).
6   Cf. pour ces images précises Fleury (2001).
7   Ce procédé est particulièrement sensible dans les lettres qu'échangent Fronton et Appien à propos du cadeau de deux esclaves (*Additamentum epistularum* 4 et 5), qui se transforme rapidement en suasoire comparant les cadeaux entre amis aux cadeaux faits aux dieux et aux cités. *In fine*, ces jeux servent plus à montrer la puissance de la parole que la validité des arguments. Sur les rapports entre Fronton et Appien, cf. Astarita (1992).
8   Fronton reprend dans cette allusion à la Sibylle une argumentation d'origine platonicienne, cf. *Phèdre* 244a–245b, également utilisée par Aelius Aristide, cf. la suite de notre argumentation.
9   *At ego nihil quidem malo quam amoris erga me tui nullam extare rationem. Nec omnino mihi amor uidetur qui ratione oritur et iustis certisque de causis copulatur. Amorem ego illum intellego fortuitum et liberum et nullis causis seruientem, inpetu potius quam ratione conceptum. Qui non officiis ut lignis apparatis, sed sponte ortis uaporibus caleat. Baiarum ego calidos specus malo quam istas fornaculas balnearum, in quibus ignis cum sumptu atque fumo accenditur breuique restinquitur. At illi ingenui uapores puri perpetuique sunt, grati pariter et gratuiti. Ad eundem prorsus modum amicitiae istae officiis calentes fumum interdum et lacrimas habent et, ubi primum cessaueris, extinguntur; amor autem fortuitus et iugis est et iucundus.*

Quid quod neque adolescit proinde neque conroboratur amicitia meritis parta ut ille amor subitus ac repentinus? Vt non aeque adolescunt in pomariis hortulisque arbusculae manu cultae rigataeque ut illa in montibus aesculus et abies et alnus et cedrus et piceae, quae sponte natae, sine ratione ac sine ordine sitae nullis cultorum laboribus neque officiis, sed uentis atque imbribus educantur.

Tuus igitur iste amor incultus et sine ratione exortus, spero, cum cedris porro adolescit et aesculis; qui si officiorum ratione coleretur, non ultra myrtos laurusque procresceret, quibus satis odoris, parum roboris. Et omnino quantum fortuna rationi, tantum amor fortuitus officioso amori antistat.

Quis autem ignorat rationem humani consilii uocabulum esse, Fortunam autem deam dearumque praecipuam, templa, fana, delubra passim Fortunae dicata, at rationi nec simulacrum nec aram usquam consecratam? Non fallor igitur quin malim amorem erga me tuum fortuna potius quam ratione genitum.

Neque uero umquam ratio fortunam aequiperat neque maiestate neque usu neque dignitate. Nam neque aggeres manu ac ratione constructos montibus conparabis neque aquae ductuus amnibus neque receptacula fontibus. Tum ratio consiliorum prudentia appellatur, uatum impetus diuinatio nuncupatur. Nec quisquam prudentissimae feminae consiliis potius accederet quam uaticinationibus Sibyllae.

10 L'opposition de Fronton aux dialecticiens et aux philosophes est un trait constant de la correspondance, mais il faut bien sûr aborder ce thème avec beaucoup de nuances, puisque Fronton, comme beaucoup de sophistes de la renaissance grecque, eut comme maître un philosophe, cité d'ailleurs avec beaucoup de tendresse (Athénodote: *Ad Marcum* II, 1, 3). Sur le débat entre philosophie et rhétorique à l'époque de Fronton, cf. van Groningen (1965, 46), Champlin (1980, 42), Cassin (1990, 17), Michel (1993, 6–10) et Kasulke (2005).

11 E.g. *De eloquentia* II, 6, 8, 12, 13, 16 et 17, IV, 10, *Ad Antoninum* I, 2, 5, *De nepote amisso* 5 et 7.

12 *Tum si quando tibi negotiis districto perpetuae orationis conscribundae tempos deesset, nonne te tumultuaris quibusdam et lucratiuis studiorum solaciis fulciebas, synonymis colligendis, uerbis interdum singularibus requirendis, ut ueterum commata, ut cola synonymorum ratione conuerteres, ut de uolgaribus elegantia, de contaminateis noua redderes, imaginem aliquam accommodares, figuram iniceres, prisco uerbo adornares, colorem uetusculum adpingeres? Haec si propterea contemnis, quia didicisti, philosophiam quoque discendo contemnes.*

Sed non ea sunt ista quae possis contemnere; possis sane non amare, ut olim Crassus tristis risum oderat, ut nostra hic memoria Crassus lucem fugitabat, ut nostra itidem memoria uir consularis campos formidabat.

13 *Considera igitur an in hac secunda ratione officiorum contineatur eloquentiae studium. Nam Caesarum est in senatu quae e re sunt suadere, populum de plerisque negotiis in contione appellare, ius iniustum corrigere, per orbem terrae litteras missitare, reges exterarum gentium compellare, sociorum culpas edictis coercere, bene facta laudare, seditiosos compescere, feroces territare. Omnia ista profecto uerbis sunt ac litteris agenda. Non excoles igitur id quod tibi totiens tantisque in rebus uideas magno usui futurum?* Sur cette hiérarchisation stoï-

cienne, cf. Cicéron, *Des devoirs* I, 107–14, *Des termes extrêmes des biens et des maux* IV, 21–2, Bréhier (1951, 228–9), Hadot (1992, 204).

14 À ce propos, la lettre *Ad Marcum* IV, 1 est particulièrement éclairante.
15 Ὥστε τοὺς τολμῶντας βλασφημεῖν περὶ τῶν παιδευόντων καὶ φιλοσοφούντων ὁμοίως ἄξιον μισεῖν ὥσπερ τοὺς εἰς τὰ τῶν θεῶν ἐξαμαρτάνοντας.
16 Quintilien (I, 10, 7), pour illustrer la nécessité de mettre plusieurs arts à contribution dans la formation de l'orateur, prend comme comparaison le miel des abeilles: l'homme ne peut imiter la nature qu'avec le concours d'une technique achevée. Ici, la parole est un don de la Providence; en XII, 11, 30, c'est un don des dieux, mais l'auteur utilise ce fait de façon anecdotique sans en déduire quoi que ce soit sur la nature de la rhétorique. L'opposition art/divination (inspiration divine) est ancienne, cf. Platon, *Ion*, particulièrement 533d–535a.
17 Pour une analyse de ce passage d'un point de vue philosophique, cf. Lévy (1992, 100).
18 L'assertion est assez fréquente dans l'Antiquité et sert différents buts; comparer par exemple l'utilisation faite par Aristote (*Poétique* I, 1253a 7–10) et par Denys d'Halicarnasse (*De la composition stylistique* VI, 16, 2–3).
19 Cf. Pernot (1993a, 635–57).
20 ἃ οὐκ οἶδεν οὐδὲ ἐπίσταται, περὶ τούτων ὥσπερ διαμαντευόμενος καὶ ἀναζητῶν γνῶναι ἃ οὐκ οἶδε;
21 Sur la relation ambiguë qu'entretient Dion avec la Seconde Sophistique, cf. l'article de T. Schmidt dans le présent volume.
22 ἀπ' Αἰσχίνου δ' ἤρξατο θεοφορήτῳ ὁρμῇ ἀποσχεδιάζοντος, ὥσπερ οἱ τοὺς χρησμοὺς ἀναπνέοντες. Le trait est également donné comme caractéristique du style de Scopélien, qui charme comme Orphée ou Thamyris, c'est-à-dire comme les poètes mythologiques inspirés (*VS* 520). Polémon possède une pensée brillante et inspirée, comme s'il parlait du haut de son trépied, allusion transparente à la Pythie (*VS* 542).
23 Pour une étude plus détaillée de cette perspective chez Aelius Aristide, cf. l'article de J. Downie dans ce volume.

Portrait d'un rhéteur : Aelius Aristide comme initié mystique et athlète dans les *Discours sacrés*

Janet Downie

Les lecteurs du XXe siècle ont souvent été captivés par l'aspect autobiographique des *Discours sacrés* d'Aelius Aristide.¹ Journal de rêves, récit d'une maladie vécue, compte rendu des bienfaits de son dieu protecteur – tout est raconté à la première personne, dans un style décousu qui semble le rendre encore plus caractéristique.² Mais cet intérêt pour la dimension révélatrice des *Discours* peut faire oublier certaines questions fondamentales : quels étaient les buts rhétoriques du texte ? Qu'est-ce qu'Aristide cherchait à exprimer à son public ?³ Je propose dans cet article de replacer les *Discours sacrés* parmi d'autres textes dans lesquels Aristide décrit et défend sa pratique de l'art oratoire. À mes yeux, la narration de sa maladie et de sa guérison est offerte par Aristide dans l'intention d'exprimer d'une manière frappante les qualités d'héroïsme et de mysticisme qui augmenteraient son prestige professionnel. Vu dans cette optique, ce texte peu conventionnel s'insère dans les préoccupations caractéristiques de la Seconde Sophistique. Il concerne la rhétorique en tant que discipline intellectuelle et mode de performance à travers lesquels s'annoncent les valeurs de la société contemporaine et le statut du rhéteur qui s'adresse à son public.⁴

Dans les *Discours sacrés*, Aristide parle souvent de son métier : c'est un des thèmes centraux du quatrième *Discours*.⁵ En fait, dès la fin du XIXe siècle, Hermann Baumgart avait remarqué que le métier d'Aristide fournit le sujet principal des *Discours*. Selon H. Baumgart, le compte rendu de sa guérison servirait d'analogie élaborée pour la reprise – et l'exercice – de ses activités professionnelles.⁶ H. Baumgart n'offre pas d'analyse approfondie de la manière par laquelle Aristide tisse les liens entre l'histoire de sa guérison et ses prétentions à l'excellence rhétorique. Cependant, un examen de l'apport professionnel du texte doit sûrement prendre en compte les particularités surprenantes de la narration, à savoir les préoccupations intenses et étendues d'Aristide pour son corps, sa santé et ses relations intimes avec Asclépios. Pour mieux comprendre les stratégies rhétoriques des *Discours sacrés*, j'avance l'idée qu'on peut retracer deux métaphores capitales pour son portrait professionnel (ici et ailleurs dans son oeuvre) qui le relient directement aux préoccupations des *Discours sacrés*: sur le plan spirituel, il compare l'activité du rhéteur à l'expérience mystique de l'initié; sur le plan physique, il contraste un bon entraînement du corps avec un faible pour le luxe.

L'initiation mystique et l'athlétisme servaient de métaphores traditionnelles dans l'éloquence grecque. Si elles jouissaient toutes deux d'une importance marquée dans la période de la Seconde Sophistique, leur combinaison étroite ne va pas de soi et apparaît novatrice chez Aristide.[7] Dans les pages qui suivent, j'examinerai d'abord l'emploi de ces deux motifs dans les écrits où Aristide entreprend de justifier dans un cadre polémique sa propre conduite de rhéteur – notamment le *Discours* XXVIII, *Sur une remarque faite en passant*, et le *Discours* XXXIV, *Contre ceux qui profanent les mystères de la rhétorique*. Ensuite, je reviendrai sur les *Discours sacrés*: encore une fois, les mêmes motifs renforcent le portrait professionnel d'Aristide, mais ils sont liés ici à un aspect concret dans le contexte de la guérison divine. La narration de sa maladie lui offre ainsi la possibilité d'« incarner » deux images puissantes de l'excellence dans les arts rhétoriques.

À travers son oeuvre, Aristide défend une conception très élevée de la rhétorique. Cette conception s'exprime dans ses dimensions plus abstraites dans le *Discours* II, *À Platon: à la défense de la rhétorique*, où Aristide s'en prend au vénérable philosophe à cause de la position adoptée par Socrate contre la rhétorique dans le *Gorgias* et d'autres dialogues.[8] Le *Discours* XXVIII (*Sur une remarque faite en passant*), en revanche, traite de sa propre pratique: le texte présente sa défense contre un détracteur qui l'avait accusé d'avoir commis une faute dans son récent discours en l'honneur d'Athéna.[9] Aristide aurait laissé tomber quelques mots concernant sa propre inspiration onirique qui auraient été inopportuns dans le contexte des louanges d'un dieu. Pour se justifier, il dresse une longue liste de ses prédécesseurs littéraires qui ont revendiqué l'inspiration divine. De plus, dans un passage virtuose, il décrit l'extase du rhéteur animé par le même feu qui aurait emporté les héros de l'*Iliade*. Ainsi, Aristide assimile son art à l'expérience de quelqu'un qui a assisté aux Mystères, et il hésite à divulguer ses secrets: « J'ai donc peur de parler à un sourd et de commettre (dans une certaine mesure) une profanation[10] en révélant des choses sacrées à un non-initié. Néanmoins, comme une parole opaque dans un mythe, elle sera prononcée pour ceux qui peuvent entendre, mais non pas pour vous » (*Discours* XXVIII, 113).[11] Réclamant le rôle de l'initié élu, Aristide s'attribue des connaissances exceptionnelles dans le domaine de la rhétorique – don des dieux qui le distingue de la foule et qui dote de légitimité le détour qui a gêné son détracteur.

L'idée de faire de l'art oratoire une sorte de mystère religieux n'est pas en soi une très grande innovation. L'image des mystères avait servi depuis longtemps à décrire l'accession graduelle au savoir – dans un contexte philosophique d'abord, mais dans tous les domaines par la suite.[12] Au IIe siècle, elle sert à exprimer des connaissances diverses: anatomiques chez Galien,[13] mathématiques chez Théon de Smyrne,[14] rhétoriques chez Lucien, dans sa satire du *Professeur de Rhétorique*.[15] Mais Aristide, à son tour, ne se borne pas aux implications techniques de la métaphore. Dans le *Discours* XXVIII, il invoque l'image aussi pour décrire comment la déclamation l'entraîne : « Car je dis que quand la lumière divine inonde et … prend en charge l'âme de celui qui parle, telle une gorgée provenant des sources d'Apollon, d'un coup elle le comble de force, de chaleur et de bonne humeur, elle relève son regard et redresse ses cheveux. Celui qui est dans un tel état ne voit rien d'autre … à l'exception des mots eux-mêmes » (114).[16] Chez Aristide, la métaphore des mystères de la rhétorique comporte donc un double aspect : d'une part, le parcours professionnel est un rite d'instruction méthodique auquel l'accès est limité aux seuls initiés ; d'autre part, l'état d'esprit même du rhéteur est comparé à l'expérience affective de l'initié. Le rhéteur est exalté par une inspiration qui l'emporte de l'intérieur de son être et de son corps.[17]

L'inverse de cette image idéalisée du bon rhéteur ressort dans le *Discours* XXXIV, *Contre ceux qui profanent les mystères de la rhétorique*. Dans cette attaque contre des sophistes rivaux, Aristide invoque – bien évidemment – le langage des Mystères pour les accuser d'avoir dégradé leur métier. Mais en plus, il présente la conduite peu professionnelle des « non-initiés » dans l'optique d'un mauvais entraînement physique.[18] Il ne faut pas chercher à plaire aux éléments les moins savants et les moins cultivés de son vaste public, comme le font les danseurs et les pantomimes : « Lorsque vous vous comptez parmi les femmes-harpistes et que vous profanez en public les rites sacrés des Muses, est-ce qu'il est légitime que vous discutiez de votre honneur, ou que vous soyez enterrées vivantes à la façon des Perses ? » (*Discours* XXXIV, 56).[19] Il n'est pas question ici de divulguer dans un élan d'esprit des vérités cachées : les rivaux d'Aristide eux-mêmes ne sont pas dignes des mystères qu'ils professent. Leur comportement physique les dénonce comme traîtres. Ils prennent l'habitude de danser quand ils déclament – mais s'ils étaient tentés de s'excuser en mentionnant le cas d'Héraclès, ils seraient déçus, car à la différence du héros : « vous profanez les Mystères non seulement parmi les Lydiens, ni seulement une fois, ni en taquinerie, ni en préservant votre intégrité interne, mais devant les yeux de tous, chaque jour – [une pratique] qui ne pouvait pas être approuvée chez Omphale, sans parler d'Héraclès » (XXXIV, 60).[20]

Aristide accuse ses rivaux d'une décadence efféminée. Ces outrages putatifs aux moeurs professionnelles mettent en relief la masculinité achevée de l'excellent rhéteur qui, par contraste, cultive une conduite physique sobre – même héroïque. Le modèle parfait est l'athlète: « Considérons ceux qui s'inscrivent aux concours de couronnes ... Les responsables du concours en honneur de Zeus Olympien les ont-ils couronnés pour avoir agi d'une manière faible, ivre, pour s'être contorsionnés comme des danseuses – ou pour avoir fait preuve d'une merveilleuse maîtrise de soi et d'une vigueur de l'âme et du corps ? » (XXXIV, 23).[21] Faire de la déclamation un sport isolympique ne paraît pas absurde à cette époque. Le prestige des concours athlétiques et les dimensions physiques et compétitives de la rhétorique elle-même conduisent Aristide – comme d'autres parmi ses contemporains – à développer cet aspect par des comparaisons appropriées.[22] Dans son *Discours en l'honneur de Zeus*, par exemple, quand il se prépare à la tâche de louer le dieu, l'athlète sert à illustrer la discipline et l'intrépidité nécessaire à l'orateur: « Ainsi, puisque nous avons fait un voeu et qu'il ne peut pas être changé, il est nécessaire, tout comme des athlètes qui se sont inscrits dans une compétition, de ne pas se retirer, mais d'affronter la concurrence et tenter le coup » (XLIII, 5).[23] Le motif de l'*agon* chez Aristide et ses contemporains favorise une interaction entre performances rhétoriques et performances physiques – deux espèces de concours à travers lesquels se construisait l'identité sociale des individus du IIe siècle.[24] Si les mondes de l'intellect et ses spectacles oratoires n'étaient pas si loin du monde de l'entraînement du corps, l'identification de ce fait devrait influencer notre lecture d'un texte de l'époque qui tourne autour du corps physique de son auteur.

Ayant constaté dans le contexte professionnel l'importance que revêtent pour Aristide les motifs de l'initiation et de l'entraînement quasi athlétique du corps, j'aborde maintenant les *Discours sacrés*. À première vue, ces écrits présentent, bien sûr, le compte rendu des traitements physiques que lui a imposés Asclépios au cours de diverses maladies. Cependant, les remèdes prescrits – immersion dans des fleuves glacés, courses à pied ou à cheval – sont effrayants et étonnants, et constituent essentiellement des exploits paradoxaux et athlétiques. Aristide les décrit de cette façon dans le premier *Discours*: « Bien des prescriptions paradoxales me furent données par le dieu. Autant que je m'en souviens, il me fut ordonné une course que je devais faire nu-pieds en plein hiver, et en outre de l'équitation, le plus pénible des sports ... » (I, 65).[25] Entreprenant des activités peu appropriées pour quelqu'un dans son état de santé, Aristide revêt le caractère non pas d'un malade soigné, mais d'un athlète et, de plus, il souligne, tout au long des *Discours sacrés*, l'aspect extrême et compétitif de toutes les démarches prescrites par le dieu.[26] Mais ce n'est pas seulement au modèle de l'athlète qu'il fait appel ; l'idée de l'initié du dieu entre aussi en jeu parce que, mettant en péril sa vie, s'il survit à l'épreuve, c'est grâce à l'extraordinaire soutien du dieu. Son intimité avec Asclépios revêt ainsi un caractère inspiré et, à plusieurs reprises, Aristide la décrit en termes explicites comme une initiation.[27]

Ces deux motifs de l'athlétisme et de l'initiation se retrouvent à travers tous les *Discours sacrés*,[28] mais ils prennent leur pleine force surtout dans le quatrième *Discours* lorsqu'Aristide décrit son retour à la pratique de la déclamation après un an de maladie. Il applique à son métier les motifs de l'initiation et de l'athlétisme qu'il a déjà employés dans la narration de sa guérison physique. La rhétorique devient ainsi une épreuve parmi d'autres – mais en même temps une épreuve privilégiée – par laquelle il démontre sa proximité avec le dieu.

Le récit professionnel dans le quatrième *Discours* est introduit par une référence à l'initiation. Au cours de la dixième année de sa maladie, Aristide retourne à l'endroit où la maladie l'a atteint : Poimanénon dans la région de la Mysie. Dans les environs d'un temple d'Asclépios, il se consacre au dieu et lui demande de le délivrer de ses maux et de lui rendre ses forces. En l'occurrence, il est soulagé à l'aide d'un régime d'abstinence, de purification, de libation et de purges.[29] Toutes ces démarches religieuses et médicales visant la restitution de son « état premier » sont entreprises sous la direction du dieu. Aristide les compare aux Mystères à cause des sentiments mixtes qu'ils provoquent dans l'esprit et le corps au même moment :[30] « Non seulement donc tout cela ressemblait à une initiation, tant les rites accomplis étaient divins et étranges, mais j'éprouvais encore un sentiment étonnant par ce qu'il avait d'inaccoutumé : car, d'une part, il était possible d'être en contentement, en joie, dans une parfaite aisance de l'âme et du corps … » (*Discours sacrés* IV, 7).[31]

De la même façon, dans le récit professionnel qui suit directement, Aristide souligne que la force qui le comble peu à peu quand il reprend ses activités oratoires est d'origine divine. Sa description d'une performance typique rappelle l'exaltation spirituelle et physique du rhéteur comme « initié » que nous avons déjà vue dans le *Discours* XXVIII :

Or, quand je recevais les thèmes de discours et me dressais pour le combat, il m'arrivait d'être oppressé et d'avoir peine à émettre un son parce que le souffle me manquait, mais à mesure que j'avançais dans le prologue, je retenais plus facilement le souffle et j'étais capable de reprendre haleine, et plus progressait le discours, plus j'étais rempli de force avec un sentiment de légèreté, et je débitais tout d'une haleine si vive que les auditeurs avaient peine à me suivre; à vrai dire le spectacle que j'offrais était plus beau encore, à mon sentiment, que l'audition elle-même. (*Discours sacrés* IV, 22)[32]

De tels sentiments d'inspiration résultent – comme Aristide le raconte dans le quatrième *Discours Sacré* – d'un entraînement intense qui se poursuit jour et nuit sous la surveillance du dieu. Aristide précise la dimension quasi athlétique de l'instruction divine:

Bien des thèmes de discours me furent donnés aussi [*scil.* dans les rêves], et il me fut offert des exemples de la manière dont il fallait traiter le tout, sans parler des expressions mêmes, qui, venues du dieu, me restaient très exactement dans la mémoire. Ce fut là d'ailleurs un moyen de progrès que cette manière cachée de me préparer. Car il me fallait sortir du lit comme aiguillonné à discourir et déjà tout prêt dès la nuit, comme lorsqu'un athlète se prépare à la lutte dès avant le jour. (*Discours sacrés* IV, 26)[33]

Si le dieu lui sert d'entraîneur, il est peu surprenant qu'Aristide s'imagine aussi comme vainqueur athlétique. Dans le cinquième *Discours Sacré*, dans une suite de triomphes publics, il compare son succès oratoire au succès des compétiteurs dans les concours physiques: « Un peu plus tard le dieu m'amène à Éphèse; il m'avait prédit des couronnes comme à un athlète ... » (*Discours sacrés* V, 35).[34]

La « lutte » du rhéteur, évoquée partout dans les écrits d'Aristide par l'utilisation du vocabulaire de l'*agon* pour ses engagements professionnels, est rendue plus concrète ici dans les *Discours sacrés*, puisqu'elle apparaît dans un texte qui tourne autour du corps physique. En même temps, l'autre motif traditionnel de la rhétorique – l'initiation aux Mystères – est également approfondi quand la vie du rhéteur est réellement mise en question. Au point pivot entre le récit de sa maladie et le récit professionnel dans le quatrième *Discours*, Aristide associe ces deux images évocatrices. Asclépios lui prescrit des actions qui symbolisent la mort et le renouvellement de sa vie: « Ensuite le dieu m'avertit qu'il fallait simuler un vrai enterrement et amonceler sur moi la terre blanche – comme on fait dans la palestre – par garantie et pour que l'enterrement même fût d'une certaine manière accompli » (*Discours sacrés* IV, 11).[35] L'enterrement simulé fait allusion au paradoxe vie/mort, central dans le monde de l'initiation.[36] Mais avec une subtilité caractéristique, Aristide y ajoute une référence à la sphère de l'action physique: la gymnastique.[37] En combinaison, les deux images préparent le récit qui suit dans le quatrième *Discours*, à travers lequel Aristide décrit la « renaissance » professionnelle qui reflète, dans ses dimensions à la fois physique et spirituelle, sa renaissance de la maladie.

En conclusion, dans les *Discours sacrés*, les deux motifs – traditionnels dans la rhétorique ancienne – de l'initiation et de l'entraînement athlétique servent à relier les détails de la vie publique d'Aristide à l'histoire de la guérison divine qui les encadre. De cette façon, le récit professionnel à l'intérieur du texte est mis en valeur par les anecdotes qui concernent son corps, et les détails apparemment intimes de sa maladie viennent appuyer le portrait d'Aristide comme un rhéteur dynamique, puissant et inspiré. Si les intérêts des érudits modernes les ont menés à favoriser une lecture du texte comme révélateur d'une intériorité personnelle, une considération de ces métaphores dans les écrits d'un rhéteur important dans la période de la Seconde Sophistique, suggère qu'il écrivait également pour le public de ses collègues et qu'il avait aussi à coeur d'asseoir son prestige professionnel.

NOTES

Je tiens à remercier chaleureusement Thomas Schmidt et Pascale Fleury de m'avoir accordée la possibilité de participer au colloque et d'avoir donné de leur temps pour améliorer l'expression française du texte. Je voudrais remercier aussi Christopher Faraone, Shadi Bartsch, Elizabeth Asmis et Philippe Leduc, qui m'ont aidée dans la préparation de la communication originale.

1 L'étude de Behr (1968a) est fondamentale sur le contenu biographique des *Discours sacrés* (voir également Behr 1994). Pour des appréciations du texte comme entreprise autobiographique, voir notamment Misch (1951), Pearcy (1988), Quet (1993).
2 L'originalité des *Discours sacrés* a empêché des critiques du XIXe siècle (par exemple Croiset et Croiset 1899, 577) de prendre ces écrits au sérieux dans le contexte de l'histoire de l'éloquence grecque. Boulanger (1923) aussi les a relégués à une place marginale dans l'oeuvre d'Aristide en tant que sophiste professionnel. Plus récemment, des érudits ont salué ce manque d'éclat rhétorique comme le signe d'une rare intimité. Gigli (1977) examine en détail le style des *Discours* qui, selon elle, reflète la psychologie d'Aristide. Remarquable est l'analyse de Korenjak (2005), qui met de côté la question du contenu des *Discours* pour considérer plutôt leur effet rhétorique sur le public contemporain.
3 Plusieurs érudits se sont intéressés aux *Discours sacrés* comme documents de la psychologie personnelle et religieuse du IIe siècle. Les commentaires de Dodds (1951) et de Festugière (1954) ont eu une influence importante, suscitant des études du texte nettement psychologiques (e.g., Michenaud et Dierkins 1972,

Gourevitch 1984), aussi bien que des études sur leur dimension spirituelle (e.g., Lonnoy 1986). Ces approches ont tendance à écarter la question du public contemporain qu'Aristide aurait envisagé pour le texte. Voir également les études plus récentes de Miller (1994) et Perkins (1995).

4 Voir Schmitz (1997), Whitmarsh (2001) et Gleason (1995) pour diverses analyses des enjeux sociaux de la rhétorique dans la culture grecque de l'époque impériale.

5 Son métier apparaît dans plusieurs détails de rêves et des épisodes de vie racontés tout au long des *Discours sacrés*. Dans le quatrième *Discours*, le récit professionnel ressort au premier plan quand Aristide décrit les efforts du dieu Asclépios pour le remettre au travail après un an de maladie (IV, 14–62). Cette histoire d'inspiration est juxtaposée au récit de ses tentatives d'éviter les services liturgiques en Asie Mineure (IV, 71–108). Pour cette dernière raison, le quatrième *Discours* a retenu l'attention de Bowersock (1969) et de Swain (1996), parmi d'autres.

6 Baumgart (1874, 110). Voir la discussion plus étendue des *Discours sacrés* dans son ch. 4.

7 Dans le contexte de sa présentation du grammairien antique, Kaster (1988, 15–17) remarque en passant que cette double tradition des images du sacré et de l'athlétique – « two common but antithetical metaphors » – constitue une juxtaposition inattendue.

8 Pour une discussion des « Discours Platoniciens » d'Aristide (*Discours* I–III), voir Pernot (1993b). Flinterman (2002) considère aussi les dimensions personnelles du *Discours* II.

9 Voir la discussion approfondie de ce discours dans Rutherford (1995), cf. Pernot (1998a).

10 Aristide emploie la même expression quand il parle de la profanation des mystères attiques pendant les incursions barbares dans son « Discours Eleusinien » (XXII, 13); cf. la métaphore du titre du *Discours* XXXIV, *Contre ceux qui profanent les mystères de la rhétorique*.

11 δέδοικα μὲν οὖν μὴ παρὰ κωφὸν λέγω καί τινα τρόπον ἐξορχοῦμαι δεικνὺς ἀμυήτῳ τὰ ἱερά· ὅμως δὲ ὥσπερ ἐν μύθῳ τις ἀπόρρητος λόγος τοῖς μὲν ἀκούειν δυνατοῖς εἰρήσεται, σοὶ δὲ οὐδὲν μᾶλλον.

12 Voir Kirchner (2005), qui trace en particulier la trajectoire de la métaphore dans le contexte rhétorique de son premier usage chez Cicéron (*De l'orateur*) jusqu'à Lucien, et d'autres auteurs de l'Antiquité tardive.

13 Galien, *De l'utilité des parties du corps humain* (III, 576 K), décrit sa connaissance de la construction du larynx comme un savoir mystique (*telete, mysteria*), et les auditeurs de son discours comme des initiés (*muoumenos*) pareils à ceux qui fréquentent Eleusis et Samothrace.

14 Selon le mathématicien du IIe siècle dans son *Exposition des connaissances*

mathématiques utiles à la lecture de Platon, les cinq étapes d'apprentissage correspondent aux cinq étapes rituelles de l'initiation.

15 Dans le *Maître de Rhétorique* 14, le narrateur conseille à l'aspirant-rhéteur de se passer des pas préliminaires d'études (*propaideia*) que d'autres présentent comme rites obligatoires d'initiation professionnelle. Cf. Denys d'Halicarnasse, *De l'arrangement des mots* 25: *tas teletas tou logou*.

16 λέγω γὰρ οὖν ὡς ἐπειδὰν περιέλθῃ τὸ τοῦ θεοῦ φῶς … καὶ κατάσχῃ τὴν ψυχὴν τοῦ λέγοντος, ὥσπερ τι πόμα παρελθὸν ἐξ Ἀπόλλωνος πηγῶν, εὐθὺς μὲν τόνου καὶ θέρμης ἐνέπλησεν μετ' εὐθυμίας, ἦρεν δὲ τοὺς ὀφθαλμοὺς ἄνω καὶ τὰς τρίχας διέστησεν, βλέπει δ' οὐδ' εἰς ἓν ἄλλο ὁ τοιοῦτος … ἀλλ' ἢ πρὸς αὐτοὺς τοὺς λόγους.

17 Une telle inspiration est attribuée à quelques sophistes dans les *VS* de Philostrate: l'élocution de Polémon est qualifiée d'*empnous*, comme si (dit Philostrate) il déclamait du trépied de la Pythie (*VS* 542). Eschine, l'ancien rhéteur, est dit *theios legein* (*VS* 509–10). Dans aucun cas, cependant, la métaphore plus complexe de l'initiation (par opposition au motif d'inspiration tout court) n'est-elle longuement développée. Pour d'autres traitements de la divinité de l'orateur dans la Seconde Sophistique, cf. dans ce volume P. Fleury.

18 Gleason (1995) éclaire l'aspect physique de l'entraînement et des spectacles rhétoriques de l'époque impériale, surtout de la perspective de l'identité sexuelle et des dynamiques sociales qui la produisent. Le *Discours* XXXIV d'Aristide fait partie des textes qu'elle examine.

19 ὑμεῖς τοίνυν ὅταν εἰς ψαλτρίας τάττησθε καὶ τὰ τῶν Μουσῶν ὄργια χραίνητε ἐν τῷ δημοσίῳ, πότερον φιλοτιμίας δικαίως ἂν ἀμφισβητοίητε ἢ ζῶντες ἂν κατορύττοισθε Περσιστί.

20 … ἀλλ' ὑμεῖς οὐκ ἐν Λυδοῖς, οὐδ' εἰσάπαξ, οὐδὲ σκώπτοντες; οὐδ' ὑγιαίνοντες τἄνδοθεν, ἀλλ' ἐν ἅπασιν ἀνθρώποις ἁπάσας τὰς ἡμέρας ἐξορχεῖσθε, ἃ μὴ ὅτι τοῦ Ἡρακλέους, ἀλλ' οὐδὲ τῆς Ὀμφάλης ἐπαινεῖν ἦν.

21 Φέρε δὴ καὶ τοὺς ἐπὶ τῶν στεφανιτῶν ἀγώνων σκεψώμεθα … πότερον θρυπτομένους καὶ παροινοῦντας καὶ ταὐτὰ ταῖς ὀρχηστρίσι στρεφομένους ἐστεφάνουν οἱ τῷ Διὶ τῷ Ὀλυμπίῳ τὸν ἀγῶνα κοσμοῦντες, ἢ καρτερίαν θαυμαστήν τινα καὶ ῥώμην ὁμοῦ ψυχῆς τε καὶ σώματος παρασχομένους….

22 Chez Philostrate, par exemple, le sophiste Polémon aurait fait valoir les efforts prodigieux du rhéteur en suggérant qu'ils dépassaient même ceux du gladiateur (*VS* 541). Voir la *Lalia à Asclépios* (*Discours* XLII, 11), dans lequel Aristide compare l'aide divine qu'il reçoit dans ses travaux littéraires aux *sophismata puktika* qu'a reçus un boxeur qui se vouait au culte d'Asclépios.

23 ἐπειδὴ οὖν εὐξάμεθά τε καὶ οὐκ ἂν ἄλλως ταῦτα ἔχοι, δεῖ δὴ ὥσπερ τῶν ἀθλητῶν τοὺς ἀπογράψαντας ἑαυτοὺς μὴ ἀναχωρεῖν, ἀλλ' ὁμόσε ἰέναι καὶ πειρᾶσθαι τοῦ ἀγωνίσματος.

24 Pendant le II{{e}} siècle, comme à d'autres époques de l'Antiquité, la déclamation avait sa place dans les compétitions panhelléniques et civiques qui réunissaient compétiteurs artistiques aussi bien qu'athlétiques. Suivant les travaux fondamentaux de Louis Robert, les récentes études de van Nijf (1999, 2001, 2003) et König (2005) ont avancé l'idée que l'athlétisme et la rhétorique servaient de modes parallèles de compétition pour le prestige social.

25 Πολλὰ μὲν οὖν καὶ παράδοξα ἐπετάχθημεν· ὧν δὲ ἀπομνημονεύω, δρόμος τέ ἐστιν ὃν ἔδει δραμεῖν ἀνυπόδητον χειμῶνος ὥρᾳ· καὶ πάλιν ἱππασία πραγμάτων ἀπορώτατον. La traduction de Festugière rend explicite la dimension athlétique qui reste plutôt implicite dans le texte grec. Toutes les traductions des *Discours sacrés* sont celles de Festugière (1986).

26 Voir par exemple l'épisode narré en II, 76: quelques compagnons d'Aristide le rejoignent pour prendre les eaux du puits sacré, mais Aristide est le seul à résister au froid quand les autres se retirent vaincus. Cf. II, 47 pour un autre exemple de l'éthique de compétition.

27 Sur le motif de l'initiation dans les *Discours sacrés*, voir surtout Lonnoy (1986).

28 Initiation: II, 27–8 et 32–3, III, 48, IV, 7. Pour un exemple (parmi plusieurs) du caractère athlétique de ses remèdes, voir en particulier V, 49 sq., où Aristide décrit en détail une « course » à pied prescrite par le dieu. Il fait référence aussi au gymnase comme lieu de performance associé au sanctuaire d'Asclépios à Pergame (II, 77) et à un temple du dieu à Smyrne (I, 17).

29 Voir Rutherford (1999, 133–48), qui voit dans le motif du « retour aux sources » et l'usage des mots *katharmos* et *katharsis*, les démarches préparatoires à une initiation « imaginaire ».

30 Selon Lonnoy (1986, 44), le mélange des sentiments de joie et de peur est caractéristique de l'expérience initiatique dans les *Métamorphoses* d'Apulée, aussi bien que dans le texte d'Aristide (cf. II, 28). Lonnoy analyse les références à l'initiation chez Aristide comme le reflet d'un mode d'expérience religieuse (« mysticisme affectif » 48), plutôt qu'un choix d'expression métaphorique. Pour la combinaison des effets mentaux/spirituels avec les effets physiques, voir par exemple II, 21–3.

31 ἦν οὖν οὐ μόνον τελετῇ τινι ἐοικός, οὕτω θείων τε καὶ παραδόξων τῶν δρωμένων ὄντων, ἀλλὰ καὶ συνέπιπτέ τι θαυμαστὸν ἀηθείᾳ· ἅμα μὲν γὰρ ἦν εὐθυμεῖσθαι, χαίρειν, ἐν εὐκόλοις εἶναι καὶ τῆς ψυχῆς καὶ τοῦ σώματος …

32 συνέβαινε δέ μοι λαμβάνοντι μὲν τὰ προβλήματα καὶ καθισταμένῳ πρὸς τὸν ἀγῶνα ἀπορεῖσθαι καὶ μόλις ἀναφέρειν, ἐπιλείποντος τοῦ πνεύματος, προϊόντι δὲ τῶν προοιμίων ῥᾷον ἴσχειν ἤδη καὶ ἀναπνεῖν οἵῳ τε εἶναι, καὶ προϊόντος αἰεὶ τοῦ λόγου δυνάμεως ἐμπίπλασθαι μετὰ κουφότητος, καὶ συνείρειν οὕτως ὥσθ' ἕπεσθαι μόλις τοὺς ἀκροωμένους. καὶ ἦν δὴ τὸ θέαμα κρεῖττον ἢ τὸ ἀκρόαμα γνώμην γ' ἐμήν.

33 πολλὰ δὲ καὶ προβλήματα ἀφίκετο καὶ ὅπως χρὴ τὸ σύμπαν μεταχειρίσασθαι παρεδείχθη, χωρὶς τῶν εἰς μνήμην δι' ἀκριβείας ἐλθόντων ῥημάτων. ἦν δέ τις καὶ οὗτος τρόπος φέρων εἰς ἐπίδοσιν, ὁ τῆς ἀδήλου παρασκευῆς· ἔδει γὰρ ἀναστῆναι κεκεντρωμένον εἰς λόγους καὶ παρεσκευασμένον ἐκ νυκτός, ὥσπερ ὅταν ἀθλητὴς προγυμνάσηται τὰ ἑωθινά.

34 οὐ πολλῷ δ' ὕστερον εἰς Ἔφεσον κομίζει στεφάνους τε προειπὼν ὡς ἀγωνιστῇ ....

35 ἔπειτα κελεύει ὁ θεὸς ὡς δεῖ ἀντὶ τοῦ κατορυχθῆναι ἐπαμήσασθαι τῆς λευκῆς γῆς, τὸν ἐν παλαίστρᾳ δὴ τρόπον, βεβαιότητος οὕνεκα, καὶ ὡς εἴη τρόπον τινὰ καὶ τοῦτο ἐκπεπληρωμένον.

36 Selon Burkert (1987, 101), tous les mystères comportent un paradoxe vie/mort. Tel est le contexte ici, même si les érudits ont cherché diverses explications de cette « terre blanche ». Behr (1981, 435n20) (cf. Behr 1986, 6n8c) y voit une référence médicale, citant l'*Histoire naturelle* de Pline (XXXI, 113 et 122). Schröder (1986, ad loc.), mettant l'emphase sur la couleur, suggère qu'il s'agit d'une espèce de terre contenant des agents blanchissants – ce qui ferait du geste un acte de purification.

37 Sur l'utilisation de la poussière dans le contexte du gymnase, voir Lucien, *Anacharsis* 29: selon le personnage de Solon, se saupoudrer de poussière améliore la force du lutteur, son hygiène, et protège aussi la peau.

Une écriture du visuel au temps de la Seconde Sophistique: Clément d'Alexandrie (*Protreptique*) et Philostrate (*Images*)

Anne Pasquier

C'est largement sur les descriptions de Philostrate que l'on se fonde pour tenter de cerner le phénomène à la fois culturel, social et politique de la Seconde Sophistique. Si cette expression se comprend par référence à la Première Sophistique, celle des Gorgias, Protagoras et autres sophistes des Ve et IVe siècles avant notre ère, la présentation de Philostrate montre un milieu différent, propre au monde romain: la fonction et la nature de la rhétorique, le cadre dans lequel elle s'exerce, le type de genre oratoire privilégié, sont en effet transformés. Les nouveaux sophistes proviennent de tout l'Empire romain et se déplacent à travers lui. Théâtres, vastes auditoriums, salles du conseil où se pressent les élites sont les lieux où se déploient leurs talents oratoires, d'où la préférence pour le genre épidictique.[1] Certaines formes littéraires trouvent leur accomplissement comme l'*ekphrasis* décrite dans les *Progymnasmata* et, plus précisément, la description de tableaux.[2]

La question de l'autoreprésentation pose problème. Peut-être les sophistes se définissaient-ils eux-mêmes comme les « Grecs » ou les « Hellènes », appellation qui était devenue courante, à l'époque impériale, pour désigner leurs étudiants et auditeurs familiers.[3] L'utilisation d'un langage raffiné était une marque fondamentale de l'identité sociale, critère qui opérait un partage entre les *pepaideumenoi* d'une part, et les *idiotai* et les *agroikoi*, les ignorants et les « rustiques » d'autre part. Les sophistes sont en quelque sorte les représentants et les gardiens de la culture, des valeurs et de l'identité helléniques dans le monde hétéroclite de l'Empire. Il y a mise en valeur de la pureté de la langue classique, et donc du dialecte attique, ce qui va de pair avec un certain archaïsme. Philostrate nous fait connaître leur influence, non seulement sur l'éducation et la culture, mais également sur la vie politique. Selon Suzanne Saïd (1997, 453), la « Seconde Sophistique incarne plus que tout autre genre, le compromis historique entre la culture grecque et le pouvoir romain ».⁴ Ces sophistes ont également fait le lien avec la philosophie, une philosophie imprégnée de spiritualité, et se réfèrent, entre autres, à Platon, pour ou contre lui, dans la mesure où il s'agit de sophistique. Plusieurs ont fréquenté les écoles de philosophie avant de devenir sophistes, selon Philostrate. Toutefois celui-ci fait la distinction entre les purs sophistes et les philosophes, si éloquents qu'ils furent classés sous cette appellation, en particulier Dion Chrysostome et Favorinus d'Arles (*VS* Préface).

Il ne semble pas que l'on puisse parler d'un mouvement organisé, mais plutôt d'une multitude de parcours individuels liés entre eux par une culture commune, par la pratique partagée d'activités éducatives et intellectuelles. Pour cette raison, ce n'est pas un phénomène facile à cerner. Il n'est pas non plus aisé d'en saisir l'évolution chronologique, ni même d'en fixer précisément les limites dans le temps. Si l'on se fie à Philostrate, ce mouvement débute durant la seconde moitié du premier siècle de notre ère. Se termine-t-il au troisième siècle, moment de l'écriture de son ouvrage sur les sophistes? Il reste aujourd'hui quelques *Vies* de sophistes de l'époque impériale dont nous pouvons encore lire les oeuvres, comme Dion Chrysostome, Favorinus d'Arles, Aelius Aristide et d'autres. Philostrate reste donc malgré tout une source importante pour connaître ce phénomène, que l'on peut compléter par les sources contemporaines.

Cependant, les portraits de Philostrate sont héroïsés et stéréotypés, le but étant la glorification et l'éloge des meilleurs d'entre les sophistes ou de ceux qu'il juge tels. Sans doute en a-t-il écarté quelques-uns pour différentes raisons. Il peut donc être pertinent soit d'inclure au sens strict, dans le camp des sophistes, des auteurs qui n'ont pas été cités par Philostrate, soit de montrer l'influence de la Seconde Sophistique sur des écrivains qui ne sont pas à proprement parler des sophistes mais se situent dans une frange ou une zone imprécise ou ont subi l'influence de ce mouvement. Et, d'autant plus, s'il ne s'agit pas d'un mouvement organisé. Un exemple est celui d'Apulée que Stephen Harrison (2001), dans un livre consacré aux ouvrages « rhétoriques » de l'auteur (*Apologie* et *Florides*), définit comme « a sophistic intellectual », en montrant tout ce qui le rapproche des autres sophistes. S. Harrison nous invite même à le comprendre dans le cadre de la Seconde Sophistique.⁵

Même si, de par l'origine juive du christianisme, ils ont également subi d'autres influences, la culture hellénique est partagée par la plupart des écrivains chrétiens. Plusieurs ont enseigné la rhétorique. Certains, comme Augustin, ont même écrit sur elle. Tous ont été formés par elle. Cependant, aux IIᵉ et IIIᵉ siècles, si les sophistes ne semblent pas s'être intéressés à eux, en revanche les chrétiens doivent répondre au mépris affiché pour leur doctrine et leurs écrits. En outre, certains de leurs ouvrages se situent dans un contexte de persécution, d'où leur coloration polémique. Au IVᵉ siècle, un

Jérôme pourra parler avec calme des « finesses de Quintilien, l'abondance de Cicéron, la gravité de Fronton et la douceur de Pline » (*Lettre* CXXV, 12), mais pas aux IIe et IIIe siècles, même si on apprécie ces auteurs. La situation politique et religieuse provoque un déchirement, voire un écartèlement, face à cette culture. Un bon exemple est Paul qui se targue d'ignorer « la sagesse du discours » (1 *Co* 1, 17). Mais y a-t-il plus rhétorique que ses écrits avec leurs images et leur argumentation dépendant des circonstances? Ce paradoxe se retrouve dans le reste de la littérature chrétienne.[6]

C'est cette relation ambiguë à leur propre culture hellénique ainsi que les liens avec la sophistique que je voudrais examiner par le biais du thème de l'image, chez un auteur en particulier, Clément d'Alexandrie dans son *Protreptique*. Une brève comparaison avec Philostrate, l'auteur des *Images* (*Eikônes*), est susceptible de faire saisir comment le discours cherche, de manière créative, à se réapproprier la culture et la mémoire communes. Ce Philostrate est un rhéteur de la Seconde Sophistique, un peu plus jeune que Clément. Est-il le même que celui qui a composé les *Vies des Sophistes*? Plusieurs spécialistes le pensent, mais la question reste délicate car il y eut d'autres Philostrate à peu près à la même époque.[7]

Seront examinés quelques passages de ces auteurs où l'on trouve un travail sur l'image, associé à un sens de la mise en scène théâtrale qui caractérise les écrivains de la Seconde Sophistique. Pourquoi ce thème de l'image en particulier? L'éloquence d'apparat joue un rôle considérable au sein de ce mouvement sophistique et « la parole se pratique désormais sur le théâtre où elle rivalise avec les autres exercices littéraires ou musicaux » (Michel 1982, 114 et 117–21). Cette forme théâtrale de rhétorique a produit une réflexion nouvelle sur l'esthétique et sur l'image, images que l'on retrouve dans les sources littéraires. Le but est la visualisation, grâce au procédé de l'*enargeia*, synonyme d'évidence et de présence.[8] Selon Nicolaos, c'est justement l'*enargeia* qui distingue l'*ekphrasis* de la simple narration, l'objectif étant de transformer l'auditeur en spectateur: l'*enargeia* en rhétorique est « comme une peinture ».[9]

Or c'est souvent sur les images des dieux, c'est-à-dire sur les statues et les peintures, que l'on écrit.[10] Le traitement de l'image chez les auteurs chrétiens diffère selon le contexte: la critique se fait virulente lorsqu'il est question d'adorer les dieux païens, tandis que la culture commune est admirée et reconfigurée, lorsqu'il n'en est pas question. On voit que ce qui est en jeu n'est pas la beauté des choses, mais la manière de les juger: peuvent-elles, selon eux, être des signes ou des images (*eikôn*) susceptibles de mener jusqu'à Dieu ou sont-elles des idoles (*eidôlon*) qui en bloquent l'accès? Mais une grande ambiguïté règne sur ce que l'on pourrait appeler le paradoxe de la *mimesis* artistique.

Ressemblance et illusion de l'image

Né vers 150, Clément a acquis, probablement à Athènes, une large connaissance de la littérature et de la philosophie grecques. Son oeuvre est parsemée de citations et d'allusions à Homère, à Hésiode et aux Tragiques et il se réfère constamment aux écrits philosophiques, en particulier platoniciens. Il se convertit au christianisme et, après plusieurs voyages en Grèce, en Grande-Grèce et en Orient, il s'installe finalement à Alexandrie où il s'attache à Pantène, exégète de la Bible et philosophe chrétien. Clément cherche constamment à sauvegarder la tradition philosophique et, d'une certaine manière aussi, la culture antique. Selon E. Norden (1898), le début du *Protreptique* est l'un des exemples les plus raffinés de ce qu'il appelle la prose sophistique.[11]

Le *Protreptique* reprend l'exhortation d'Aristote à se convertir à la sagesse, ici identifiée à la philosophie chrétienne. Clément désire ainsi répondre au mépris dont fait l'objet le christianisme,[12] auquel il désire transmettre la culture hellénique. Il s'adresse à un auditoire composé de Grecs cultivés et peut-être de nouveaux convertis. Écrit entre 190 et 202 environ (la chronologie des oeuvres de Clément est très peu précise), le *Protreptique* compare le Logos et sa parole oraculaire à un nouvel Orphée venu apporter le salut. Selon certains, le souci de la forme et de l'euphonie caractérisent cet ouvrage, une recherche de style qui a son origine dans l'asianisme en faveur dans les écoles de rhétorique, mais associé parfois à un atticisme grammatical et syntaxique (Steineker 1967, 69). Bien qu'il n'appartienne pas au genre oratoire de l'épidictique, le *Protreptique* porte cependant plusieurs traits de cette éloquence théâtrale.

Au chapitre IV du *Protreptique*, Clément incite ses lecteurs à parcourir avec lui, pour les examiner, peintures et statues (IV, 57) et il commente l'effet qu'elles produisent, une illusion telle que l'on en arrive à croire à l'existence de son objet:

C'est ainsi que Pygmalion de Chypre s'éprit d'une statue d'ivoire; c'était celle d'Aphrodite et elle était nue; subjugué par sa beauté, le Chypriote s'unit à la statue, à ce que raconte Philostéphanos. À Cnide, il y avait une autre Aphrodite, celle-ci de marbre, belle aussi; un autre, s'en étant épris, a commerce avec ce marbre; c'est Posidippe qui le raconte (le premier de ces auteurs dans son livre sur Chypre, le second, dans son livre sur Cnide). Tellement l'art a de force pour tromper, lui qui, pour les hommes épris d'amour, a été le corrupteur entraînant à l'abîme! La puissance créatrice des artistes a sans doute beaucoup d'influence, mais elle n'est pas capable de tromper un homme raisonnable ni certes ceux qui ont vécu selon le Logos: ce sont des pigeons, que le portrait ressemblant d'une colombe fit voler vers des tableaux;

ce sont des chevaux, qu'on vit hennir vers des cavales habilement peintes .... La peinture est ressemblante? Qu'on loue l'art, mais qu'il ne trompe pas l'homme en se donnant pour la vérité! Le cheval s'est arrêté sans broncher; le pigeon est immobile, l'aile au repos; la génisse de Dédale, en bois, a enflammé un taureau sauvage, et l'art qui a égaré l'animal l'a contraint ensuite de se jeter sur une femme éprise de lui. (*Protreptique* IV, 57, 3–6, trad. Mondésert)[13]

Cette notion d'illusion produite par l'art est centrale dans les *Images* de Philostrate. Les *Images* se présentent comme une conférence privée destinée au fils de son hôte et à ses amis, lors d'un séjour que le rhéteur fit à Naples, une ville « grecque » par sa culture, nous dit-il dans sa préface. Les peintures qui sont examinées, *mais surtout leurs descriptions par le rhéteur*, produisent une illusion à la manière du sommeil qui engourdit:

Mais quoi? Voilà que l'illusion est complète; je crois voir, non des personnages peints, mais des êtres réels qui se meuvent, qui sont en proie à l'amour; car je les raille comme s'ils m'entendaient, et je m'imagine entendre leur réponse. Et toi, qui n'as rien dit pour me ramener à la réalité alors que je m'égarais, tu étais la dupe de la même illusion, tu n'as pas su mieux que moi te défendre contre l'artifice (ἀπάτης) du peintre et le sommeil (ὕπνου) de la raison! (*Images* I, 28, trad. Bougot)[14]

Adressées au fils de son hôte, ses descriptions détaillées sont comme un parcours à travers le tableau, qu'il s'agisse de sujets mythologiques comme la représentation de l'atelier de Dédale (*Images* I, 16), mythe évoqué par Clément, ou du tableau qui représente Hippolyte mourant:

La peinture gémit sur toi, elle aussi: elle est comme une espèce de lamentation poétique, de plainte funèbre composée en ton honneur ... ces jeunes gens représentent les prés, purs de toute profanation, comme tu les nommais; par compassion pour toi, leurs fleurs se flétrissent; tes nourrices, les nymphes de ces sources, soulèvent au-dessus de l'eau leur poitrine ruisselante et s'arrachent les cheveux. Ni ton courage ni la force de ton bras n'ont pu te servir; tes membres ont été les uns déchirés, les autres broyés; tes cheveux sont souillés; ta poitrine respire encore comme si la vie ne l'abandonnait qu'avec peine et ton regard semble errer sur tes blessures. Comme tu es beau encore! (*Images* II, 4, trad. Bougot)[15]

Ou encore d'un tableau de fruits et denrées offerts aux invités:

Voici des figues noires, en tas sur des feuilles de vignes; elles distillent un suc abondant. Le peintre a représenté les fissures de l'enveloppe; les unes en effet s'entrouvrent et donnent passage à une espèce de miel, les autres sont comme fendues en deux par la maturité ... Voici ... un rayon de miel d'un jaune pâle; les cellules de cire sont récentes et prêtes à déborder, pour peu qu'on les pressât. Sur une autre feuille, nous voyons un fromage nouvellement caillé et qui semble trembler encore. (*Images* I, 31, trad. Bougot)[16]

Le spectateur en arrive à se perdre et à pénétrer dans l'image au point de participer à la scène qu'on lui présente. Il peut même être troublé au point de ne plus distinguer l'image du modèle, tout comme Narcisse: la source dans laquelle il se mire « reproduit les traits de Narcisse, comme la peinture reproduit la source, Narcisse lui-même et son image » (*Images* I, 23, trad. Bougot).[17] C'est dans la représentation du divin que se révèle avec le plus d'évidence l'inspiration de l'artiste qui introduit en quelque sorte dans l'image du dieu la pensée et la vie. Les tableaux mettent souvent en scène des dieux dont l'histoire est également tirée des récits mythologiques. Dans la peinture appelée « Choeur de jeunes filles », qui « a représenté aussi quelque chose du chant », Philostrate demande à son jeune auditeur s'il désire que l'on offre une libation à la statue d'ivoire d'Aphrodite: « Mais la déesse ne veut pas que l'on croie à une peinture; elle se détache en relief et semble offrir prise à la main. Veux-tu que sur son autel nous fassions une libation en paroles? » (*Images* II, 1, trad. Bougot).[18]

Dans l'Antiquité, on est sensible à la puissance ainsi qu'à l'ambiguïté et la dangerosité de l'image. Hans Belting a montré la fonction des statues et peintures, en ces époques où il n'est pas question d'art pour l'art. Reliées au culte, elles paraissent « être aptes à agir et donc posséder une efficacité surnaturelle, une *dynamis* »: « le spectateur est relié à la présence réelle et au pouvoir salvateur de l'image » (2007, 15, 58 et 79, trad. Muller). Au livre II de la *Clef des songes*, Artémidore écrit qu'il est peu important de rêver à Artémis elle-même ou à sa statue, car les statues ont la même signification et la même puissance que l'apparition réelle des dieux. Plus tard, on retrouvera la même attitude dans le christianisme, lorsque se développeront la statuaire et la peinture dans les lieux de culte.

Clément admet que les mythes grecs peuvent traduire des intuitions justes sur la condition humaine et il est séduit lui aussi par l'art et la philosophie grecque, celle-ci étant d'origine divine: elle est l'alliance propre aux Grecs, comme la Loi l'est pour les Hébreux. Cependant, quand il s'agit de divinités gréco-romaines, il pense que l'image peut facilement se transformer en idole: elle ne renvoie pas à un modèle mais seulement à elle-même. Dangereuse, elle peut même bloquer l'accès à Dieu et devenir démoniaque, en se transformant en substitut du divin. Dans sa critique, il s'inspire de Platon dans le livre X de la *République*, pour qui les peintures et les autres arts ne sont que reflet trompeur, image d'image, en troisième position par rapport au modèle. Clément, en ce sens, est un platonicien. Pour Philostrate, en revanche, seules les images laissent transparaître la vérité, ainsi qu'il l'indique au début de son prologue, en réaction contre Platon.

Toutefois, que ce soit dans le *Protreptique* ou dans les *Eikônes*, l'illusion produite par l'art est un thème que l'on se raconte, un thème d'écriture. Clément précise même de quels livres il a tiré ses exemples. L'histoire des pigeons qui sont attirés par le portrait d'une colombe et celle des chevaux vers des cavales habilement peintes se trouvent chez Pausanias et elles sont reprises par Élien et d'autres (Pausanias, *Description de la Grèce* V, 27, 3; Élien, *Histoire variée* II, 3). Si les *Images* de Philostrate se présentent comme une conférence privée, un second contexte d'énonciation transparaît dans la préface. Il est probable, qu'avant de circuler sous leur forme écrite, les descriptions ont fait l'objet d'une conférence plus large (Lissarrague 2004, 5). Quoi qu'il en soit, les tableaux ne sont plus sous les yeux des destinataires ou des lecteurs. L'illusion est suscitée par les descriptions de Philostrate lui-même. Tout l'art de l'orateur est de faire voir ces peintures absentes et de provoquer un effet de présence. Pierre Hadot (dans Lissarrague et Bougot 2004, vii–xxii) demande, avec raison, que l'on aborde les *Eikônes* comme une oeuvre littéraire en portant attention à son fonctionnement rhétorique. Une relation étroite se noue entre art et littérature: on se demande en effet si les soixante-cinq images qui composent son ouvrage sont des descriptions de vrais tableaux antiques ou si elles ne sont pas plutôt « elles-mêmes des oeuvres d'art, des "images" rhétoriques, comme pourrait l'indiquer leur titre grec, *Eikônes*? » (Graziani et de Vigenere 1995, II).

Pour Gorgias, celui que Philostrate considérait comme le premier sophiste, le discours est capable d'accomplir les actes les plus divins, à la manière d'une incantation magique (*Éloge d'Hélène* 8–11). Dans l'idée que c'est l'homme qui attribue la puissance à une image lorsqu'il la consacre, les sophistes transposent dans le discours cette efficacité surnaturelle. Les *Images* relèvent de l'exercice littéraire de l'*ekphrasis* qui privilégie le visuel. Elles révèlent « une culture du visuel », propre à la Seconde Sophistique, selon l'expression de Froma I. Zeitlin.[19] De fait, ces *ekphraseis* présentent des épisodes de la littérature classique et de la mythologie comme s'ils étaient représentés dans des oeuvres d'art: « Tu reconnais, mon enfant, que ce sujet est tiré d'Homère », dit Philostrate au début de sa description (*Images* I, 1). Le discours est à l'origine des peintures qui elles-mêmes font l'objet d'un discours de Philostrate (Lissarrague et Bougot 2004, 5–6). À travers la description de peintures, c'est en effet la puissance de la parole sophistique qui est mise en évidence.

À l'époque de la Seconde Sophistique, on discute sur la question de savoir qui, de l'art ou de la littérature, était le plus capable d'engendrer l'évidence. Et la réponse est souvent favorable au discours. Ce motif de la « parole qui peut peindre aussi bien et mieux même que le trait du pinceau » (Hadot dans Lissarrague et Bougot 2004, xiv–xv), on le retrouve, entre autres, chez Lucien de Samosate. Lucien a écrit deux discours nommés *Portraits* et *Pour les portraits* dans lesquels il affirme produire, grâce au pouvoir (*dunamis*) de la parole, une image susceptible de rivaliser avec les oeuvres des peintres, comme Apelle ou Zeuxis ou avec celles des sculpteurs, comme Phidias (Lucien, *Eikônes* 3). La notion d'évidence en rhétorique « correspond à ce que l'on pourrait nommer l'aptitude à donner l'illusion de la vie, à susciter l'imagination par la vivacité de la représentation. Elle est liée au mythe de la *présence* ».[20] L'*enargeia* donne l'illusion de la présence du dieu et le rend vivant. Les images hypnotisent les lecteurs devenus spectateurs provoquant une possession divine.[21]

La transformation de l'imaginaire grec

Philostrate comparait l'art sophistique à la parole oraculaire et prophétique et certains sophistes à Orphée et son chant incantatoire (*Vie des Sophistes* I, 481 et I, 520).[22] Le début du *Protreptique* rappelle aux lecteurs leurs fables grecques sur Orphée (I, 1 et 3, 1), leur proposant un chant nouveau: celui du Logos, nouvel Orphée. Clément utilise constamment le vocabulaire des religions à mystères, en le transformant, contre les oracles qu'il appelle les « chaires de sophistique (σοφιστήρια) pour les infidèles, maisons de jeu de l'illusion pure » (II, 11, 3, trad. Mondésert).[23] Toujours au livre IV, il s'insurge contre la théâtralité de la parole: « Vous avez fait du ciel une scène, le divin est devenu pour vous une pièce de théâtre; vous avez joué en comédie ce qui est saint » (*Protreptique* IV, 58, 3, trad. Mondésert).[24] Et Clément de citer alors Homère: « *Le joueur de lyre alors commença un beau chant … Chante-nous Homère, de ta belle voix les amours d'Arès et de son Aphrodite au diadème, leur premier rendez-vous secret chez Héphaïstos, et tous les dons d'Arès, et la couche souillée du Seigneur Héphaïstos (Odyssée VIII, 266–70). Cesse ton chant, Homère!* » (*Protreptique* IV, 59, 1–2, trad. Mondésert).[25] Pourtant, au livre XII du même *Protreptique*, Clément introduit littéralement son lecteur dans un passage tiré de l'*Odyssée*, utilisant lui aussi le procédé de l'*enargeia*, dans une mise en scène des mystères chrétiens:

Fuyons donc la coutume, fuyons-la comme un promontoire difficile, ou la menace de Charybde, ou les Sirènes de la fable; elle étouffe l'homme, elle le détourne de la vérité, elle l'écarte de la vie; c'est un filet, c'est un précipice, c'est un gouffre, c'est un mal dévorant: *Loin de cette fumée, loin de ces flots écarte ton navire!* [*Odyssée* XII, 219]. Fuyons, matelots mes compagnons, fuyons ces flots, ils vomissent le feu; il y a là une île du mal, où s'entassent les os et les cadavres; une fraîche courtisane y chante la volupté qui se divertit d'une musique vulgaire: *Viens par ici, célèbre Ulysse, orgueil des Achéens; arrête ton navire, pour écouter une voix plus divine* [*Odyssée* XII, 184]. Elle te flatte, ô navigateur, elle te rappelle ta renommée, elle cherche, cette prostituée, à capter celui qui est l'orgueil des Grecs ... Pousse ton navire outre ce chant, artisan de mort; il suffit que tu le veuilles, et te voilà vainqueur de la perdition; attaché au bois [*Odyssée* XII, 178], tu seras délivré de toute la corruption, le Logos de Dieu sera ton pilote, et l'Esprit saint te fera aborder aux ports célestes; alors tu contempleras mon Dieu, tu seras initié à ces saints mystères. (*Protreptique* XII, 118, 1–4, trad. Mondésert)[26]

Pour mieux faire entendre son propre chant, Clément entremêle son discours d'allusions et de citations tirées des *Bacchantes* (918) d'Euripide:

En vérité, je crois voir deux soleils, et deux Thèbes, disait un personnage pris d'un transport bachique pour les idoles ... Viens donc, insensé, mais non plus en t'appuyant sur le thyrse, ni couronné de lierre; rejette ton turban, rejette ta peau de faon, deviens saint d'esprit; je te montrerai le Logos et les mystères du Logos, pour parler selon tes images. Voici la montagne aimée de Dieu; elle ne sert point de théâtre aux tragédies comme le Cithéron, mais elle est consacrée aux drames de la vérité ... Viens à moi, vieillard, toi aussi quitte Thèbes, rejette la divination et le culte de Bacchos, laisse-toi mener par la main vers la vérité; vois, je te donne le bois pour t'y appuyer; hâte-toi, Tirésias, crois: tu verras! Le Christ brille plus que le soleil, lui qui fait voir les yeux des aveugles; la nuit fuira loin de toi, le feu prendra peur, la mort s'en ira; tu verras les cieux, ô vieillard, toi qui ne vois pas Thèbes! Ô mystères vraiment saints! Ô lumière sans mélange! Les torches m'éclairent pour contempler les cieux et Dieu, je deviens saint par l'initiation; le Seigneur est l'hiérophante, et il marque l'initié de son sceau en l'illuminant, il présente celui qui a cru à son père pour qu'il le garde éternellement. Telles sont les fêtes bachiques de mes mystères; si tu le veux, reçois, toi aussi, l'initiation. (*Protreptique* XII, 118, 5–120, 2, trad. Mondésert)[27]

Clément parle la langue de cet Homère qu'il a fréquenté comme tout Grec et qui lui est si intime. S'inspirant ouvertement des *Bacchantes* d'Euripide, il reprend la langue des mystères pour combler l'absence que causera chez ses lecteurs l'abandon de leurs dieux protecteurs et de leurs rites. Ce que la théurgie et les actes divinatoires opéraient, l'éloquence tente de le faire afin de rendre présent le divin. Selon le traité *Du Sublime* (XV, 1), l'orateur ne peut arriver à placer sous les yeux ce qu'il décrit sans être lui-même en proie à l'hallucination.

Comme il apostrophait Homère dans le texte précédent, Clément le fait ici avec Ulysse et Tirésias, le devin aveugle. Philostrate utilise souvent ce procédé dans ses descriptions de tableaux; c'est une caractéristique des sophistes de l'époque impériale. Les lecteurs de Clément, devenus spectateurs, pénètrent avec lui dans une scène où ils deviennent compagnons d'Ulysse. Le passé est devenu présent et tous sont embarqués sur le même bateau. Il ne s'agit pas d'une simple illustration à l'aide d'une comparaison ou d'une métaphore mais l'image se transforme en substitut. Tout comme dans les *Images* de Philostrate, où le destinataire est projeté comme spectateur de la réalité évoquée par le texte à travers le personnage du fils de son hôte, chez Clément, il y a inscription du lecteur dans le texte, lecteur qui s'incarne en un personnage.

Ulysse attaché à son mât représente le lecteur grec appelé à suivre le même parcours que le héros. Ce lecteur est exhorté à se libérer du danger que représente Charybde ou de la fascination des Sirènes. Les Sirènes représentent la sophistique, par exemple chez Dion Chrysostome.[28] Autrement dit, il est incité à se déprendre de sa religion polythéiste et de la sophistique, grâce au bois de la croix, pour aller vers le large sous l'impulsion du souffle spirituel, vers le Logos chrétien (Steineker 1967, 126–40). L'*ekphrasis* n'est jamais statique mais devient un parcours, une forme d'initiation (Dubel 1997, 249–64).

Quelle est la fonction sociale d'une telle écriture du visuel? On peut discerner, dans ce mouvement appelé la Seconde Sophistique, une mise en relief de toutes les ressources de la culture. Celle-ci est mise en scène, l'auditeur étant incité à se transformer en spectateur. Pour les rhéteurs, tout lecteur devait s'efforcer de visualiser ce qu'il lisait et écouter un discours conduisait nécessairement à élaborer en soi un processus de figuration mentale, grâce à l'imagination. Or, ainsi que le souligne Ruth Webb, « les images créées, ou plutôt activées, par l'*energeia* sont définies par les conventions et les valeurs culturelles. C'est parce que ces images résident déjà chez l'auditeur qu'elles ont un effet si profond, que le discours est censé "pénétrer" son esprit. Le discours en effet, plutôt que de "créer" une image par lui-même, est censé activer des impressions existantes, et donner ainsi une impression de perception » (1997, 238).[29] C'est une forme de reconnaissance d'un savoir déjà intériorisé. Il y a donc un lien entre *energeia* et lieu commun. Plus qu'auparavant, à cette époque, la mémoire est à la source de l'invention, elle se fonde sur un réseau d'images qui deviennent ainsi des « lieux communs » de cette tradition hellénique.³⁰ Selon le livre III de *La Rhétorique à Hérennius*, l'art de la mémoire, la mémoire culturelle, est à la source de la créativité.

Dans ses *Images*, conformément aux attentes de ses lecteurs, Philostrate se sert de la parole pour susciter des images déjà existantes dans leur esprit, en faisant appel à tous leurs sens, afin de raviver leur mémoire culturelle. La description d'une peinture a pour but d'éveiller le souvenir du récit approprié. Les références historiques ou mythiques, tirées des textes étudiés dans les écoles de rhétorique, sont des lieux d'enracinement de la mémoire collective. Comme d'autres sophistes, il cherche à conforter les valeurs existantes, en utilisant de préférence le type de discours épidictique. Loin d'être un exercice futile ou simplement plaisant, le discours épidictique sert à réfuter les doutes ainsi qu'à renforcer le sentiment d'appartenance et les liens identitaires entre différents individus partageant une même culture, liens toujours sujets à se détendre et à se désagréger dans un Empire aussi gigantesque.

Chez Clément d'Alexandrie, ces mêmes réseaux d'images sont manipulés selon les besoins de l'argumentation, voire renversés pour transformer l'imaginaire des lecteurs. Il tente d'élaborer une autre structure mentale, celle que lui fournit le récit chrétien, susceptible d'intégrer tous les fragments de savoir afin de leur donner une nouvelle cohérence. Intégrées dans une architecture différente, les images sont reconfigurées et prennent une nouvelle coloration affective. Il s'agit non seulement d'une appropriation cognitive des mythes gréco-romains, mais également d'une transformation de la coloration émotionnelle qui s'attache à eux. Ainsi que le montre Mary Carruthers, c'est la manière de concevoir une chose, et non le contenu en tant que tel, c'est « le "sentiment viscéral," la "vivacité d'appréciation" à l'égard d'une chose, qui détermine si et à partir de quand un individu devient membre d'une communauté particulière » (2002, 65).

Dans les deux cas, le discours s'apparente à la création d'un modelage auquel on tente de donner vie et de rendre réel. Ce qui est en jeu est ce que nous modernes appelons le phénomène de la réception, c'est-à-dire le processus par lequel le lecteur donne chair aux personnages et aux objets fictionnels, auxquels il attribue une vérité et une existence parfois plus grande que ceux du monde extérieur, ce qui transforme de manière durable sa vision du monde. Après tout lequel, du récit d'Homère sur la guerre de Troie ou du supposé évènement historique, a le plus influencé l'humanité?

NOTES

1 Voir les descriptions chez Aelius Aristide, *Discours sacrés* V, 32–3 et Lucien, *La salle* 1. Sur le genre épidictique à cette époque, lire Pernot (1993a).

2 Sur l'*ekphrasis* dans les *Progymnasmata*, voir Dubel (1997, 249–54).
3 « Hellènes » est en effet la désignation la plus appréciée des sophistes de cette époque et c'est ainsi que Philostrate les désigne. Par exemple, Philostrate souligne le fait qu'un sophiste comme Marcus de Byzance n'est pas vraiment reconnu par les « Grecs », malgré son talent (*VS* I, 24). Voir Quet (2006, 40–1).
4 Sur la reconstitution du milieu social à partir des dires de Philostrate, voir Bowersock (1969) et Anderson (1993). Un sophiste pouvait remplir plusieurs fonctions: professeur de rhétorique, occupant dans certains cas une chaire de rhétorique, impériale ou municipale, orateur public, homme politique, philosophe rhéteur qui réfléchit sur les liens entre philosophie et rhétorique.
5 Apulée lui-même se définissait cependant comme un philosophe, plutôt que comme sophiste, et cette tendance est également présente chez Plutarque, Dion Chrysostome et Aelius Aristide. Dans les *Florides* IX, 8, Apulée décrit sa rhétorique comme un moyen d'expression qui doit être sculpté, comme un modelage qui doit être façonné et poli avec les outils de l'artisan, et il doit être aussi vivant que les productions théâtrales.
6 Voir Henderson dans ce volume.
7 Sous ce nom, nous possédons divers ouvrages: les *Vies des Sophistes* et la *Vie d'Apollonius de Tyane*, du même auteur, l'*Héroïkos* et le *Gymnastikos*, des lettres et deux conférences (*dialexeis*). S'y ajoutent deux séries d'*Eikônes* ou *Images*. Dans l'introduction à la seconde série d'*Images*, le narrateur indique qu'une description de peinture a été écrite par son homonyme, qui est son grand–père maternel. Aussi attribue-t-on les premières *Images*, celles dont il est ici question, à Philostrate l'Ancien, les secondes à Philostrate le Jeune: voir à ce sujet l'introduction de Lissarrague à la traduction de *La galerie de Tableaux* dans la collection « La Roue à Livres » (2004, 1). Dans la plupart des manuscrits, les *Images* de Philostrate l'Ancien sont composées de deux livres.
8 Souvent l'*enargeia*, synonyme de « clarté » et d'« évidence », va de pair avec l'*energeia* qui correspond aux notions de force, de vigueur stylistique. Synonyme d'activité, elle sous-entend la passion, l'enthousiasme, le grandiose, voire ce que l'on nomme le barbare: voir Pougeoise (2001, 116).
9 Nicolaos, *Progymnasmata* p. 68 (Felten). Sur ce procédé, voir Webb (1997, 230–1).
10 Toutes ces images, reliées à la divinité, transparaissent dans ces lieux identitaires gréco-romains (lieu au sens spatial du terme) que sont le théâtre, le forum ou le cirque ou encore les villas privées.
11 Éd. italienne par B. Heinemann Campa (1988, I, 556). Installé ensuite à Jérusalem, avant 215, Clément sert à l'évêque Alexandre d'ambassadeur auprès de l'Église d'Antioche.
12 Voir Pernot (1993a, 773): « La seule présence du christianisme est une présence

marginale, qui prend la forme d'allusions souvent rapides et toujours dédaigneuses ou hostiles. On trouve des mentions de ce genre chez des auteurs plus ou moins proches de la rhétorique ou de la sophistique, comme Galien, Lucien, Fronton, Apulée, et chez les hommes qui se sont heurtés au christianisme dans l'exercice de fonctions politiques, comme Pline au cours de sa mission en Bithynie ou Marc Aurèle pendant son règne ».

13 Οὕτως ὁ Κύπριος ὁ Πυγμαλίων ἐκεῖνος ἐλεφαντίνου ἠράσθη ἀγάλματος· τὸ ἄγαλμα Ἀφροδίτης ἦν καὶ γυμνὴ ἦν· νικᾶται ὁ Κύπριος τῷ σχήματι καὶ συνέρχεται τῷ ἀγάλματι, καὶ τοῦτο Φιλοστέφανος ἱστορεῖ· Ἀφροδίτη δὲ ἄλλη ἐν Κνίδῳ λίθος ἦν καὶ καλὴ ἦν, ἕτερος ἠράσθη ταύτης καὶ μίγνυται τῇ λίθῳ· Ποσίδιππος ἱστορεῖ, ὁ μὲν πρότερος ἐν τῷ περὶ Κύπρου, ὁ δὲ ἕτερος ἐν τῷ περὶ Κνίδου. Τοσοῦτον ἴσχυσεν ἀπατῆσαι τέχνη προαγωγὸς ἀνθρώποις ἐρωτικοῖς εἰς βάραθρον γενομένη. Δραστήριος μὲν ἡ δημιουργική, ἀλλ' οὐχ οἷά τε ἀπατῆσαι λογικὸν οὐδὲ μὴν τοὺς κατὰ λόγον βεβιωκότας· ζωγραφίας μὲν γὰρ, δι' ὁμοιότητα σκιαγραφίας περιστερᾶς, προσέπτησαν πελειάδες καὶ ἵπποις καλῶς γεγραμμέναις προσεχρεμέτισαν ἵπποι. ... Ὁμοία γε ἡ γραφή· ἐπαινείσθω μὲν ἡ τέχνη, μὴ ἀπατάτω δὲ τὸν ἄνθρωπον ὡς ἀλήθεια. Ἕστηκεν ὁ ἵππος ἡσυχῇ, ἡ πελειὰς ἀτρεμής, ἀργὸν τὸ πτερόν, ἡ δὲ βοῦς ἡ Δαιδάλου ἡ ἐκ τοῦ ξύλου πεποιημένη ταῦρον εἷλεν ἄγριον καὶ κατηνάγκασεν τὸ θηρίον ἡ τέχνη πλανήσασα ἐρώσης ἐπιβῆναι γυναικός .

14 οἷον ἔπαθον. ἐξήχθην ὑπὸ τῆς γραφῆς μὴ γεγράφθαι δοκῶν αὐτούς, εἶναι δὲ καὶ κινεῖσθαι καὶ ἐρᾶν – διατωθάζω γοῦν ὡς ἀκούοντας καὶ δοκῶ τι ἀντακούσεσθαι – σὺ δ' οὐδ' ὅσα ἐπιστρέψαι παραπαίοντα ἐφθέγξω τι παραπλησίως ἐμοὶ νενικημένος, οὐκ ἔχων ἀνείργεσθαι τῆς ἀπάτης καὶ τοῦ ἐν αὐτῇ ὕπνου.

15 ὥστε ὠδύρατο καὶ ἡ γραφὴ θρῆνόν τινα ποιητικὸν ἐπὶ σοὶ ξυνθεῖσα. ... λειμῶνες δ' ἐν ὥρᾳ μειρακίων, οὓς ἀκηράτους ὠνόμαζες, μαραίνουσιν ἐπὶ σοὶ τὰ ἄνθη, Νύμφαι τε αἱ σαὶ τροφοὶ τουτωνὶ τῶν πηγῶν ἀνασχοῦσαι σπαράττουσι τὰς κόμας ἀποβλύζουσαι τῶν μαζῶν ὕδωρ. ἤμυνε δέ σοι οὐδ' ἡ ἀνδρεία οὐδὲν οὐδὲ ὁ βραχίων, ἀλλά σοι τὰ μὲν ἐσπάρακται τῶν μελῶν, τὰ δὲ συντέτριπται, πέφυρται δ' ἡ κόμη, καὶ τὸ μὲν στέρνον ἔμπνουν ἔτι καθάπερ μὴ μεθιέμενον τῆς ψυχῆς, τὸ δὲ ὄμμα περιαθρεῖ τὰ τετρωμένα. φεῦ τῆς ὥρας, ὡς ἄτρωτός τις ἐλελήθει οὖσα.

16 σῦκα μέλανα ὀπῷ λειβόμενα σεσώρευται μὲν ἐπὶ φύλλων ἀμπέλου, γέγραπται δὲ μετὰ τῶν τοῦ φλοιοῦ ῥηγμάτων. καὶ τὰ μὲν ὑποκέχηνε παραπτύοντα τοῦ μέλιτος, τὰ δ' ὑπὸ τῆς ὥρας οἷον ἔσχισται. ... κἀκεῖνο ... μέλι χλωρὸν ἐνδεδυκὸς ἤδη τῷ κηρῷ καὶ ἀναπλημμυρεῖν ὡραῖον, εἴ τις ἀποθλίβοι, καὶ τροφαλὶς ἐφ' ἑτέρου φύλλου νεοπαγὴς καὶ σαλεύουσα.

17 γράφει τὸν Νάρκισσον, ἡ δὲ γραφὴ τὴν πηγὴν καὶ τὰ τοῦ Ναρκίσσου πάντα. Voir Arasse (1992).

18 ἀλλ' οὐ βούλεται γεγράφθαι δοκεῖν ἡ θεός, ἔκκειται δὲ οἷα λαβέσθαι. βούλει λόγου τι ἐπιλείβωμεν τῷ βωμῷ.

19 Cité par Quet (2006, 47). Cette dernière souligne, avec raison, le fait que les descriptions de Philostrate valorisent aussi l'auditif et l'olfactif.

20 Voir Pougeoise (2001, 128). Aussi, sur les aspects philosophiques de l'évidence associés à l'imagination et à la mémoire, voir Webb (1997, 229–48), et, sur la peinture par la parole, Quet (2006, 32–4).

21 Sur l'illusion de l'art, lire dans *Le défi de l'art. Philostrate, Callistrate et l'image sophistique*, les articles de Webb, Graziani, Nau, Fimiani et Rolet (Constantini, Graziani et Rolet, 2006).

22 Voir dans ce recueil l'article de Fleury sur la sacralisation et la conception religieuse de la parole comme chant dans la Seconde Sophistique ainsi que ceux de Côté et Downie.

23 ἀνθρώπων ἀπίστων σοφιστήρια καὶ πλάνης ἀκράτου κυβευτήρια. Cela n'empêche pas Clément de louer un certain sophiste: Ἄγαμαι τοίνυν τὸν Χῖον σοφιστήν, Θεόκριτος ὄνομα αὐτῷ· μετὰ τὴν Ἀλεξάνδρου τελευτὴν ἐπισκώπτων ὁ Θεόκριτος τὰς δόξας τὰς κενὰς τῶν ἀνθρώπων ἃς εἶχον περὶ θεῶν, πρὸς τοὺς πολίτας « ἄνδρες » εἶπεν, « θαρρεῖτε ἄχρις ἂν ὁρᾶτε τοὺς θεοὺς πρότερον τῶν ἀνθρώπων ἀποθνήσκοντας. »: « J'admire ce sophiste de Chios, Théocritos: après la mort d'Alexandre, raillant les vaines opinions que les hommes avaient au sujet des dieux, il dit à ses concitoyens: "Mes amis, soyez rassurés tant que vous voyez les dieux mourir avant les hommes!" » (X, 97, 1, trad, Mondésert, p. 165).

24 Σκηνὴν πεποιήκατε τὸν οὐρανὸν καὶ τὸ θεῖον ὑμῖν δρᾶμα γεγένηται καὶ τὸ ἅγιον προσωπείοις δαιμονίων κεκωμῳδήκατε.

25 « Αὐτὰρ ὁ φορμίζων ἀνεβάλλετο καλὸν ἀείδειν ᾆσον » ἡμῖν, Ὅμηρε, τὴν φωνὴν τὴν καλήν, « ἀμφ' Ἄρεως φιλότητος εὐστεφάνου τ' Ἀφροδίτης ὡς τὰ πρῶτα μίγησαν ἐν Ἡφαίστοιο δόμοισι λάθρῃ· πολλὰ δ' ἔδωκε, λέχος δ' ᾔσχυνε καὶ εὐνὴ Ἡφαίστοιο ἄνακτος ». Κατάπαυσον, Ὅμηρε, τὴν ᾠδήν.

26 Φύγωμεν οὖν τὴν συνήθειαν, φύγωμεν οἷον ἄκραν χαλεπὴν ἢ Χαρύβδεως ἀπειλὴν ἢ Σειρῆνας μυθικάς· ἄγχει τὸν ἄνθρωπον, τῆς ἀληθείας ἀποτρέπει, ἀπάγει τῆς ζωῆς, παγίς ἐστιν, βάραθρόν ἐστιν, βόθρος ἐστί, λίχνον ἐστὶν κακὸν ἡ συνήθεια· « κείνου μὲν καπνοῦ καὶ κύματος ἐκτὸς ἔεργε νῆα ». Φεύγωμεν, ὦ συνναῦται, φεύγωμεν τὸ κῦμα τοῦτο, πῦρ ἐρεύγεται, νησός ἐστι πονηρὰ ὀστοῖς καὶ νεκροῖς σεσωρευμένη, ᾄδει δὲ ἐν αὐτῇ πορνίδιον ὡραῖον, ἡδονή, πανδήμῳ τερπόμενον μουσικῇ. « δεῦρ' ἄγ' ἰών, πολύαιν' Ὀδυσεῦ, μέγα κῦδος Ἀχαιῶν, νῆα κατάστησον, ἵνα θειοτέρην ὄπ' ἀκούσῃς ». Ἐπαινεῖ σε, ὦ ναῦτα, καὶ πολυύμνητον λέγει, καὶ τὸ κῦδος τῶν Ἑλλήνων ἡ πόρνη σφετερίζεται· ... Παράπλει τὴν ᾠδήν, θάνατον ἐργάζεται· ἐὰν ἐθέλῃς μόνον, νενίκηκας τὴν ἀπώλειαν καὶ τῷ ξύλῳ προσδεδεμένος ἀπάσης ἔσῃ τῆς φθορᾶς λελυμένος, κυβερνήσει σε ὁ λόγος ὁ τοῦ θεοῦ,

καὶ τοῖς λιμέσι καθορμίσει τῶν οὐρανῶν τὸ πνεῦμα τὸ ἅγιον· τότε μου κατοπτεύσεις τὸν θεὸν καὶ τοῖς ἁγίοις ἐκείνοις τελεσθήσῃ μυστηρίοις.

27 « Καὶ μὴν ὁρᾶν μοι δύο μὲν ἡλίους δοκῶ, δισσὰς δὲ Θήβας » βακχεύων ἔλεγέν τις εἰδώλοις ... Ἧκε, ὦ παραπλήξ, μὴ θύρσῳ σκηριπτόμενος, μὴ κιττῷ ἀναδούμενος, ῥῖψον τὴν μίτραν, ῥῖψον τὴν νεβρίδα, σωφρόνησον· δείξω σοι τὸν λόγον καὶ τοῦ λόγου τὰ μυστήρια, κατὰ τὴν σὴν διηγούμενος εἰκόνα. Ὄρος ἐστὶ τοῦτο θεῷ πεφιλημένον, οὐ τραγῳδίαις ὡς Κιθαιρὼν ὑποκείμενον, ἀλλὰ τοῖς ἀληθείας ἀνακείμενον δράμασιν ... Ἧκέ μοι, ὦ πρέσβυ, καὶ σύ, τὰς Θήβας λιπὼν καὶ τὴν μαντικὴν καὶ τὴν βακχικὴν ἀπορρίψας πρὸς ἀλήθειαν χειραγωγοῦ· ἰδού σοι τὸ ξύλον ἐπερείδεσθαι δίδωμι· σπεῦσον, Τειρεσία, πίστευσον· ὄψει. Χριστὸς ἐπιλάμπει φαιδρότερον ἡλίου, δι' ὃν ὀφθαλμοὶ τυφλῶν ἀναβλέπουσιν· νύξ σε φεύξεται, πῦρ φοβηθήσεται, θάνατος οἰχήσεται· ὄψει τοὺς οὐρανούς, ὦ γέρον, ὁ Θήβας μὴ βλέπων. Ὦ τῶν ἁγίων ὡς ἀληθῶς μυστηρίων, ὦ φωτὸς ἀκηράτου. Δᾳδουχοῦμαι τοὺς οὐρανοὺς καὶ τὸν θεὸν ἐποπτεῦσαι, ἅγιος γίνομαι μυούμενος, ἱεροφαντεῖ δὲ ὁ κύριος καὶ τὸν μύστην σφραγίζεται φωταγωγῶν, καὶ παρατίθεται τῷ πατρὶ τὸν πεπιστευκότα αἰῶσι τηρούμενον. Ταῦτα τῶν ἐμῶν μυστηρίων τὰ βακχεύματα· εἰ βούλει, καὶ σὺ μυοῦ.

28 Voir Gangloff (2006, 87): le pouvoir d'Homère est considéré par Dion Chrysostome comme le plus puissant, par comparaison avec celui des Sirènes et celui d'Orphée. Alors que les Sirènes représentent l'aspect séduisant de la parole qui trompe les hommes et les perd, la parole d'Orphée a un rôle civilisateur. Pour Clément d'Alexandrie, Orphée et les Sirènes symbolisent les dangers de la parole séductrice.

29 Selon elle, l'*energeia* verbale est une forme de *mimêsis* qui, plutôt que faire voir l'illusion, crée l'illusion de voir (248).

30 Selon Cicéron, dans le *De l'invention* II, 49, les lieux communs sont des propositions ou des vérités acceptées de tous, plus précisément des valeurs communes que partagent les humains ou une communauté.

SECTION III

Passé et identité grecque

Sophistes, barbares et identité grecque: le cas de Dion Chrysostome

Thomas Schmidt

Les barbares et leur représentation ont de tout temps occupé une place importante dans la pensée grecque. Dès le grand affrontement des Guerres médiques, s'est développée chez les auteurs classiques une rhétorique de l'altérité fondée sur une antithèse systématique entre les Grecs et les barbares. Ainsi, l'image des barbares, construite sur des stéréotypes largement inventés, est rapidement devenue le véhicule de prédilection utilisé par les poètes, les historiens, les orateurs, les philosophes, mais aussi par les artistes, les sculpteurs, les peintres de vases, pour définir et exalter l'identité grecque. Il n'est pas nécessaire d'illustrer ici ce phénomène bien connu et largement étudié pour l'époque classique.[1] Mais qu'en est-il de l'image des barbares à l'époque de la Seconde Sophistique? La question mérite assurément d'être posée pour cette période caractérisée, comme on l'a souvent souligné, par un renouveau des valeurs grecques et par une réaffirmation de l'identité grecque à travers une exaltation du passé glorieux de la Grèce.[2] Dans ce nouveau discours identitaire, l'antithèse entre les Grecs et les barbares, si puissamment développée à l'époque classique, a-t-elle conservé sa force idéologique?

À la lecture des *Vies des sophistes* de Philostrate, il apparaît clairement que la thématique des barbares était très présente chez les sophistes de cette époque. Scopélien de Clazomène en avait même fait sa spécialité: selon Philostrate (*VS* 519–20), il excellait tout particulièrement dans le traitement des thèmes se rapportant aux Mèdes, ceux où apparaissent les Darius et les Xerxès, et lorsqu'il représentait en public l'arrogance et la légèreté propres aux barbares, il s'agissait encore plus que d'habitude, comme pris d'une fureur bachique. Toujours selon Philostrate (*VS* 546–7), Hérode Atticus, l'une des figures emblématiques de la Seconde Sophistique, tenait en très grande estime les généraux Miltiade et Cimon précisément à cause de leurs glorieuses actions contre les Mèdes. Alexandre de Séleucie, pour sa part, outre des discours sur les Scythes et sur l'Arabie, avait traité de sujets tels que *Comment Darius fut persuadé de jeter un pont par-dessus le Danube* ou *Artabaze dissuadant Xerxès de mener une deuxième expédition contre la Grèce* (cf. *VS* 571–5). Des thèmes similaires ont été abordés par d'autres sophistes encore, comme Varus de Pergè (*VS* 576), Pollux de Naucratis (*VS* 593), Ptolémée de Naucratis (*VS* 595–6) et Polémon de Laodicée (*VS* 541), dont deux discours relatifs à la bataille de Marathon ont par ailleurs été conservés.[3] Ewen Bowie (2004, 70–2 et 82–3) a récemment illustré l'importance des Guerres médiques comme thème de déclamation chez les sophistes mentionnés par Philostrate, quelle que soit leur origine, et d'autres avant lui ont pu calculer que les Guerres médiques représentaient environ 15 pour cent de tous les titres de déclamations historiques qu'on a pu recenser.[4] À cet égard, l'ironie avec laquelle Lucien, dans son traité *Le maître de rhétorique* (18), conseille à l'apprenti-sophiste de traiter avant tout et en abondance le sujet des Guerres médiques, est tout à fait révélatrice de l'importance de ce thème, dont Lucien précise ailleurs qu'il était le sujet principal des discours des rhéteurs (*Jupiter tragédien* 32). André Boulanger (1923, 366) a sans doute raison d'écrire que « c'était la matière préférée des sophistes, qu'enivraient la seule sonorité des noms de Marathon, d'Artémision, de Salamine ». C'était sans conteste un thème majeur de la rhétorique grecque d'époque impériale,[5] qui se prêtait assurément bien à des exercices d'école et qui, malgré son caractère potentiellement explosif, était déclamé avec l'aval de Rome.[6]

Il reste qu'à de rares exceptions près, les sophistes mentionnés par Philostrate ne sont guère plus que des noms pour nous. Pour vérifier l'importance qu'on accordait à la représentation des barbares, il faut donc se tourner vers ceux dont les oeuvres ont été conservées, soit les deux principaux représentants de la Seconde Sophistique, Dion de Pruse et Aelius Aristide (les maigres restes des discours de Favorinus d'Arles et de Polémon de Laodicée ne permettant pas d'analyse substantielle). Faute d'espace et de temps, la présente étude se limitera aux oeuvres de Dion de Pruse, connu également sous le nom de Dion Chrysostome, considéré aujourd'hui comme l'une des figures dominantes de la Seconde Sophistique, même si Philostrate, dans les premières pages de ses *Vies des Sophistes*, le range dans une catégorie à part, celle des philosophes-sophistes, à savoir des penseurs qui, « sans être réellement des sophistes, en avaient l'apparence et finirent par en porter le nom ».[7] Nous avons conservé de lui quelque 77 discours ou traités portant sur des sujets variés d'ordre politique, moral, philosophique et littéraire.[8]

Dion avait manifestement un intérêt réel pour les barbares. Il est notamment l'auteur d'une oeuvre historique et ethnographique sur les Gètes, les *Getika*, citée par Philostrate (*VS* 487), mais aujourd'hui perdue à l'exception de quelques fragments transmis par Jordanès.[9] De même, d'après le témoignage de Synésius (*Dion* 3, 2), dans une oeuvre qui n'est pas conservée non plus, Dion faisait l'éloge des Esséniens, communauté monachique de Palestine. Son intérêt pour les populations barbares est confirmé par la longue représentation idéalisée de l'Inde qu'il offre dans son *Discours à Célènes* (XXXV, 18–24)[10] tout comme par sa description des habitants de Borysthène (l'actuelle Olbia), cité grecque située aux confins du monde barbare, dont il se plaît à relever les influences (XXXVI, passim).[11] Dans ce même *Discours borysthénitique* (XXXVI, 39–54), Dion fait longuement état d'un mythe inspiré du zoroastrisme iranien, dont on a certes montré qu'il en donnait une version fortement hellénisée,[12] mais qui témoigne néanmoins d'un intérêt réel pour les sagesses barbares. Dion avait visiblement connaissance de l'existence d'une littérature perse, syrienne et phénicienne (cf. IV, 30) et il utilise d'ailleurs souvent des personnages barbares – ici, les Mages perses (XXXVI, 39), ailleurs un prêtre égyptien (XI, 37), un Phrygien (XXXII, 63) ou un musicien égyptien (XXXII, 101) – pour introduire les mythes qu'il raconte, ou il les situe carrément en terre barbare, comme son *Mythe libyen* (*Discours* V).[13]

En relation avec le passé glorieux de la Grèce, toutefois, son utilisation des barbares reste plutôt discrète: on ne relève qu'une quinzaine de mentions d'épisodes relatifs aux Guerres médiques (sur quelque 180 passages impliquant des barbares), et encore plusieurs d'entre elles sont de simples illustrations qui ne font pas l'objet d'un quelconque développement. Certaines sont certes utilisées pour souligner le courage des Spartiates aux Thermopyles (LXXVII/VIII, 40) ou la παιδεία des Athéniens face à la multitude des barbares (XIII, 23–6) ou encore pour rappeler la valeur de ceux qui ont lutté contre les barbares et qui ont contribué, comme Miltiade, à rabaisser l'orgueil de ces derniers (LXXIII, 6). Mais dans l'ensemble, ce thème est relativement peu exploité par Dion; on ne rencontre pas chez lui de vibrant éloge des exploits passés.[14] Au contraire, dans le *Discours troyen* (XI, 148–9), avec une ironie digne de Lucien, Dion s'amuse à déconstruire le mythe des Guerres médiques en mettant dans la bouche d'un Mède une version des faits totalement déformée et parfaitement inacceptable pour un Grec.[15] Cela montre bien que Dion connaît tout le potentiel de ce thème devant un auditoire grec,[16] mais il a visiblement choisi de ne pas l'exploiter dans son oeuvre, conscient, comme il le dit lui-même, que « la situation a changé et qu'il n'y a plus lieu de craindre une expédition d'un peuple d'Asie contre la Grèce, car la Grèce aussi bien que l'Asie sont désormais sous la domination d'autrui ».[17]

Cette modeste utilisation du thème des Guerres médiques concorde avec l'impression générale qui se dégage, dans un premier temps, de la lecture de l'oeuvre de Dion Chrysostome: celle d'une image des barbares très conventionnelle et relativement peu exploitée. Ainsi, Dion semble adhérer à la traditionnelle division du monde entre Grecs et barbares, comme en témoigne la très fréquente utilisation d'expressions bipolaires du type « chez les Grecs et les barbares » pour désigner le monde entier.[18] Sur 63 occurrences du terme βάρβαρος, on ne dénombre pas moins de 24 expressions bipolaires, soit un rapport de près de 2/5, ce qui est largement au-dessus de la moyenne d'un Plutarque, par exemple.[19] L'expression a beau n'être qu'un tour rhétorique sans réelle signification, elle semble néanmoins indiquer que Dion s'en tient fidèlement à la traditionnelle dichotomie Grecs/barbares pour décrire le monde dans lequel il vit.[20]

Cette vision traditionnelle se retrouve dans les traits que Dion retient des barbares. Si l'on s'en tient aux seules occurrences du terme βάρβαρος, l'information est plutôt maigre. L'oeuvre de Dion ne compte que deux doublets (c'est-à-dire ces expressions doubles dans lesquelles βάρβαρος est lié à d'autres mots de même nature qui viennent en éclairer le sens):[21] μηδαμῶς ἄγροικον μηδὲ βαρβαρικόν (XXXVI, 24) et βαρβαρικῶς καὶ οὐκ ἄνευ ὕβρεως (XXXVI, 8). Ils sont néanmoins révélateurs.[22] Le premier est précisément l'expression par laquelle un habitant de Borysthène cherche à se distinguer de la grossièreté des barbares en s'excusant d'avoir interrompu le discours de Dion. À plusieurs reprises, dans l'oeuvre de Dion, les barbares sont en effet présentés comme des sauvages, des gens naturellement violents et belliqueux (XXXVI, 4–5, 8–9, 15), comparables à des bêtes sauvages (XXXVIII, 46, LIII, 6–8), dépourvus ou incapables d'un mode de vie organisé (XXXVI, 5, XLVII, 10). Leur ambition et leur arrogance sont mentionnées à l'occasion (XI, 120–2, XLVII, 13, LXXIII, 6), tout comme leur impiété et leur perfidie (LV, 15–16, LXXIII, 2, LXXIV, 14). Les barbares sont aussi associés à la notion de servitude (X, 4, XIV, 18–24, XV, 16 et 22, LXXX, 3), on leur prête un manque d'intelligence (XII, 59–61), une conception bizarre de la beauté (XXI, 3–6), des pratiques incestueuses semblables à celles de certains animaux (X, 30). Mais la caractéristique qui revient le plus souvent en relation avec les barbares est leur richesse excessive, qui est évoquée à maintes reprises non seulement pour les rois (comme Darius, Xerxès, Sémiramis, cf. II, 37–42, IV, 16, XLVII, 14–15), les princes et les satrapes (IV, 10, VII, 66, 94, XI, 48–51), mais aussi pour les villes et les peuplades barbares en général (XII, 10–11, XXXII, 3). À ce thème est liée la notion de débauche (τρυφή): les barbares sont vus comme des gens amollis (LXVIII, 2), licencieux (XXXIII, 41–2, 47–9), adonnés aux plaisirs de toutes sortes (IX, 12–13, XX, 19–21, XXI, 3–5, XXXII, 92–4) et responsables de leur propre perte (XXXII, 88, XXXIII, 19–23). L'exemple-type, à cet égard, est la figure de Sardanapale, le roi assyrien connu pour son caractère efféminé et débauché, son goût pour les femmes, la musique, la danse, la bonne chère: Dion le mentionne une dizaine de fois dans son oeuvre.[23] En fait, les mentions de Sardanapale s'inscrivent dans une perspective plus large, celle qui fait des rois barbares les symboles de la mauvaise royauté, de la tyrannie et de la toute-puissance. On en trouve de nombreux exemples chez Dion, qui les utilise comme des stéréotypes admis par tous.[24]

Certes, il y a aussi des exemples positifs de barbares, assez nombreux du reste. Dion souligne notamment l'existence de bons rois parmi les barbares, en particulier Cyrus l'Ancien (I, 38, II, 75, XV, 22, XXI, 11, XXV, 4–9, LVI, 4). Il admire la sagesse des brahmanes (XXXV, 22)[25] et les vertus des Indiens (LXVIII, 2) et fait, comme nous l'avons dit, une description particulièrement idyllique de l'Inde (XXXV, 18–34). Il loue les peuples barbares qui ont donné le pouvoir à des sages (IL, 7–9) et mentionne également le bon sauvage de l'Antiquité, Anacharsis (XXXII, 44), tout comme le musicien mythique Thamyras (LXX, 3). Même Médée a droit à des mentions positives (XVI, 10, LXXIV, 8).

Il n'en demeure pas moins qu'à première vue, Dion offre des barbares une image négative très conventionnelle, construite sur des exemples stéréotypés et à forte connotation morale. Elle se fonde sur une norme communément admise – celle du mauvais barbare – et constitue pour ainsi dire un pôle négatif qui sert de réservoir d'exemples que Dion utilise à sa guise, comme il le fait avec les exemples tirés de la mythologie.[26] Il n'est donc pas étonnant non plus que Dion se serve à l'occasion de cette image pour mettre en évidence les valeurs traditionnellement associées aux Grecs, la παιδεία, le courage, la beauté, ou au contraire pour dénoncer le comportement indigne de certains Grecs: ainsi, il dit des Tarsiens qu'ils sont des débauchés plus licencieux que les Phéniciens (XXXIII, 41–2),[27] des Rhodiens qu'ils ne valent pas mieux que les Phrygiens, les Égyptiens et les Libyens (XXXI, 113–14), des Alexandrins qu'ils ont un comportement dont s'offusqueraient même des barbares (XXXII, 40–4 et 56, cf. aussi XXXII, 3), des Grecs de son époque qu'ils sont plus méprisables que les barbares (XXXI, 157–63), et pour ce qui est de la Guerre de Troie, qu'il était indigne des Grecs d'avoir donné Hélène en mariage à un barbare (XI, 62).[28] Comme d'autres l'ont montré, Dion accorde une grande importance à la notion de grécité et au modèle idéal de comportement que celle-ci représente,[29] mais sans exploiter particulièrement à cet égard l'antithèse entre les Grecs et les barbares.

Les références aux barbares se trouvent un peu partout dans les écrits de Dion, à raison d'une ou deux mentions par discours (pour un total d'environ 180), mais une concentration plus élevée se remarque dans les « grands » discours de Dion, comme le *Troyen* (16 références), l'*Olympique* (8), le *Rhodien* (6), l'*Alexandrin* (10), les deux *Tarsiens* (8) et le *Borysthénitique* (8), marqués par un plus grand souci de perfection rhétorique et, parallèlement, par des propos à teneur plus nationaliste, pour ainsi dire.[30] Ces chiffres confirment la constatation faite par Ewen Bowie, à savoir que la polarité Grecs/barbares est surtout présente dans les discours qui marient un contenu philosophique à une attitude épidictique.[31]

Il est plus frappant de constater qu'un quart de toutes les références aux barbares sont concentrées dans les quatre discours *Sur la royauté*: 7 pour le premier, 12 pour le deuxième, 10 pour le troisième et 15 pour le quatrième, soit au total 44 références sur 180. Ces quatre discours ont aussi une forme particulièrement soignée, puisqu'ils furent prononcés devant l'empereur Trajan, selon l'opinion généralement admise.[32] Il vaut donc la peine de s'intéresser de plus près aux mentions des barbares qui s'y trouvent.

Le premier discours commence d'emblée par une opposition prometteuse entre Alexandre, roi énergique et guerrier (dont Trajan avait fait son modèle avoué)[33] et Sardanapale, roi mou et efféminé (I, 1–3). Mais la comparaison s'arrête là et l'on se rend compte qu'elle servait surtout à inviter Trajan à prêter oreille à Dion tout comme Alexandre avait été séduit par la musique de Timothée.[34] Par la suite, les barbares n'apparaissent que dans des expressions bipolaires sans intérêt (I, 38, 50, 84). Quant à la description en négatif du bon roi selon Homère (I, 14) et celle de la personnification de Tyrannie (I, 78–82), les traits négatifs mentionnés auraient très bien pu être illustrés par référence à un roi barbare, mais ne le sont pas. La discussion reste dans le domaine du général, sans référence particulière aux barbares, sauf pour rappeler qu'Héraclès avait anéanti des tyrans chez les barbares aussi bien que chez les Grecs (I, 84).

Dans le deuxième discours, qui est une discussion entre Alexandre et Philippe sur la conception du bon roi selon Homère, Sardanapale apparaît encore à deux reprises, une première fois de façon explicite (II, 35) comme exemple d'une richesse excessive, une autre fois par simple allusion, lorsqu'il est dit qu'un bon roi doit s'abstenir de musique lascive, de danses et de femmes (II, 57–8). Pour le reste, les barbares sont surtout introduits comme paradigmes de richesse: les palais de Sémiramis, de Darius et de Xerxès (pour condamner le goût de luxe de Ménélas, II, 37–42), les festins barbares (dont le luxe est encore dépassé par les banquets homériques, II, 48), l'armement des Perses (qui vont à la guerre couverts d'or, II, 50–1). Par ailleurs, le tumulte désordonné des barbares à la guerre est mentionné pour rehausser le calme réfléchi des Grecs (II, 52–4).[35] Les Athéniens sont loués d'avoir orné leurs temples des dépouilles prises sur les barbares (II, 36), tout comme Agamemnon d'avoir voulu détruire le palais de son ennemi (II, 64). Mais Hector est loué pour les mêmes raisons (II, 34) et, vers la fin du discours, Dion donne une liste de plusieurs rois barbares vertueux (II, 75).

Quant au troisième discours, il contient une longue discussion de Socrate (III, 1–2 et 30–42) pour déterminer si le Roi des Perses est véritablement un roi puissant (la réponse étant évidemment négative). L'exemple du Grand-Roi est précisément introduit parce qu'il est le paradigme du roi tout-puissant. Il réapparaît plus loin comme exemple-type du tyran obligé de rester constamment sur ses gardes (III, 18). Sardanapale lui aussi est mentionné une nouvelle fois, toujours comme exemple du roi efféminé et débauché (III, 72).

Enfin, dans le quatrième discours, qui met en scène un dialogue entre Alexandre et Diogène, les richesses des barbares et de Darius sont rejetées par Diogène comme ne contribuant pas au bonheur (IV, 10, 16), puis Xerxès et Darius sont cités comme exemples de mauvais rois (IV, 45), notamment pour souligner l'avidité de Darius (IV, 98), alors que Sardanapale est donné comme illustration d'un des trois mauvais génies, celui qui s'adonne aux plaisirs et à la débauche (IV, 101–2, 109–15, 134–5).[36]

Les barbares sont donc certes présents dans les quatre discours *Sur la Royauté*, mais une fois de plus, leur utilisation demeure relativement discrète. L'opposition entre les Grecs et les barbares n'est pas spécialement exploitée. Notamment dans le troisième et le quatrième discours, alors que la discussion porte sur une opposition entre le bon roi et le mauvais roi, les rois barbares sont simplement cités comme illustrations de la mauvaise royauté, sans qu'ils dominent la discussion pour autant.[37] Deux aspects en particulier retiennent l'attention du lecteur à propos de l'utilisation que Dion fait de l'image des barbares.

D'une part, en effet, il est frappant de constater que l'opposition entre Alexandre et les barbares est faiblement exploitée. Pourtant, le sujet s'y prêtait à merveille, comme le montre le traitement que Plutarque lui réserve dans le *De la fortune d'Alexandre*. De la première à la dernière ligne des deux discours qui constituent ce traité, on constate une opposition systématique entre Alexandre, présenté comme le champion de l'hellénisme, et les barbares, affublés de tous les défauts.[38] Cette mise en contraste est visualisée dans l'annexe 1 à la fin de cet article. Absolument rien de tout cela ne transparaît dans les quatre discours de Dion et, comme le note très justement John Moles à propos du quatrième discours, « Alexander is the complete opposite of the idealised figure of Plutarch's *De Alexandri fortuna* » (1990, 348).

D'autre part – c'est la deuxième constatation majeure – puisque l'équation entre Alexandre et Trajan semble manifeste et attendue,[39] la mise en valeur de Trajan lui-même par opposition aux barbares est réduite à néant. Certes, Trajan n'est jamais cité explicitement par Dion, mais il est incontestablement présent (soit physiquement, soit dans l'esprit des auditeurs ou des lecteurs de Dion).[40] Là encore, Dion se démarque d'une autre oeuvre contemporaine, le *Panégyrique de Trajan* de Pline le Jeune: une section entière de ce discours est consacrée à un contraste appuyé entre Trajan et les barbares.[41] L'annexe 2 en résume les principales oppositions.

En comparaison avec les textes de Plutarque et de Pline, la modeste utilisation des barbares par Dion Chrysostome est encore plus frappante. Assurément, ces différences s'expliquent par le genre littéraire auquel appartiennent les trois oeuvres. Le *De la fortune d'Alexandre* de Plutarque est une pure production d'apparat, dont on a pu montrer qu'elle répondait en tous points à la définition de l'éloge rhétorique tel que décrit dans les traités antiques; l'image que ces deux discours véhiculent à grand renfort de rhétorique est celle d'un Alexandre parfait, le roi vertueux par excellence, le plus grand des philosophes, le champion des arts et de l'hellénisme.[42] Le *Panégyrique* de Pline appartient lui aussi au genre de l'*encomium* et vise donc nécessairement à mettre en valeur toutes les qualités de Trajan.[43] Les quatre discours *Sur la royauté* de Dion, en revanche, même s'ils ont probablement été prononcés devant Trajan, s'apparentent davantage à des traités philosophiques en offrant une réflexion théorique et abstraite sur la figure du bon roi.[44] On a d'ailleurs douté que ces discours aient pu être prononcés tels quels devant Trajan et on n'a pas manqué de souligner la froideur et la sécheresse de l'exposition de Dion, imprégnée de la longue tradition philosophique sur le bon roi (Trisoglio 1972, 41–2). Les intentions des trois oeuvres comparées ne sont assurément pas les mêmes.

Le silence de Dion ne demeure pas moins frappant. Il eût été facile pour Dion de reprendre à son compte la tradition idéalisante entourant la figure d'Alexandre[45] et de recourir aux barbares pour dresser de lui un portrait élogieux qui aurait, par la même occasion, servi à glorifier Trajan, son émule avoué. Or, il ne l'a pas fait: certes, il a utilisé çà et là l'image traditionnelle des mauvais rois barbares (Darius, Xerxès, Sardanapale) pour rappeler ce que le bon roi ne doit pas être, mais il n'a visiblement pas cherché à idéaliser les exploits guerriers et l'action civilisatrice d'Alexandre. Pourquoi?

Francesco Trisoglio, en comparant sur ce point le *Panégyrique* de Pline et les discours *Sur la royauté* de Dion, a estimé qu' « il était logique qu'un provincial oriental [comme Dion] ne ressentît point le même orgueil patriotique [devant les exploits guerriers de Trajan] et qu'il en eût par conséquent atténué l'expression, même si l'évidence s'imposait à ses yeux et l'avait induit à postuler un souverain qui fût plus redoutable aux ennemis que les dieux invincibles ».[46] F. Trisoglio a sans doute raison, mais on peut aller plus loin dans cette voie et affirmer qu'il était plus facile pour Pline, en tant que sénateur romain, de faire l'éloge de Trajan sans paraître outrageusement flatteur, alors que Dion, en tant que Grec, pouvait ressentir, soit par conviction personnelle, soit sous la pression de ses compatriotes, une certaine gêne à se livrer au panégyrique d'un empereur romain;[47] il a d'ailleurs éprouvé le besoin de s'en justifier (cf. III, 12–25).⁴⁸ À cet égard, un thème comme l'action civilisatrice d'Alexandre pouvait poser problème: la mettre en évidence devant Trajan alors qu'elle ne correspondait pas à la réalité aurait été assez maladroit et aurait assurément été interprété comme de la flatterie par un auditoire grec.⁴⁹

Mais au-delà de ces considérations nationalistes, la modeste utilisation des barbares par Dion s'inscrit dans un plan plus vaste: celui de dresser un portrait négatif d'Alexandre. D'autres l'ont relevé avant nous, en particulier à propos du quatrième discours *Sur la royauté*.⁵⁰ En effet, on ne peut s'empêcher de constater que la confrontation entre Alexandre et Diogène ne tourne pas à l'avantage du premier. Dion, par l'intermédiaire de Diogène, essaie de nous montrer qu'Alexandre, malgré la tradition idéalisante qui l'entoure, n'est pas le roi idéal: entre autres défauts, il pèche surtout par son ambition maladive.⁵¹ Sachant qu'Alexandre était le modèle avoué de Trajan, on comprend que cette critique d'Alexandre est en même temps une pointe ou un avertissement lancés à l'empereur romain, connu lui aussi pour son ambition. Cette critique demeure discrète et prudente – n'oublions pas que Dion avait déjà été exilé par un empereur romain⁵² – mais elle est néanmoins présente, subtile, audacieuse.⁵³ En fait, en introduisant la figure d'Alexandre, Dion joue habilement sur les attentes du public (comme il le fait dans d'autres discours aussi, par exemple celui *Aux Alexandrins*): Alexandre passant pour le bon roi par excellence, Dion sait que son public s'attend à une présentation positive et qu'il établira le lien avec Trajan. Or, progressivement, on se rend compte que l'image d'Alexandre n'est pas celle qu'on attendait, et ce revirement n'en est que plus parlant. C'est ainsi, à nos yeux, qu'il faut interpréter notamment le silence de Dion sur les exploits guerriers d'Alexandre. Visiblement, Dion n'a pas voulu utiliser ce contraste attendu avec les barbares, d'une part pour ne pas s'attirer le soupçon de flatterie, mais surtout pour ne pas mettre en valeur le côté guerrier d'Alexandre et pour introduire de cette façon, sans le dire, une critique de l'impérialisme romain.⁵⁴

Or, cette critique, il l'exprime ouvertement dans un passage de son *Discours olympique*, dans lequel il dit qu'à la veille de l'affrontement entre les Romains et les Daces, il avait entrepris un voyage chez les Gètes « en désirant voir des hommes combattre, les uns pour l'Empire et la puissance, les autres pour la liberté et la patrie ».⁵⁵ Ce passage ne doit pas être sur-interprété, mais il concorde avec l'anti-impérialisme que Sabrina Terrei (2000, 184–6) a décelé dans les rares fragments conservés des *Getika* de Dion et, de façon plus générale, avec l'attitude critique que Dion manifeste çà et là à l'égard de Rome.⁵⁶

Ces constatations nous forcent, en conclusion, à regarder avec un oeil nouveau l'utilisation que Dion fait des barbares dans son oeuvre en général.

Nous avons remarqué qu'il faisait un usage relativement modeste de l'antithèse entre les Grecs et les barbares. Conscient du fait que la situation a changé (comme nous l'avons vu précédemment), Dion, semble-t-il, cherche à minimiser le contraste entre les Grecs et les barbares.[57] Certes, il utilise encore cette image de façon très conventionnelle, en particulier dans les discours à caractère plus épidictique, tributaires de la longue tradition entourant les barbares dans la pensée grecque. Son emploi fréquent d'expressions bipolaires du type « chez les Grecs et les barbares » est peut-être, précisément, une survivance de cette division traditionnelle du monde habité, mais on pourrait l'interpréter aussi comme la volonté marquée de Dion d'inclure dans sa représentation du monde autant les Grecs que les barbares.[58] Son intérêt manifeste pour les peuples barbares, que nous avons évoqué plus haut, va dans la même direction. Mais plus encore, si l'on examine de plus près certains passages mentionnant des barbares, on constate que l'image que Dion offre des barbares n'est pas aussi négative qu'il n'y paraît. Plus d'une fois, en effet, lorsque Dion illustre un propos, il le fait en utilisant des exemples pris parmi les barbares aussi bien que parmi les Grecs, tant négatifs que positifs.[59] D'une façon générale, les passages où Dion utilise la traditionnelle polarité Grecs/barbares n'impliquent pas une infériorité des barbares, tout comme il existe chez lui plusieurs degrés d'hellénisme, voire un rejet de l'éducation grecque traditionnelle.[60] Malgré les apparences, le monde de Dion est donc loin d'être un monde en noir et blanc. Au contraire, en dehors d'expressions et de stéréotypes figés par la tradition, Dion témoigne d'une grande ouverture d'esprit face aux barbares, voire d'une certaine solidarité à leur égard. Est-ce dû à l'influence sur Dion du cosmopolitisme de la philosophie stoïcienne et cynique à laquelle il adhère? Quoi qu'il en soit, sa position plus nuancée à l'égard des barbares semble placer Dion à l'écart du mouvement de la Seconde Sophistique et donner raison à Philostrate quand il le range dans une catégorie séparée, celle des philosophes-sophistes.[61]

Annexe 1
Plutarque, *De Alexandri Magni fortuna aut virtute*

Qualités d'Alexandre	⇔	Défauts des barbares
δόξα – ἀρετή	326e–327b	βαρβάροις ἀσήμοις – βάρβαρον καὶ ἀνώνυμον κώμην
εὐβουλία – ἀνδρεία – καρτερία – σωφροσύνη	326e	ἀμάχους δυνάμεις καὶ ἄπειρα φῦλα
μεγαλοψυχία – σύνεσις – σωφροσύνη – ἀνδραγαθία	327e	τηλικαύτην δύναμιν
φιλοσοφώτατος	328a–329a	ἀγρίοις ἔθνεσιν
action civilisatrice + fusion des peuples	328a–332c	barbares sauvages et incultes
μέγεθος – δύναμις	336c–d	μικροὺς καὶ περιδεεῖς καὶ ταπεινόφρονας
ἀνδρεία – φρόνησις	336e	κακία
σωφροσύνη – φιλάνθρωπος – χρηστότης	338d–f	beauté des Persanes
μέγα φρόνημα ἀπὸ ἀρετῆς μεγάλης	341e–f	ἐν ἔθνεσιν ἀπίστοις καὶ ἐπιβούλοις
βασιλεὺς μέγας	342a–c	βασιλεὺς πλούσιος
εὐσέβεια – πίστις – εὐτέλεια – ἐγκράτεια – εὐποιΐα – ἀφοβία – εὐψυχία – φιλανθρωπία – ὁμιλία εὐάρμοστος – ἀψευδὲς ἦθος – εὐστάθεια – τάχος – ἔρως δόξης – προαίρεσις	342e–f	τείχεσι πόλεων μυριάνδρων ἐκμετρουμένη δύναμις
δόξα – ἀρετή	343e–344d	χωρίον ἄσημον καὶ βάρβαρον
ἀρετή	⇔	**τύχη**

Annexe 2
Pline le Jeune, *Panégyrique de Trajan*

Trajan	⇔	Barbares
imperii maiestate	XII, 2–3	*ferocissimis populis – ferae gentes*
ueneratio	XIII, 1	*hostes*
ex proximo auditus	XIV, 1	*ferociam superbiamque*
uelocitas – alacritas	XIV, 2–5	*plurimae gentes – infinita uastitas – immensi montes*
uiri firmitate	XV, 1	*disiunctissimas terras*
moderatio – fortitudo	XVI, 2–3	*ut neque hostes tui uelint [pugnare]*
uirtutibus tuis	XVI, 5	*barbarus rex eo insolentiae furorisque*
triumphum	XVII, 1	*hostilibus armis captorumque regum catenis*
te sublimem	XVII, 2	*immanibus ausis barbarorum*
tuas uires tuamque uigilantiam	XXXI, 1–2	*superbiebat uentosa et insolens natio*
soumission à un seul maître (fusion Orient – Occident)	XXXII, 1–3	
pulchrum – gloriosum	LVI, 4–5	*iuxta barbaras gentes*
tutum quietumque	LVI, 7	*minacibus ripis – barbaros fremitus hostilemque terrorem*

NOTES

1. Dans la bibliographie du sujet, les grands classiques sont Jüthner (1923), Hartog (1980), Hall (1989), Dihle (1994). Pour un état de la question, voir entre autres Schmidt (1999, 1–6) et Mitchell (2007).
2. Voir en particulier Bowie (1970), Russell (1983, 106–9), Swain (1996, 65–100), Schmitz (1997 passim), Schmitz (1999), Webb (2006).
3. Voir la récente édition (avec traduction et commentaire) de Reader (1996) et l'article de synthèse de Quet (2003).
4. Cf. Kohl (1915, 16–26), Russell (1983, 107), Spawforth (1994, 244), Swain (1996, 93). Voir aussi Kennedy (1974, 19), Schmitz (1999, 71–92), Jung (2006, 205–24 et 360–77).
5. Comme l'a bien montré en particulier Pernot (1993a, 741–3). On peut mettre la popularité de ce thème en parallèle avec les monnaies frappées à cette époque par Athènes à l'effigie de Miltiade et de Thémistocle, représentés en vainqueurs des barbares (cf. Von Mosch 1996, 168), ainsi qu'avec les représentations des guerres médiques sur les sarcophages attiques contemporains (cf. Ewald 2004, 259).
6. Cf. Spawforth (1994, 243–7), Woolf (1994, 130–5), Swain (1996, 66 et 71–9), Schmitz (1999, 85).
7. Philostrate, VS 484: οὐκ ὄντες σοφισταί, δοκοῦντες δὲ παρῆλθον ἐς τὴν ἐπωνυμίαν ταύτην. Notre traduction est inspirée de Côté (2006, 10), qui offre la plus récente synthèse sur la question (avec la bibliographie antérieure). Côté rappelle à juste titre que Dion aurait sans doute refusé d'être rangé parmi les sophistes. La question de l'appartenance de Dion à la catégorie des sophistes ou à celle des philosophes a été discutée dès l'Antiquité, cf. Brancacci (1985).
8. Les trois ouvrages de référence sur la vie et l'oeuvre de Dion de Pruse sont toujours Von Arnim (1898), Desideri (1978) et Jones (1978). Pour une bibliographie plus récente, voir Harris (1991) et Swain (2000).
9. L'étude la plus récente est celle de Terrei (2000). Voir aussi Jones (1978, 122–3) et Goffart (1988, 20–111) (sur Jordanès).
10. Examinée en détail par Bost-Pouderon (2006b, 181–221), qui y voit toutefois une intention ironique; Desideri (1978, 130–1) la considère comme un argument a fortiori destiné aux habitants de Célènes.
11. Là aussi, la description semble largement idéalisée et « romantique » (cf. Jones 1978, 61; Moles 1995, 184; Braund 1997, 126–9, contra Russell 1992, 23).
12. Cf. Russell (1992, 22–3 et 231–47), Moles (1995, 188–90), Swain (1996, 198).
13. Cf. Saïd (2000, 173).
14. Pourtant, Dion est bien conscient de l'importance des exemples du passé, cf. XLIII, 3 et L, 2. Voir aussi les commentaires de Quet (1978, 56–9) et de Seeck (1996).

15 Sur l'ironie de Dion comme narrateur dans ce discours et ailleurs dans son oeuvre, voir Whitmarsh (2004).
16 On ne peut s'empêcher ici de penser au conseil que donne Plutarque dans ses *Préceptes politiques* (814c): ... τὸν δὲ Μαραθῶνα καὶ τὸν Εὐρυμέδοντα καὶ τὰς Πλαταιάς, καὶ ὅσα τῶν παραδειγμάτων οἰδεῖν ποιεῖ καὶ φρυάττεσθαι διακενῆς τοὺς πολλούς, ἀπολιπόντας ἐν ταῖς σχολαῖς τῶν σοφιστῶν. « Mais Marathon, l'Eurymédon, Platées et tous les autres exemples qui font s'enfler et trépigner de vaine fierté le peuple, laissons-les aux écoles des sophistes » (trad. J.-Cl. Carrière, C.U.F. 1984). On remarque la même retenue chez Pausanias, cf. l'article d'Auberger dans le présent volume.
17 Dion, XI, 150: ἀλλ' οὐδέν ἐστιν ἔτι τοιοῦτον, οὐδὲ ἔστι δέος μή ποτε ἐπιστρατεύσωνται ἐπὶ τὴν Ἑλλάδα τῶν ἐκ τῆς Ἀσίας τινές· ἥ τε γὰρ Ἑλλὰς ὑφ' ἑτέροις ἐστὶν ἥ τε Ἀσία.
18 Cf. Desideri (1978, 410 et 453n24).
19 Cf. Schmidt (2002, 59n15).
20 Voir toutefois les remarques en fin d'article.
21 Voir à ce sujet Schmidt (1999, 15–26) et Schmidt (2000).
22 Voir notamment les remarques de Saïd (2001, 290).
23 Cf. I, 3, II, 35, III, 72, IV, 101–2, 109–15 et 134–5, XXXII, 92–4, LXII, 5–6, LXXVII/VIII, 29.
24 En particulier dans les quatre discours *Sur la royauté* (cf. les exemples de Sardanapale cités ci-dessus, ainsi que I, 14 et 78–82, III, 1–2, 30–42 et 118, IV, 25, 45 et 98), mais également ailleurs (VI, 35–39 et 56–59, XIV, 8 et 18–24). Raschle, dans le présent volume, explore une autre comparaison pour stigmatiser le mauvais roi.
25 Cf. Bost-Pouderon (2006b, 197–9).
26 Cf. Saïd (2000, 165), Gangloff (2001).
27 Sur le reproche d'orientalisation fait aux Tarsiens, voir l'état de la question chez Bost-Pouderon (2006b, 151–2).
28 À noter que ces paroles sont prêtées à Agamemnon et qu'elles figurent dans le *Discours troyen*, qui s'apparente à un jeu littéraire et qui est, dans les mots de Jones (1978, 17), « the most sophistic of Dio's extant works » (sur ce point, voir aussi Saïd 2000, 177). Ces propos ne sont donc pas ceux de Dion, mais ils reprennent, en les exagérant, des opinions traditionnellement représentées parmi les Grecs. Sur le message politique contenu dans ce discours, voir Desideri (1978, 431–4), avec toutefois les remarques de Bowie (1991, 201n39) et de Saïd (2000, 179).
29 Cf. Bowie (1991, 195–7), Desideri (1991, 3901–2), Swain (1996, 191).
30 À propos du *Borysthénitique*, Desideri (1978, 361n7) doute que les remarques anti-barbares de Dion soit l'expression de sa pensée profonde; selon lui, il s'agit d'arguments de circonstance, dictés par le thème du discours.

31 Bowie (1991, 195). Voir aussi la remarque de Saïd (2001, 287): « The conventional contrast of "Greek" and "barbarian" ... remains alive in rhetoric, but the stress laid on it varies according to the topic and the audience ».

32 La question a fait couler beaucoup d'encre. Fein (1994, 234) en donne un bon résumé (avec la bibliographie pertinente). Voir aussi Whitmarsh (2001, 325–7), Whitmarsh (2005, 60–3).

33 Cf. Moles (1990, 299–300).

34 L'extrait est commenté en détail par Moles (1990, 305–8), qui relève à juste titre l'association Alexandre/Trajan et Sardanapale/Domitien, mais qui y voit aussi en germe une critique de certains défauts d'Alexandre.

35 Les mêmes extraits d'Homère cités par Dion sont commentés par Plutarque (*Comment écouter les poètes* 29d–e). Bien qu'ils se rapportent aux Troyens, Dion les applique aux barbares en général.

36 Les trois mauvais génies sont l'Amour des richesses (φιλοχρηματία), l'Amour des plaisirs (φιληδονία) et l'Ambition (φιλοτιμία). Les deux premiers sont illustrés respectivement par Darius et par Sardanapale. Cf. Berardi (1998, 46–9).

37 Cette constatation ne contredit pas les analyses très fines de Berardi (1997) et (1998) et de Moles (1983) et (1990) qui, tout en mettant en évidence le rôle joué par les exemples de barbares dans ces discours, montrent que ceux-là ne sont pas le moteur premier de l'argumentation.

38 Cf. Schmidt (1999, 275–86).

39 Cf. Moles (1983, 253 et 261–6), Moles (1990, 299–300).

40 Cf. Whitmarsh (2004, 453–6).

41 Cf. Schmidt (2002, 64).

42 Cf. Cammarota (1992) et (1998, 7–55), D'Angelo (1995) et (1998, 7–29), Schmidt (1999, 273–86).

43 Cf. Méthy (2000). La question des similitudes et des différences entre le *Panégyrique* et les discours *Sur la royauté* divise depuis longtemps les savants. Pour un état de la question, voir Fedeli (1989, 433–5), Moles (1990, 301–3), Bennett (1997, 63–73).

44 Dans la tradition du miroir-du-prince, cf. Charles-Saget (1986), Whitmarsh (2001, 182–3); voir aussi dans le présent volume, l'article de Raschle.

45 Peut-être le faisait-il dans son ouvrage *Sur les vertus d'Alexandre* (Περὶ τῶν Ἀλεξάνδρου ἀρετῶν), cité par la Souda (s.v. Δίων, ὁ Πασικράτους, Προυσαεύς) mais aujourd'hui perdu.

46 Notre traduction de Trisoglio (1972, 32): « Era logico che un provinciale d'oriente non sentisse tale febbre d'orgoglio e che quindi smorzasse questi toni, però l'evidenza s'imponeva anche ai suoi occhi e lo induceva a postulare un sovrano che fosse più terribile ai nemici degli dei invincibili ed imbattibili. »

47 Cf. Swain (1996, 194).

48 Voir à ce sujet les remarques de Moles (1990, 315–16).

49 Il est bien possible que les discours *Sur la royauté* aient été réécrits en vue d'une présentation devant un auditoire grec; cf. Whitmarsh (2001, 186–8 et 327).
50 Cf. Berardi (1998), Moles (1983), Desideri (1978, 290). Sur la critique d'Alexandre dans les trois autres discours *Sur la royauté*, voir Moles (1990), Whitmarsh (2001, 200–16) et, pour le deuxième discours, Berardi (1997).
51 Dans le quatrième discours *Sur la royauté*, l'ambition d'Alexandre est mise sur le même pied que l'avidité de Darius et le goût du luxe de Sardanapale.
52 Pour un traitement récent de la question de son exil, voir B.W. Jones (1990, 348–57).
53 Cf. en particulier Moles (1983), Fein (1994, 234–5). Cet avis n'est pas partagé par Jones (1978, 115–23), Veyne (1999, 560–3).
54 Cf. Moles (1983, 274): « The conclusion seems inescapable that Dio is attacking Trajan's imperialist dreams ». Sur la position de Dion face à la guerre, cf. Sidebottom (1993).
55 Dion, XII, 20: ἐπιθυμῶν ἰδεῖν ἄνδρας ἀγωνιζομένους ὑπὲρ ἀρχῆς καὶ δυνάμεως, τοὺς δὲ ὑπὲρ ἐλευθερίας τε καὶ πατρίδος.
56 Cf. Swain (1996), Desideri (1978, 431), Moles (1995), Braund (1997, 130–1), Veyne (1999, 541–63); contra Jones (1978, 35 et 123–31), Charles-Saget (1986, 113), Russell (1992, 23 et 220), Schmitz (1999, 85).
57 C'est le cas, en particulier, dans le *Discours olympique*, où l'on constate une volonté de dépasser la traditionnelle antithèse entre les Grecs et les barbares, ainsi que dans le *Discours troyen*, où perce l'idée d'une solidarité entre le monde grec et le monde oriental. Cf. Desideri (1978, 330–1 et 433).
58 Voir par exemple I, 38, XII, 27 et 33–34, XIV, 16, XX, 8, XXXV, 8, XLVII, 5.
59 Par exemple en IX, 12–13, X, 4, XIII, 32, XXI, 11, XXV, 4–9, XXXIII, 23–30, IL, 7–9, LVI, 4, LXXIII, 2, LXXIV, 14.
60 Cf. Bowie (1991, 195–9), Saïd (2001, 291–2), Whitmarsh (2001, 191–3), Gangloff (2001, 471–7).
61 Pour évaluer correctement la position de Dion, il eût fallu – ce que le cadre de cette étude ne permettait pas – la comparer à celle d'autres auteurs de la Seconde Sophistique. Un rapide survol permet toutefois de voir qu'elle se démarque du point de vue plus tranché d'un Aelius Aristide (cf. Saïd 2001 et 2006; Jung 2006, 205–16) et de la forte polarisation qui caractérise l'oeuvre de Plutarque (cf. Schmidt 1999) et qui se retrouve également chez l'historien Arrien (cf. Schmidt 2005 et à paraître) et dans les romans grecs (cf. Scobie 1973; Bowie 1991, 189–91; Kuch 1996). Seul Lucien présente une position aussi nuancée que celle de Dion (cf. Whitmarsh 2001, 122–8). Pour une autre façon de définir l'hellénisme à la période de la Seconde Sophistique, voir l'article de Mainguy dans le présent recueil.

Reflets de l'hellénisme chez Athénée à travers l'emploi des termes Ἑλληνικός et βάρβαρος

Marie-Hélène Mainguy

Les *Deipnosophistes*, à cause de leur ampleur et leurs dehors de catalogue, ont souvent été placés en marge de la Seconde Sophistique ou du moins aux frontières de ce mouvement.[1] B.P. Reardon (1971, 15–16) les y insère, mais en fait peu de cas: il classe Athénée parmi ce qu'il appelle les « antiquaires », aux côtés de Pausanias et de Diogène Laërce, et le rapproche des « compilateurs » comme Élien et Polyen; il insiste davantage sur le côté sérieux de l'oeuvre, dans laquelle l'auteur étale son érudition, nous dit-il, « sans souci d'arranger sa matière » (1971, 227). Cependant, si le caractère chaotique[2] de l'ouvrage a porté les modernes à le dissocier de l'image généralement projetée par les sophistes de cette période, celui-ci contient néanmoins de nombreux aspects qui révèlent de flagrantes affinités avec le mouvement sophistique de l'époque impériale; le titre lui-même le suggère déjà fortement. Mais soulignons que ce n'est pas pour leur qualité d'orateurs que les convives sont qualifiés de « deipnosophistes », mais davantage pour la facilité avec laquelle ils déploient leurs connaissances sur le repas et rapportent, de mémoire visiblement, un nombre incalculable de citations.[3] Ce goût pour l'ostentation et la joute intellectuelle constitue précisément une particularité bien connue des auteurs de la Seconde Sophistique et, uniquement pour cette spécificité, Athénée mérite sa place au sein du mouvement. Les similitudes ne se limitent d'ailleurs pas à cette seule caractéristique et G. Anderson (1997, 2174–84) a montré que les correspondances peuvent se faire aussi bien dans le répertoire choisi et dans le souci du langage que dans les sujets abordés. Nul n'est donc besoin d'élargir outre mesure les frontières, d'ailleurs floues, qui délimitent ce phénomène culturel pour y inclure les *Deipnosophistes*.

Il est bien connu que la Seconde Sophistique se définit entre autres par un renouveau de l'hellénisme et des valeurs grecques.[4] Aussi nous a-t-il semblé intéressant d'examiner comment s'illustre la culture grecque dans l'oeuvre d'Athénée. La présente étude s'inscrit donc dans une recherche plus large dont le but est de relever tous les éléments qui comportent un aspect d'« hellénicité », pour reprendre le néologisme anglais,[5] afin de déterminer dans quelle mesure et de quelle façon Athénée affiche son appartenance à la culture grecque.

Le sujet de la confrontation entre le monde grec et le monde romain au sein de l'Empire a déjà fait l'objet d'études approfondies, notamment dans l'important ouvrage de Simon Swain, *Hellenism and Empire* (1996), mais l'oeuvre d'Athénée y a été laissée de côté pour diverses raisons.[6] Or, le fait que les *Deipnosophistes* se déroulent à Rome et mettent en scène une grande diversité de protagonistes qui viennent illustrer différents aspects de la culture grecque – on y retrouve en effet poètes, philologues, philosophes, rhéteurs, médecins et musiciens venant à la fois de Grèce, d'Asie et de Bithynie – nous apparaît en faire un ouvrage très riche pour étudier le visage de l'hellénisme sous l'hégémonie romaine. C'est en réalité ce qui réunit ces personnages d'origines diverses: leur amour pour les grands auteurs hellènes et leur sentiment d'appartenance envers cette culture.

On peut penser que l'ampleur de l'ouvrage et surtout son caractère polyphonique ont contribué à freiner les chercheurs qui se sont intéressés à l'expression de l'identité grecque durant cette période: comment dégager les éléments qui expriment la pensée de l'auteur au sein d'une oeuvre donnant la parole à une telle diversité de personnages? En effet, non seulement les protagonistes sont nombreux, mais la construction du récit est complexe: elle se bâtit à l'image de certains dialogues socratiques de Platon.[7] Athénée s'adresse à son ami Timocrate et lui rapporte les événements et les propos tenus lors de ce banquet chez le Romain Larensis; ainsi s'exprime-t-il tantôt en son nom, tantôt à titre de porte-parole des convives présents au banquet, tandis que ces derniers citent constamment les auteurs du passé. Le discours s'organise donc sur trois niveaux de narration qu'il importe de différencier. Et comme Athénée chemine entre ces strates narratives de façon imprévisible – il fait parfois de longues digressions en s'adressant à Timocrate, rapporte parfois de courts échanges entre les convives, parfois l'un d'entre eux se lance dans une plus grande envolée, etc. – il est facile, à la première lecture du moins, de perdre de vue les articulations du texte. Il nous apparaît néanmoins possible, en usant de prudence, d'extraire une certaine unité des *Deipnosophistes* et de déterminer la part qui reflète véritablement la pensée d'Athénée sur la question de l'identité grecque.

Si nous nous intéressons plus particulièrement au frottement des cultures grecque et romaine à l'époque impériale, nous savons que l'appartenance à la culture grecque se définit avant tout en opposition à la culture « non-grecque » et donc « barbare ». C'est pourquoi il nous a semblé pertinent, comme premier survol lexical, de nous pencher sur les occurrences des termes Ἑλληνικός et βάρβαρος.[8] Une recherche dans le *Thesaurus Linguae Graecae* révèle la présence de 231 occurrences du terme Ἑλληνικός et de ses dérivés dans les *Deipnosophistes*, ainsi que 82 utilisations des mots de la famille de βάρβαρος; ce résultat tient cependant compte du texte sous sa forme abrégée: l'*Épitomé*, travail d'un érudit du XIIe siècle. Un examen plus approfondi permet rapidement d'éliminer un bon nombre de passages similaires ou identiques. Les chiffres se réduisent ainsi à 47 occurrences pour les termes βάρβαρος, βαρβαρικός et βαρβαρίζω[9] et à 146 occurrences pour les termes Ἕλληνες – le peu d'apparitions de l'adjectif nous invitait en effet à élargir notre recherche et y inclure les occurrences du nom propre employé au pluriel – Ἑλληνικός, ἑλληνίζω, Ἑλληνίς, ἑλληνισμός, ἑλληνιστί et Ἑλληνικῶς.[10] Il serait fastidieux et peu révélateur d'étudier individuellement chacun de ces passages: nous n'en examinerons qu'une partie tout en essayant d'en dégager l'essentiel.

Deux thèmes majeurs émergent de cette étude et nous semblent indispensables au présent exposé: le premier, qui devait inévitablement être souligné du fait de sa forte présence, consiste en l'opposition entre le luxe (τρυφή) et le faste (μεγαλειότης) des barbares, d'une part, et la frugalité (μικροτράπεζος), la pauvreté (πενία) et la modération des Grecs, de l'autre; le second, beaucoup moins présent, mais retenu malgré tout pour son intérêt et pour l'importance qu'il semble prendre dans l'affirmation de l'identité hellénique, repose sur la préservation de la langue grecque.

Le premier thème que nous avons choisi de présenter (opposition entre luxe et frugalité) n'apporte guère de surprise; comme les sujets abordés par les convives lors du banquet sont généralement en lien avec la nourriture, le vin et les festivités, il est en effet naturel qu'il soit abondamment question d'excès et de modération. Le stéréotype du barbare excessif et enclin au plaisir du luxe se retrouve un peu partout dans la littérature grecque, et nous savons qu'il était généralement employé comme faire-valoir de la modération grecque.[11] Il est par ailleurs intéressant de savoir dans quelle mesure cette « opinion toute faite » subsiste dans la définition de l'identité grecque à l'époque d'Athénée.

Nous pouvons déjà remarquer que les passages où l'on insiste fortement sur ce contraste font souvent partie de ce que nous appelons le « troisième niveau de narration », c'est-à-dire qu'ils se retrouvent à l'intérieur d'une citation rapportée par l'un des convives. Par exemple, en 138c–d, c'est Hérodote qui oppose la pauvreté et la misère des Grecs (ταλαίπωρος) au faste et à la déraison (ἀφροσύνη) des barbares, et c'est par la bouche de Plutarque qu'Athénée cite le passage.¹² En 431e, Démocritos cite Alexis rapportant lui-même une discussion avec Solon. On comprend donc que Solon juge la façon de boire des Grecs « modérée » (μέτριος);¹³ on peut d'ailleurs même parler ici d'un quatrième niveau de narration (Athénée – Démétrios – Alexis – Solon). En 461b, un certain Caméléon d'Héraclée attribue l'invention des larges coupes aux barbares.¹⁴ Nous pourrions mentionner plusieurs autres exemples qui abordent ce thème et se retrouvent dans cette strate narrative.¹⁵ Ces passages, que l'auteur choisit d'exprimer par le biais de personnages, ne sont donc pas nécessairement révélateurs de ses opinions et préoccupations. L'idée d'opposition entre faste et pauvreté est souvent abordée par la force des choses: comme nous l'avons déjà mentionné, les sujets traités dans l'ouvrage s'y prêtent facilement et il s'agit d'un thème largement exploité chez les auteurs qui ont précédé Athénée. Souvent, les convives rapportent des citations d'auteurs simplement parce que ceux-ci ont employé un terme spécifique ou mentionné un met en particulier, et plus rarement pour illustrer leur propos. Ces références ne sont toutefois pas dénuées d'intérêt: si la structure des *Deipnosophistes* est complexe, il faut malgré tout envisager l'oeuvre comme un tout, ayant été rédigée et organisée par un auteur unique. En ce sens, chacune des citations et chacune des interventions des protagonistes ont leur importance pour déterminer le point de vue d'Athénée.

Notons toutefois que certains passages illustrent clairement l'opposition entre la pauvreté, caractéristique des Grecs, et le luxe, attribuable aux barbares, se situent dans les premières strates narratives et sont donc exprimés plus directement par l'auteur. En 130e–f, par exemple, bien que ce soit le poète Antiphanès qui appelle les Grecs μικροτράπεζοι (frugaux, qui font maigre chère), c'est Athénée lui-même qui le cite pour appuyer son propos. L'auteur vient en effet de raconter un fastueux banquet donné par un Macédonien et met Timocrate au défi de trouver un banquet grec qui lui serait comparable.¹⁶ C'est pourquoi il cite Antiphane, puis il annonce une citation d'Aristophane au sujet, nous dit-il lui-même, de la « magnificence des barbares » (μεγαλειότης τῶν βαρβάρων). Plus loin, en 148d, Athénée, après avoir décrit un somptueux banquet offert par Cléopâtre, met ce luxe en parallèle avec la pauvreté grecque (Ἑλληνικὴ πενία).¹⁷ Ces deux derniers exemples, qui correspondent respectivement au second et au premier niveau de narration, montrent que l'auteur et certains de ses contemporains partageaient – du moins en partie – cette vision des choses.

Le second thème retenu ici apparaît revêtir une plus grande importance dans l'affirmation de la culture hellénique sous l'Empire. En effet, tous les passages qui traitent de la nécessité de préserver la langue grecque se situent dans le deuxième niveau de narration. Ce sont donc les banqueteurs qui s'expriment à ce sujet. Et, comme le banquet mis en scène par Athénée se situe à une époque contemporaine de son auteur, il paraît évident que ces paroles sont le reflet d'opinions plus actuelles que celles exprimées en citant Hérodote par exemple.

Il a par ailleurs déjà été établi que la pureté de la langue est une préoccupation toute particulière des auteurs de la Seconde Sophistique et qu'elle s'exprimait principalement par ce mouvement que les Anciens avaient eux-mêmes nommé « Atticisme ».[18] L'engouement pour les auteurs attiques des Ve et IVe siècles existait déjà avant l'avènement de l'Empire. Dans son oeuvre rhétorique, Denys d'Halicarnasse s'oppose au style ampoulé des écoles rhétoriques d'Asie et prône l'imitation des auteurs de l'Athènes classique. Cependant, avant les IIe et IIIe siècles p.C., le souci de s'exprimer à l'image des orateurs du passé se manifestait avant tout à travers les idées et le style; c'est uniquement durant la période qui nous intéresse qu'est née la volonté d'imiter la langue attique elle-même, jusque dans son vocabulaire et sa syntaxe. Cette nouvelle préoccupation de se distinguer du langage populaire en employant les mots et les expressions des auteurs attiques a connu son apogée au moment de la rédaction des *Deipnosophistes*; il est donc essentiel d'examiner la position d'Athénée sur cette question.

Le sujet de la défense de la langue est d'autant plus pertinent pour notre étude qu'il se définit entre autres en opposition à la culture latine. En 121f, par exemple, lorsque Cynulque utilise le terme *decocta* – un mot latin employé pour désigner une eau qui a été bouillie (*decoquo*) et rafraîchie par la suite – Ulpien s'indigne de le voir employer un tel « barbarisme » (βαρβαρίζω).[19] Même si, à la fin du IIe siècle, le verbe βαρβαρίζω, comme le terme βαρβαρισμός, a perdu son sens premier qui désignait véritablement la langue des barbares et des étrangers pour prendre une signification plus précise qui servait à souligner l'emploi d'un terme impropre,[20] il reste que l'un des personnages juge ici inapproprié l'emploi d'un mot latin.

Ce passage retient d'autant plus notre attention que le texte laisse transparaître à première vue une attitude favorable à la romanité: la réunion se déroule à Rome, l'auteur vante les qualités de son hôte Larensis et plusieurs parmi les convives mènent une carrière dans la capitale. Si la modération définissait une facette de l'identité grecque en opposition avec les barbares en général, elle ne s'opposait toutefois pas directement à la culture latine: dans les passages que nous avons étudiés, il était rarement question du luxe ou de l'excès des Romains.[21] Or, le fait qu'Ulpien se scandalise de l'emploi d'un mot latin montre qu'il considérait la langue grecque comme un aspect important de son identité face à l'hégémonie romaine.

Par ailleurs, pour mieux comprendre la portée de cette altercation, il importe d'en identifier les interlocuteurs. Ce personnage que l'usage d'un terme latin fait sursauter, le grammairien Ulpien de Tyr,[22] domine la conversation tout au long du banquet, en interrogeant ses compagnons sur les occurrences de tel ou tel terme grec dans la littérature; il nous apparaît même à ce titre prendre la place de son hôte.[23] Athénée nous l'a volontiers présenté dans son introduction comme un fervent inquisiteur et lui attribue le surnom de κειτούκειτος (Athénée 1c), parce qu'il demandait à tout propos κεῖται ἢ οὐ κεῖται; (« trouve-t-on ou ne trouve-t-on pas? »). Avec ses questions pointilleuses, Ulpien s'adresse plus spécialement à celui qu'Athénée surnomme Cynulque,[24] digne représentant de l'école des Cyniques, celui-là même qui a employé le terme à proscrire. Ce dernier reproche également à Ulpien sa manie pour le questionnement et lui fait remarquer que son pédantisme agit au détriment de qualités plus importantes chez l'orateur.[25] Les deux convives sont, tout au long du banquet, représentés comme des adversaires et apparaissent comme les protagonistes les plus bavards.[26]

Mentionnons également qu'à deux reprises dans le texte, Ulpien est qualifié par ses compagnons de « syro-atticiste ».[27] Le terme fait bien sûr référence aux origines syriennes du personnage et à son adhésion au mouvement de pureté linguistique dont il a été question plus haut. L'oxymore formé par la combinaison de ces deux éléments accentue l'effet comique des railleries adressées à Ulpien: on souligne ses racines barbares tout en lui reprochant d'être trop grec dans son langage.[28] Enfin, pour souligner encore davantage le caractère pointilleux du grammairien, Athénée pousse plus loin la satire en faisant intervenir un cuisinier: ce dernier ne connaît que le terme latin pour désigner le plat qu'il vient servir aux convives et craint, en le nommant, d'attirer les représailles d'Ulpien.[29]

En prenant conscience de la rivalité entre les personnages de Cynulque et d'Ulpien, et surtout en connaissant la fâcheuse réputation de ce dernier, il est légitime de penser que le passage correspond à une amplification de la réalité. L'auteur cherche vraisemblablement à illustrer, voire à exacerber la personnalité d'un de ses protagonistes pour caricaturer les travers de certains intellectuels qui lui étaient contemporains. Le fait qu'Ulpien se scandalise de ce qu'un résident de Rome utilise un mot latin ne correspondrait donc pas à une réelle préoccupation des hellénistes de l'époque, mais serait plutôt la simple figure d'une moquerie envers certains érudits grecs trop puristes. La dispute ne se limite cependant pas à la seule boutade d'Ulpien; elle est suivie d'une longue démonstration de la part du banqueteur pris en faute. Le souci de se disculper par une telle argumentation montre que l'accusation n'est pas complètement farfelue et peut être révélatrice d'une préoccupation identitaire.

En effet, en réponse à l'indignation du grammairien, Cynulque justifie amplement le choix de son terme (Athénée 121f–122e): puisqu'il vit présentement à Rome, nous dit-il, il est naturel qu'il emploie le langage de la région; de plus, fait-il remarquer, même chez les poètes et les historiens qui utilisent un grec pur (ἑλληνίζω), on peut retrouver certains mots perses. Enfin, il connaît également des écrivains attiques qui emploient des expressions macédoniennes à cause des contacts qu'ils entretiennent avec les Macédoniens.

Cette référence aux ἑλληνίζοντες en tant que figures d'autorité n'est pas unique: en 231b, par exemple, Aemilianus, en citant Lysias, fait remarquer que son grec n'est pas conforme au grec pur. Il affirme du moins que ces experts, les ἑλληνίζοντες, se seraient exprimés autrement.[30] Ce souci de se conformer aux auteurs du passé dans le choix des termes et des expressions semble donc non seulement cher à Ulpien, mais aussi à tous les membres du groupe formé principalement de Grecs expatriés.[31] Il constitue sans doute une forme de résistance face à la culture romaine qu'ils côtoient tous les jours.

Il faut en effet garder en tête que le banquet se déroule à Rome et que les convives sont reçus chez un riche propriétaire romain, Larensis. Nous avons déjà mentionné qu'Athénée fait l'éloge de son hôte dans son introduction (2b–3d): il le loue non seulement pour sa position sociale et son hospitalité, mais souligne également sa connaissance de la culture grecque. Il le dit maître des deux langues et, surtout, possesseur d'un grand nombre d'anciens livres grecs. Ce dernier aspect semble tout particulièrement lui conférer le statut d'un homme digne de respect.

En 362a, Ulpien, faisant honneur à sa réputation de pointilleux, s'offense encore une fois de l'utilisation d'un terme qu'il juge impropre;[32] le verbe βαλλίζω, pour désigner l'action de danser, lui apparaît en effet tout droit sorti de *Subure*, nous dit-il, un quartier populeux de Rome connu pour ses tavernes mal famées. Il aurait préféré les termes plus appropriés κωμάζω ou χορεύω. En évoquant ce secteur peu recommandable de Rome, Ulpien fait certes référence à une part de la population romaine non initiée à la culture grecque et en ce sens le passage s'oppose encore une fois à la romanité. En revanche, comme *Subure* devait abriter des gens de différentes provenances, notamment des Grecs, la référence montre combien la pureté de la langue est aussi une affaire de classe sociale. La décadence du langage peut s'opérer aussi bien au contact d'étrangers de l'extérieur comme à ceux de l'intérieur, à savoir les citoyens de seconde zone, les paysans, la foule plébéienne.

Plus loin, Myrtilos, un autre convive, défend l'emploi de βαλλισμός, tout comme Cynulque l'avait fait auparavant pour le mot *decocta*, et cherche à prouver que le vocable est d'un grec plus pur qu'on ne le saurait croire (Ἑλληνικώτερος) en citant plusieurs auteurs grecs (Épicharme, Sophron, Alexis) qui en font l'usage. Si ce dernier mot critiqué par Ulpien, βαλλισμός, n'est pas un terme proprement latin, il est en revanche surtout associé aux régions de l'Italie et de la Sicile. Si l'on en croit Myrtilos donc, les gens de Grande Grèce se préoccupaient tout autant d'employer un vocabulaire issu des auteurs attiques; ce souci était peut-être même accentué en réaction au contact étroit qu'ils entretenaient avec les Romains. Mais l'évidence qui se dégage de l'ensemble de ces passages, c'est essentiellement que, pour être considéré comme un homme respectable, le Romain comme le Grec doit se montrer fin connaisseur de la civilisation grecque classique.

Ces derniers exemples révèlent que, malgré le ton railleur omniprésent dans le texte, les *Deipnosophistes* ne constituent pas une simple satire du mouvement atticiste, à l'image de certains ouvrages de Lucien par exemple.[33] Ils ne présentent cependant pas non plus la ferveur d'un Aelius Aristide ou d'un Hérode Atticus en matière de pureté linguistique; ils offrent plutôt, à travers chacun des protagonistes, un éventail de réactions face à la tendance atticiste propre à cette période et c'est notamment dans cette diversité que réside le profond intérêt des *Deipnosophistes*.

Il apparaît clairement, au terme de cette étude lexicale, que l'oeuvre d'Athénée comporte de nombreux éléments révélateurs de l'identité grecque sous l'Empire romain et tout particulièrement sur la question de la pureté de la langue. Si les références explicites à ce sujet sont assez peu nombreuses, le thème est en réalité omniprésent et s'illustre par le constant besoin des protagonistes de légitimer leurs expressions et leur vocabulaire par des références aux auteurs anciens. Dans cette perspective, l'ouvrage d'Athénée se situe en droite ligne des préoccupations de la Seconde Sophistique: nous savons en effet que le souci de la pureté du langage s'est intensifié durant cette période et que les auteurs se montraient particulièrement scrupuleux de se dissocier du langage commun. Il s'agit dès lors d'un thème prometteur qu'il conviendra d'examiner au-delà des seules occurrences de Ἑλληνικός et βάρβαρος.

Cette étude révèle également que la construction complexe du texte et l'abondance de personnages mis en scène ne constituent pas un frein aux recherches sur la question identitaire chez Athénée; ils offrent au contraire une richesse et une diversité d'informations précieuses. Comme l'ensemble des convives représente les divers champs du savoir les plus en vue à Rome durant cette période, le texte est particulièrement représentatif de l'opinion des intellectuels du mouvement sophistique. Bien que le contenu des citations concerne majoritairement le passé des Grecs, la façon de les agencer et de les aborder par les convives correspond à un reflet du présent. En tenant compte des strates narratives et de l'identité des personnages – leurs origines, leur bagage culturel et leur personnalité par exemple – l'ouvrage nous offre donc un portrait nuancé des courants de pensées de l'époque et constitue ainsi une source de renseignements inestimable.

NOTES

1. Les auteurs se sont souvent limités à n'y inclure que les « rhéteurs » de profession: Pernot (2000) ne fait pas mention d'Athénée dans son chapitre sur la Seconde Sophistique et s'il y réfère dans son ouvrage sur l'éloge (Pernot 1993a), c'est uniquement pour ses apports à notre connaissance de la littérature grecque; Whitmarsh (2005) n'évoque les *Deipnosophistes* que pour illustrer le parallèle culinaire entre atticisme et mets de luxe; si Dihle (1989) classe Athénée dans la « rhetorische Literatur », il n'y fait allusion qu'à la fin de son chapitre et l'introduit en ces termes: « In ganz anderer Weise ... ».
2. Malgré les démonstrations convaincantes de certains auteurs sur le caractère structuré du texte (Lukinovich 1990, Walkins 2000, Romeri 2002), l'oeuvre d'Athénée n'échappe pas aux accusations de désorganisation qui en rend la lecture difficile (Reardon 1971, Anderson 1997, Davidson 2000).
3. Sur l'exhibition du savoir dans les *Deipnosophistes*, cf. Anderson (2000, 316–26). Sur le sens du titre, cf. Romeri (2002, 265–6). Pour une liste des différentes traductions proposées, cf. Anderson (1997, 2173).
4. Cf. Bowie (1970, 3–41), Bowie (1982, 29–59), Swain (1996).
5. Hall en a fait le titre de son ouvrage: *Hellenicity: Between Ethnicity and Culture* (2002).
6. En effet, bien que Swain réserve un traitement approfondi à Plutarque, Dion de Pruse, Aelius Aristide, Lucien, Pausanias, Galien et Philostrate, il a choisi de laisser de côté certains auteurs tels qu'Athénée de Naucratis; Swain (1996, 11): « The reason for this is simply that these authors do not have much to say about the relationship between Greece and Rome ».
7. On pense bien évidemment au *Banquet* de Platon, mais également au *Phédon* sur lequel est calquée la première phrase de l'ouvrage, comme le fait remarquer l'épitomiste en 1f. Pour plus de détails sur les rapports entre Athénée et le philosophe, voir Lukinovich (1983) et Romeri (2002).
8. La démarche est également inspirée d'études du même genre chez d'autres auteurs de la Seconde Sophistique, mentionnons celle de Nikolaïdis (1986) et celle de Bowie (1991).
9. On retrouve plus exactement 38 occurrences du terme βάρβαρος: 12a, 16b–c, 20e, 130f, 152e, 153a, 167b, 183b, 184b, 229a, 252b, 253f, 265c, 350a, 457f, 461b, 500c, 512b, 518a, 537c, 538, 550e, 558b, 575f, 595f, 597a, 603a, 610a, 624d, 625e, 627d, 628c, 630b, 631d, 633d, 653a, 660e, 672d; sept occurrences du terme βαρβαρικός: 29f, 153b, 201a, 461d, 556c, 556c, 784b; et deux occurrences du verbe βαρβαρίζω: 121f, 652d.

129   Les termes Ἑλληνικός et βάρβαρος

10 On retrouve plus exactement 110 occurrences du terme Ἕλληνες: 2 c–d, 10f, 17c–d, 19b, 19d–e, 35b, 39e, 48d, 48d, 66a, 66f, 70f, 84a, 86a, 113b, 130e, 138c–d, 138d, 143f, 144a, 146a, 148f, 155f, 159c, 160a, 167b, 168e, 171c, 181c, 184b, 184d, 187e, 194c, 231b, 231c, 231d, 250f, 261a, 264c, 264d, 265b, 265b, 265c, 272b, 272e, 273b, 273e, 350e, 361c, 362a, 394e, 410e, 413d, 413f, 424e, 426e, 428b, 428e, 439b, 439e, 441b, 461b, 483c, 499b, 505a, 506b, 506c, 508a, 513f, 518b, 527b, 538e, 543d, 556c, 570b, 573d, 573d, 576c, 591b, 595b, 602f, 603a, 604b, 624b, 624c, 625e, 625f, 626a, 627e, 628c, 631a, 631d, 631d, 632a, 632c, 632f, 633b, 637a, 640d, 641e, 648d, 651b, 653a, 663a, 664f, 675b, 676f, 689c, 691f, 782b; 26 occurrences du terme ἑλληνικός (en incluant les comparatifs et superlatifs): 3a, 30a, 111d, 130e, 148d, 160c, 206b, 217f, 228c, 229d, 252f, 272a, 311e, 330b, 384a, 431e, 452a, 542b, 544f, 556c, 576d, 362a, 632a, 639b, 657b, 676d; trois occurrences du terme ἑλληνίς: 201e, 226f, 457f; deux occurrences du verbe ἑλληνίζω: 231b, 121f; deux occurrences du nom ἑλληνισμός: 367a, 398a; deux occurrences de l'adverbe ἑλληνιστί: 146b, 249b; et une occurrence de l'adverbe ἑλληνικῶς: 358d.

11 Cf. Hall (1989, 125–9). Cette constatation se fait également du côté romain; cf. Dauge (1981, 681–741).

12 Athénée 138c–d: καὶ ἐλθόντων ἐπιδείξας ἑκατέρου τῶν δείπνων τὴν παρασκευὴν εἶπεν· ἄνδρες Ἕλληνες, ὁρᾶτε τοῦ Μήδων ἡγεμόνος τὴν ἀφροσύνην, ὃς τοιαύτην δίαιταν ἔχων ἦλθεν ὡς ἡμᾶς οὕτω ταλαίπωρον ἔχοντας. ἱστορεῖ Ἡρόδοτος: « À leur arrivée, il leur montra la préparation de chacun des repas et leur dit: "Grecs, voyez la folie du chef des Mèdes: malgré le genre de vie qu'il mène, il nous attaque, nous qui sommes si misérables" ». Il s'agit de l'épisode où Pausanias fait dresser un banquet à la fois par les serviteurs de son ennemi Mardonios et par les siens (Hérodote, IX, 82).

13 Athénée 431e: Α. ἐν τοῖς συμποσίοις οὐ πίνετε ἄκρατον. ΣΟ. οὐ γὰρ ῥᾴδιον· πωλοῦσι γὰρ ἐν ταῖς ἁμάξαις εὐθέως κεκραμένον, οὐχ ἵνα τι κερδαίνωσι, τῶν δ' ὠνουμένων προνοούμενοι τοῦ τὰς κεφαλὰς ὑγιεῖς ἔχειν ἐκ κραιπάλης. τοῦτ' ἔσθ', ὁρᾷς, Ἑλληνικὸς πότος, μετρίοισι χρωμένους ποτηρίοις λαλεῖν τι καὶ ληρεῖν πρὸς αὑτοὺς ἡδέως: « ALEXIS. Dans vos banquets, vous ne buvez pas de vin pur. SOLON. Non car ce n'est pas facile: ils le vendent dans leurs chariots déjà mélangé, non pas dans le but de faire du profit, mais pour prendre soin que ceux qui l'achètent gardent la tête froide durant leur beuverie. C'est là, vois-tu, la façon grecque de boire: en utilisant des coupes au contenu mesuré, ils bavardent et déraisonnent ensemble de manière agréable ».

14 Athénée 461b: ὅθεν δὴ καὶ τὰ μεγάλα τῶν ἐκπωμάτων ἐπιχώρια γέγονε τοῖς δυνάσταις. οὐ γὰρ παλαιὸν οὐδὲ τοῦτό γέ ἐστι παρὰ τοῖς Ἕλλησιν, ἀλλὰ νεωστὶ εὑρέθη πεμφθὲν ἐκ τῶν βαρβάρων: « C'est pourquoi les larges coupes sont devenues coutumes dans le pays chez les gens puissants. Car il ne s'agit pas

d'une tradition antique chez les Grecs, mais d'une nouvelle découverte importée des barbares ».

15 Cf. 160a, 167a–b, 352b–c, 512b, 518a–b, 527b, 544f, 550c.

16 Athénée 130e–f: εἰς ταῦτα, ὦ ἑταῖρε Τιμόκρατες, ἀποβλέπων τίνι συγκρῖναι ἔχεις τῶν Ἑλληνικῶν δείπνων τὸ προκείμενον τοῦτο συμπόσιον ὁπότε καὶ Ἀντιφάνης ὁ κωμῳδιοποιὸς ἐν Οἰνομάῳ ἢ Πέλοπι διαπαίζων ἔφη·

> τί δ' ἂν Ἕλληνες μικροτράπεζοι,
> φυλλοτρῶγες δράσειαν; ὅπου
> τέτταρα λήψῃ κρέα μίκρ' ὀβολοῦ.
> παρὰ δ' ἡμετέροις προγόνοισιν ὅλους
> βοῦς ὤπτων, ὗς, ἐλάφους, ἄρνας·
> τὸ τελευταῖον δ' ὁ μάγειρος ὅλον
> τέρας ὀπτήσας μεγάλῳ βασιλεῖ
> θερμὴν παρέθηκε κάμηλον.

ὁ Ἀριστοφάνης δ' ἐν Ἀχαρνεῦσι καὶ αὐτὸς τῶν βαρβάρων ἐμφανίζων τὴν μεγαλειότητά φησιν: « En considérant cet exemple, mon ami Timocrate, à quel repas grec peux-tu comparer ce banquet que je viens de te décrire? Alors que même le poète comique Antiphane dit pour se moquer dans l'*Oenomaos* ou le *Pélops*: "Que pourraient accomplir ces Grecs frugaux et mangeurs de feuille? Là-bas on n'obtient que quatre petits morceaux de viande pour une obole, alors que chez nos ancêtres, ils faisaient rôtir des boeufs entiers, des sangliers, des cerfs et des agneaux. Dernièrement, notre cuisinier a offert un chameau encore chaud au Grand Roi après avoir fait rôtir ce monstre en entier." Et Aristophane lui aussi se moque de la magnificence des barbares dans *Les Acharniens* en disant ... »

17 Athénée 148d: εἰς ταῦτα ἔστιν ἀποβλέποντας τὰ ὑπὲρ ἡμᾶς ἀγαπᾶν τὴν Ἑλληνικὴν πενίαν, λαμβάνοντας πρὸ ὀφθαλμῶν καὶ τὰ παρὰ Θηβαίοις δεῖπνα, περὶ ὧν Κλείταρχος ἐν τῇ πρώτῃ τῶν περὶ Ἀλέξανδρον ἱστοριῶν:
« En considérant ces choses qui sont au-dessus de nous, on peut mieux apprécier la pauvreté grecque lorsque nous avons aussi sous les yeux le repas des Thébains qui est décrit par Cleitarque dans la première partie de ses *Histoires d'Alexandre* ».

18 Sur cette question cf. Anderson (1993, 86–101), Dihle (1994, 49–61), Swain (1996, 17–64), Whitmarsh (2005, 41–57).

19 Athénée 121f: ἐπὶ τούτοις λεχθεῖσιν ὁ Κύνουλκος πιεῖν ᾔτησε δηκόκταν, δεῖν λέγων ἁλμυροὺς λόγους γλυκέσιν ἀποκλύζεσθαι νάμασι. πρὸς ὃν ὁ Οὐλπιανὸς σχετλιάσας καὶ τύψας τῇ χειρὶ τὸ προσκεφάλαιον ἔφη· « μέχρι πότε βαρβαρίζοντες οὐ παύσεσθε; »: « Sur ces paroles, Cynulque demanda de boire du *decocta*, disant qu'il lui fallait nettoyer ce discours salé par de doux liquides. Ulpien s'irrita contre lui, frappa son coussin de sa main et dit: "Quand cesserez-vous de parler comme des barbares?" ».

131   Les termes Ἑλληνικός et βάρβαρος

20 Le terme n'a déjà plus le même sens chez Platon (*Théétète* 175d) que chez Hérodote (II, 57) par exemple.
21 À l'exception des propos sur Antoine et Caligula (147f, 148b, 229c), un seul passage traite du trop grand faste de certains Romains (274e).
22 S'agit-il du célèbre juriste Ulpien de Tyr mort en 228 p.C. comme Kaibel l'avait suggéré? Plusieurs disparités entre les deux personnages nous laissent croire que non. Sur cette question, voir Olson dans l'introduction de sa récente édition chez Loeb (2006: XI–XII).
23 Athénée, en 2b, présente en effet Larensis comme un hôte qui anime les débats.
24 Son vrai nom, Théodoros, n'est révélé qu'en 669e.
25 Athénée 97c–d: Κύνουλκος ὀργισθεὶς, « γάστρων, ἔφη, καὶ κοιλιόδαιμον ἄνθρωπε, οὐδὲν ἄλλο σὺ οἶσθα, οὐ λόγους διεξοδικοὺς εἰπεῖν, οὐχ ἱστορίας μνησθῆναι, οὐ τῆς ἐν λόγοις χάριτος ἀπάρξασθαί ποτε, ἀλλὰ τὸν χρόνον ἅπαντα περὶ ταῦτα κατετρίβης ζητῶν, κεῖται, οὐ κεῖται; εἴρηται, οὐκ εἴρηται; »: « Cynulque en colère rétorqua "toi le goinfre, qui fais de ton ventre un dieu, tu ne sais rien d'autre: ni faire des discours développés, ni rappeler des faits historiques, ni offrir le moindre charme dans tes discours, mais tu passes tout ton temps à demander à propos d'un terme: Se trouve-t-il ou ne se trouve-t-il pas? Se dit-il ou ne se dit-il pas?" »
26 Sur les personnages, cf. l'introduction de Desrousseaux dans l'édition des Belles Lettres (1956, XII–XIX) et l'article de Baldwin (1977).
27 Athénée 126f: μαθὼν οὖν ἐκ τούτων, ὦ καλέ μου Συραττικέ, τὴν τοῦ μύστρου χρῆσιν ἐμφοροῦ τοῦ χόνδρου, ἵνα μὴ λέγῃς ἄκικύς εἰμι κὠλιγοδρανέω: « En connaissant maintenant les emplois de ce terme [*mustron*: cuillère], mon bon syro-atticiste, gave-toi de cuillères de gruau, afin de ne pas dire: "je suis faible et épuisé" ».

Athénée 368d: οἱ δ' Ἀττικοί, ὦ Συραττικὲ Οὐλπιανέ, καὶ ἔμβαμμα λέγουσιν, ὡς Θεόπομπος ἐν Εἰρήνῃ (I 735 K) ὁ μὲν ἄρτος ἡδύ, τὸ δὲ φενακίζειν προσὸν ἔμβαμμα τοῖς ἄρτοις πονηρὸν γίνεται: « Sache Ulpien, espèce de syro-atticiste, que les écrivains attiques, disent aussi *embamma* pour désigner la sauce, comme Théopompe dans *La paix*: "Le pain en soi est bon, mais tricher en mélangeant de la sauce aux pains est un sacrilège" ».
28 L'expression fait penser à Lucien, originaire de Samosate et fervent défenseur de l'hellénisme.
29 Athénée 376d: ἰσίκια γὰρ ὀνομάζειν αἰδοῦμαι τὸν Οὐλπιανόν καίπερ αὐτὸν εἰδὼς ἡδέως αὐτοῖς χρώμενον. Πλὴν ὁ ἐμός γε συγγραφεὺς Πάξαμος τῶν ἰσικίων μέμνηται. Καὶ οὔ μοι φροντὶς Ἀττικῶν χρήσεων: « Je crains de les appeler *isikia* devant Ulpien, sachant toutefois qu'il en mange avec plaisir. Mais mon écrivain Paxamos fait mention des *isikia* et je ne suis pas préoccupé par l'emploi de termes attiques ».
30 Athénée 231b: Λυσίας δ' ἐν τῷ περὶ τοῦ χρυσοῦ τρίποδος, εἰ γνήσιος ὁ

λόγος· ἀργυρώματά τε ἢ χρυσώματα ἔτι ἦν διδόναι. οἱ δ᾽ ἑλληνίζοντες λέγειν δεῖν φασιν ἀργυροῦν κόσμον καὶ χρυσοῦν κόσμον: « Lysias dans *Le trépied d'or* – si le discours est authentique – dit: "il y avait encore des vases d'argent [argurômata] et des vases d'or [chrysômata] à donner." Mais ceux qui s'expriment dans un grec pur affirment qu'il faut dire *arguroun kosmon* et *chrysoun kosmon* ».

31 Cf. Baldwin (1977).
32 Athénée 362a: καί τινος εἰπόντος ὅτι βαλλίζουσιν οἱ κατὰ τὴν πόλιν ἅπαντες τῇ θεῷ, ὦ λῷστε, ὁ Οὐλπιανὸς γελάσας ἔφη, καὶ τίς Ἑλλήνων τοῦτο βαλλισμὸν ἐκάλεσεν, δέον εἰρηκέναι κωμάζουσιν ἢ χορεύουσιν ἢ τι ἄλλο τῶν εἰρημένων. σὺ δὲ ἡμῖν ἐκ τῆς Συβούρας ὄνομα πριάμενος ἀπώλεσας τὸν οἶνον ἐπιχέας ὕδωρ. καὶ ὁ Μυρτίλος ἔφη· ἀλλὰ μὴν καὶ Ἑλληνικώτερον ἀποδείξω σοι τὸ ὄνομα, ὦ φίλε Ἐπιτίμαιε: « Après que quelqu'un eut expliqué que tout le monde dans la cité dansait [*ballizô*] en l'honneur de la déesse, Ulpien dit en riant: "mon très cher, qui parmi les Grecs appelle le fait de danser *ballismos*, il faut dire *kômazô* ou *choreuô* ou une autre expression de la sorte. Mais, toi, en empruntant un mot venu de la Subure, tu nous as gâché notre vin en y versant de l'eau." Et Myrtilos dit: "Eh bien je vais te montrer que ce terme est tout à fait grec, mon cher détracteur" ».
33 Dans le *Lexiphane*, entre autres, Lucien se livre à une critique féroce d'un banquet écrit dans un style excessivement attique.

Pausanias le Périégète et la Seconde Sophistique

Janick Auberger

Pausanias le Périégète a vécu dans la deuxième moitié du IIe siècle p.C. et nous ne savons à peu près rien de sa vie. Sans doute était-il originaire d'Asie Mineure, peut-être de la cité de Magnésie du Sipyle, l'actuelle Manisa, qu'il semble bien connaître,[1] mais rien n'est vraiment assuré. Il a laissé dix livres de *Périégèse*, description de la Grèce continentale qui détaille les spécificités de l'Attique et de la Mégaride (I), de la Corinthie et de l'Argolide (II), de la Laconie (III), de la Messénie (IV), de l'Élide (V–VI), de l'Achaïe (VII), de l'Arcadie (VIII), de la Béotie (IX) et de la Phocide (X). Il a dû rédiger son œuvre sur une longue période, entre 150 et 175, si l'on en croit les repères chronologiques qui parsèment ses écrits.[2] A priori, il est bien évidemment impossible de faire de Pausanias le Périégète un de ces sophistes ou un de ces rhéteurs voyageurs dont Philostrate a laissé au IIIe siècle les *Vies*. Impossible même de transformer cet auteur en écrivain élégant et soucieux de l'atticisme de son style, puisqu'on l'a souvent raillé pour la maladresse de son écriture.[3] La définition étroite de la Seconde Sophistique ne saurait donc lui convenir. Mais on sait à quel point la Seconde Sophistique est un mouvement plus vaste que ce que Philostrate dessinait lui-même, plus nuancé que ce qu'Erwin Rohde, dans son Allemagne elle-même en quête d'identité, décrivait à la fin du XIXe comme une saine et virile réaction contre l'Asianisme décadent, un Asianisme dont l'importance fut d'ailleurs très vite remise en question par les remarques, à la même époque, d'un Wilamowitz (1900, 1–52 = 1969, 223–72).

Et bien sûr, on appartient au monde de la Seconde Sophistique sans être sophiste soi-même, spécialiste de l'art oratoire au sens où Philostrate l'entendait. C'est ainsi que Galien est classé parmi les auteurs de la Seconde Sophistique, Athénée de même, Maxime de Tyr et aussi notre Périégète Pausanias. Peut-être est-ce Christian Habicht (1985) qui a contribué à faire de lui un auteur enfin à part entière, après qu'on l'eut longtemps relégué parmi les « antiquaires », au sens restreint et dédaigneux du terme, malgré Constantin Lascaris qui l'honorait déjà du titre d'historien (ἱστοριογράφοι). On le considère à présent à nouveau comme un historien – ou plutôt « quelqu'un qui écrit l'histoire », ou encore qui « a voulu composer un ouvrage historique dans le cadre d'une périégèse » (Chamoux 1996, 68),[4] qu'on rapproche parfois d'Hérodote dont il s'inspire abondamment; on voit même en lui un ethnologue,[5] ce qui le réhabilite complètement.

L'important pour nous, dans le cadre de notre discussion, c'est qu'il est classé dans toutes les histoires littéraires parmi les auteurs de la Seconde Sophistique. Il baigne à la fois dans l'espace et le temps de ce mouvement qu'on appelle parfois la « Renaissance » de la Grèce. S'il est bien originaire d'Asie Mineure, s'il a bien connu Magnésie du Sipyle qui semble se trouver dans sa région de prédilection, il a grandi dans le même environnement qu'un Aelius Aristide, grand maître du mouvement sophistique à Smyrne. Tous les membres de cette élite intellectuelle doivent se connaître. Les cinq grands centres de la formation rhétorique sont – pour quatre d'entre eux – dans les marges de l'ancienne Grèce: il y eut Athènes, mais aussi Éphèse, Pergame, Smyrne, Rome. Et les intellectuels devaient circuler entre l'Asclépieion de Pergame, Smyrne et Éphèse, tous les trois hauts lieux de l'activité littéraire. Son milieu doit être celui de ces familles « bourgeoises » de la moitié grecque de l'Empire, familles de notables où l'on impose aux jeunes une *paideia* classique, riche, un peu anachronique, très érudite. Et son oeuvre est sans doute le fruit de cette *paideia*, à la fois conservatrice d'une *paideia* traditionnelle et pur produit de cette *paideia* au IIe siècle, une éducation qui marquait le statut social et favorisait les liens entre notables partageant les mêmes connaissances et les mêmes attitudes, créant ainsi une sorte d'*habitus* de l'élite.[6]

Il est évident qu'elle reflète a priori parfaitement l'esprit du temps, car on peut y deviner cette volonté de célébrer les grandes heures de l'histoire grecque, de créer des compromis efficaces entre la culture grecque et le pouvoir romain, de conforter l'héritage menacé à son époque par ce qu'on peut bien appeler une « mondialisation » culturelle, sous la houlette de Rome. En promouvant l'héritage reçu, en le fixant, on peut en faire, selon la majorité des auteurs, un moteur d'unification, et cette idée correspond tout à fait aux intentions qu'a pu avoir l'élite de cette époque. Elle semble en tout cas être celle de Pausanias.

Cet article essaye d'étudier plus précisément ce qui rattache Pausanias à ce mouvement et ce qui le garde à distance de lui. Sa formation et sa démarche interdisent à notre avis de faire de lui un pur produit de la Seconde Sophistique. Peut-être même y a-t-il plus de spécificités qui l'en éloignent que de points communs avec elle.

Un écrivain bien de son temps ...

La Seconde Sophistique: peut-être peut-on la caractériser essentiellement comme une manifestation volontaire d'archaïsme, à la fois dans le style (on imite la prose des Ve et IVe siècles) et dans les thèmes de prédilection. C'est une réaffirmation de l'identité grecque qui passe volontiers par l'idéalisation d'Athènes, jugée à l'apogée de la culture grecque. En ce qui concerne Pausanias, on peut dire qu'il rejoint dans une certaine mesure les thèmes privilégiés de la Seconde Sophistique. On a souvent souligné son vocabulaire volontiers archaïsant, emprunté clairement à Hérodote. On l'a aussi souvent remarqué: dans ses descriptions de la Grèce, il a peu d'attrait pour l'histoire qui lui est contemporaine, un peu comme les historiens archaïsants qui s'arrêtent parfois à l'époque d'Alexandre, sans rien dire de la Grèce récente. Pausanias ne dit pas grand chose de ce qui s'est passé après 150 a.C. Il semble bien informé sur l'époque des Diadoques jusqu'à Pyrrhus compris, mais moins bien sur la seconde moitié du IIIe siècle et le début du IIe siècle. Quelques références à Hadrien, à Antonin le Pieux, mais on n'admire aucun monument contemporain, on ne parle plus des vainqueurs aux concours olympiques. Certes, le livre I sur l'Attique souligne quand même la splendeur du théâtre d'Athènes recouvert de marbre grâce à Hérode Atticus (I, 19, 6) ou, justement, les aménagements dus à Hadrien. Mais ce sont des exceptions, qui doivent se compter sur les doigts d'une main: d'une façon générale le présent est absent. Ou quand il est, il porte sens justement et Pausanias le justifie, ce que nous verrons.

Et il est attiré par les histoires locales, comme si le sentiment régional qui était assez vivace, à l'époque classique, pour que les sophistes par exemple portent le nom de leur cité d'origine (Gorgias de Leontinoi) était encore – ou à nouveau – important. Et bien sûr l'histoire régionale se taille chez Pausanias une grande part, puisqu'il parcourt la Grèce et écrit au fur et à mesure de son voyage l'histoire des régions et des cités qu'il traverse.

Pausanias a des réflexes qui montrent l'influence sur lui de la Seconde Sophistique; il est de ceux qui préfèrent utiliser par exemple le nom de ville *Dikaiarchia* (Pouzzoles), plutôt que *Puteoli*, qui pouvait facilement être hellénisé en *Potioli* (IV, 35, 12, VIII, 7, 3). Il choisit le nom ancien. De la même façon, il souligne avec plaisir la façon dont Hadrien a redonné à *Mantinée* son nom, alors qu'en l'honneur d'un Macédonien on l'avait renommée *Antigonéia* (VIII, 8, 12).[7] Sa façon de considérer Hadrien est elle-même révélatrice. C'est comme s'il voulait voir le Romain Hadrien comme le volontaire continuateur de la grandeur grecque. Il chante les louanges d'Hadrien en choisissant strictement dans ses actes ceux qui ont contribué à restaurer des monuments grecs: il a rénové le sanctuaire de Poséidon *Hippias* à Mantinée

(VIII, 10, 2), sans rien détruire de l'ancien,[8] il redresse et restaure la tombe d'Épaminondas (en VIII, 11, 8), sans rien détruire, ajoutant seulement une stèle à côté de l'ancienne; il respecte l'ancien tracé de la route de l'Isthme (I, 44, 6), sans diverger, se contentant de l'élargir « pour que des chars s'y croisent ». Quand un Romain agit ainsi, se voulant en quelque sorte l'héritier, le continuateur, sans solution de continuité, il le mentionne. Mais il ne mentionne pas les monuments construits *ex nihilo*, comme si les nouvelles choses n'étaient pas à la hauteur des anciennes. *A fortiori* et *a contrario*, il ne peut pas approuver les destructions et les pillages (destruction de Corinthe entièrement rasée par Mummius,[9] pillage d'Athènes par Sylla). La seule attitude possible d'un Romain semble être de compléter ce qui était grec, dans le respect du passé, dans la même ligne de pensée. Cette volonté affichée de garder vivante la grandeur de la Grèce est typique de ce qui est privilégié parmi les auteurs de la Seconde Sophistique.[10]

À propos des empereurs romains, on pourrait souligner aussi le lien qui unit ses quelques éloges des empereurs et, par exemple, les discours de Dion Chrysostome de Pruse: chez l'un et chez l'autre on constate une tendance à l'*encomium*, à l'éloge poussé (quoique nuancé chez Dion, surtout dans les discours I et III à rapprocher de Pausanias).[11] Dans le livre I par exemple (5, 5), Hadrien apparaît comme le modèle de l'empereur, bon guerrier mais plus soucieux de faire régner la paix que de chercher querelle, commanditaire généreux également d'édifices publics, philhellène confirmé par les « bienfaits dont il combla tous ses sujets (τῶν ἀρχομένων ἐς εὐδαιμονίαν τὰ μέγιστα ἑκάστοις παρασχομένου) ». Cette tendance est constatée dans les milieux de la Seconde Sophistique, avec ces éloges teintés d'encouragement adressés à l'empereur pour qu'il retienne la leçon du sophiste.[12] La biographie est aussi un genre que Pausanias se plaît à exercer. On lui doit celles des héros messéniens Aristomène et Aristodème dans le livre IV, celle de Philopoimen dans le livre IV et dans le livre VIII (51). Plutarque a écrit aussi une *Vie de Philopoimen*. Les liens d'ailleurs entre l'*encomium*, l'éloge, et la biographie sont évidents à travers la littérature des trois premiers siècles de notre ère. Jusque dans sa parodie d'ailleurs, bien illustrée par Lucien (*Alexandre ou le faux prophète*). Nul doute que Pausanias est influencé par cette mode et que ses biographies imbriquées dans ses récits sont tout droit issues de l'air du temps, de même que ses références assez fréquentes à Alexandre le Grand, qui est un thème assez souvent repris par les sophistes. Chez les auteurs de la Seconde Sophistique, Alexandre est devenu une figure iconique du Grec (chez Arrien, Plutarque, Lucien, Dion …). Ce détail pourrait faire sourire parce que les sophistes prennent souvent pour modèle Démosthène qui, lui, voyait Alexandre comme un tyran barbare et dangereux pour la Grèce. Mais le fait est qu'il est un peu partout et que Pausanias, quand il parle d'un héros grec (Aristomène par exemple, le héros des Messéniens du livre IV), le compare souvent à Alexandre. On pourrait ajouter son goût pour le roman, typique aussi de la période qui nous intéresse (Auberger 1992, 257–81).

... mais un écrivain resté indépendant

Mais ce qui nous semble le plus intéressant dans ce grand mouvement qui embrasse un peu toute la littérature des trois premiers siècles, et en particulier la *Périégèse* de Pausanias, c'est la liberté de ton et de thèmes que les auteurs s'accordent, interdisant de faire de la Seconde Sophistique une « école » qui maintiendrait ses adeptes dans un carcan formel. Si le sophiste Polémon, contemporain de Pausanias, et bien d'autres avec lui, admiraient le grand orateur Démosthène et en faisaient leur idole, leur modèle, le défenseur de la liberté grecque, le protecteur de cette identité justement que les partisans de la Seconde sophistique veulent défendre, Pausanias, dont on a souligné souvent l'amour pour la liberté, son regret de voir les Grecs privés de cette liberté depuis la mort de grands hommes comme Philopoimen,[13] a cependant des mots très durs à l'égard de Démosthène et à l'égard de cette démocratie athénienne qu'il ne défend absolument pas. Son éloge funèbre, alors qu'il contemple la statue de l'orateur sur l'Acropole, est plein de fiel: « À mon sens on a raison de dire qu'un homme qui s'est donné sans compter à la politique, et qui a ajouté foi aux sentiments du peuple, ne trouve jamais une fin heureuse » (εὖ δέ μοι λελέχθαι δοκεῖ ἄνδρα ἀφειδῶς ἐκπεσόντα ἐς πολιτείαν καὶ πιστὰ ἡγησάμενον τὰ τοῦ δήμου μήποτε καλῶς τελευτῆσαι, I, 8, 3). Preuve s'il en est que tout en étant partie prenante de ce grand mouvement qui va souvent chercher dans la période classique des raisons d'être fier, Pausanias garde ses idées politiques qui s'adaptent très bien à un régime monarchique, pour peu que le dirigeant soit éclairé et respectueux du passé grec. Si identité grecque il y a, elle ne passe pas par le régime démocratique athénien.

Certains chercheurs classent cependant Pausanias directement et sans réserve parmi les auteurs de la Seconde Sophistique. Je prends l'exemple de James Porter qui livra un article par ailleurs très intéressant intitulé « Ideals and Ruins. Pausanias, Longinus and the Second Sophistic » (Porter 2001, 63–92). Porter étudie la catégorie du « sublime » chez Pausanias et Longin; il souligne « l'idéalisation des ruines » (2001, 84) qu'on trouve chez Pausanias à toutes les pages. De son côté, Jas Elsner (1992) en fait un pèlerin, parti à la recherche d'une Grèce idéale. Ian Rutherford (2001) insiste aussi sur ce thème. On ne peut qu'admettre que ces auteurs ont, en partie, raison et il est permis de dire que Pausanias se trouve dans cette mouvance, dans cette nostalgie du passé, cette idéalisation de la grande époque, de la grandeur des cités grecques, avec une mémoire revivifiée par la vue de ces *agalmata* du passé, surtout quand ils sont renforcés par les *logoi* de la tradition. On étudie chez lui aussi l'*ekphrasis*, la description, typique de la Seconde Sophistique avec les *Images* de Philostrate. C'est la Seconde Sophistique qui a développé la description en prose, en particulier la description d'oeuvres d'art, souvent insérée dans des ouvrages ayant un tout autre propos. Descriptions qui possèdent aussi une dimension religieuse, puisque les images représentent souvent des dieux et des scènes mythologiques.[14] On pourrait noter la longue description de la statue de Zeus à Olympie (V, 11, 1–11), la description des deux grandes murales de Polygnote dans la Leschè des Cnidiens à Delphes (X, 25, 1–31, 12). A. Snodgrass (2001, 127–41) a, par exemple, étudié ainsi le coffre de Cypselos (V, 17, 5–19, 10). Mais il me semble dommage de s'arrêter là, d'étiqueter Pausanias ainsi comme un disciple zélé des maîtres de la Seconde Sophistique, et pour plusieurs raisons qui seront présentées ici.

Rappelons d'abord quel est l'objectif de Pausanias. C'est – et il le dit clairement – de « parcourir tout ce qui est grec », tout ce qui « est digne d'être rapporté – le plus digne d'admiration et de mémoire » (τὰ δὲ μάλιστα ἄξια μνήμης, III, 11, 1). Il cherche à rendre compte d'une identité culturelle (même s'il ne le dit pas avec ces mots si contemporains), rendre compte de cet hellénisme qui nourrit l'identité grecque et qui perdure encore de son temps, malgré la menace d'absorption dans le monde romain que l'on pourrait imaginer. Or cette identité s'enracine dans les lieux qu'il parcourt, dans le passé des communautés, des ethnies, des villages, des cités qui croisent son itinéraire. Sa démarche (de recherche d'un fondement identitaire) l'amène alors tout naturellement à rechercher les origines, à trouver dans le passé – souvent très lointain – des traces matérielles fondatrices de cette identité, et c'est le coeur même de sa recherche sur le terrain: trouver des traces, encore à son époque, d'un passé fondateur, en traquer la permanence, en traquer l'essence qui fait de la Grèce de son temps une fidèle héritière, malgré les siècles qui ont passé, en dépit de – ou même grâce à – la domination romaine, quand on a la chance d'avoir, en Hadrien par exemple, un dirigeant conscient de ce patrimoine à recevoir et à entretenir. Il est donc un peu comme un détective qui cherche des indices et qui remonte le temps pour les éclairer. Et un médiateur, qui transmet ses informations par le biais du récit ou de la description.

Présentée ainsi, sa focalisation sur un passé lointain me semble davantage chez lui un outil d'investigation, une méthode de travail naturelle pour partir à la source de l'hellénisme et en examiner les survivances, plutôt que l'influence d'un mouvement culturel que nous appelons la Seconde Sophistique et qui l'amènerait à regretter une rupture et à sélectionner ses thèmes et son style en fonction des exigences du temps. Si le résultat est un peu le même que chez les orateurs de la Seconde Sophistique, dont les thèmes de prédilection, en *suasoriae* – on l'a souvent constaté – sont les événements du passé, les Guerres médiques, les actions de Philippe II et d'Alexandre, la motivation de départ de Pausanias est très différente. Pausanias semble être un témoin, un spectateur de la Seconde Sophistique, mais il n'est guère consciemment « adhérent ». Sa volonté de tisser un lien très fort entre le passé et le présent, de prouver sa continuité, de reconstruire et de raviver la mémoire grecque pour lui montrer que le passé est toujours présent, à la fois pour les Grecs romanisés et les Romains hellénisés, est plus que l'obéissance à un courant littéraire, plus que le constat et le regret d'une rupture qu'il s'agirait de combler en opérant un retour à une époque privilégiée. Il n'y a pas rupture, en fait, quand il suffit de remonter le temps et de retrouver les traces dans le paysage pour mettre en valeur la permanence.

La conséquence de l'objectif qu'il se donne est que le passé qu'il déroule déploie une échelle du temps beaucoup plus étendue, plus élastique, que ce qu'on attend habituellement d'un auteur dit « de la Seconde Sophistique ». Il va chercher parfois très loin dans le passé cette identité grecque. En témoigne, exemple parmi beaucoup d'autres, le livre IV avec ces Guerres messéniennes dont la première aurait eu lieu au VIIe siècle a.C. et qui trouve dans le mythe l'essentiel de ses péripéties. À l'autre extrémité de l'échelle du temps, si les exemples pris dans l'histoire qui lui est contemporaine sont effectivement moins fréquents, il parle très souvent de l'époque dite hellénistique, soulignant parfois avec justesse que les Attale et Ptolémée « n'ont pas intéressé non plus nos prédécesseurs. Aussi m'est-il venu à l'esprit d'exposer les actions qu'ils ont accomplies ... ».[15] Le passé grec est donc très étiré, beaucoup plus que ce qu'on attendrait d'un fidèle de la Seconde Sophistique. Prenons un exemple parmi d'autres possibles dans son oeuvre. À l'Héraion d'Argos (II, 17), sa visite prend en compte les mythes des origines et la guerre de Troie puisqu'on trouve dans le *pronaos* du temple un bouclier rapporté de Troie par Ménélas, mais également des offrandes d'Hadrien et de Néron, elles aussi dignes de mémoire. De la Guerre de Troie à Hadrien, l'échelle du temps est immense.

Autre détail a priori surprenant: Pausanias juxtapose volontiers, quand il visite un lieu, des monuments d'époques très différentes, sans trop se soucier de chronologie linéaire. En deux pages (I, 40, 1–5), il déroule à peu près mille ans d'histoire de l'art grec. Il décrit en effet, pêle-mêle, des oeuvres du VIIe siècle (la fontaine de Théagénès, dont la fille avait épousé Cylon), parle de Solon (VIe siècle), de Mardonios (Ve siècle), de la Guerre du Péloponnèse (Ve siècle), de Praxitèle (IVe siècle) et de statues d'empereurs romains, balayant ainsi le temps depuis Deucalion jusqu'à son époque. Il est vrai qu'il est censé décrire ce qu'il voit, et ce qu'il voit est d'époques diverses, se succédant dans le paysage sans respecter la chronologie; mais Pausanias mêle tout sciemment, lui qui pourtant se targue de rendre compte de l'histoire, qui pourrait donc, s'il le voulait vraiment, mettre un peu d'ordre dans la chronologie et présenter les oeuvres d'une manière plus rationnelle. Comme il mêle tout, on a l'impression en le lisant que tout est là bien vivant, sous nos yeux, sans rupture aucune, que la Grèce est toujours la même, en un joli mirage savamment entretenu.

Il est curieux aussi de trouver chez lui si peu de références à l'Athènes classique, ou tout au moins si peu de témoignages de l'idéalisation de l'Athènes classique. On l'attendrait d'un participant zélé de la Seconde Sophistique. Il a pu parler de Miltiade, de Thémistocle, héros des Guerres médiques; mais il chantera plus longuement les louanges du dernier des *Agathoi*, Philopoimen, qui n'a rien d'Athénien; nulle trace cependant chez lui des exploits d'un Périclès, d'un Nicias, d'un Alcibiade, qui bénéficient pourtant tous d'une biographie chez Plutarque et qui font partie de ce catalogue des grands hommes du passé dont la Seconde Sophistique respectait au plus haut point la mémoire. Il ne mentionne guère Alcibiade que pour son portrait sur l'Acropole, souvenir « de la victoire de ses quadriges à Némée » (ἵππων δέ οἱ νίκης τῆς ἐν Νεμέᾳ ἐστὶ σημεῖα ἐν τῇ γραφῇ, I, 22, 7). Nicias fut considéré « comme un soldat indigne », pour s'être rendu volontairement (οὐκ ἀνὴρ πολέμῳ πρέπων, I, 29, 12). Quant à Périclès, Pausanias se contente de mentionner ses statues sur l'Acropole (I, 25, 1), soulignant parfois qu'une oeuvre voisine est bien plus remarquable (I, 28, 2–3),[16] et son tombeau, renvoyé dans un relatif anonymat puisqu'il est mentionné sur le même plan que ceux de Chabrias et de Phorion (I, 29, 3). En I, 29, 16, Pausanias lance une ultime pique, précisant au détour d'une visite au tombeau de Lycurgue, fils de Lycophron, que « Lycurgue fournit au trésor public une somme représentant six mille cinq cents talents de plus que celle que Périclès, fils de Xanthippe, y avait réunie (Λυκούργῳ δὲ ἐπορίσθη μὲν τάλαντα ἐς τὸ δημόσιον πεντακοσίοις πλείονα καὶ ἑξακισχιλίοις ἢ ὅσα Περικλῆς ὁ Ξανθίππου συνήγαγε) ». Maigre hommage à un homme qui représentait la plus belle figure de cet âge classique tant vénéré par les membres de la Seconde Sophistique.

Nous avons vu sa réflexion désabusée et critique devant le tombeau de Démosthène: rien de commun avec l'admiration que l'orateur suscitait par ailleurs à l'époque du Haut-Empire, en particulier chez les sophistes. Polémon lui a dédié une statue à l'Asclépieion de Pergame,[17] et Démosthène restait le modèle absolu, la référence insurpassable dans les discussions sur la rhétorique. Les étudiants pratiquaient la déclamation à la manière de Démosthène, le considérant comme l'incarnation même de la rhétorique, qualité indissociable de son engagement fervent pour la liberté et de sa mort jugée héroïque face aux Macédoniens.[18] Pausanias ne partage pas cette idéalisation. Il n'use évidemment pas des armes d'un Lucien qui, dans *L'Éloge de*

Démosthène, se moque avec beaucoup de talent du caractère hyperbolique de la vénération que l'orateur suscitait, mais ses réserves face au personnage et la sécheresse évidente de son hommage funèbre tranchent avec les éloges de beaucoup de ses contemporains et montrent la distance que le Périégète prend vis-à-vis de la culture rhétorique dominante de son temps. La nuance exige de constater qu'il n'était pas le seul,[19] mais cette attitude permet de le placer déjà en marge du mouvement.

On peut essayer de comprendre l'attitude de Pausanias. Il est peut-être plus un Grec d'Asie, un Lydien venu sur le continent rechercher une identité grecque pour tous, qu'un Grec du continent prêt à épouser les querelles des anciennes cités, fussent-elles aussi glorieuses (et peut-être encombrantes, envahissantes pour cette identité qu'il recherche et telle qu'il la définit) que la cité athénienne qui prend peut-être un peu trop de place dans les mémoires et dont la forme de gouvernement, de surcroît, est aux antipodes de ce qu'il prône.

Son attrait pour ce qu'on a appelé le « primitif » est une spécificité qu'il pousse aussi de façon extrême, plus que ce qu'on attend d'un auteur de la Seconde Sophistique: il s'appesantit assez souvent sur des statues divines assez frustes tant elles sont anciennes, des *xoana* par exemple.[20] Ou bien il s'étend longuement, aussi longtemps en tout cas que sa piété scrupuleuse le lui permet, sur les Mystères les plus anciens, ceux de Déméter ou ceux des Cabires, comme si l'épaisseur du temps leur conférait une dignité particulière, une sacralité accrue par rapport aux rituels plus récents. C'est une réelle et sincère conviction religieuse, qui dépasse la démarche de la Seconde Sophistique. Quand il dit : « L'on pourrait voir beaucoup d'autres choses chez les Grecs, et entendre aussi des choses dignes d'admiration. Mais ce sont tout particulièrement les cérémonies d'Éleusis et le concours d'Olympie qui ont part à la sollicitude divine »,[21] il choisit délibérément les cérémonies les plus anciennes. On sent qu'il a besoin de remonter bien plus loin que le Ve siècle pour retrouver la source de la piété grecque, une essence proprement divine qui était plus vivace à l'origine de l'hellénisme qu'aux siècles ultérieurs. Et bien sûr, on dépasse alors les Ve et IVe siècles considérés par la Seconde Sophistique comme l'apogée de l'hellénisme. C'est dans le passé le plus lointain qu'on retrouve la plus authentique piété. D'où peut-être son geste plutôt anachronique (VIII, 42, 11), qui le voit offrir à la déesse Déméter la Noire, celle de Phigalie, des offrandes non sanglantes, geste peu courant, semble-t-il, en pleine époque romaine ailleurs que dans cette Arcadie figée dans le temps. Tradition locale qui perdure de façon exceptionnelle, encore significative néanmoins, surtout pour celui qui recherche ce genre de permanence. Et sa fascination pour l'Arcadie est en elle-même un signe de son attachement au très ancien, au plus ancien que peut atteindre la mémoire, puisque l'Arcadie est un véritable conservatoire des traditions les plus anciennes. En fait c'est « l'antiquité » de la Grèce qui le stimule et où il trouve l'identité grecque la plus pure et la plus universelle, une antiquité qui rime avec « authenticité », une authenticité qui inclut le pré-grec et le non-grec et qui est plus importante pour lui que l'archaïsme qui voudrait délibérément faire renaître une ancienne forme de discours, linguistique ou artistique, et qui privilégierait une époque déterminée présentée comme un modèle, le Ve siècle, avec de glorieuses cités qui en seraient – faussement à ses yeux – les plus belles vitrines.[22]

Il est vrai que d'autres auteurs peuvent faire preuve de cette remontée dans un temps très ancien: en 155, Aristide, dans le *Panathénaïque* remonte aussi très haut. D'autres oeuvres perdues ont pu le faire, surtout à une époque où, depuis le Panhellénion d'Hadrien en 131/132, les peuples ont envie de se retrouver ou de se créer *ex nihilo* des liens pour justifier leur présence dans ce Panhellénion. On a donc tendance, dans les histoires locales, à remonter dans le temps pour justifier des parentés, des réseaux entre cités.[23] Mais on n'est pas obligé, comme Pausanias le fait, de bouleverser ainsi la chronologie, de décrire pêle-mêle et l'une à côté de l'autre une statue archaïque et une statue d'empereur romain, comme pour leurrer son lecteur et lui prouver que la vie a continué, sans heurt. L'ensemble de ces couches de mémoire, du plus ancien au plus récent, rend le tout cohérent et l'hellénisme apparemment bien vivant à son époque. Car le plus ancien est encore en usage, encore parlant et partagé ἔτι καὶ νῦν, « encore maintenant ». Les péripéties de l'histoire ne sont rien à côté de cette permanence des valeurs grecques. Et ces valeurs sont celles du continent comme elles sont celles de l'Asie, elles sont celles de la Grèce comme elles sont celles de Rome. On a seulement l'impression que Pausanias cherche souvent à escamoter ce qui voudrait au contraire être privilégié, la Grèce des cités, la Grèce athénienne en particulier, jusqu'à son langage. La Grèce est pour lui au-dessus des cités du continent, plus importante que ces cités, elle est au-delà d'une époque soi-disant parfaite, elle habite aussi l'histoire pré-grecque, elle imprègne aussi les marges non-grecques, et elle appartient aussi à Rome, qui peut garantir la synthèse de l'ensemble. Alors est-il dans les marges de la Seconde Sophistique, est-il au contraire en son centre, en poursuivant les mêmes objectifs mais peut-être par d'autres moyens, avec d'autres points de focalisation?

Son style est également peu caractéristique de cet atticisme qui veut retrouver la pureté de la langue attique du Ve siècle, cette recherche qui est le propre de la Seconde Sophistique. Si volonté il y a d'ailleurs, car tous n'y participent pas. Il serait naturel de constater que les rhéteurs professionnels, par exemple, sont depuis leur petite enfance nourris des thèmes et des styles classiques qui restent présents dans l'éducation du temps, dans leur propre formation, même après le tournant de l'ère chrétienne. Cette imitation des thèmes et des styles de l'époque classique ne serait alors – si on se contentait de ce constat – qu'une preuve d'une tendance lourde qui se maintient de siècle en siècle à travers les canons scolaires de l'époque. Certes les lexiques se sont multipliés. Mais certains auteurs comme Arrien, à la fois grand notable administrateur et rhéteur, garde sa liberté et joue avec les règles de la Seconde Sophistique: s'il écrit en attique *L'Anabase* d'Alexandre, il écrit délibérément en ionien, comme celui d'Hérodote, son traité sur *L'Inde*. Son maître Épictète, lui, avait carrément rejeté les incitations à l'atticisme. Pausanias, dont le style n'a rien d'admirable et ne trahit pas une formation rhétorique très poussée, n'a aucune raison d'être ainsi formé – ou déformé – par cette école de l'atticisme, surtout s'il rejette Athènes et son prestige. Il est aussi enclin à imiter Hérodote, jusque dans son vocabulaire, ne se soucie apparemment pas de la mode qui, à son époque, incite les orateurs à utiliser tel mot plutôt que tel autre.

C'est un peu comme si Pausanias était conscient de ce mouvement transversal qu'on appelle la Seconde Sophistique, qu'il l'observait, l'utilisait au besoin, mais sans s'y rallier vraiment, sans le rejoindre. Il ne semble pas être un Grec nostalgique de la grandeur dite classique. Il est un Grec des marges, un Grec de l'Empire romain, conscient sans doute que les rhéteurs sont attirés eux aussi par l'histoire (Dion de Pruse a écrit un traité sur les Gètes, *Getika*), et conscient par conséquent qu'un historien peut se servir des courants rhétoriques de son temps, sans néanmoins suivre la moindre recette contraignante. Et surtout avec toutes les divergences d'opinions qui caractérisent les individus libres. Et sans objectif affirmé, sinon celui de croire, ou de faire croire, que l'histoire grecque est sans rupture depuis les temps les plus anciens jusqu'à son époque, qu'il n'est pas besoin d'aller chercher des modèles, qu'il suffit d'ouvrir les yeux pour constater qu'en plein Empire romain, l'hellénisme est encore partout. Dessiner, faire vivre une identité grecque forte, tel est son but. Mais cette identité ne semble pas être la même chez lui que chez d'autres représentants de la Seconde Sophistique. Ils sont bien évidemment tous d'accord pour se sentir Grecs. Mais qu'est-ce qu'être Grec? Les réponses fluctuent, comme fluctuent actuellement les identités que nos sociétés contemporaines et les diverses « nations » tentent souvent maladroitement de définir. Entre l'identité gréco-athénienne revendiquée par plusieurs et l'identité plus inclusive, plus englobante (plus romaine?) que revendiquaient plusieurs autres, il y a autant de visions du monde et de la société qui se dessinent et qui luttent, peut-être, à cette époque qu'il ne faudrait pas traiter de façon trop homogène. Le mouvement n'a pas seulement des enjeux intellectuels et littéraires, mais aussi idéologiques et politiques. Le seul grand point commun que j'ai tendance à constater chez tous les auteurs de cette Seconde Sophistique est cette *paideia* commune, cette quête d'identité souvent ardente et parfois désespérée. Le reste n'est peut-être que « parcours individuels ». Et cette même *paideia*, si l'on en croit Connolly,[24] est une sorte de « constant redefinition and struggle that admitted few easy answers », en mutation constante, ce qui rend la nuance encore plus indispensable.

NOTES

1. Magnésie du Sipyle est en Lydie; c'est elle dont il est question quand il parle au « nous » au livre V (13, 7: « Il y a encore chez nous jusqu'aujourd'hui des témoignages du séjour de Pélops et de Tantale … »).
2. Voir l'introduction de Jean Pouilloux dans le livre I, sur l'Attique, paru aux éditions des Belles Lettres, 2001 (1992): XVII. Aux Belles Lettres, le texte grec est toujours établi par Michel Casevitz, et les traducteurs changent selon les livres.
3. Les traducteurs se sentent souvent obligés de rappeler dans leurs traductions que le style de Pausanias n'est pas des plus élégants: par exemple Madeleine Jost dans sa présentation du volume sur l'Arcadie, livre VIII des éditions des Belles Lettres (1998, XXXVIII): « Par principe, la traduction s'est efforcée de respecter les particularités du style de Pausanias, y compris dans ses répétitions, ses négligences, ses tournures gauches et ses obscurités ». Jean Pouilloux (2001, XXI) parle d'une expression « amphigourique … La tâche du traducteur n'en est pas plus aisée, contraint à la lourdeur ou la monotonie s'il veut rester fidèle ».
4. D. Musti (1984, 18) parle d' « una storiografia imperniata sullo schema del viaggio ».
5. Voir par exemple l'article et l'entretien qui a suivi l'intervention de Susan E. Alcock (1996, 241–76).
6. Connolly (2001, 339–73), Goldhill, ed. (2001).
7. « Hadrien … enleva aux Mantinéens leur nom importé de Macédoine et leur rendit le droit d'appeler leur ville Mantinée »: Ἁδριανὸς καὶ ἀφελὼν Μαντινεῦσι τὸ ὄνομα τὸ ἐκ Μακεδονίας ἐπακτὸν ἀπέδωκεν αὖθις Μαντίνειαν καλεῖσθαί σφισι τὴν πόλιν. Ce bienfait eut lieu sans doute lors d'un voyage d'Hadrien à Mantinée en 131–2 p.C.
8. « Hadrien … plaça les ouvriers sous l'autorité de surveillants, pour que nul ne jetât un regard sur l'ancien sanctuaire et ne déplaçât quoi que ce fût de ses débris »: ἐπιστήσας τοῖς ἐργαζομένοις ἐπόπτας ἄνδρας, ὡς μήτε ἐνίδοι τις ἐς τὸ ἱερὸν τὸ ἀρχαῖον μήτε τῶν ἐρειπίων τι αὐτοῦ μετακινοῖτο.
9. Le livre II introduit le thème de la prise de Corinthe et de ses conséquences. Le thème est repris dans le livre V (10, 5 et 24, 4 et 8) et au livre VII (16, 7–8), où le pillage de la ville clôt le développement sur la « Guerre d'Achaïe ».
10. Pour les relations entre le monde hellénique et l'Empire romain, voir Swain (1996).

11 Voir à ce sujet dans le présent volume l'article de Schmidt.
12 Pernot (1993a). Voir aussi Auberger (2000). Et dans cet ouvrage, voir Schmidt.
13 On se souvient de son expression très dure, lorsqu'il mentionne Vespasien et le gouverneur que l'empereur imposa à nouveau à la Grèce « parce que … le peuple grec avait désappris la liberté » (ἀπομεμαθηκέναι φήσας τὴν ἐλευθερίαν τὸ Ἑλληνικόν, VII, 17, 4). Il considère aussi Philippe II comme le « fossoyeur » de la liberté grecque, quand il souligne les conséquences désastreuses de Chéronée (I, 25, 3).
14 Voir dans ce volume l'article de Pasquier.
15 I, 6, 1: τούτων ἕνεκά μοι καὶ τὰ τῶνδε ἐπῆλθε δηλῶσαι ἔργα τε ὁποῖα ἔπραξαν …. Voir Ameling (1996), Bearzot (1992).
16 « Il y a encore deux consécrations: Périclès, fils de Xanthippe, et une des oeuvres les plus remarquables de Phidias, la statue d'Athéna qu'on appelle *Lemnienne* … »: δύο δὲ ἄλλα ἐστὶν ἀναθήματα, Περικλῆς ὁ Ξανθίππου καὶ τῶν ἔργων τῶν Φειδίου θέας μάλιστα ἄξιον Ἀθηνᾶς ἄγαλμα ἀπὸ τῶν ἀναθέντων καλουμένης Λημνίας.
17 Puech (2002, 399–401n210).
18 Pernot (2006, 67).
19 Philostrate faisait d'Eschine et non de Démosthène le fondateur de la Seconde Sophistique (*VS* I, 18, 507). Voir Pernot (2002, 634).
20 Rappelons toutefois que les *xoana* sont chez Pausanias des statues en bois qui peuvent être d'époques diverses.
21 Πολλὰ μὲν δὴ καὶ ἄλλα ἴδοι τις ἂν ἐν Ἕλλησι, τὰ δὲ καὶ ἀκοῦσαι θαύματος ἄξια· μάλιστα δὲ τοῖς Ἐλευσῖνι δρωμένοις καὶ ἀγῶνι τῷ ἐν Ὀλυμπίᾳ μέτεστιν ἐκ θεοῦ φροντίδος (V, 10, 1).
22 Cf. l'article de Côté dans ce volume: le frustre intéresse également les auteurs de la Seconde Sophistique, mais d'une façon différente.
23 Voir les études de Curty (1995 et 2001).
24 Connolly (2001, 371).

SECTION IV

Texte, tradition et performance

Dance and Discourse in Plutarch's *Table Talks* 9.15

Karin Schlapbach

Introduction: Performance Culture and the Second Sophistic

Simonides' dictum 'Painting is silent poetry, poetry is speaking painting' is very well known and appears over and over again in modern studies of ancient art and ecphrastic literature; Plutarch himself, who quotes it in *The Fame of the Athenians* 3, refers to it elsewhere as 'that often repeated saying.'[1] By contrast, the variation of this dictum that Plutarch puts in the mouth of his teacher Ammonius in the last chapter of the *Table Talks* (9.15), a discussion of dance and its relationship with poetry, has caught far less attention: 'What Simonides said should be transferred from painting to dance: for [dance is] silent [poetry], poetry is speaking dance.'[2] Nevertheless, the question that is raised here, namely the relationship between poetry and dance, or between language and bodily performance, is of the greatest importance in ancient Greco-Roman culture. Even if we make allowance for a certain measure of rhetorical exaggeration in Ammonius's concise and provocative statement, it still points to the fact that ancient poetry was to a large extent created for oral performance and tied to specific contexts such as the symposion, religious festivals, or the theatrical stage. The place of dance within these contexts was firmly established.[3] So rather than just using them as metaphors for each other, Ammonius associates dance and poetry on the grounds of their tight connection in ancient literary culture. However, by the time Ammonius made his point, this connection had undergone manifold changes. The contexts in which literature was produced and consumed were not the same anymore as, for instance, in the Athens of Euripides or Plato, nor were the types of texts and performances that were most appreciated the same. As will become clear, Ammonius's argument in *Table Talks* 9.15 hinges precisely on a comparison between past and present. He problematizes contemporary dance by contrasting it with earlier forms of dance, which in his eyes were in perfect harmony with the best poetry that had ever been brought forth. His discussion therefore makes an important contribution to our understanding of the relationship between literature and performance, as perceived in Plutarch's times.

The passage is all the more interesting as Ammonius's discussion of dance is itself tied into an oral and performative context, the symposion. The *Table Talks* are usually placed midway between miscellaneous and sympotic literature (Teodorsson 1989, 12). Its miscellaneous character results from the fact that the symposion does not provide the unifying setting of an ongoing dramatic action but seems to be a mere excuse for linking topics that are otherwise unconnected. But precisely because of the lack of thematic and dramatic coherence the setting is all the more important for the literary economy of the whole. For if a given theme becomes relevant exclusively by virtue of its being addressed in that specific context of the symposion, rather than because it is indispensable for the course of the conversation, the only link that holds together the single chapters is the sympotic situation as such (whether or not the conversations that are represented ever took place in reality does not matter here). Dance is not just talked about during the symposion; it is actually part of the very action of *Table Talks* 9.15. It therefore belongs to those subjects of sympotic conversation which Plutarch, in the introduction to the second book of the *Table Talks*, subsumes under the heading of *sympotika*, that is, subjects that concern the circumstances of the symposion itself (like the question whether or not philosophy is a fitting topic for conversation at a drinking party, or who should assign the places to the guests), as opposed to subjects that are simply suitable for discussion during the symposion (like for instance the question why lovers are good poets).[4] In other words, the text offers a double perspective on dance, which is both part of the action and a subject of conversation. The twofold perspective is reiterated on yet another level, insofar as the relationship between discourse and performance is not only thematized in Ammonius's observations on poetry and dance, but also enacted during the 'spectacle' of the symposion, in which the speaker becomes an actor who competes with other actors – among them the dancers – for the attention of the audience, the other symposiasts.[5]

The text thus plays into one of the very key themes of the Second Sophistic, the relationship between text and performance.[6] A significant part of the literary production of the sophists is aimed at public performance, a fact that shapes and conditions the outlook of their works. The performance itself plays a crucial part in the reception of the works, and not by coincidence the point that the boundaries between public speech and theatrical spectacle are blurred is often made both in the sources and in recent studies of Second Sophistic literature.[7] Plutarch is not part of the sophistic movement as circumscribed by Philostratus. Indeed his attitude towards the sophists and their display of rhetorical virtuosity and flirtation with mass audiences is rather hostile, although he was himself the author of highly stylized declamations, like the aforementioned *The Fame of the Athenians*.[8] Despite his critical distance towards some of the trends that characterize contemporary literary culture, he is doubtless one of the most important authors of the period in question (Swain 1996, 135). His perspective on dance and its relationship with the spoken word therefore offers an interesting touchstone for a discussion of the extent to which the views and attitudes typical of the Second Sophistic permeate the whole culture and society of the Roman Empire, beyond the sophists themselves.[9]

Ammonius analyses dance and its single components in close analogy with literature, music, and painting. The passage is rather dense and fraught with technical terms. It is therefore necessary, in a first step, to unravel the argument by elucidating some of the concepts that are used to create a theory of dance. Rather than offering a comprehensive commentary of *Table Talks* 9.15, this first part of the essay re-examines the question of the impact ancient theories of language might have had on the theory of dance presented by Ammonius. While certain affinities between the perceptions of dance and of language are undeniable, a careful scrutiny of some related passages, including the account of gesture in Plato's *Cratylus*, shows that the theory of dance is perhaps more independent and self-contained than it seems at a first glance.

The second part widens the perspective and addresses the more complex questions of the function of Ammonius's discourse on dance and the place of dance in the *Table Talks* as a whole. My reading of *Table Talks* 9.15 and other chapters of the same work suggests that the unity of poetry and dance is presented as an ideal, but one that irrevocably belongs to the past. Contemporary enactments of dance – both in the theatres and during the symposion – are instead perceived as problematic or deficient. While it is difficult or impossible to verify the claims made about dance, past or contemporary, it is safe to say that the symposion remains a place where the interplay of discourse and performance is constantly tested out in various ways (Murray 1990, 9; Pellizer 1990, 178).

Last but not least, a note on terminology: since Ammonius largely refers to the *orchesis* of the past, I will generally render it as 'dance.' However, as we will see, the contemporary culture of *orchesis* – pantomime – is relevant too for a proper understanding of the passage as a whole.

Ammonius's Theory of Dance and Its Relationship with Language Theory

It is best to begin by quoting the passage in question at some length:

[Ammonius] said that there are three elements of dancing, the phrase, the pose, and pointing. 'Dancing,' he explained, 'consists of movements and pauses, as melody of its notes and intervals. In the case of dancing the rests are the terminating points of the movements. Now they call the movements 'phrases,' while 'poses' is the name of the representational positions to which the movements lead and in which they end, as when dancers compose their bodies in the attitude of Apollo or Pan or a Bacchant, and then retain that aspect like figures in a picture. The third element, pointing, is not pictorial, but indicates the subject-matter straightforwardly. Poetry provides a parallel. Poets employ the proper names of things to indicate or denote them, using the words 'Achilles,' 'Odysseus,' 'earth,' and 'heaven' exactly as they are used by the ordinary man, but employ onomatopoeia and metaphor in their pursuit of vivid suggestion and pictorial representation ... Then they often shape the collocation of words in their songs to imitate the matter, etc.[10]

The passage presumably represents not just Ammonius's private views, but an older and more widely known theory of dance.[11] According to this theory the main components of dance are defined as φορά, σχῆμα, and δεῖξις, which can be rendered as phrase, pose, and pointing. Phrase and pose are at first explained with recourse to the components of song: the phrase corresponds to the sound, the pose to the interval. Subsequently, music as an analogy is abandoned in favour of painting. The poses are now described as the positions in which the movements end when the dancers arrange themselves in figures as if in a picture or painting.

For the third component, *deixis*, the notion of painting, remains an implicit point of reference. *Deixis* is primarily described as 'not mimetic.' This must be understood in the sense that *differently from the pose* (which is pictorial), *deixis* does not give an image, or visual imitation, of its referent. What οὐ μιμητικόν means is subsequently further illustrated with the help of rhetorical notions: *deixis* is indicating straightforwardly, in the way words in ordinary – that is, literal – usage do, as opposed to stylistic features that convey an expressive image, such as metaphor and other tropes, onomatopoeia, or peculiar word order (e.g., a series of short syllables in order to express speed).[12] In short, Ammonius explains, *deixis* is a class of gestures that involve pointing to objects – the earth, the sky, or the audience (747e) – just the way words, more specifically proper names or nouns, point to persons or objects when they are used literally. So when Ammonius describes pointing as δηλωτικὸν ἀληθῶς (747c), he attributes to it the concept of direct denotation. Further evidence of this can be found in 747e, where Ammonius uses the pertaining term from the theory of language (ταῖς δὲ δείξεσι κυρίως αὐτὰ δηλοῦσι τὰ πράγματα).[13]

Accordingly, the underlying notion of *mimesis* in this passage cannot simply be understood as the unifying principle of art, as in Aristotle, nor is *mimesis* defined in relation to truth, as in Plato.[14] Instead, the notion refers more specifically to pictorial expression, or expression by way of images. Generally speaking, the kind of images involved can be understood as imitations. However, not only the bodily poses that make references to the visual arts, but also the linguistic phenomena that are contrasted with pointing, are characterized as 'mimetic,' insofar as they are used 'for allusive and pictorial diction' (πρὸς δὲ τὰς ἐμφάσεις καὶ τὰς μιμήσεις, 747d). Hence, the graphic or pictorial quality of *mimesis*, implied in the adverb γραφικῶς (747c), turns itself into a metaphor that covers not only non-visual, linguistic 'images' or imitations, like onomatopoeia, but also tropes, like metaphors, which cannot simply be described as imitations but operate in more complex ways. Therefore, in what follows μιμητικόν will generally be rendered as 'pictorial,' which comprises the ideas both of imitation and of metaphorical expression.[15] What the diverse stylistic strategies mentioned here have in common is that differently from direct denotation, they express their objects in ways that appeal to the senses and the imagination: while onomatopoeia and word order appeal to the ear, giving an acoustic 'image' of what they represent, metaphor relies on the ability of the mind to imagine sensory objects.[16] In other words, what is at stake in Ammonius's argument is not *one* specific way of referring to the object – in this regard onomatopoeia, word order, and metaphor and other tropes are very different – but rather certain types of psychological impact on the recipient that are different from that of direct denotation. *Mimesis*, the notion that links them, can therefore be described here as a rhetorical notion, granted that we understand rhetoric as a preoccupation with the impact of a work of art.[17]

As for *deixis*, it is important to note that although an experienced spectator might easily tell apart deictic gestures like pointing to the sky or the earth from phrases and poses, Ammonius's definition of pointing is not based on what it looks like or how it is achieved by the dancer, but on what its relationship with the object is, or on how it refers to the object, namely straightforwardly, not by way of an image. In other words, in most cases pointing to an object will look differently from phrases or poses, so that it seems that we are confronted with a list of three equivalent physical components of dance. But from a systematic point of view, this is not the case; Ammonius actually superimposes a different kind of distinction here: strictly speaking, *deixis* is not introduced as a physical component of dance, but as a specific way of referring, namely 'non-pictorial.' By implication, movement and pose are retrospectively defined as 'pictorial.'[18] From the point of view of the physical means employed in dance, it remains unclear whether *deixis* is thought to be rather static or dynamic.[19] The picture that emerges, then, is that the three elements of dance are defined with the help of two different distinctions: static vs. dynamic on the one hand, pictorial vs. straightforward on the other (or bodily movements and attitudes on the one hand, ways of referring and the pertaining psychological impacts on the other). This is somewhat contradictory. The analogy with language suggests that gestures (like words) can be used both literally and pictorially. In practice, this is not completely true either for language or for gesture. However, it is true for a very large number of words, while it is less clear to what extent it also holds for gesture: it seems that poses will always look pictorial, whereas the gesture of pointing to something is less likely to be used as an image, be it in imitation of someone or as a metaphor (and if it were, it would probably have to be regarded as a pose, so that the distinction of equivalent physical components of dance would be undermined). In sum, it seems that the theory presented by Ammonius contains a certain ambiguity as to which distinction works better, the formal or the functional one.

On the other hand, Ammonius distinguishes the three components of dance very neatly in terms of the contents they express: the pose depicts the shape or outward appearance; the phrase expresses an emotion, action, or energy; and pointing indicates physical objects that are within sight (747e).[20] In this list, the functions of the pose and of pointing are easy to understand, while that of the phrase is more complex: as stated earlier in the text (747c), the pose gives an image or imitation and pointing indicates straightforwardly; the phrase, by contrast, seems to suggest the content by (visual) allusion.[21] We can conclude that Ammonius's description of dance is significantly more complex than for instance the one Aristotle offers in *Poetics* 1.1447a27: 'Dance imitates the characters, passions and actions through the rhythm of the figures.'[22] It presents a peculiar mixture of parameters; music, the visual arts, and rhetoric are in turn brought in to illustrate dance, and the technical terms are carefully distinguished from each other. In her study of the passage under scrutiny, L.B. Lawler (1954) argues that in most ancient discussions of dance, the meanings of *phora*, *schema*, and *deixis* were considerably more flexible than Ammonius's account suggests. Nevertheless, the latter shows clearly that at some point an effort has been made to differentiate between pictorial and literal elements in dance. Even though the terminology may not have been generally accepted, the passage testifies to the existence of a highly developed systematic account of dance (pace Garelli 2007, 333).

Within Ammonius's account, the third element, *deixis*, is particularly remarkable. Teodorsson (1996, 379) argues that the discernment of *deixis* as non-pictorial is recent and 'obviously inspired by a comparison between dance and literature.' The general outlook of the passage under scrutiny supports this view: dance is compared at some length to poetry, and deictic gestures in particular are compared to ordinary words (κύρια ὀνόματα). The choice of language as an analogy follows quite naturally for Ammonius from the fact that in language and gesture the ability to refer to an object in a non-pictorial way is most obvious. In painting or music, a corresponding category of non-pictorial indication is largely absent (and it becomes clear that instead of offering a sustained harmonization of dance and music, painting, poetry, the passage actually draws attention to some glaring incompatibilities).[23] But rather than simply building on a more or less obvious affinity between dance and language, Teodorsson's view implies that the concept of non-pictorial, or literal, *deixis* was first developed within a theory of language or literature and then, by analogy, transferred to dance. However, while it is true that the notion of straightforward or literal expression was more widely known in regard to language, a careful scrutiny of the sources shows that it was by no means limited to language.

In the theory of language, we find the concept of literal indication as early as in Aristotle. In *Poetics* 21.1457b1, Aristotle opposes 'standard terms' (κύρια ὀνόματα) to various other categories, among them μεταφορά.[24] In other words, he creates a distinction between straightforward or literal indication and figurative expression that is very similar to Ammonius's distinction, whose 'standard terms' (747e5) are presumably the same as Aristotle's. Aristotle's standard terms, however, are not defined as 'non-mimetic,' nor are metaphors and other tropes described as 'mimetic' (they are instead defined as 'uncommon' in 1458a22: ξενικόν). The category μιμητικόν can instead be found in Dionysius of Halicarnassus, who follows Plato's *Cratylus* in thinking that language as a whole is 'mimetic.' He illustrates this view exclusively with onomatopoeic words, which shows that these were perceived as 'mimetic' κατ' ἐξοχήν. But it is important to note that Dionysius does precisely not make a distinction between κύρια ὀνόματα and metaphors and other tropes, but aims to describe language in general. So neither author provides a clue for the origin of designation of *deixis* as 'non-mimetic.'

In discussions of gesture as part of the art of rhetoric, the boundaries between *deixis* and pictorial expression are similarly blurred. Quintilian (*Institutio oratoria* 11.3.89 sq.) recommends to use deictic gestures – in modern theories 'pointers' – with utmost caution (for instance pointing to oneself or the interlocutor). Unlike the account in the *Table Talks*, for Quintilian this kind of gesture is not opposed to but closely connected with pictorial ones, which he recommends even more to avoid.²⁵ So he knows both categories, but treats them similarly, rather than setting them apart. Presumably he groups them together because both deictic and pictorial gestures are usually easy to decode and therefore, in his eyes, lack sophistication. It is particularly interesting that he attributes pictorial gestures to pantomime dancers, with whom orators never wanted to be confused.²⁶ Within the theory of dance Ammonius relates, on the other hand, neither *mimesis* nor indication has negative connotations or is perceived as intrinsically problematic.²⁷ It seems that the pertaining gestures assume different values according to the contexts in which they are used.

More illuminating is a passage from *Cratylus*. Like Quintilian, Plato's *Cratylus*, which is the ultimate model for language as 'mimetic,' mentions both pictorial and deictic gesture and ostensibly does not set them apart. However, the context makes it clear that the distinction is indeed crucial for Socrates' argument. The text is interesting insofar as it presents the reverse situation from the *Table Talks*: while Ammonius uses language to illustrate the dancer's gestures, in *Cratylus* 422e–423a Socrates uses gesture as a model for the functioning of language. The discussion reveals some remarkable similarities with Ammonius's analysis of dance. But Socrates offers a picture that is at the same time simpler and more complex: simpler insofar as δηλοῦν, 'to indicate,' and μιμεῖσθαι, 'to express,' are almost synonymous, rather than opposed to each other; more complex insofar as on Socrates' account, gesture, more precisely pointing, does not simply refer to bodily objects, but to their very essence or being: 'If,' he explains, 'we wanted to indicate what is above and light, we would raise our hand to the sky, expressing the very essence of the matter.'²⁸ The relation between gesture and object is arguably a case of straightforward indication, granted that we understand the sky 'what is above and light.' The second example he adds, however, is quite different: 'If we wanted to designate a galloping horse or another animal, you know that we would try to liken our bodily attitudes to their bodies and postures as closely as possible.'²⁹ No mention is made here of the φύσις of the galloping horse; perhaps it is dispensable since the representation is sufficiently evident in itself. It is noteworthy that only here the idea of bodily resemblance appears, so that *mimesis* can here be understood as visual imitation. Since *both* examples, however, are subsumed under the category of bodily *mimesis* (423b1–2), *mimesis* must be understood as 'expression' in a wider sense, comprising both visual imitation and straightforward indication through pointing.

From his analysis of gesture, Socrates infers that in language, too, a name functions as a vocal μίμημα. Interestingly, in what follows, names are distinguished from onomatopoeic imitation of, for instance, animals' voices, which are said to imitate parts of the outer, bodily features of the animal, whereas a name expresses the very essence (οὐσία) of a thing (423d–e). It becomes clear now that pointing and bodily imitation are used to prepare the distinction between names and onomatopoeia, the same distinction that appears also in the *Table Talks* (differently from the *Table Talks*, both categories are here said to be 'mimetic,' albeit of different things: essence vs. outer form). So, without spelling it out completely, *Cratylus* lays out some of the same material we find in *Table Talks* 9.15: just as Socrates opposes names and onomatopoeia to each other, he could have made more explicit the contrast between a gesture that expresses the very essence of something simply by pointing towards it – 'what is above' – and one that instead represents the outer form of a physical object pictorially – the horse. The analogy with language would suggest that the latter does not in fact express the very essence of the object, unlike the former, but this question is not addressed.[30] What is certain, however, is that gesture is used as a model, on the basis of which the fundamental distinction between onomatopoeia and names is introduced. In other words, although the difference between pictorial and deictic gesture is not discussed in itself at any length, it is clearly necessary for the course of the argument. For what concerns the relationship between this passage and Ammonius's theory, it might be significant that in what follows names are also distinguished from music and painting (*Cratylus* 423c–d); similarly, in *Table Talks* 9.15 *deixis* is (at least implicitly) set apart from painting, insofar as it is defined as non-pictorial (747c).

It would seem, then, that the discussion of gesture in *Cratylus* made a certain impact on the theory of dance that Ammonius relates.[31] The account in *Table Talks* 9.15 spells out a distinction that is already inherent in Socrates' argument in *Cratylus*. We have therefore no reason to think that it is taken over from a theory of language. Quite to the contrary, the passage from *Cratylus* suggests that the distinction was more naturally and easily perceived in regard to gesture, so that gesture could be used as a model for language. It is noteworthy on the other hand that unlike in the *Cratylus*, in *Table Talks* 9.1, *deixis* is not only clearly set apart from pictorial gesture, but is indeed defined in opposition to it, viz. as οὐ μιμητικόν. This represents a remarkable innovation. And while the distinction between pictorial and straightforward expression was admittedly theorized more extensively in regard to language than in regard to gesture, there is no evidence to suggest that the designation of *deixis* as *non-pictorial* goes back to a theory of language. Rather, it seems to follow directly and naturally from the description of poses as pictorial (as in 747c). In other words, the discernment of a non-pictorial, 'literal' element in dance is arguably intrinsic to the theory of dance itself. It follows naturally from a concept of *mimesis* that, compared to *Cratylus*, is more narrowly defined, namely as pictorial expression.

So, although in some respects the affinities between the theories of language and dance are obvious and, moreover, Ammonius uses language and poetry to illustrate his treatment of dance, we should be careful not to assume too quickly that the theory of dance, or certain features of it, are simply derived from the theories of language or literature; indeed, the very fact that gesture can illustrate the functioning of language undermines this simplistic view. Nor does music provide a comprehensive model for the theory of dance under scrutiny. Instead, the visual element, introduced by a comparison with the figurative arts, proves to be of utmost importance in the perception of dance. Indeed, the passage examined here suggests that the visual arts implicitly shape a notion of *mimesis* as 'graphic' or pictorial, which in turn influences the ancient understanding of rhetorical devices like metaphor, onomatopoeia, and word order. For if in the modern understanding these devices are fundamentally different on account of the ways in which they refer to their objects, for the ancient mind they were connected by their recourse to some sort of 'image,' be it visual or acoustic. So, rather than suggesting a hierarchy of art forms and the pertaining theories, the chapter under scrutiny actually points to their mutual indebtedness and interdependence.[32] Perhaps the view that the ephemeral, bodily medium of dance resists independent, self-contained theorization and is instead analysed primarily on the model of language is an expression of a certain prejudice (both ancient and modern) against the appeal of bodily performance, a prejudice we find in its full force also in the very passage under scrutiny.

The Place of Dance in the *Table Talks*

Undoubtedly Ammonius puts great emphasis in his account on the close connection between dance and poetry. If he repeatedly illustrates deictic and pictorial expression with examples from ancient poetry, rather than describing them in terms of bodily movements, he implies that dance and poetry function in very similar ways. In addition, with his variation of Simonides' dictum Ammonius aims to point out that dance and poetry are united by the very fact of being performed together (while he denies – of course exaggerating – that there is any link between poetry and painting). With the example he adduces, the hyporchema, he goes even one step further. The way Ammonius describes the impact of the hyporchema, a poetic form designed for danced performance and cultivated among others by Pindar, suggests that this kind of poetry not only happens to be accompanied by dance, but almost *is* dance: he argues that the lines he quotes from Pindar (Fr. 107a*

Maehler) inevitably lead to danced interpretation when they are performed or listened to, by simply making the whole body move to and fro as if on strings.[33] In other words, even when these lines are performed without the accompaniment of dancers, they still comprise dance insofar as they transmit it directly to the performer and perhaps even the audience – a claim that is quite interesting from the performative point of view, for if Ammonius is right, he himself and the symposiasts should actually feel something of the supposed impact of those lines as he quotes them (whether or not they do we are not told). So if the discourse on dance is constantly shifting towards a discourse on poetry, as if to suggest that it is easier and more illuminating to explain dance through poetry rather than on its own terms, poetry does not simply replace or eclipse dance in Ammonius's portrayal, but is instead used in ways that underline their unity and possibly even make dance present in a very palpable way. Ammonius strives to present dance as an essential part of a literary culture in which poetry and its bodily enactment can by no means be separated, but belong together like the two sides of a coin. Therefore poetry inevitably plays an important role in the portrayal of dance. It is interesting to note, on the other hand, that the very unity of dance and poetry, as achieved in the hyporchema, is illustrated in turn by a comparison with painting, which suggests that the visual element is decisive in the perception of danced poetry: the poem corresponds to the lines that define the forms in painting (and, if the reconstruction of the text is correct, the dance, shortly called σχῆμα here, whose matrix is originally visual, corresponds to the colours).[34]

But dance is present in other ways too in the chapter under scrutiny. At the beginning of 9.15, we read that cakes were brought in as prizes for dancing slaves.[35] They danced eagerly, we are told, albeit not all of them with equal grace (προθυμότερον ἢ μουσικώτερον, 747b). No mention is made of the musical accompaniment or of the role of song in particular, so that it is not possible to weigh the present enactment against the claims made by Ammonius about the harmony and unity of dance and poetry as achieved in the hyporchema. In fact the description of what is happening on the sympotic stage is extremely short, only a few lines. It soon gives way to Ammonius's technical discussion of the components of dance (discussed above). Whatever took place in real symposia, it seems clear that in the composition of the literary work, Plutarch gives preference to the discourse over the performance; the focus moves quickly away from the dancers to the speaker Ammonius. The dramatic setting almost appears to be an excuse for yet another display of erudition by one of the symposiasts.[36] Nevertheless, the short mention of the dancers gives the theme a different weight and actuality, and the way they are described emphasizes the contrast between a somewhat unprofessional performance and a highly developed theory of dance that consequently seems slightly out of place.

The preference for the discourse over the performance is mirrored by an equally clear-cut preference for the past over the present. For in Ammonius's eyes, the unity of dance and a poetry that deserves this name belongs irrevocably to a distant past. He ends his discourse on a rather pessimistic note by sustaining that 'today, nothing enjoys the benefits of bad taste so much as dancing.'[37] He perceives a wide gap between the ancient art of dance as cultivated by some of the best poets of the past and the modern vulgarization of it that bewitches the masses but has lost the esteem of the cultured few. The view expressed here is rather trite. The nostalgia for the art of the past is a commonplace in the early imperial period – the *Table Talks* themselves illustrate this point sufficiently – and it is indeed a defining feature of the Second Sophistic.[38] Moreover, Ammonius's closing statement recalls older discussions of the impact of the new music that was heavily criticized by Plato, Aristoxenus, and others: the adjectives Ammonius uses to characterize the different types of poetry with which ancient and contemporary dance associated themselves respectively, οὐράνιος and πάνδημος (748d), allude to the myth of the heavenly and the common Aphrodite in Plato's *Symposium* (180d sq.) and, more importantly, Xenophon's *Symposium* (8.9 sq.), where Common Love is illustrated through a ballet dance, which prepares the association of the cult titles with styles of dance (9). The motif of the two Aphrodites seems to underlie the discourse on the arts elsewhere too: a passage from Athenaeus's *Deipnosophistae*, which quotes Aristoxenus, describes modern μουσική as πάνδημος ('vulgar').[39] But although Ammonius's critique, and the very words in which it is cast, are quite conventional and generic, we should not overlook the fact that it is probably directed against a very specific contemporary phenomenon, pantomime. Pantomime, the enactment of myths by a silent solo dancer who is accompanied by musicians and a chorus or solo singer, was immensely popular throughout the Roman Empire; it was pantomime that filled the theatres and entranced the spectators, as many contemporary sources confirm.[40] The aforementioned passage from Athenaeus supports this interpretation: the context in which Aristoxenus is quoted concerns precisely the fact – much lamented by the speaker – that the ancient pyrrhic, originally a dance in armour, was now degenerating towards a pantomimic spectacle (631a–b).[41] So it is safe to say that Ammonius's verdict is not aimed at contemporary dance practices as a whole – indeed, the symposiasts would not renounce the pleasure of having dances performed during the symposion – but at the mass entertainment by star pantomimists. Whether or not an influence of pantomime is present even within the theory of dance presented by Ammonius is difficult to decide:

Teodorsson (1996, ad loc.) assumes that the description of poses as pictorial (747c) is due in particular to pantomimic practice; the implication, however, is that pantomime drew in turn on the visual arts, which it certainly did.

If pantomime is a highly controversial subject during the Second Sophistic, as the works dedicated to it by Aelius Aristides and Lucian illustrate, in the *Table Talks* the condemnation of the pantomimic genre is by no means unanimous. In an earlier chapter (7.8), the question of what types of entertainments should be offered during a symposion is discussed. When *orchesis* is examined, what is at stake is actually a choice among different styles of pantomime. The 'tragic' style of Pylades is banned, while the more 'prosaic,' or 'comic,' form of pantomime in the tradition of Bathyllus is accepted as suitable for the symposion (711e–f). The criterion seems to be the appropriateness for the occasion, rather than an intrinsic difference in artistic value. At any rate, if certain forms of pantomime were thought worthy to be included during symposia, we are far from the devastating judgment Ammonius gives at the end of the work. It is tempting to think not only that this divergence reflects a plurality of opinions, but also that the frame of the symposion makes a spectacle decent, although it is criticized when performed elsewhere.

However, another chapter of the *Table Talks* challenges this view. In 7.5 Plutarch relates an episode about an aulos player and some dancers who were invited to a symposion and made a particularly powerful impact on the guests. The music inebriated the symposiasts worse than wine and induced them to get on their feet and dance as if in a 'fit of madness' (704d–e). Once the music ceased and everybody calmed down again, a discussion ensued about the power of music. First, Callistratus, the host, engages in a defence of the lover of music and spectacles (τὸ φιλήκοον καὶ φιλοθέαμον, 704e). It is probably not by accident that his choice of words recalls Plato's discussion of those 'who love the sight' (φιλοθεάμονας) of truth, as opposed to those who love theatrical spectacles (*Respublica* 5.475e–476b), given Plato's influential role in the debate on aesthetic impact. Plato is quoted explicitly towards the end of the chapter (706d: *Phaedrus* 243d), and some hints to Aristotle in the terminology and the examples (the notion of ἀκρασία, the discussion of animals) help to give the argument a philosophical outlook. Callistratus's main point is that the pleasures of hearing and seeing act on the mind, rather than just on the body; they are therefore rather positive (705a). Against this view Plutarch's brother Lamprias argues that precisely because they assail the very faculty of judgment, music and spectacles are even more dangerous than simple bodily pleasures like food or perfumes (706a). Although the discussion concentrates first on music and bodily performance, it eventually also includes poetry: Lamprias suggests that those who enjoy 'mimes and tunes and lyrics that are bad art and bad taste' should be led back to Euripides, Pindar, and Menander (706d). He thus shows once more that the literature of the past was thought to combine text and performance in ideal ways; only on this assumption can it plausibly be presented as an alternative to modern spectacles. However, he subsequently refers to that literature as 'texts' (γράμματα, 706e), as if to acknowledge, at least implicitly, that only a written record remained, while the performances of the past were forever lost. Nevertheless, in his eyes those texts are still superior to contemporary performances that result in the wild dancing of otherwise mannerly symposiasts. His stance makes it clear that a performance's vehement impact on the audience is by no means a measure of its quality, nor is the frame of the symposion a secure guarantee for decency. While Ammonius praises Pindar's hyporchema precisely for making the audience lose control of their own bodies (as he claims), the same effect is not unanimously welcomed when actually produced by an aulos player and a few dancers. It would be mistaken, though, to assume that male free adults were not supposed to be dancing at all: at the beginning of the chapter examined earlier (9.15), Lamprias is chosen as an arbiter over the dancing slaves, for he danced the pyrrhic very well and had been seen in the palaestra to be good at shadow-boxing.[42]

In sum, Plutarch's *Table Talks* show that in the early Roman Empire the symposion remains a place where dance is both part of the dramatic action and a highly disputed subject of conversation. The combination of enactment and evaluation of dance during a symposion can be observed as early as in Xenophon's *Symposium*. But even a cursory glance at this important precedent immediately highlights an important difference between the two works. While dancing marks the conclusion of both works, in Xenophon the actual performance makes a powerful impact on the symposiasts, who, aroused by the erotic spectacle, hurry home to join their wives in the marital bed chamber.[43] In *Table Talks* 9.15 instead, the performance has no other effect on the spectators than generating Ammonius's discourse on the dance of the past. The latter seems to be more highly valued than the former, whose function is mainly to provide a new subject for the conversation. On the other hand, if the discourse seems to eclipse the performance, it is nevertheless embedded in a dramatic context, the symposion, and hence becomes a performance in its own right. The final chapter of the *Table Talks* thus ties into the ongoing negotiation of discourse and performance typical of the Second Sophistic, in which various forms of entertainment or pastimes are in constant competition. However, the impression that the discourse has taken over the territory formerly occupied by dance must be modified at least insofar as it is wrong to assume that, even on the level of theory, dance follows the leading pattern of language. Instead it has been shown that as early as in Plato's *Cratylus* the 'language' of gesture was understood in its own right and could be used as a model in the process of creating a theory of language, so that the role of language and poetry in Ammonius's theory of dance should not be overestimated.

As for the glorification of the past, it is certainly a typical characteristic of the Second Sophistic. Like the other symposiasts (among which Plutarch stages also himself), Ammonius is concerned with the preservation and remembrance of an ancient literary and performative culture whose place in the world of the early Roman Empire is no longer secure. But as they deplore the distance from the past, the literary form of the symposion creates another sort of link with ancient Greek tradition, since one of the functions of the symposion has always been to offer a space for the remembrance of the past.[44] Therefore, if contemporary dance and poetry do not live up to their ancestors, the setting of the symposion nevertheless grants some continuity with that regretted past, in which Dance was the inseparable companion of heavenly Poetry.

NOTES

I would like to thank the editors of this volume and in particular René Nünlist for many helpful observations on an earlier version of this paper.

1 *The Fame of the Athenians* 346f: Πλὴν ὁ Σιμωνίδης τὴν μὲν ζωγραφίαν ποίησιν σιωπῶσαν προσαγορεύει, τὴν δὲ ποίησιν ζωγραφίαν λαλοῦσαν: 'Simonides, however, calls painting inarticulate poetry and poetry articulate painting' (trans. Babbitt); the context is a discussion of Thucydides' *enargeia*; Plutarch refers to this as τὸ θρυλούμενον in 17f–18a, cf. 58b. All quotations in this article follow the Teubner edition (Hubert 1938) and the translations are adapted from the Loeb edition (Minar, Sandbach and Helmbold 1941).
2 *Table Talks* 748a19–21: καὶ ὅλως ἔφη μεταθετέον τὸ Σιμωνίδειον ἀπὸ τῆς ζωγραφίας ἐπὶ τὴν ὄρχησιν· **(lacuna) σιωπῶσαν, καὶ φθεγγομένην ὄρχησιν [δὲ] πάλιν τὴν ποίησιν. The passage is treated by Svoboda (1934), Lawler (1954), who quotes older literature, van der Stockt (1992), Teodorsson (1996) and, briefly, Catoni (2005). The most detailed treatment to date is Garelli (2007, 329–41). The lacuna has been integrated in various ways; however the required sense does not pose a problem.
3 See for instance Kowalzig (2004, 40 sq.), Herington (1985, 3–40).
4 *Table Talks* 629d. The topics mentioned are treated in book 1 of the *Table Talks*.
5 For the symposion as a 'spectacle unto itself' see Rossi (1983).
6 For an overview on this important issue see Whitmarsh (2005, 23–40).

7 The parody in Lucian's *Professor of Rhetoric* 20 renders the idea. See Gleason (1995, XXII), Korenjak (2000, 21 sq.), Lada-Richards (2007, 141–6).
8 For his critique see e.g. *On listening to Lectures* 41d: αἱ δὲ τῶν πολλῶν διαλέξεις καὶ μελέται σοφιστῶν οὐ μόνον τοῖς ὀνόμασι παραπετάσμασι χρῶνται τῶν διανοημάτων, ἀλλὰ καὶ τὴν φωνὴν ἐμμελείαις τισὶ καὶ μαλακότησι καὶ πεειάσεσιν ἐφηδύνοντες ἐκβακχεύουσι καὶ παραφέρουσι τοὺς ἀκροωμένους, κενὴν ἡδονὴν διδόντες καὶ κενοτέραν δόξαν ἀντιλαμβάνοντες: 'and the discussions and exercises of most popular lecturers not only use words to conceal their thoughts, but they so sweeten their voice by certain harmonious modulations and softenings and rhythmic cadences, as to ravish away and transport their hearers. It is an empty pleasure they give, and an even more empty renown they acquire' (trans. Babbitt); cf. 43f, *How a Man May Become Aware of His Progress in Virtue* 80a, *On Praising Oneself Inoffensively* 543e–f. See Jeuckens (1907, 9–17 and 47–54).
9 For an inclusive notion of the Second Sophistic see e.g. Borg (2004, 2). See also Henderson in this volume.
10 *Table Talks* 9.15, 747b–d: Ἔφη δὲ (ὁ Ἀμμώνιος) τρί᾽ εἶναι, τὴν φορὰν καὶ τὸ σχῆμα καὶ τὴν δεῖξιν. « ἡ γὰρ ὄρχησις ἔκ τε κινήσεων καὶ σχέσεων συνέστηκεν, ὡς τὸ μέλος τῶν φθόγγων καὶ τῶν διαστημάτων· ἐνταῦθα δ᾽ αἱ μοναὶ πέρατα τῶν κινήσεών εἰσιν. φορὰς μὲν οὖν τὰς κινήσεις ὀνομάζουσι, σχήματα δὲ ⟨τὰς⟩ σχέσεις καὶ διαθέσεις, εἰς ἃς φερόμεναι τελευτῶσιν αἱ κινήσεις, ὅταν Ἀπόλλωνος ἢ Πανὸς ἢ τινος Βάκχης σχῆμα διαθέντες ἐπὶ τοῦ σώματος γραφικῶς τοῖς εἴδεσιν ἐπιμένωσι. τὸ δὲ τρίτον, ἡ δεῖξις, οὐ μιμητικόν ἐστιν, ἀλλὰ δηλωτικὸν ἀληθῶς τῶν ὑποκειμένων· ὡς γὰρ οἱ ποιηταὶ τοῖς κυρίοις ὀνόμασι δεικτικῶς χρῶνται, τὸν Ἀχιλλέα καὶ τὸν Ὀδυσσέα καὶ τὴν γῆν καὶ τὸν οὐρανὸν ὀνομάζοντες ὡς ὑπὸ τῶν πολλῶν λέγονται, πρὸς δὲ τὰς ἐμφάσεις καὶ τὰς μιμήσεις ὀνοματοποιίαις χρῶνται καὶ μεταφοραῖς ... πολλὰς δὲ καὶ συνθέσεις τῶν ὀνομάτων κατὰ μέλη μιμητικῶς σχηματίζουσιν κτλ.
11 Koller (1954, 171) suspects an influence of peripatetic music theories. The distinction of *phthongos* and *diastema*, which is mentioned by way of a comparison, goes in fact back to Aristoxenus (Svoboda 1934, 946).
12 In Greek, μεταφορά denotes a larger class of stylistic devices than just metaphor.
13 'By pointing they indicate *straightforwardly* the objects themselves.' For *deixis* as pointing see Garelli (2007, 337–40).
14 Van der Stockt (1992, 38) attributes the former view to Plutarch on the basis of other passages; similarly Tagliasacchi (1961, 84) (for Aristotle's position see *Poetics* 1447a13–23). For Plato's conceptualization of *mimesis* as 'twice removed from truth' see *Respublica* 10.607c–608b (although this famous passage cannot be taken as Plato's 'last word' on the matter: see Halliwell 2002, 38 sq.). An older theory that locates the basic meaning of *mimesis* in bodily impersonation has proved unsatisfactory (see Halliwell 1998, 110 sq.).

15 'Figurative' is a possible alternative, but when referred to language, it is mostly understood as 'metaphorical,' while 'pictorial' includes onomatopoeia etc.
16 Aristotle (*Rhetorica* 3.10 1411a26–8) writes that metaphor puts something πρὸ ὀμμάτων. See van der Stockt (1992, 38).
17 Metaphor is a stylistic notion in ancient theory (as opposed to modern theories that concentrate on the cognitive content of metaphor). See Innes (2003, 8). For the 'rhetoric' of the visual arts see Koch (2005).
18 Only *schema* is explicitely defined as pictorial and, later, *mimetikon* (747e). However, *schema* and *phora* are not distinguished from each other by reference, so it is reasonable to assume that they are both 'mimetic.'
19 Wilamowitz (1922, 503): 'was sie bei der deixis tun, wird nicht ganz klar.' However, the *function* of *deixis* – pointing – does not pose a problem.
20 747e: τὸ μὲν σχῆμα μιμητικόν ἐστι μορφῆς καὶ ἰδέας, καὶ πάλιν ἡ φορὰ πάθους τινὸς ἐμφαντικὸν ἢ πράξεως ἢ δυνάμεως· ταῖς δὲ δείξεσι κυρίως αὐτὰ δηλοῦσι τὰ πράγματα, τὴν γῆν, τὸν οὐρανόν, αὐτοὺς τοὺς πλησίον: 'the pose is a pictorial representation of shape and outward appearance. The phrase again is expressive of some emotion or action or potentiality. By pointing they literally indicate objects: the earth, the sky, themselves, or bystanders.'
21 ἐμφαντικόν can be considered a subspecies of μιμητικόν, just like imitation.
22 Aristotle *Poetics* 1447a 27 sq.: (οἱ ὀρχησταὶ) διὰ τῶν σχηματιζομένων ῥυθμῶν μιμοῦνται καὶ ἤθη καὶ πάθη καὶ πράξεις. See also Plato *Laws* 814d–e, Xenophon *Symposium* 2.16.
23 In music, one could think of instances like the battle signals of the trumpet, which are not mimetic but have a clear meaning that prompts an immediate response by the soldier. Although the battle signal has a different kind of referent than the examples of 'ordinary words' that follow, namely an action, it can probably count as an example of 'straightforward indication' (but at the same time it is not regarded as music or art anymore). The battle signal recurs frequently in ancient discussions of aesthetic impact. The Stoics use it to describe the emotional reaction to the aesthetic impact, e.g., of the theatre, as 'first feelings' (*propatheiai*), as opposed to proper emotions (see Sorabji 2000, 66 sq.). In the visual domain, one could think of ideograms – i.e., visual signs that are based solely on convention, not resemblance – but again they would not count as artistic expression.
24 These are not grammatical, but rhetorical categories, since the same word can be *kyrion* or a *glotta*. On μεταφορά see above note 12.
25 11.3.89: *Ergo ut ad se manum referre cum de se ipso loquatur et in eum quem demonstret intendere et aliqua his similia permiserim, ita non effingere status quosdam et quidquid dicet ostendere*: 'I would readily let him move his hand towards himself when he speaks about himself, or towards a person whom he wishes to point out, and a few things like that; but I do not approve of his mim-

ing attitudes and making a visual display of whatever he says' (trans. Russell). For pointers see Graf (1993, 39).

26 11.3.88 sq.: *alii (sc. gestus) sunt qui res imitatione significant, ut si aegrum temptantis uenas medici similitudine aut citharoedum formatis ad modum percutientis neruos manibus ostendas, quod est genus quam longissime in actione fugiendum. Abesse enim plurimum a saltatore debet orator, ut sit gestus ad sensus magis quam ad uerba accommodatus, quod etiam histrionibus paulo grauioribus facere moris fuit. Ergo ut ad se manum* etc.: 'There are other gestures however which express *things* by mimicry. For example, you can suggest a sick man by imitating a doctor feeling the pulse, or a lyre-player by shaping your hands as if you were striking the strings. You should refrain altogether from such things in pleading. An orator has to be very different from a dancer; he must adapt his gesture to his sense more than to his words – which indeed was the practice of the more serious actors too. I would readily let him move etc.' (trans. Russell); see Graf (1993, 43). Pictorial gesture is probably what Cicero means with *demonstratio* in *De Oratore* 3.220: *non hic* [sc. *gestus*] *uerba exprimens scaenicus, sed uniuersam rem et sententiam non demonstratione sed significatione declarans*: 'not this stagy gesture reproducing the words but one conveying the general situation and idea not by mimicry but by hints' (trans. Rackham). Maier-Eichhorn (1989, 56 sq.) argues on the basis of scholia that pointing to oneself was especially frequent in comedy.

27 At most, Ammonius suggests, *deixis* can be used in inappropriate ways, like ordinary words in literal usage too, as he shows with a few examples (748a).

28 423a1–3: Εἰ μέν γ' οἶμαι τὸ ἄνω καὶ τὸ κοῦφον ἐβουλόμεθα δηλοῦν, ἤρομεν ἂν πρὸς τὸν οὐρανὸν τὴν χεῖρα, μιμούμενοι αὐτὴν τὴν φύσιν τοῦ πράγματος (πρᾶγμα refers to 'what is above and light'). The close association of δηλοῦν and μιμεῖσθαι presupposes here in fact the assumption that the object of *mimesis* is a thing's essence or being, rather than its outward appearance. The *mimesis* of *Cratylus* is a notoriously problematic concept (see Barney 2001, 81 and 90).

29 423a4–6: καὶ εἰ ἵππον θέοντα ἤ τι ἄλλο τῶν ζῴων ἐβουλόμεθα δηλοῦν, οἶσθα ὅτι ὡς ὁμοιότατ' ἂν τὰ ἡμέτερα αὐτῶν σώματα καὶ σχήματα ἐποιοῦμεν ἐκείνοις.

30 The point is made explicitly only for pictorial language, as well as for music and the visual arts; see Halliwell (2002, 44 sq.).

31 Little seems to be known about the reception of *Cratylus* in rhetoric and literary theory (as opposed to philosophy), apart from the general idea of language as mimetic (e.g., in Dionysus Halicarnassus). For the philosophical reception see Van Den Berg (2008).

32 On this point see Schlapbach (2008).

33 748b–c (with Wilamowitz's emendations): μόνον οὐκ εἴωθεν τὴν ἐν ὀρχήσει

διάθεσιν παρακαλεῖν καὶ τὼ χεῖρε καὶ τὼ πόδε, μᾶλλον δ' ὅλον ὥσπερ τισὶ μηρίνθοις ἕλκειν τὸ σῶμα τοῖς μέλεσι καὶ ἐντείνειν, τούτων λεγομένων καὶ ᾀδομένων ἡσυχίαν ἄγειν μὴ δυνάμενον: 'He almost used to dictate representation in dancing, summoning our hands and feet, or rather twitching and bracing our whole body to the tunes, as if on strings, so that when these words are spoken or sung it cannot keep still'; see van der Stockt (1992, 38). It is impossible to render the double sense, crucial to the argument, of *diathesis*, which may refer both to the bodily disposition (of the performer or the listener) and to the disposition or organization of a work of art (here, the dance). On the hyporchema see Dale (1969), Mullen (1982, 13 sq.).

34 748a–b: καὶ μάλιστα [μιμούμεναι] περὶ ⟨τὸ⟩ τῶν ὑπορχημάτων γένος ἓν ἔργον ἀμφότεραι τὴν διὰ τῶν σχημάτων καὶ τῶν ὀνομάτων μίμησιν ἀποτελοῦσι. δόξειε δ'ἂν ὥσπερ ἐν γραφικῇ τὰ μὲν ποιήματα ταῖς γραμμαῖς, ὑφ' ὧν ὁρίζεται τὰ εἴδη **: 'Particularly is this so in that type of composition called hyporchema, in which the two arts taken together effect a single work, a representation by means of poses and words. In comparison with painting the lines of verse are like the lines that bound the shapes <while the movements and poses are like the colours and shapes>'; the integration of the lacuna is Sandbach's. Svoboda (1934, 946) suggests the reverse ('alors le poème ressemble aux couleurs d'un tableau et la danse aux lignes qui circonscrivent la forme'), but it is more plausible that the poem provides the 'outlines' of the subject matter and the dance an individual interpretation, or 'colouring,' of it, as suggested by Wilamowitz (1922, 503). For the visual matrix of σχῆμα see Koch (2000).

35 747a: Ἐκ τούτου πυραμοῦντες ἐπήγοντο τοῖς παισὶ νικητήριον ὀρχήσεως: 'After this cakes were brought in, to be the prize for dancing by the slaves.' For dancing during the symposion see Teodorsson (1996, 67 sq.).

36 Thus Lukinovich (1990, 265) on Athenaeus; she assumes that Plutarch's *Table Talks* are organized in a similar way (264). See also Mainguy in this volume.

37 748c: ἀλλ' οὐδὲν οὕτως τὸ νῦν ἀπολέλαυκε τῆς κακομουσίας ὡς ἡ ὄρχησις.

38 See *Table Talks* 7.5, 706d: ὁσάκις ἂν εἰς τὰς Σειρῆνας ἐμπέσωμεν, ἐπικαλεῖσθαι δεῖ τὰς Μούσας καὶ καταφεύγειν εἰς τὸν Ἑλικῶνα τὸν τῶν παλαιῶν: 'whenever we fall among the Sirens, we must call upon the Muses and take refuge in the Helicon of olden times.' For the attitude to the past in the Second Sophistic see the seminal article by Bowie (1970).

39 Athenaeus 14.632b = Aristoxenus fr. 124 Wehrli: ἐπειδὴ καὶ τὰ θέατρα ἐκβεβαρβάρωται καὶ εἰς μεγάλην διαφθορὰν προελήλυθεν ἡ πάνδημος αὕτη μουσική, καθ' αὑτοὺς γενόμενοι ὀλίγοι ἀναμιμνησκόμεθα οἵα ἦν ἡ μουσική: 'now that our theatres have become utterly barbarized and this prostituted music has moved on into a state of grave corruption, we will get together by ourselves, few though we be, and recall what the art of music used to be' (trans.

Gulick). On the role of Xenophon for the two Aphrodites in relation to *mousikè* see Schlapbach (2009, 740–8).

40 The slightly later works by Aelius Aristides, *Against the Pantomime-dancers* (extracts in Libanius, *Oratio* 64), and Lucian, *On Dance*, may illustrate the ancient perception of this genre. For an introduction to ancient pantomime see Lada-Richards (2007), Hall and Wyles (2008), Garelli (2007).

41 A similar critique is implied already in Aristophanes *Clouds* 987–9.

42 747a–b. The expression for shadow-boxing, χειρονομῶν, happens to be used also for pantomime-dancing (e.g., Lucian *On Dance* 78, Plotinus 5.9.11). For dance as an acceptable activity for free males in classical Athens see for instance Aristophanes *Frogs* 727–30; Plato *Laws* 2.654a–655b.

43 Martin's view (1931, 173–8) that the whole composition of the *Table Talks* follows closely the model of Xenophon's *Symposion* is probably exaggerated. For the philosophical implications of dance in Xenophon, see the interesting discussion by Wohl (2004).

44 See Rösler (1990).

Galen on ἔκδοσις
Sean A. Gurd

One of the more intractable tasks of literary and cultural analysis is to sort out the relationship between the meanings of ancient texts and the material conditions which facilitated their composition and dissemination. Most (if not all) of the interpretive paradigms being used by scholars today assume that the object of interpretation is a singular and self-identical utterance.[1] But in the study of ancient textuality, this assumption is more often than not a reflex of the modern practice of working from critical editions that present an ideal (or idealizing) text produced on the basis of a broad and synoptic assessment of the messy *realia* of textual transmission. Ancient readers did not have this luxury, especially when they were faced with works that were contemporary or at least recent enough not to have received a critical recension; and ancient authors could not assume that their writings would circulate in a form that reflected exactly their desires – that is when ancient authors did not change their desires and complicate a text's dissemination by altering their archetype or producing a 'second edition.'[2] One expedient that was developed to deal with this fluid and potentially disorienting textual scene was a distinction between writing 'for publication' (πρὸς ἔκδοσιν) and 'not for publication' (οὐ πρὸς ἔκδοσιν). The standard account of this distinction is provided by Tiziano Dorandi:

An author read his sources, took notes, prepared ordered collections of them. Then he began (at last) to redact his text; most often he dictated his thoughts, or, less frequently, he wrote by hand. He worked out a draft, the first version of his work, which could take several forms: outlines or attempts (παρασκευή, ὑποτύπωσις), notes or aide-mémoire (ὑπόμνημα). We should note here that these first attempts, these notes, could represent in the eyes of their author a version of the work that is already finished, but reserved for a limited distribution to one or several friends or students who asked for it, and not for real dissemination (οὐ πρὸς ἔκδοσιν σύγγραμμα). Most frequently, an author did want his books to be disseminated, that is that they should circulate and become accessible to a broader public. For this purpose, he took his drafts and his first versions in hand to polish the whole, order it, correct it, produce a fair copy; once revised and reworked, these works became a σύγγραμμα destined for dissemination, (κοινὴ) ἔκδοσις. (2000, 77–8)

Today, the concept of ἔκδοσις is liable to great misprision, for the simple reason that the mechanico-institutional context for disseminating and publishing literary works has changed drastically. Ἔκδοσις in the ancient world meant nothing more than 'giving out' (ἐκδιδόναι) a text, usually to its dedicatee, on the understanding that it would be copied freely thereafter.[3] Today, by contrast, a work is published not only because it has been relinquished by an author, but also because it has been *accepted* by a publisher, who gives the work an institutional signature. Publication is also marked by a significant change in medium; the published work is typeset rather than word-processed or handwritten, bound in a generally recognized format, and disseminated via a distribution system that few authors understand, let alone are able to reproduce themselves. By contrast, ancient literary works, once published, could vary widely in their physical presentation, from deluxe book rolls to rough-and-ready personal copies; and their post-publication dissemination was essentially the same as the act which constituted publication: owners allowed their copy to be reproduced.[4] For an author ἔκδοσις was little more than a gesture, and as a gesture it was liable to interpretation. If today the materiality of a book immediately tells me if it was published or not, in the ancient context the determination πρὸς ἔκδοσιν was far more complicated, and authors could and did subject it to manipulation as part of a strategy of self-fashioning.[5]

The way an ancient author conceived of ἔκδοσις was an expression of his or her views on the nature of writing, its relationship to intellectual and cultural realities, and the role of the reader. I will focus here on Galen's view, which is particularly important because his statements on the difference between writing for publication and not writing for publication have been definitive for historians of the ancient book.[6] The Greek terms commonly used today in distinguishing between a draft (ὑπόμνημα, ὑποτύπωσις, περιγραφή, παρασκευή) which is not for publication (οὐ πρὸς ἔκδοσιν) and a final version (σύγγραμμα) which *is* for publication (πρὸς ἔκδοσιν) represent a distillation of Galen's habitual usage in describing his own and others' writings. I aim to situate Galen's use of the difference between a 'published' work and one that is 'not for publication' within the context of his specific project of self-characterization. In this regard, I identify two primary functions of the distinction. First, Galen uses it as an ideological control intended to reterritorialize at a semantic level the rampant deterritorialization of textuality at the material level, in order to produce a hierarchy of readers at once pedagogical, textual, and social, differentiating them on the basis of their state of knowledge, their ability to access 'good' texts corrected by the author, and their social proximity to Galen and his circle of friends. Second, the details of Galen's distinction between πρὸς ἔκδοσιν and οὐ πρὸς ἔκδοσιν bring him close to the culture of performance characteristic of the Second Sophistic.[7] In the early part of his career, Galen's orientation to improvised public display had a distinctly sophistic character (von Staden 1997, passim), and though he withdrew from this context at the time of his first departure from Rome in 167,[8] many of its features remained essential to his self-characterization later on. Perhaps counter-intuitively, Galen's distinction between πρὸς ἔκδοσιν and οὐ πρὸς ἔκδοσιν allows him to imply that he has never needed to revise any of his writings in a substantial way and to suggest his total mastery of his subject. Though he writes, he seeks to imply that he need not *rewrite* – a stance that brings him closer to Second Sophistic figures, like Herocles of Athens, who emphasized improvisational ability as a reflex of perfected *paideia*, than to writers like Pliny the Younger or Horace, who cultivated the image of being intense and careful revisers.[9]

Galen's references to publication cluster around two focal points: the first is the text of Hippocrates, especially the *Epidemics*, on which he began to write commentaries around 169 p.C.[10] The opacity of several of these texts led Galen to suppose that they were Hippocrates' personal notes, not composed for publication. The second focal point was his attempt late in life to provide an authoritative account of his own literary output. This he did primarily in *On His Own Books*. My treatment in the following pages will begin with Galen's discussion of Hippocrates before turning to his own self-presentation. In the final section, I compare Galen's views on revision and publication with those of other ancient authors, concluding by observing the affinities his discussion of ἔκδοσις reveals between him and the performative culture of the Second Sophistic.

Hippocrates' 'Unfinished' Works

Galen, probably following earlier scholarship, recognized books 1 and 3 of Hippocrates' *Epidemics* as πρὸς ἔκδοσιν; 2 and 6, by contrast, were written οὐ πρὸς ἔκδοσιν as notes for his own use.[11] Galen specifies that they were redacted (συντιθεμένοι) after Hippocrates' death by his son Thessalos (17a.922K; cf. 17a.796K). The fact that Hippocrates wrote them only for his own use (ἑαυτῷ παρεσκευάσατο) means that much in them is unclear; part of Galen's task as a commentator is to re-express the more condensed parts of the text more precisely (ἀκριβῶς), fully (τελέως), and clearly (σαφῶς). I give two examples.

(1) *Epidemics* 6.3.1 says, rather cryptically, 'Watch for the sign of purification at the same time of the day.'[12] This comes right after a longer section in which Hippocrates seems to be discussing bowel disorders and the means of effecting a purification. Galen comments:

> It is not unclear that this sentence goes with what was written before, where he was teaching how one should effect the purification. And so that we can know if we have got the right amount for it, he now writes the sign. But the text is unclear to us because, as I have already said several times, this book was not written for publication but as an outline sketch and draft for himself. If he were writing for publication he would have said everything he needed to say, specifically what time of day we should watch for the sign of the purification.[13]

The Hippocratic expression is unclear because it is only a draft or a sketch, intended for its author alone. As is not untypical, Galen proceeds to tell us what Hippocrates *would* have written if he had prepared the text for publication: he would have told us *when exactly* we should look for the sign of the purification.

(2) *Epidemics* 6.3.25 says: 'because in a warmer place, more solid, on the right-hand side and dark because of this and the veins are rather on the outside [and with more bile].'[14] It is not at all clear from this what is being spoken about. Galen:

> It is not surprising that the whole explanation is lacking; for this book was not written for publication, but contains sketches and outlines, as we are ourself accustomed to make. If it were a text for publication, beginning this way (as he wrote in the *Aphorisms*) he would have added the rest, making the whole text read as follows: 'Male foetuses are usually found to be constituted on the right side of the mother, while female foetuses are normally found in the other sinus [*scil.* of the womb], the left one. For it is probable that the warmer [sex] should be constituted on the warmer side of the mother. And the male is the warmer, as can be gathered from the magnitude of the veins and the skin. For men are darker than women.' If Hippocrates had written a text for publication [σύγγραμμα] he would have expressed himself thus, as he did in the *On Fractures and Joints* and in the *Prognosticon* and in other such.[15]

Here as in the example above what distinguishes the outline note found in *Epidemics* 6 from Galen's hypothetical publishable version is the level of specification: in publication, Hippocrates would have provided all the relevant information.[16]

It is clear, then, that for Galen something written for publication should provide a full and exact account. This is perfectly in keeping with his theory of language. In the brief essay *On Ambiguity* (*De Captationibus*), Galen argues that unclarity is the only vice of language.[17] The proof runs as follows. To know the vice of language one must know its virtue; and to know the virtue of language, one must know its function. The function of language is to communicate, so the virtue of language is to communicate well. Therefore the vice of language is *not* to communicate well, or to communicate badly, that is to be unclear or ambiguous.[18] Correct linguistic exposition should describe what is the case clearly and precisely: what does not do this, or so our first conclusion suggests, is not yet ready for publication.

But there is a second, no less crucial ingredient in Galen's division between 'for publication' and 'not for publication': the nature of a text's intended readership. In my first example above, Galen says that the text is only unclear *for us* (ὡς πρὸς ἡμᾶς), but would have been sufficient for Hippocrates, who was writing πρὸς ἑαυτόν, for himself.[19] Here the apparent unclarity of the text is explained as a function of the relationship between the precision of the expression and the precision of the reader's knowledge. For Hippocrates these expressions are clear enough because he knows what he is talking about; the fuller account is implicit in his medical knowledge. The second example above shows that this coordination of what Hippocrates knows and what he writes is central to Galen's method as a commentator: faced with a passage that is elliptical to the point of unclarity, Galen is able to expand it because he recognizes in it things Hippocrates had written elsewhere. He is thus, in effect, expounding the thoughts of Hippocrates via his writings.[20]

In the proem to his commentary on the *On Fractures* he offers as an explanation of his theory of interpretation a summary of his (lost) περὶ ἐξηγήσεως. Some expressions, he says, are unclear in themselves (there exists τὸ ἀσαφὲς ... δι' ἑαυτό), while others are unclear not because of how they are written but because of differences in readers' education and talent.[21] The same statements will seem unclear to those who know nothing about anatomy but very clear and precise to those who are expert in the subject. As a result, says Galen, it strikes him as the best strategy to explain everything as fully as possible (18b.320K). 'For,' he continues, 'when I read a book with someone who is present, I am able to pitch the level of my explanation exactly (ἀκριβῶς), keeping an eye on the capability of the student. But when I write for everyone, I do not aim for the most prepared reader, or for the least ... I consider it best to aim for one with middling capabilities.'[22] A fully trained reader, we are led to understand, will not need any commentary, while an altogether untrained one will understand nothing in any case. That he 'writes for all' indicates that he is describing a text intended πρὸς ἔκδοσιν.[23] Here we find, then, a valuable link between the status of Hippocrates' texts and that of Galen's exegeses: in both cases unclarity arises because a reader does not have the knowledge necessary to understand. To compensate, a text written πρὸς ἔκδοσιν should attempt to provide an explanation useful to a 'normal,' that is, not expert but not ignorant, reader.

Galen on His Own Books

On Galen's account, Hippocrates' not-for-publication works were redacted posthumously, as we have seen. The situation of Galen's own texts is different. According to Galen many of his works were dictated for friends and students who kept them until they died,[24] at which point they began to disseminate, while others were written solely for himself (ἰδίᾳ, πρὸς ἐμαυτῷ) and circulated thanks to a variety of factors, not all of which he claims to know (*On His Own Books* 2.4, 9.1–6). In many cases he did not keep a copy (*On His Own Books* 1.1); he did keep copies of those he considered more finished (τελέως ἐξεργάσθαι, *On His Own Books* 1.6), but these were lost in the fire of 192.[25] When circulating works returned to him, it was often with requests that he correct them (*On His Own Books* prol. 8.1.1). These corrections were text-critical: Galen explains that many of his works were altered and interpolated,[26] and we are led to presume that his διόρθωσις involved removing what was not his and re-inserting what had fallen out of the tradition. As Galen did not have copies of many of these works, the 'correction' was not based on collation with an authorial archetype; rather, it was a free re-inscription. We will see, however, that Galen's self-characterization implies that even in the absence of an archetype his corrections represented no substantial change to the texts.[27] Besides the addition of titles, prefaces, and possibly an occasional cross-reference, Galen sought to minimize if not eliminate the impression that he needed to alter their medical or philosophical content at all.

Though he once implies a difference in subject matter,[28] in *On His Own Books* the main divergence between works written for publication and works not written for publication lies in the nature of their intended audiences. In most cases, Galen's οὐ πρὸς ἔκδοσιν texts were written or dictated for the individual use and instruction of specific students.[29] Οὐ πρὸς ἔκδοσιν here *does* mean 'not for general release,' but it does *not* mean 'for the desk drawer' or 'never meant to see the light of day:' at stake is the size and nature of his intended readership, not its general existence. Others who had written for students at similar levels call their works ὑποτυπώσεις (outlines) and εἰσαγωγαί (introductions); originally, Galen had not done so because the texts were simply given to those who requested them, and in such a restricted form of release there was no need to specify the genre of the text. Indeed, Galen says that the originals did not even bear titles. But when they returned to Galen for correction, and it became clear that some clarification about his works and their uses was necessary, Galen specified their intended readerships by including 'for beginners' (τοῖς εἰσαγομένοις) in the title.[30] Since they were written 'not for publication but according to the character and the use of those who asked for them,' such works have varying sizes and levels of detail: some are drawn out and others condensed, while the exposition sometimes seems defective (ἐλλιπῆ).[31] 'It is clear,' he writes, 'that these writings have neither a perfected teaching nor a fully precise one, because those who asked for them neither wanted to nor could learn everything [there is to know on a subject] before they had reached a certain level of training.'[32] He provides an example of what he means a little further on, where he discusses an early work on the pulse, written as a ὑπόμνημα for a student (Tleuthras). To the criticism that it contains no discussion of the signs of fever in the pulse, Galen responds by claiming that a beginner cannot perceive any such signs,[33] and refers readers to a larger work written πρὸς ἔκδοσιν which discusses both the perception of systole and the signs of fever (*On His Own Books* 8.2–5). Here the difference between πρὸς ἔκδοσιν and οὐ πρὸς ἔκδοσιν is configured not merely as a difference in the level of detail, but as a difference in detail *determined by* the needs of a specific reader. This confirms Galen's explanation of the function of written commentary in the proem to the *On Fractures* (see above), where he noted that the expansiveness of his explanations is directly linked to the abilities of his addressees, and that πρὸς ἔκδοσιν writing, being in a sense for anyone, needs to be more comprehensive than what is written for some specific student.

That Galen provides this kind of detail on the difference between publication and not-for-publication writing has a number of important results. The first among these is the fact that by calling a work 'not for publication,' Galen effectively renders its free dissemination possible. This takes place via the same linkage between textual status and readerly ability we have been tracing. The insight that different people need to be communicated to in different ways is Platonic: in the *Phaedrus* Socrates airs the theory that any truly successful rhetor would have to know the different kinds of souls and the best way to speak to each (271d–272b). Galen cites this argument in his comparison of the opinions of Hippocrates and Plato,[34] and what he says Plato is talking about is τῆς διαιρετικῆς τε καὶ συνθετικῆς μεθόδος, 'the method of dialectics [i.e., division] and synthesis.' It is intriguing that his example of dialectical division and synthesis in Plato has to do with the specification of different kinds of readers, and it suggests that Galen's concern to identify the readers of his texts is a further permutation of the same methodological attitude that leads him to value precision of exposition as a characteristic of 'for publication' works: just as one sets out medical doctrine as fully and precisely as possible, so should one be totally cognizant of the nature of the person for whom one is writing. The equation between specifying readers and practising dialectics suggests that the act of identifying some works as 'for beginners' amounts to the same thing as writing them up more precisely: to say that a text is imprecise but appropriate for such and such a type of reader effectively makes a text that is 'not for publication' *ready for publication* by being dialectically precise not about its *material*, but about its addressee.

We could reconstruct the progress of Galen's writing, then, as follows: he gave ὑπομνήματα to individual students early in his career. These began to disseminate and to be interpolated. Later, Galen attempted to respond to this situation by removing interpolations, adding titles and prefaces, and writing the *On His Own Books*. What he could not do was get every copy back or guarantee that the new versions would supersede the old. What he could do was authorize circulation after the fact by being more precise about who should read what, using the distinction πρὸς ἔκδοσιν/οὐ πρὸς ἔκδοσιν to facilitate this. At the same time, this distinction allowed him to reinstate the division between public and private that the dissemination of his work had dissolved. Consider that his works were going to circulate beyond his control, and that they were going to be interpolated. *On His Own Books* could not truly stop this. But if you have read it, and you have a copy of some other Galenic work that came from a bookseller or friend with no clear connection to the author, then you will learn from it that yours might be an interpolated copy. You are thus reminded that you are not in the immediate circle of Galen. You may read whatever you can get your hands on – it is all in the public sphere – but you must always remember who you are, and, more importantly, who you are not. As Galen deployed it, the distinction between πρὸς ἔκδοσιν and οὐ πρὸς ἔκδοσιν was a useful tool for controlling, if only in imaginary terms, a materially uncontrollable situation, a surprisingly canny solution to an intractable problem – that is, the continued dissemination of works beyond Galen's control.

On Not Revising: Galen and the Second Sophistic

Galen never admits to needing to rewrite: in dealing with the 'not-for-publication' works he only corrects errors and adds titles or prefaces. Twice Galen does indicate that he has rewritten a work, but neither case is an example of true revision. In the first, Galen simply tells us that the first two books of *On Composite Medicines, By Type* (which was a published, ἐκδοθείς, work, 13.362K) were destroyed in the fire of 192 and he has rewritten them at the behest of his friends (*On Composite Medicines, By Type* 1.362–3K).[35] In the second, we learn that he wrote the *On Anatomical Procedures* for Flavius Boethus before the latter went to Syria Palestine as governor.[36] Boethus never returned to Rome, and Galen says he was unable to recover those books, so he now must write them anew. Galen adds that this new version will be better than the earlier one and will contain more of his own discoveries: it will also be both clearer and more precise (2.216K). This has Galen offering, in the place of a work that was οὐ πρὸς ἔκδοσιν (Galen says the books were ὑπομνήματα, 2.216K), one that *is*. In this second case, the difference between the earlier version and the later one is determined by a difference in address – from a not-for-publication sketch to a text conceived for general circulation, and therefore written more fully and with more detail (and with some new discoveries added). *On Composite Medicines, By Type*, on the other hand, admits to no rewriting in the production of the second version.

These are the only concrete examples. Occasionally a revision can be inferred from a chronologically dissonant cross-reference: for example, the commentary on Hippocrates' *Aphorisms* (17b.647K) seems to refer to *On the Order of His Books*, a work written late in Galen's life,[37] just before *On His Own Books*. But *On His Own Books* says the commentary on the *Aphorisms* was written around 165–7. This could mean that Galen added the cross-reference late in life and may be said to have 'revised' the text. Such a revision need have been no more than a marginal, super- or supra-columnar addition added into Galen's own copy. But it is surprising to find, in a work written for private use (ἰδίᾳ, according to *On His Own Books* 9.1–5), reference to a reader βουλόμενος (*scil.* καταμαθεῖν): this suggests a revision made in the light of a wider projected readership than originally intended. But this is not a *substantial* change to the medical or philosophical content, only an alteration to its public framing.

In fact, Galen tends to insist on his invariance on matters of doctrine. *On His Own Books* more than once protests total agreement between his written and his improvised displays: Galen does not revise his arguments *even* when he is making a written record of an improvised speech, or when he is improvising a demonstration of written texts. So during his first stay at Rome he delivered an improvised discourse and then redelivered it before a stenographer (*On His Own Books* 1.12). On the other hand, when he returned to Rome on his second visit, he found himself under attack for the *On the Usefulness of Parts*, and under pressure from his friends he consented reluctantly to give public improvised lectures on topics proposed by the audience (a practice distinguishable from Second-Sophistic rhetorical displays only in subject matter), showing over the course of 'many days' (3.15) that the claims of his written works were correct. The two stories show him redacting a previously improvised text and improvising confirmation of previously written works, and as indications of Galen's writing practice, or at least of what Galen would like his writing practice to seem, they are eloquent indeed: there is stability across re-performances because Galen speaks from a position of profound and unshakeable knowledge of the truth (or so he wants us to believe).[38]

This is because his practice is grounded in a rigorous philosophical logic based more or less on the Aristotelian *Organon*.[39] *On the Order of His Books* insists that the best *propaideusis* for those wishing to learn about medicine is the study of logical demonstration; having this, the student will be able to judge any philosopher or doctor. Failing it, even the most celebrated practitioners find themselves on shifting and unstable cognitive terrain. So, in the attack on 'Methodist' medicine that opens *On the Therapeutic Method*,[40] he suggests that want of a proper logical grounding has produced within this 'school' a corpus of writing that is riddled with inconsistency. As proof of their incompetence Galen cites his older contemporary Julianos, who is not only unable to offer a convincing definition of disease, but was also forced to endlessly rewrite his work (10.53K). Rewriters confess their lack of knowledge by the very fact that they revise. This is a striking implication. Many ancient authors relied on the distinction between πρὸς ἔκδοσιν and οὐ πρὸς ἔκδοσιν to indicate that they *did* revise their works extensively and to suggest that this was a *good* thing. For Horace long and careful revision was crucial: only thus could one avoid the humiliation of being mocked for a work that was not finished.[41] Pliny the Younger, similarly, recited texts to select groups of his friends in order to take their advice on style and content before publication: he envisaged the final and 'publishable' form to be a better and substantially different version.[42] Common to both Horace and Pliny is the sense that publication represented a moment of potential embarrassment, that revision for publication meant removing any incriminating slips in language or style, and that the ultimate authorial release should supersede any earlier 'unofficial' versions.

The Hellenistic mathematician Apollonius of Perge informs us that revision was typical not only of poets and orators but of scientific authors as well.[43] In the epistolary preface to the first book of the *Conics* Apollonius says that he is sending Eudemus a version that has been 'corrected' (διορθωσάμενος), and that he will send more when he can (1.7–9).[44] There follows an explanation of why this was necessary. Apollonius began working on the topic of conics at the behest of Naucratos, who had been staying with him at Alexandria: because Naucratos was on the point of leaving (διὰ τὸ πρὸς ἔκπλῳ αὐτὸν εἶναι, 15), Apollonius gave him a text in eight books that was prepared in a 'rather hurried manner' (εἰς τὸ σπουδαιότερον, 14–15). When time allows it, however, he has undertaken to correct this text and to release each book (ἐκδιδόναι) as it becomes finished. The preface to Hypsicles' commentary on Apollonius's lost work on the *Comparison of the Dodecahedron and the Icosahedron* ('Euclid,' *Elements* 14) suggests that Apollonius's revisions may have been more than stylistic.[45] Hypsicles reports that when Basilides of Tyre was visiting his father the two of them found that Apollonius's *Comparison* was not 'correctly written' (ἔδοξαν ταῦτα μὴ ὀρθῶς γεγραφηκέναι τὸν Ἀπολλωνίου, 1.7–8) and undertook to rewrite it more correctly (αὐτοὶ δὲ ταῦτα καθάραντες ἔγραψαν, 1.8–9). But, says Hypsicles, he later found another book by Apollonius on the same subject which had been written with great labour (καὶ γὰρ περιφέρεται δοκοῦν ὕστερον γεγράφθαι φιλοπόνως, 1.14–15). It is likely that the earlier version contained an argument or proofs which were mathematically unsatisfying, and at risk of venturing an opinion on lost and difficult geometrical texts, I believe we can speculate that in both the case of the *Comparison of the Dodecohedron and the Icosahedron* and of the *Conics*, the difference between versions lay in the quality of mathematical proof. Apollonius, in other words, revised his works *substantially* – that is, he kept the plan but altered the detail. Galen altered neither detail nor plan, but only specified who should read what.

But if Galen's use of the difference between publication and not-for-publication writing seems out of harmony with authors who imply or insist on intense revision, there are some striking similarities between what he says and the picture of the Second Sophistic provided by Philostratus. Though Galen's engagement was clearly not with rhetoric, he shared with many of the members of the Second Sophistic – one thinks in particular of Favorinus and of Dio of Prusa – an intense interest in philosophy, and the picture of his early career that emerges from *On His Own Books* is in some ways remarkably like that of the spectacular demonstrations of rhetorical virtuosity which were at the centre of Philostratus' interests. During his first visit to Rome he was more than willing to engage in public displays of knowledge, and these displays (ἐπιδείξεις), which were not uncommonly improvised and given in response to a challenge (πρόβλημα) coming from his audience or a rival,[46] put the medical theorist before the public eye in a way very similar to the improvised performances which Philostratus places at the centre of his portraits in the *Lives of the Sophists*. Galen saw these improvised displays as establishing his authority beyond any possible doubt;

they showed that he was able to speak at great length on any subject imaginable.⁴⁷ On medical matters he was just as πεπαιδευμένος as his sophistical counterparts were in rhetoric, and though he was often disdainful of the latter as not being, like him, dedicated to the truth, Galen shared their sense of the importance of technical and cultural *paideia*. The pose presented in *On His Own Books* of an author who has written nothing he now regrets, albeit buttressed by the claim that some books are intended only for beginners, is congruent with his self-image as a master of the subject capable of extemporaneous display. Writing simply communicates the truth to others; to have admitted late in his life during the writing of *On His Own Books* that there were things he had got wrong would have been to imply that he did not grasp that truth as firmly as he pretended.

NOTES

1 Important exceptions to this observation include the French tradition of genetic criticism (*critique génétique*), which incorporates the drafts and revisions of modern authors (see Bowman 1990, Deppman, Ferrer, and Groden 2004 for useful overviews; superb further developments can be read in Constantin 2008, Herschberg 2005), and, in North America, the 'new' bibliography which was begun by McGann (1983). Little in classical studies has approximated these approaches: see comments on reception studies in Gurd (2006).
2 See, for example, the preface to Apollonius of Perge's *Conics* (discussed below), Ovidius *Amores* 1 *praef*., Emonds (1941).
3 See Van Groningen (1963) (not perfectly reliable), Starr (1987), Mansfeld (1994, 60–1), Dorandi (2000, 103–27), with further detail.
4 See Kenney (1982), Starr (1987), White (1996), Dorandi (2000, 118–19). Booksellers were, in essence, owners of copies who accepted fees.
5 That is, of constructing in writing a 'portrait of the author' both by explicit autobiographical claims and by the development of characteristic textual gestures and enunciative strategies. See Greenblatt (1980), Gleason (1995), Goldhill (2001). An excellent commentary on the construction of the authorial self in Horace is Oliensis (1998).
6 Galen's centrality to the subject was cemented by Van Groningen (1963); Dorandi (2000) elaborates a synoptic view of authorial processes that is largely based on the evidence provided by Galen but comes closer in the end to the picture developed in Pliny the Younger (which I hope to discuss elsewhere).
7 Galen's engagement with the Second Sophistic was decisively established by von Staden (1997). On Second Sophistic discourse and values in general, I have benefited especially from Bowersock (1969), Anderson (1989), Pernot (1993a), Gleason (1995).

8 *On His Own Books* 1.14. For *On His Own Books* I cite throughout from Boudon-Millot (2007), which is based on new textual evidence and should supersede all earlier editions.
9 See below.
10 On chronology, see Ilberg (1889), Bardong (1942), Mansfeld (1994, 131 sq.), Boudon-Millot (2007), *CMG* V.10.1 (Wenkebach 1934, vii–xxx), *CMG* V. 10.2.2 (Wenkebach 1956, 9 sq.).
11 17b.1001 Kühn: οὐ γὰρ σύγγραμμά ἐστι τὸ βιβλίον τοῦτο πρὸς ἔκδοσιν γεγονός, ἀλλὰ παρασκευαί τινες ἢ ὑποτυπώσεις ὁποίας ἑαυτοῖς εἰώθαμεν ποιεῖσθαι: 'For this book was not a finished work (σύγγραμα) written for publication (πρὸς ἔκδοσιν), but is made out of drafts and outlines, like the kind we are accustomed to make for ourselves'; 17b.796 Kühn: ὥσπερ οὖν τοῦτο προεῖπον, οὕτω καὶ τόδε προειπεῖν ἀναγκαῖόν ἐστιν, ὡς τὸ τῆς ἑρμηνείας εἶδος ἐν τῷδε τῷ βιβλίῳ πάμπολυ διαλλάττει τοῦ κατὰ τὸ πρῶτον καὶ τρίτον τῶν Ἐπιδημιῶν, ἃ σχεδὸν ἅπαντες ἡγοῦνται γεγράφθαι πρὸς ἔκδοσιν ὑφ' Ἱπποκράτους μόνα, τῶν δ' ἄλλων πέντε τὸ μὲν πέμπτον τε καὶ ἕβδομον ἐναργῶς εἶναι νόθα, τὸ δ' ἕκτον τοῦτο καὶ πρὸ αὐτοῦ τὸ δεύτερον, ἐξ ὧν αὐτὸς <ὁ> Ἱπποκράτης ἑαυτῷ παρεσκευάσατο, φασὶν ὑπὸ Θεσσαλοῦ τοῦ υἱέος αὐτοῦ συντεθῆναι: 'Just as I said this before, now also it must be said that the form of the expression in this book is altogether different from that in the first and the third books of the *Epidemics*, which alone nearly everyone believes to have been written by Hippocrates for publication. Of the other five, the fifth and the seventh are clearly spurious. But they say that this book (the sixth) and the second before it, which are among those Hippocrates prepared for himself, were compiled by his son Thessalos.' I cite from *CMG* V.10.2.2 (= Wenkebach 1956), which reproduces Kühn's pagination, henceforth referred to simply as K. See also 17a.648K, 922K, 1001K (discussed below) 17b.52K (discussed below), 153K (discussed below), 183K, 241K (all on Hippocrates *Epidemics* 6), *Commentaries on Hippocrates' Treatise of the Office of the Physician* 18b.790, 879K.
12 6.3.1, 17b.13K: Καθαιρέσεως σημεῖον τὴν αὐτὴν ὥρην τῆς ἡμέρης φυλάσσειν, ἐξαπίνης γὰρ εἰρύεται.
13 17b.13K: Οὐκ ἄδηλόν ἐστι συνῆφθαι τὴν ῥῆσιν ταύτην τῇ προγεγραμμένῃ, καθ' ἣν ἐδίδασκεν ὅντινα τρόπον χρὴ ποιεῖσθαι τὴν καθαίρεσιν. ὅπως οὖν γνῶμεν, εἰ τοῦ ποσοῦ τοῦ κατ' αὐτὴν ἀκριβῶς ἐστοχάσμεθα, σημεῖον νῦν γράφει τούτου. γέγονε δὲ ὁ λόγος οὗτος ἀσαφὴς ὡς πρὸς ἡμᾶς διὰ τό, καθάπερ ἔφην ἤδη πολλάκις, οὐ πρὸς ἔκδοσιν αὐτῷ γεγράφθαι τὴν βίβλον ταύτην, ἀλλ' εἰς ὑποτύπωσίν τε καὶ παρασκευὴν ἑαυτῷ. πρὸς ἔκδοσιν δὲ γράφων οὕτως εἶπεν ἂν πάντως, ἥντινα λέγει τῆς ἡμέρας ὥραν τὴν αὐτὴν ἐν ᾗ τὸ τῆς καθαιρέσεως σημεῖον ἐπιτηρεῖν χρή.
14 Ὅτι ἐν θερμοτέρῳ, στερεωτέρῳ, ἐν τοῖσι δεξιοῖσι καὶ μέλανες διὰ τοῦτο καὶ ἔξω αἱ φλέβες [καὶ χολωδέστεροι] μᾶλλον.

15 17a.1001K: Οὐδὲν θαυμαστόν ἐστι κἀνταῦθα παραλελεῖφθαι τὸ συνέχον μάλιστα τὸν ὅλον λόγον. οὐ γὰρ σύγγραμμά ἐστι τὸ βιβλίον τοῦτο πρὸς ἔκδοσιν γεγονός, ἀλλὰ παρασκευαί τινες ἢ ὑποτυπώσεις ὁποίας ἑαυτοῖς εἰώθαμεν ποιεῖσθαι· ὡς, εἴ γε σύγγραμμα ἦν, οὕτως ἂν ἀρχόμενος, ὡς ἐν τοῖς Ἀφορισμοῖς ἔγραψε (5.48), προσέθηκε τὰ ἐφεξῆς, τὸν ὅλον λόγον ποιησάμενος τοιοῦτον· 'ἔμβρυα τὰ μὲν ἄρρενα ἐν τοῖσι δεξιοῖσι μέρεσι τῆς μήτρας μᾶλλον εὑρίσκεται συνιστάμενα, τὰ δὲ θήλεα κατὰ τὸν ἕτερον κόλπον αὐτῆς τὸν ἀριστερόν. εἰκὸς γάρ ἐστιν ἐν τῷ θερμοτέρῳ μέρει τῆς μήτρας τὸ θερμότερον συνίστασθαι. θερμότερον δ' ἐστὶ τὸ ἄρρεν, ὡς δηλοῖ καὶ τὸ τῶν φλεβῶν μέγεθος ἐν αὐτῷ καὶ ἡ χρόα· μελάντεροι γάρ εἰσι τοὐπίπαν οἱ ἄνδρες τῶν γυναικῶν.' οὕτως μὲν <ἄν,> εἰ σύγγραμμα ἔγραψεν ὁ Ἱπποκράτης ὁμοίως τῷ Περὶ ἀγμῶν καὶ ἄρθρων καὶ Προγνωστικῷ καὶ τοῖς ἄλλοις τοῖς τοιούτοις, ἐπεποίητο τὴν ἑρμηνείαν.

16 Compare 17b.52.183K.

17 On the *On Ambiguity* see Edlow (1972). On Galen and language, see Hankinson (1994), Sluiter (1995), von Staden (1995), Roselli (2004).

18 Compare *On the Therapeutic Method* 10.62.81K.

19 See also 17b.153K.

20 See *On the Knowledge of the Pulse* 8.958K: καὶ γὰρ μοι καὶ νόμος οὗτος ἐξηγήσεως, ἕκαστον τῶν ἀνδρῶν ἐξ ἑαυτοῦ σαφηνίζεσθαι : 'I have this rule of interpretation, that each author should be clarified on his own basis.' This is the 'Aristarchan' principle of interpretation: see Porter (1992), Mansfeld (1994, 148–50), Gurd (2006). In fact, Galen alternates between explaining Hippocrates on the basis of other Hippocratic texts and explaining Hippocrates on the basis of Galen's own knowledge. Mansfeld (1994, 150–6) interprets this as 'creative exegesis' because Galen (like others before and after him) departs from the *Homerum ex Homero* principle. The implications of the adjective 'creative' are, however, not close enough to what it is clear Galen himself thinks he is doing. Galen assumes (1) that Hippocrates' descriptions, however unclear, are correct; (2) that their correctness can be demonstrated with reference to observable phenomena; and (3) that Hippocrates knew but did not sufficiently express the relevant facts. The exegesis is thus, from Galen's point of view, objective (in the sense that Hippocrates' statements are in line with what Galen believes to be true) and still based on the Aristarchan principle of explaining Hippocrates on the basis of Hippocrates (in the sense that Hippocrates is assumed to know what he does not write).

21 18b.319K: ἐπειδὴ τῶν ἀκουόντων τοῦ λόγου διαφοραὶ πάμπολαι τυγχάνουσιν οὖσαι κατά τε τὸ προπαιδευέσθαι καὶ γεγυμνάσθαι περὶ λόγους ἢ παντάπασί γε ἀγυμνάστους ὑπάρχειν, εἶναί τε φύσει τοὺς μὲν ὀξεῖς τε καὶ συνετούς, τοὺς δὲ ἀμβλεῖς καὶ ἀσυνέτους: 'Since there happen to be many differences between the hearers of a discourse, because some have had previ-

ous training or practice in discerning the quality of an exposition, while some are altogether *un*practised, and because some are by nature sharp and quick to understand, while others are slow and uncomprehending.'

22 18b.321K: ἐγὼ γὰρ ὅταν μὲν παρὼν παρόντι συναναγινώσκω τι βιβλίον, ἀκριβῶς στοχάζεσθαι δύναμαι τοῦ μέτρου τῆς ἐξηγήσεως, ἀποβλέπων ἑκάστοτε πρὸς τὴν τοῦ μανθάνοντος ἕξιν. ὅταν δὲ γράφω πᾶσιν, οὔτε τοῦ ἄριστα παρεσκευασμένου οὔτε τοῦ χείριστα στοχάζομαι. ... ἄριστον οὖν ἡγοῦμαι τῶν μέσην ἕξιν ἐχόντων στοχάζεσθαι.

23 But in *On His Own Books* Galen includes the commentary on Hippocrates' *Fractures* as written without general release in mind: the proem from which I am citing must, therefore, have been added at some point after the commentary was initially composed. See *On His Own Books* 9.6 and below.

24 *On His Own Books* prol. 6–7 and 2.6. For the autobiographical orientation of this work, see Misch (1951, 328–32), Veith (1959), Nutton (1972) (mostly on the *Prognostics*), Bompaire (1993).

25 *On His Own Books* 3.7; *On the Composition of Drugs according to Kind* 13.362K (where the first version is described as ἐκδοθεῖς); On the fire of 192, see also Dio Cassius 72.24, Herodian 1.14.2–6.

26 *On His Own Books* prol. 5: τὰ μὲν ἀφαιρεῖν, τὰ δὲ προστιθέναι, τὰ δὲ ὑπαλλάτειν. This is the language of textual corruption that would become normal for textual criticism (see Kenney 1974, 21–2, and Gurd 2006, 11n23), but its origins are the theory of revision (see Quintilian *Institutio oratoria* 10.4.1) and before that the combinatorics of materialist poetics (see Porter 1995).

27 I insist that this is an implication of what Galen says, and not a positive claim about what actually happened to his texts. There may well have been substantial revision, but Galen does not want to draw attention to it and seeks to suggest the opposite. So we are dealing with an ideology of publication rather than a simple reflection of practice.

28 *On His Own Books* 9.1–8 suggests that his Hippocratic commentaries which were written πρὸς ἔκδοσιν contain more references to previous commentarial literature than the not-for-publication commentaries; but he also implies that the reason for this is that he did not have his library with him when he wrote them, so that the purpose of the text may not be the motivation for the absence of this material.

29 *On His Own Books* prol. 9. See also *On Anatomical Procedures* 2.217K.

30 *On His Own Books* prol. 10. See also *Commentary on Hippocrates' 'Epidemics,' commentarii* VI 17a.795–6K: ἐγὼ μὲν γάρ, ὥσπερ καὶ τἆλλα πάντα πολλοῖς τῶν δεηθέντων ἑταίρων χαριζόμενος ἐποίησα, καὶ τὰς ἐξηγήσεις ταύτας ἐκείνων ἕνεκα συνέθηκα. θεωρῶν δ' εἰς πολλοὺς ἐκπίπτοντα τὰ γραφόμενα προοιμίων τοιούτων ἐδεήθην : 'for, just as I wrote many other texts to gratify my friends who asked for them, I also wrote these commentaries because of

them. But when I saw that my writings were circulating to many people I needed prefaces of this kind.'
31 *On His Own Books* prol. 9. Compare *On Prognosis* 14.651K, *On Hippocrates' 'Prognostic'* 18b.230K.
32 *On His Own Books* prol. 9: τὰ γοῦν τοῖς εἰρημένοις γεγραμμένα πρόδηλον δήπου μήτε τὸ τέλειον τῆς διδασκαλίας ἔχειν μήτε τὸ διηκριβωμένον, ὡς ἂν οὔτε δεομένων αὐτῶν οὔτε δυναμένων ἀκριβῶς μανθάνειν πάντα, πρὶν ἕξιν τινὰ σχεῖν ἐν τοῖς ἀναγκαίοις. See Mansfeld (1994, 161–75) on the parallels in the commentarial tradition. More relevant to Galen's argument, perhaps, is the standard expectation in rhetorical schools that younger students are less capable than older ones and should be treated accordingly; see Theon *Progymnasmata* 72, Quintilian *Institutio oratoria* 2.4.10–14
33 Compare *On the Pulse for Beginners* 8.457K.
34 *On the Doctrines of Hippocrates and Plato* 9.5.17 (I cite from De Lacy 1981).
35 Galen gave much more detail on the loss of his books (and other valuables) in the fire of 192 in περὶ ἀλυπίας. See Boudon-Millet (2007).
36 2.215–16K. On Boethus, see also *On His Own Books* 1.6, 1.17, Nutton (1979, 164), Boudon-Millot (2007, 184–5).
37 See Boudon-Millot (2007, viii–x (placing it between 195 and 210 p.C.).
38 Nonetheless, Galen does change his mind, or at least modify his theories, from time to time; he came, for example, to recognize that a slightly irregular heartbeat might not be fatal, so long as it comes from natural causes: see Nutton (1979, 227–8) for a survey of his changing views on the pulse. But to change one's mind is different from admitting to it, and Galen does not do the latter. The difference between his practice and his claims about it reveal an important element in his own self-presentation.
39 On Galen's logical and philosophical positioning, see Moraux (1981), Frede (1981), Hankinson (1990), Hankinson (1991, xxx–xxxii), Mansfeld (1994, 129n231).
40 On 'Methodism,' see Frede (1982), Hankinson (1991, xxx–xxxii).
41 *Ars* 387–91; see also 289–95, *Satires* 1.4 and 1.10, *Epistles* 2.2.109–14.
42 See *Epistles* 1.2.6, 1.8, 2.10, 3.10, 5.3, 7.9, 7.17, 8.21.
43 On Apollonius of Perge, see Heath (1962), Toomer (1990, introduction), Fried and Unguru (2001, esp. 364–89).
44 I cite from Heiberg (1974).
45 I cite from Stamatis (1977).
46 See *On His Own Books* XIX.22K = 2.101 Müller (Sc. Min), 19.13K, 2.95 Müller, *On Anatomical Procedures* 2.677K, with *On His Own Books* 19.22K (101.26–9 Müller) and von Staden (1997).
47 See, for example, *Of the Difference of Pulses* 8.763–4K, *On Affected Parts* 8.143K, von Staden (1997, 40–1).

SECTION V

Héritage et influence de la Seconde Sophistique

Were the Speeches of Aelius Aristides 'Rediscovered' in the 350s p.C.?

John Vanderspoel

If it is true to suppose that the Second Sophistic was at its core a pattern in the realm of rhetoric that belongs to the late first to early third centuries p.C.,[1] the survival (or not) of that rhetoric to later centuries and the employment (or not) of its techniques in those centuries are issues that may legitimately engage the attention of scholars of rhetoric. Despite the general acknowledgment that several orators of the fourth century p.C. show the influence of the Second Sophistic in their own speeches, the successful transmission of second-century oratory to the fourth century has largely been assumed (not unreasonably, for some oratory did survive). In this article, I shall endeavour to outline some factors that played a role in the availability of the speeches of the Second Sophistic in the fourth century. I concentrate on Aelius Aristides for two main reasons: he was one of the more highly regarded orators of his period; and he was blessed with champions in the fourth century, thereby ensuring at least a modicum of evidence for this study. Even though I will retain that narrow focus without drawing broader conclusions, this study should reveal a little about the more immediate *Nachleben* of the Second Sophistic.

As is well known, Aelius Aristides was an important model for the sophist Libanius in the fourth century p.C., not only as a predecessor for rhetoric, but perhaps also as a hypochondriac.[2] Libanius suffered many ailments, and the medical complaints of Aelius Aristides, particularly in his *Sacred Tales*, could easily offer precedent for Libanius's similar whining.[3] He even collected portraits of Aristides; he had at least two, and in his letters refers to a third that he hoped to acquire. He asked correspondents around Asia Minor to consult knowledgeable local people, hoping that their recollections might verify the accuracy of the portraits.[4] Surely that was no easy task: Aristides had died a century and a half before Libanius was born. Perhaps he hoped that contemporary statues and busts or early portraits had survived. Philostratus, in fact, mentions a bronze statue in the agora at Smyrna (*VS* 582), which possibly survived to the fourth century; at any rate, its inscription is now in the Verona Museum.[5]

There was perhaps also scant recollection of Aelius Aristides' oratory, for there seems to be very little use of it between the second century and the fourth. That is an admittedly contentious remark, for almost nothing of the Greek oratory written and delivered during that period survives.[6] Consequently, there is little evidentiary basis for the view that knowledge of Aristides' oratory had been lost (but, equally, little evidentiary basis that it was widely available, though a few professional rhetors were still able to read at least some of his writings).[7] The lack of a continuous tradition of surviving oratory between the second century and the fourth may mean that I have set myself an impossible task. Yet the situation is not entirely hopeless; it might be, if Aristides' work had been lost but rediscovered in the 320s or 330s, since the surviving oratory of the fourth century largely begins in the 340s. On the other hand, if the speeches, or some of them, re-emerged from obscurity in the 350s, it may be possible to observe their greater use as models in the late 350s and their comparative absence in the 340s or early 350s. That determination is also a process encumbered with difficulty; it is not always easy to decide whether a remark or the language in a speech reflects the use of a specific original text, a collection of useful sayings in, for example, a handbook on rhetoric, or is simply a fortuitous occurrence. For that reason, an interpreter might rather easily incline the evidence in the direction he wishes: in other words, if I do not want Aristides to be a model in the 340s, I could simply argue that some phrase or other is not drawn from a specific model. Obviously, the reverse is equally true. To minimize this possible objection to my methodology, I rely for the specific usage of Aristides on the conclusions of other scholars, whenever that is possible.

Every scholar who treats the topic agrees that three speeches of Libanius in particular relate to Aelius Aristides' speeches.[8] These are *Oration* 11, the *Antiochikos*, *Oration* 61, the *Monody on Nicomedia*, and *Oration* 64, *On Behalf of the Dancers*. This is not controversial, and so I shall simply put those speeches into evidence with little discussion, except briefly of date. The *Monody on Nicomedia* was inspired by Aristides' *Monody on Smyrna*; both responded to earthquakes that afflicted those cities. Since the earthquake at Nicomedia occurred on 25 August 358, a date in late 358 or later is imperative for Libanius's speech. The *Antiochikos*, which was Libanius's panegyric of his home city, reflects Aristides' speech in praise of Athens and was written in connection with an Olympic festival. Though the oration has sometimes been thought to date to 360, Paul Petit (1983) argued, successfully in the view of most, that it was written in 356, the first Olympic festival after Libanius's return to Antioch. The best evidence for an early date is Libanius's *Letter* 36 from 358/9, where he mentions that a copy of the speech is in the packet that accompanied the letter. Since Libanius excuses himself in the opening of the speech for presenting a panegyric of Antioch far later than he should have done, it is perhaps possible to argue that the oration was composed late in 356 or between 356 and its earliest attestation in 358/9. I will not pursue the matter further here, since its precise date has little impact on my argument. The oration *On Behalf of the Dancers* was written in 361; in it, Libanius mentions his admiration for Aelius Aristides, but also notes that his view of dancers differed from that of his model: the subtitle *against Aristides* is sometimes added.[9]

Clearly Libanius was thoroughly familiar with some orations of Aelius Aristides by the second half of the 350s p.C. But was this normal in this period? Did other orators know these speeches in the same period, or perhaps earlier, or indeed later? As noted, this is a difficult and problematic question. To avoid any temptation to slant the evidence, I have consulted various editions, with a source apparatus or commentary, of the surviving speeches from this period and earlier, to see where other scholars have seen references and allusions to Aristides' orations. Julian, who took his rhetorical training at Constantinople and Nicomedia, wrote two panegyrics (*Orations* 1 and 2) on Constantius between 356 and 358 and a panegyric (*Oration* 3) on Eusebia, Constantius's wife. In the source apparatus of the Budé edition of these speeches, Aristides appears not even once, though Dio Chrysostom appears with some frequency. The results for Themistius differ dramatically. In Downey's Teubner edition, Dio Chrysostom appears quite rarely in the source apparatus for his first four panegyrics, all on Constantius and delivered between 347 and the middle of 357.[10] By contrast, Aristides appears four times in *Oration* 1 and three times in *Oration* 2, and not at all in *Orations* 3 and 4. All seven citations refer to the same work, what Downey calls the pseudo-Aristides' *Oration* 35, *On Kingship*.[11] Here, any conclusion on the knowledge of Aristides' speeches obviously depends on the authenticity of this oration, which I accept, though others do not.[12] Though this is not stated anywhere specifically in the fourth century, surely the speech was regarded as authentic in this period:[13] would Libanius, who used it in his *Oration* 59 (see below), and Themistius, who also knew other orations of Aristides (see below), have used it as they did, if it were not, in their views, a speech of Aristides? In any case, Downey missed an important use of Aelius Aristides in *Oration* 4 of Themistius, a reflection of an original that is completely different from the supposed inauthentic speech (see below). In any case, the oration *On Kingship* is an important model for Themistius's next extant panegyric, *Oration* 5 on Jovian, delivered in 364; Themistius there adopts some ideas from the earlier speech and addresses them in the same sequence.[14] Clearly, he knew that oration by 364, and probably he knew it earlier. In *Oration* 6, addressed to Valentinian and Valens later in 364, Themistius shows familiarity with *Orations* 26 *On Rome* and 27 of Aelius Aristides. Some years later, while visiting Valens near the Tigris River, Themistius remarked that he could not, perhaps would not, deliver a speech *extempore*, just as Aristides had remarked to Marcus Aurelius, and Libanius to Julian; he does not mention a predecessor, but Aristides is a likely model.[15] As for the so-called private orations, Norman, in the Teubner edition, cites Aristides' *Orations* 13 and 15, part of a series called the *Leuctran Orations*, at several points in the apparatus to *Oration* 27 of Themistius, though he usually cites others each time as well: Pindar, Plato, Aelian, or Iamblichus, rendering the exact source a problematic issue, especially since the *Leuctran Orations* are clearly declamations on a standard rhetorical topic. At any rate, I dated *Oration* 27 to September or October of 355, when Themistius travelled to his native Paphlagonia, where the speech was delivered; others regard the speech as undatable. He presumably visited Paphlagonia on other occasions, but only the visit of 355 is known with certainty.[16]

The speech *On Kingship* was perhaps Themistius's first acquaintance with Aristides, already in the 340s when he used it in his *Oration* 1. Its availability in the 340s is indicated, too, by Libanius's *Oration* 59, a panegyric on Constantius and Constans.[17] The source apparatus and notes in Malosse's Budé edition of Libanius's speech contain many references to the speech *On Kingship*. Themistius became familiar (or shows familiarity) with other speeches of Aristides somewhat later, but he seems to have known the *Sacred Tales* by 356. Themistius begins his *Oration* 4 with an apology for not travelling to Milan for the inauguration of Constantius's consulship on 1 January.[18] Though he could have used the public post, he complains about a potential journey through Thrace, Illyria, and Italy in winter, about the wind, snow, ice, and mud, about the need to dress warmly in felt and sheepskin, and that on arrival he would lie shivering with disease and would need physicians to administer all kinds of new drugs to drive winter from his limbs. Here are some selected phrases from Aristides' account of his own journey to Rome in 144 and its consequences for his health (*Sacred Tales* 2.60 sq.):

I set out for Rome in the middle of winter ... When I had got as far as the Hellespont, my ears troubled me greatly ... After this, there was rain, frost, ice and all the winds ... the fields swampy as far as the eyes could see ... There was a dearth of inns, and more rain came in through their roofs than from the sky outside ... From all these things, the disease increased. And I was very worried about my teeth falling out, so that I was always holding up my hands as if to catch them ... Then first I noticed the shortness of breath in my chest, and I was attacked by strong fevers and other ailments ... scarcely on the one hundredth day ... I arrived at Rome ... And shortly thereafter, my intestines swelled, I trembled with cold, shivering ran through all my body, and my breathing was blocked. And the doctors produced purges, and I was purged for two days by drinking *elaterium* ... And fevers attacked me, and everything was despaired of, and there was not any hope even for my survival.[19]

What Aristides recounts as reality, Themistius uses as an excuse to avoid the same journey at the same time of year.

To return to Libanius's panegyric of Constantius and Constans, while the speech *On Kingship* appears regularly in Malosse's source apparatus and notes, Aristides' *Oration 26 On Rome* is also present with some frequency. As noted, the speech *On Rome* is a model of sorts for Themistius in the 360s, but it is absent in Themistius's two speeches of 357. Both orations praise Rome as the mother city of the Empire, and the absence is therefore particularly striking, since Libanius knew the speech a decade earlier. It is vaguely possible, but unlikely, that Glanville Downey did not know it (or chose not to cite it) and that a detailed comparison may reveal more use of Aristides than has been noted here. But on the methodological parameters employed here, Themistius's use of Aristides by late 356 is confined to the oration *On Kingship* and to the *Sacred Tales*. He mentions Aristides by name only once; in his own *Oration 26*, a defence against detractors to be dated to the late 350s, he states that the world would be a sad place if it listened only to the followers of Aristides and not also to those of Plato.

To tabulate these results a little more clearly, Libanius knew the orations *On Kingship* and *On Rome* when he wrote *Oration 59* in the 340s. He shows knowledge of some other speeches beginning in 356, but we do not know when he first encountered the *Sacred Tales*.[20] Themistius knew the oration *On Kingship* by 347 and the *Sacred Tales* by late 356; other speeches of Aristides begin to appear in the 360s, but perhaps he knew the *Leuctran Orations* by late 355. Julian, who left Asia Minor by late 353, reveals no use of Aelius Aristides at all; perhaps he was no longer in the east when texts became available. On the methodology that I have adopted here, it appears that little of Aelius Aristides was known before 356, with only the oration *On Kingship* known to more than one fourth-century orator and the speech *On Rome* known to only one. Leaving the *Leuctran Orations* aside for now, from 356 onwards, more speeches appear to have become known, not only to Themistius, but even to Libanius, the fourth-century champion of Aelius Aristides. Although fourth-century orators may have known speeches earlier than their use as models, the emergence of 356 p.C. as an apparent transition point for knowledge of Aelius Aristides' speeches is remarkable enough to excite further comment.[21]

In *Oration* 4, written in late 356, Themistius provides the earliest direct evidence for the establishment of a new library at Constantinople.[22] He mentions that the emperor had provided funds for copying manuscripts and notes that the new library would bring scholars from all over the empire to the city. From the latter remark, we may reasonably assume that the library was intended to house a comprehensive collection, including texts not available elsewhere or copies of texts otherwise available only in scattered places. If so, some attention was presumably given to finding texts that were not widely available, texts in private collections and the like. We do not know precisely when Constantius first approved the new library, but certainly it was late 356 or earlier. To support the *adlectio* of Themistius to the eastern senate in the autumn of 355, Constantius wrote a letter praising him for many reasons, including his scholarship, and in both his first two orations for Constantius, Themistius praises the emperor's learning and even calls him a philosopher.[23] Consequently, I would suggest that the new library somehow evolved from Themistius's participation in the political life of the east from 355 onwards; its approval should be dated to late 355 or to some point in 356.

Long ago, Schenkl proposed that Libanius wrote hypotheses for a group of Themistius's early speeches, which were then presented to the library as a package.[24] Brief hypotheses, if written on the first page of a papyrus roll, could assist library patrons in finding a particular speech, almost like a card catalogue. That view was, and remains, speculative, and appears here only because somewhat longer hypotheses, summaries, and introductory remarks are extant for the speeches of Aelius Aristides. Though the textual tradition, and indeed the content, of these hypotheses is confused and confusing, at least some of that material was prepared by a certain Sopater, who is usually dated to the fourth century and most often to the middle of the century. Perhaps these hypotheses, too, were compiled to suit the purposes of the new library.

Unfortunately, the identity of the Sopater in question is impossible to recover with any certainty. He is almost certainly not the most famous Sopater of the fourth century, that is, the associate, perhaps the successor, of the Neoplatonist Iamblichus. Other Sopaters are known, including a son of the famous Sopater; the son, according to Libanius, was a philosopher. This younger Sopater, whom I shall identify as Sopater of Apamea for convenience, had a brother named Himerius; they were relatives of Libanius.[25] Though Himerius died by 357 and Sopater of Apamea by 365, the former's son and the latter's nephew, named Iamblichus,[26] was a pupil of Libanius

Stemma: Sopaters and Their Relatives

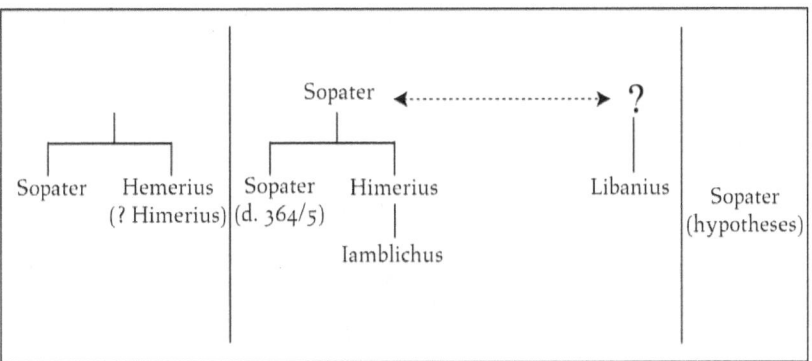

who achieved considerable fame as a rhetor and philosopher. He is irrelevant to my purpose here, except as a representative of a family tradition that included skills in rhetoric as well as philosophy. For I would like to suggest, though I am not the first to consider this, that Sopater of Apamea is the Sopater who wrote hypotheses to the speeches of Aelius Aristides. In part, the hypotheses defend Plato's views on oratory against Aristides' attacks, a suitable approach for an heir to Iamblichus's philosophy: the starting point of these hypotheses is philosophy, not rhetoric, and they might well have been written by a philosopher with an interest in rhetoric.[27] Given his nephew Iamblichus's reputation for both oratory and philosophy, surely Sopater of Apamea, too, was accomplished in rhetoric, even if philosophy was of greater interest to him. There is, in addition, a problematic fourth-century letter addressed by a Sopater to his brother Hemerius.[28] The problem is the name of the addressee. Is Hemerius merely a mistake for Himerius? If so, the brothers could easily be Sopater of Apamea and his brother Himerius. Naturally, if a different Sopater wrote the hypotheses,[29] he may well have had a brother named Hemerius.[30] The equation of Sopater of the hypotheses and Sopater of Apamea has been made previously, but this view seems to have gained few adherents, presumably because the latter is called a philosopher.[31] However, as suggested above, the hypotheses may well be the work of someone with a primary interest in philosophy, but who was also an accomplished orator.

All of that raises the following question: how many intellectual Sopaters existed in the middle of the fourth century? My prosopographic instincts lead me to think of a single individual. The hypotheses to Aristides' speeches were written by a Sopater who knew Plato's views on oratory. The son of Iamblichus's closest associate was Sopater of Apamea. He was a relative of

Libanius, who calls him a philosopher, and his nephew Iamblichus had a reputation for both oratory and philosophy, indicating that the designation 'philosopher' does not preclude interest or pre-eminence in rhetoric. (Themistius is, of course, another example.) Thus, if Sopater of the hypotheses is indeed Sopater of Apamea, the scholar was a relative of the greatest exponent of Aelius Aristides in the fourth century, i.e., Libanius. That conclusion is neat, but speculative; on the other hand, rejections of this equation of individuals failed to emphasize or even note the familial relationship of a Sopater with Libanius.

How then does all this answer the question posed by my title: were the speeches rediscovered in the 350s p.C.? The short answer is 'No,' since the orations *On Kingship* and *On Rome* were known in the 340s, and a few others may have been known in limited contexts.[32] Yet it is also true that knowledge of more speeches is evident from 356 p.C. onwards, about the time that a new library at the eastern capital began to collect texts. If my suggestion that hypotheses were composed for some texts deposited in the library is valid, it may be that Sopater was asked to prepare an edition of Aelius Aristides or to submit a copy of something he had done previously.[33] If this is Sopater of Apamea, he presumably gave his relative Libanius a copy as well. So the answer is more complex: though Aelius Aristides was known before the 350s, that knowledge was somewhat limited before 356 p.C. Obviously, the Sopater of the hypotheses, whatever his identity, somehow had access to texts before he wrote the hypotheses. In other words, the texts had not completely disappeared,[34] though many had perhaps been forgotten for some time.

To conclude, then, even if the details and arguments are at points unclear or dubious, it does appear that the middle of the 350s p.C. is a period when the speeches of Aelius Aristides gained a greater currency than they had had for some time. I have suggested here that the new library at Constantinople, and the preparation of texts for its collections, was an instigating factor in this revival, but the existence of proponents of the speeches of this important Second Sophistic orator no doubt played a significant role as well.

NOTES

I would like to express here my gratitude to the organizers of the conference both for the invitation to participate and for their generous hospitality to all the participants. Other than the removal of some artefacts of oral presentation, this paper largely retains the wording as presented; some portions have been revised to account for reconsideration of a few points, and footnotes have been added. I am also grateful to a referee for pointing me in the direction of Harris and Holmes (2008) (published after the submission of this paper) and to the editors for permitting and encouraging me to take account of that volume.

1. That remark is, of course, more than a little contentious, given a recent tendency to include in the Second Sophistic a great variety of aspects of life and intellectual activity. Though I cannot argue the issue at length here, I recall discussions of the point at the conference and will simply reiterate here my perspective during those discussions: (1) the very term 'Sophistic' by definition excludes anything other than rhetoric (broadly conceived); and (2) the Second Sophistic as a rhetorical movement is part of a broader pattern in intellectual activity during the period: what some would include in the Second Sophistic I would characterize as other reflections of that broader pattern. Acceptance or rejection of that perspective will not materially affect the argument and conclusion of the present article.
2. See, most recently, Cribiore (2007, 22–3).
3. To some considerable extent, Libanius's *Autobiography* (*Oration* 1) includes references to his medical troubles. One key difference between it and the *Sacred Tales* is the ratio of biography to medical issues: Libanius offers a chronology of his life to 392 p.C. (originally written in 374, with several sections added later) that is relatively complete, though tendentiously presented at points. Another is that Libanius is less inclined, though not completely disinclined, to credit his 'healthier' periods to divine assistance. The best treatment of the *Autobiography* remains Norman (1964), with introduction, translation, and commentary. For a recent and thorough treatment of Libanius's life, see now Wintjes (2005).
4. E.g., *Letter* 1534, where Libanius asks Theodorus to consult old men about some features of the portraits, specifically the hair, and mentions the third portrait. See Cribiore (2007, 23): 'Was Libanius building a gallery of pictures of a favorite writer?'
5. Edited and discussed at Puech (2002, 140–5).
6. The most significant surviving speech from the period would be Ps-Aristides, *Oration* 35 *On Kingship*, if that oration is spurious and dated to the 240s, as it often is. Since I believe it to be genuine (see the fuller remarks below), even that example is not available as a surviving oration of the third century.
7. A. Petsalis-Diomidis (2008, 146–7), compares Aristides' and Menander Rhetor's approach to travel and landscape in terms which suggest that the latter may have had access to some of Aristides' works, while L. Quattrocelli (2008, 280) remarks that Apsines, Longinus, and Menander Rhetor quoted Aristides' works as models for rhetoric. Quite apart from notorious problems of dates and attributions, this evidence does not necessarily mean that Aristides' works were available outside a small circle of professionals. Even if they were, my main

argument here is that the works became more widely available in the 350s p.C. than they had been previously.

8   See, among others, Pack (1948, 17–20), Swain (2004), Cribiore (2007, 23). Cribiore (2008) suggests that Libanius continued to read Aristides closely longer than is usually supposed.

9   I have not yet seen Molloy (1996), who offers a text, translation, and commentary.

10 For the dates, see Vanderspoel (1995, ch. IV). Despite his absence from Downey's source apparatus, Dio Chrysostom's influence on Themistius is well known; for brief treatment, see Vanderspoel (1995, 9).

11 Obviously, a thorough comparison of texts would yield more accurate results than simply citations in a source apparatus, especially since Themistius's speeches are also essentially *On Kingship*. Because I am concerned here mainly with knowledge of Aelius Aristides' speeches, and not so much with how they were used, I prefer here, for methodological reasons, to employ the conclusions of others for this aspect of the present discussion.

12 As will become evident, authenticity is actually less convenient for my overall argument here than inauthenticity. I cannot address the issue in detail, but I accept the view of Jones (1972) (with references to earlier treatments), who argues that the speech is genuine; Jones (1997) addresses the issue again. I suspect that Aristides composed the speech during his first visit to Rome in 144 (in agreement with Jones 1972), when, according to the *Sacred Tales*, he was in extremely poor health. He had gone to Rome to make an impact, and even a speech composed in poor health would leave a better memorial of his visit than the residue of a considerable sequence of bloodlettings, purgatives, emetics, and enemas could provide on its own (though the sheer quantity of these treatments might generate some awe!).

13 A point already made at Vanderspoel (1995, 10).

14 Vanderspoel (1995, 10); this is accepted and developed by Jones (1997), who shows that Themistius also employed the speech in his *Oration* 16, of much later date.

15 On *Oration* 6 (date and model): Vanderspoel (1995, 9, 157–60); no *extempore* speech: Vanderspoel (1995, 177). The evidence for Aristides' remark about *extempore* speech is Philostratus, *VS* 585; see Norman (1953, 20–3) for discussion of the view that Libanius and others in the fourth century p.C. knew Philostratus's *Lives of the Sophists*.

16 Date and circumstances of *Oration* 27: Vanderspoel (1995, 37–8, 91).

17 The date of Libanius, *Oration* 59, is disputed; see Malosse (2003, 7–11) for discussion and bibliography. Since Constans was assassinated early in 350, it was clearly written in the 340s; further precision is not important to the present argument.

18 For discussion of the date (*Oration* 4 is earlier than *Oration* 3), see Vanderspoel (1995, 97nn118 and 119), citing earlier work.
19 ἐξῆλθον εἰς Ῥώμην χειμῶνος μεσοῦντος ... καὶ προελθὼν ἄχρι Ἑλλησπόντου τό τε οὖς ἔκαμνον καθ' ὑπερβολὴν ... μετὰ ταῦτα ὑετοί, πάγοι, κρύσταλλοι, ἄνεμοι πάντες ... πεδία δὲ λιμνάζοντα ὅσον ὀφθαλμὸς ἐπεῖχε ... καταγωγίων δὲ ἀπορία, καὶ πλέον ἐκ τῶν ὀροφῶν τὸ ὕδωρ ἢ ἐκ Διὸς ἔξω ῥέον ... ἐκ δὴ τούτων ἁπάντων ἡ νόσος ἤρετο ... καὶ τοῦτο μὲν περὶ τῶν ὀδόντων ἐν παντὶ κατέστην, ὥσθ' ὑπεῖχον τὰς χεῖρας, ὡς ἀεὶ δεξόμενος ... τοῦ τε ἄσθματος περὶ τὸ στῆθος ᾐσθόμην τότε πρῶτον καὶ πυρετοὶ κατέλαβον ἰσχυροὶ καὶ ἄλλα ἀμύθητα ... καὶ μόλις ἡμέρᾳ ἑκατοστῇ ... ἐν Ῥώμῃ γίγνομαι. καὶ μετ' οὐ πολὺ τὰ σπλάγχνα ᾠδήκει καὶ τὰ νεῦρα κατέψυκτο καὶ φρίκη διέθει διὰ παντὸς τοῦ σώματος καὶ τὸ πνεῦμα ἀπεκέκλειτο. καὶ οἱ ἰατροὶ καθάρσεις προσῆγον καὶ πιὼν ἐλατήριον εἰς δύο ἡμέρας ἐκαθαιρόμην ... καὶ πυρετοὶ κατέλαβον καὶ πάντ' ἦν ἄπορα ἤδη καὶ σωτηρίας οὐδ' ἡτισοῦν ἐλπίς. The translation is that of Behr (1981–6: vol. 2); Downey's source apparatus for Themistius, *Oration* 4, does not cite the *Sacred Tales*, but Themistius must have known it to have written as he did; the similarity was already noted at Vanderspoel (1995, 97n117).
20 I have not consulted the source apparatus for all the speeches in the twelve Teubner volumes of his works (which might offer some clue to his first familiarity with the *Sacred Tales*), but have relied, for methodological reasons, entirely on previous discussions as the basis for the choice of speeches where I did consult a source apparatus.
21 See Cribiore (2007, 23): 'The scrutiny of the writings of Aristides seems to have been intense in the 360s, when Libanius was making a name for himself in Antioch and was reading his works, but this writer remained a prominent influence later on.' Though I am proposing an earlier transition point, that statement does not necessarily conflict with the view expressed here.
22 For discussion, including remarks about Themistius's involvement with the library, see Vanderspoel (1995, 99–100).
23 Discussions of these points at Vanderspoel (1995, ch. IV, passim).
24 Libanius as author: Schenkl (1906, 560–1); presentation to the library: Vanderspoel (1995, 77n29); see also Vanderspoel (1989, 162–4), for the suggestion that Themistius donated a family collection of philosophical commentaries to the library.
25 For details about these individuals, see *PLRE* I, at the appropriate places; also, Seeck (1906). Their exact relationship to Libanius is unknown. Wintjes (2005, 59–61, with stemma at 278) speculates that a sister of Libanius's father was married to the elder (famous) Sopater.
26 On whom, see Cameron (1967, 146–8).
27 It is worth nothing here that, according to the *Souda*, *s.v.* Porphyrios, the Neo-

platonist philosopher Porphyry wrote, in the late third or early fourth century p.C., 'seven books against Aristides.' Behr (1968b, 186–99) has suggested that this represents Porphyry's response to Aristides' three orations against Plato (*Orationes* 3, 4, 5) and that Olympiodorus preserves a few fragments of the work in his commentary on Plato's *Gorgias*. The point here is that Sopater is not the only individual with philosophical interests who defended Plato. Synesius, in his *Dio*, refers to the controversy generated by these speeches of Aristides, naming Theon and Sopater in particular as commentators who responded.

28 See Innes and Winterbottom (1988, 13n5), citing Schmid/Stählin (1920, 2.2^6, 1086n4). The text of the letter may be found at Wachsmuth and Hense (1974, vol. IV: 212 sq. = Stobaeus 4.5.51).

29 Innes and Winterbottom (1988, 1, with 13n10) note several other works ascribed to one Sopater or another, but see no reason to identify the various works as the products of a single author (but this does not forbid the possibility either). It is possible, of course, that Sopater Papa and his son Sopater of Apamea both wrote on rhetoric. They suggest as well that their Sopater the Rhetor had ties to Athens; note, therefore, that the nephew Iamblichus spent the previous thirty years or more of his life on a family estate in Attica. Presumably, Sopater of Apamea, like his relative Libanius, spent some years of study at Athens and perhaps enjoyed this very estate as well (Iamblichus had inherited it from his father Himerius, who was Sopater's brother).

30 This is the view, it seems, of Innes and Winterbottom (1988, 13n5): the existence of a letter from a Sopater to a Hemerius is 'presumably a coincidence.'

31 In his notes to *Oration* 2 of Aristides, Behr (1981–6, vol. I: 449n2) would date Sopater to circa 300 p.C. (naturally enough, if Papa is meant), if a view of Lenz that the author of the hypotheses and Sopater Papa are the same person were correct. I cannot confirm Lenz's view, since the supplied reference is erroneous and I have not yet found the passage in question.

32 See note 27 above for probable knowledge of three other speeches in the philosophical rather than rhetorical tradition. Possibly, the Leuctran speeches remained more available than most of Aristides' orations, because of their utility as models for school exercises.

33 Lenz (1959), in his efforts to separate various strands by various writers in the extant hypotheses, refers regularly to Sopater's older and more recent research.

34 See the text at, and the remarks in, notes 6–7 above.

Libanius's *Monody for Daphne* (*Oration* 60) and the *Eleusinios Logos* of Aelius Aristides

Diane Johnson

'I have the Aristides,' wrote Libanius in 365 p.C. to his friend Theodorus, governor of Asia, in reference to a picture of the second-century sophist received from friends. Libanius goes on to describe the efforts he has made to acquire Aristides' portrait:

It's a work I've been coveting for a long time, and I thank you almost as much as if you had resurrected the man himself and sent him to me. Here I sit beside his image, reading something of his, and asking him, 'Did *you* write these words?' and I answer myself, 'Yes, he was the one who wrote these words.' And it is appropriate that such a form be the mother of such utterances: all his works are so divine, so fair, and superior to most.[1]

Aristides was an orator for whom, Boulanger (1923, 453) stated, 'Libanios professe ... un véritable culte.' Scholars frequently note parallels between remarks Libanius makes about himself and the self-image Aristides allows to emerge from the *Sacred Tales*.[2] Libanius's most recent biographer (Wintjes 2005, 55–6) identifies Aristides, among orators who come after Demosthenes, as the *only* significant influence upon Libanius's work. The reasons for Libanius's commitment to Aristides have not to my knowledge been thoroughly explained. Since the early 340s Libanius had been an actively performing sophist; by 362 he had already resigned a chair of rhetoric at Constantinople and established himself as the city-sophist at Antioch. He had proven himself a speaker of substance, charisma, and great originality.[3] Yet when called upon to perform a monody for the destruction of the city of Nicomedia in 358, Libanius turned for inspiration to the lament performed by Aristides for the loss of Smyrna in 178. The work that resulted from this appropriation, the *Monody for Nicomedia* (*Oration* 61), acknowledges in a graceful undertone the debt to Aristides (Mesk 1937, 1326–7).

In response to another loss of a cultural monument, the destruction suffered by the temple and the cult statue of Apollo at Daphne in October 362, Libanius quite consciously and purposefully sought out and adapted Aristides' oration on the destruction of Eleusis in 170. In selecting this model, Libanius drew upon the novelty of Aristides' application of a human-oriented threnody to a monument; he also adapted some of the conceits found in the *Eleusineos Logos* in composing his *Monody for Daphne*. At the same time, however, the unique modulation Libanius gives the speaker's voice allows him to convey a thesis genuinely his own. By connecting himself to Aristides as a primary representative of the great flowering of sophistic during the second century, Libanius anchored *his* sophistic firmly and securely in the imperial Hellenic past.

The Monody for the Temple at Daphne

During the night of 22 October 362 there was an incident at Daphne, a village located in the hills above the city of Antioch. When a fire broke out in the ancient temple of Apollo, flames immediately caught hold of the god's cult image, the celebrated Apollo of Bryaxis.[4] The old wooden statue, of which only the extremities were made of marble, was completely destroyed, the temple gutted, and its roof cremated; only the exterior columns remained standing.[5] The Emperor Julian, at the time stationed with his troops at Antioch making preparations for his Persian campaign, ordered an investigation to be carried out. Despite the thoroughness of his investigation, however, he was unable to identify a guilty party. Nevertheless, without formally arraigning any group or individual, he ordered the great octagonal Christian church at Antioch closed (Ammianus Marcellinus 22.12).

In a letter he wrote to Libanius several months later, while camped at the town of Batnae in Osrhoene, Julian was reminded of Daphne and the fire. 'The only place I saw in your part of the world that resembles Batnae was Daphne,' he wrote, 'which is like Batnae now; since a little while ago, when the temple and statue were still safe, let me feel no shame in admitting that I treated Daphne as the equal of Ossa and Pelion and the peaks of Olympus and Thessalian Tempe; or rather, I even preferred Daphne, the spot holy to Olympian Zeus and Pythian Apollo, to all those places taken together. But you have written a speech for Daphne, such a speech as no other mortal now alive could write, no matter how hard he tried. I really think that not many men of past ages could have done so well. Why then should I attempt to write something about Daphne, now that your brilliant monody has been composed?'[6]

Libanius himself helps date the monody a little more precisely. In a letter written shortly before 1 January 363 to his friend and fellow-sophist

Demetrius, he states, 'I have already sent you a copy of my tearful speech dealing with the fire and its damage. Sophisticated as you are in art and the traditional culture, you will surely not pass a negative judgment upon one who laments such an event.'[7] The monody, then, must have been composed and performed between the end of October and the middle of December.[8] Texts of the monody were made and distributed. Demetrius of Tarsus probably used his copy for his own enjoyment as well as his students' edification. Libanius doubtless kept a copy in his files and may well have assigned it as classroom reading for his own students.[9] One of Libanius's students certainly read the monody; in fact it is to this student, John Chrysostomus, that we owe as much of the monody as has been preserved.[10]

In composing the monody for Apollo's temple at Daphne, Libanius had a number of audience expectations to fulfil. These had been catalogued by Menander Rhetor, writing probably within a century of Libanius, in his study of epideictic genres.[11] Menander stipulates that, insofar as the monody represents an artistic version of the ancient ritual lament for the dead, it is necessarily emotionally draining and must be very limited in length.[12] Menander also states that the monody's primary goal is praise: the speaker praises the deceased by emphasizing the immense significance of his or her loss. And, in terms of its style, the monody must be *anetos*, loose and unstructured.

Generically speaking, Libanius's monody is likely to have contained all of the components of the monody stipulated in Menander's discussion. What we possess of *Oration 60* does not allow us to gauge its exact length; however, Libanius's *Oration 61*, the monody for Nicomedia, written four years earlier, kept within Menander's guidelines. It is likely then that the monody for Daphne was quite short. The element of praise is predominant in the fragments. Judged by the repetitions of thought and redundancies of statements it contains, it was not structured according to the rules of logical exposition. Sentences are short and strong expressions of simple emotional responses. The style is paratactic.

But there is more to the speech than its fulfilling of the genre's requirements. In this work Libanius creates an idealized cultural background through which he assesses the disaster that befell the temple of Apollo. Against this background the loss of the cult statue and the irreparable damage to Apollo's temple become elements supporting the significantly political thesis he wishes to argue: that the fire was an act of a madman and therefore represents not an inevitability but an aberration; that what was lost was a beautiful object; and that the greatest losers in the disaster are those Antiocheans endowed with the taste and discrimination truly to appreciate the statue's excellence. The loss of the statue disfigures the city of Antioch and deprives its refined citizens of a precious object. Its loss does not, however, threaten the society from which it has been removed. To demonstrate how Libanius incorporates this statement into the monody's emotional display, I shall examine these three points: the agent of the destruction, the object destroyed, and the victims of the disaster.[13]

The Aggressor

One of the hallmarks of Libanius's style is his treatment of personal names. He is a master of the figure of *antonomasia*, that is, the use of a paraphrase for a proper name. In *Oration 60* Libanius tosses off references to 'the ill-starred Lydian king' in paragraph 9 and 'the girl' in paragraph 11; Libanius assumes that none of his audience will have trouble recognizing Croesus and Daphne in these phrases. In general, Libanius uses this figure to elevate his tone,[14] but my feeling is that he is here aiming at a collusive effect, drawing his audience into a close community that does not need to have details spelled out or a spade called a spade.[15]

The figure of *antonomasia* is used repeatedly in the monody for Daphne to refer to the person who started the fire. That there was a single arsonist and not several is for Libanius a given; nor does he even suggest the possibility that the blaze was an accident. He keeps the perpetrator unknown, unidentifiable, and unsupported. We have only references to 'this one bearing fire from afar,' 'that malevolent hand,' 'the one who started the war,' and 'he':

What then was the first thing the one who started the war said to himself? Wherever did he get the nerve? How did he keep up his resolve? How is it that he did not abandon his stratagem, awed by the beauty of the god? (10)[16]

Indeed, by referring to Tityos, Idas, and the Aloadae, Libanius suggests that the perpetrator may be some monstrous, inhuman psychopath:

This is some second Tityos, or some Idas ... knowing only this one thing, how to act with insanity towards the gods. Apollo, by killing the sons of Aloeus you put a stop to the plots they were hatching against the gods. But how is it that an arrow flying to his heart did not strike this one as he bore fire from afar? (8)[17]

Whoever or whatever he may be, the individual who attacked the temple and its cult statue is not one of the right-minded citizens of Libanius's idealized Antioch, but a *polemios*, worse than the king of Persia,[18] the canonic barbarian who, though he had led an army against the city, had been overcome by Apollo's grace:

The god turned away and changed the intent of the king of Persia ... He who led an army against us thought it more in his own interest that the temple be preserved, and the beauty of the statue conquered his barbarian soul. (2–3)[19]

The present aggressor, however, works secretly and madly from within: he is the unseen terrorist.

The Object of Lamentation

The setting for the temple and statue is described in such a way as to create a contrast with the furious insanity of the vandal:

The temple [within the precinct] is like a harbour made by nature within a harbour; both are free from billows, but the second bestows greater serenity. (6)[20]

It is upon the cult statue that Libanius focuses the emotional force of the monody. It is described most graphically in the eleventh fragment, briefly developed into an ekphrasis:

Gentlemen, before my eyes I see the image, the detailed execution of the form, the delicacy of the skin – even these details were expressed in stone – the belt girding the golden tunic around the breast, worked in such a way that part of the tunic fell beneath the belt, part protruded over it. As for the impression given by the entire composition, whose rage would it not lull to rest? For he looked as though he were singing a song. And they say that someone even heard him playing his cithara in the middle of the day. Blessed ears! (11)[21]

The detailed description of the statue emphasizes its status as an exquisite object, a work of human art. Apollo himself remains apart, strangely undisturbed by the attack. Puzzled, the speaker seems to feel the need to rush to the rescue, to interfere by assuming the god's role.

Give me my horn-tipped bow! says the tragedy. And I say, 'Give me a bit of prophecy as well, in order that with this I may seize the perpetrator, with this I may slay him.' (8)[22]

The Community and Its Spokesman

Libanius opens the monody by addressing his idealized audience as 'men upon whose eyes a dark mist has fallen' (1) (Ἄνδρες, ὧν τοῖς ὀφθαλμοῖς ἀχλὺς κατακέχυται) as he emerges from among them to lead and focus the lamentation. Refusing to make a conjecture about the motives in the attack upon Apollo's statue, Libanius isolates the perpetrator from this community of the decent and right-minded citizens who form his audience. These people, to the extent that they have recognized the statue's beauty and now lament its loss, demonstrate their own *philokalia*. Blessed is the man whose ears can make out the tunes of that cithara heard at noon. He is the true Hellene, the true *pepaideumenos*, the one who stands with Libanius and joins the lament.

Libanius reifies his ideal Hellenic community responding to grief and loss by making the contemporary setting of the disaster especially clear. Unidentified individuals exemplify how the community responds to the disaster:

When it grew light a traveller cried out. An inhabitant in the grove of Daphne, the priestess of the god, was thrown into confusion. The sound of the beating of breast and the sharp cry of lamentation running through the village of many trees fall upon the city, dreadful and chilling. (12)[23]

A vague reference to the unpleasant, recent past, when leaders (whose status as Christians is not mentioned) limited religious expression, reminds the audience of the return to better days since Julian's arrival at Antioch. Then, Apollo's worship had been neglected, the gilding of the statue's garments stolen, the precinct spoiled by the presence of a dead body.[24] By human misjudgment the precinct had been defiled. But now, even though human error has been rectified through Julian's purification of the site, Apollo has allowed the destruction of the statue:

At that time, while your altars went thirsty for lack of blood, you waited, Apollo. ... But now, after many sheep and cattle, having received the king's lips upon your foot ... having been rid of an obnoxious proximity, some human corpse causing you annoyance by being near, you have withdrawn from the midst of the worship. (5)[25]

There is no possibility that any member of the audience addressed in this passage will have supported the other (Christian) side. Libanius expects his listeners to be struck by the irony of Apollo's choice to allow the destruction of his cult statue at precisely this moment.

Libanius develops this irony into the stronger figure of the *adynaton*: the impossible has occurred, the world is turned upside down. Though Apollo was at the apogee of his cult, he allowed a human agent whom Libanius can neither name nor whose motives he can define to destroy his statue. He increases the *adynaton* by drawing in the other gods who enjoyed flourishing cults at Antioch; they *should* have interfered to prevent the disaster, but they did not. By depicting the deities lamenting in the same manner as the audience, Libanius weaves them tightly into his right-minded human community:

> Great was the lament of the nymphs who leapt forth from their fountains. Great was the lament of Zeus whose seat was nearby, such a lament as befit the accrued honors of his son. And great was the lament of the innumerable crowd of holy beings who inhabit the grove. And no less a cry of grief did Calliope give forth from the centre of the city, for the Muses' choral leader had been wronged by the fire. (13)[26]

Rather than attempt to rationalize this, Libanius maximizes the absurdity of the situation by reminding us why the gods who *did not* interfere, should have done:

> And did Hephaestus, keeper of the flame, not threaten that despoiling fire, owing a favour to the god for the old revelation? Would Zeus, he who holds the reins of the storms, not send water upon the blaze, even he who once extinguished the blazing pyre for the ill-starred Lydian king? (9)[27]

The laws of cause and effect seem to have been broken – one of the outcomes of the figure of *adynaton* is that sense of emotional vertigo called 'denial' – and we are left with a feeling of horrified, pathetic wonder at a loss we never dreamed could happen:[28] Apollo is 'like a bridegroom who departed while the garlands were still being woven' (οἷον νυμφίου τινὸς πλεκομένων ἤδη τῶν> στεφάνων ἀπελθόντος, 14).

It is through this exaggerated inability to figure it all out that Libanius can keep intact the illusion of operating in a completely Hellenic world, one defined by classical *paideia*. Libanius locates himself, in 22 October 362, as the latest of many Hellenes who in their undeserved loss have remonstrated with the gods. Lamenting the loss gives Libanius the opportunity to solidify the reality of the Hellenic present and to define the community around him. And just as the loss of an excellent citizen does not mean the destruction of his society, so the ideal Hellenic society these refined mourners occupy is not threatened by the loss of an exquisite object.

In conveying this thesis of continuity and consistency with the past, Libanius found an important resource in Aristides' monody for Eleusis. In his use of the earlier monody he borrowed both generically and specifically. In *Oration* 61, the monody for Nicomedia, Libanius had already appropriated the entire concept of the *Eleusinios Logos*: that is, lamenting a cultural monument as though it were an individual human being.[29] In his lamentation for Apollo's statue, Libanius drew upon some distinct and salient details found in Aristides' work, emphasizing them in order to make his oration a direct descendant of Aristides'.

The *Eleusinios Logos* of Aelius Aristides

The Thracian tribe of the Costoboci, stirred into action by Roman incursions into central Europe during 168–72 p.C., made a shockingly successful invasion of the Balkans. They traversed Moesia, Macedonia, Thrace, and Greece, burning and pillaging. In 170 they penetrated Attica and attacked Eleusis, causing considerable damage to the sacred precinct of Demeter and Kore and to the cult buildings associated with the performance of the Eleusinian Mysteries.[30]

According to the subscription attached in antiquity to the text of the *Eleusinios*, Aristides wrote the monody in May of 171 in the space of one hour, and immediately afterward delivered it in the Bouleuterion at Smyrna (Humbel 1994, 49–50). The implication is that as soon as he heard news of what had happened, he was so inspired that he performed this speech just as it came from his pen: an unusual procedure for this sophist, who prided himself on his exquisite craftsmanship. My own feeling is that Aristides performed this piece as a *dialexis* before the Smyrnaeans, having expended considerable time on it but aiming at an extemporaneous effect, one designed to give the impression of spontaneous and unrehearsed lamentation.

Before 171 Aristides had composed and performed several funeral orations for individuals. His teacher Alexander of Cotiaeon and his pupil Eteoneus had been honoured with orations designed to be performed at their funeral services; while these speeches formally rank as *epitaphioi logoi* (sober and restrained assessment of deceased's contribution to his culture), they contain extended passages of lamentation. Ritual lamentation was a form of discourse with which Aristides was familiar. Whether or not he was doing something novel, on the occasion of the vandalism at Eleusis, in addressing a monody to a physical structure rather than to a man or woman, is not clear.[31]

The *Eleusinios Logos* is a beautifully crafted work.[32] It satisfies completely Menander's generic requirements for the monody as a brief but unstructured oration conferring praise through the magnification of loss. All the while, it conveys a nuanced and sophisticated voice. We can approach the text through the topics applied to Libanius's monody.

The Aggressor

Aristides does not identify the vandals who attacked Eleusis; he may not have known who they were. He defines and isolates them by emphasizing

207 Monody for Daphne and the Eleusinios Logos

how their action is completely unparalleled by anything in the past. The body of the *Eleusinios* consists of a kind of historical review of *exempla*, illustrating precisely what makes the Costoboci's attack different from other aggressors' treatment of Eleusis: the Costoboci did not display the awe and holy terror Greek and barbarian alike had previously shown when drawing near the site:

The Dorians campaigned against Athens. But when they got to Eleusis they felt ashamed. ... During the Persian War ... many of the holy places of the Greeks were set ablaze, among them that summit of Hellas, the city of the Athenians. But Eleusis prevailed ... Then occurred that great conflict in which the Greeks warred against each other ... Eleusis alone was at peace ... Later, when Sphodrias set forth from Thebes, a vision of the torches was enough to extinguish his audacity ... The Philips, the Alexanders, the Antipaters, the whole list of the Successors ... considered Eleusis to be a place truly off-limits too and greater than themselves. I also keep silent about the Celts. (257.26–259)[33]

These powerful men all approached the precinct with violence but turned away in dread. Or they had done so until now. The unhappy conclusion Aristides' speaker draws is that enemies of the gods above and below have succeeded now in destroying what Greeks and barbarians had for ages left intact.

The Object of Lamentation

The extent of the actual damages to the site of Eleusis inflicted by the Costoboci is nowhere mentioned in the monody. Indeed, if the ancient subscription is correct, Aristides may very well have been ignorant of the extent of the damage. His speaker is convinced that the site has been destroyed, as he praises what Eleusis used to be:

Who among the Greeks, or who among the barbarians, is so stupid or ignorant, so disengaged from the earth and from the gods, in short so insensitive to beauty – I make an exception of those wretches (may they die most miserably!) who did this, whoever they were – who could there be who did not consider Eleusis to be the common holy precinct of the earth, and the most awesome and most brilliant of all divine things among men? (257.7–8)[34]

Aristides blends the description of the physical site with that of the celebration of the Eleusinian Mysteries, implying that the loss of the physical setting means the destruction of the ceremony:

What is greatest and most godlike, one building held this festival alone of the festivals, and to fill the city and the Eleusinion was the same thing. Who, even if he had seen even at the crossroads these statues and inscriptions and this adornment round about, would not have beamed with admiration? (259.7)[35]

The Community and Its Spokesman

Unlike Libanius, Aristides makes very little effort to define his audience. Except for rhetorical questions fired off at the gods, various abstractions, even the Costoboci themselves, Aristides concentrates on developing the voice of his speaker. Only at the conclusion of the monody does he turn to 'you Greeks.'

The figures of thought that dominate Aristides' construction of voice are *aposiopesis* (falling into silence in frustration or shock) and the insistence that there is none able adequately to convey the enormity of the disaster. The monody opens with this figure, as the speaker accuses Zeus of proposing a theme, a hypothesis, that no human singer or speaker can encompass. It is an extreme thesis for a sophist to maintain:

I, even as I set my hand to the work, grow numb and turn away, and I force myself to speak about this one matter that I am not able to keep silent. (256.5–7)[36]

Aristides assumes the persona of the singer of a tragic choral stasimon, and I would suggest that he sees himself in the role of an Eleusinian Aeschylus whose presence, however, he questions toward the end of the speech:

What things the Daemon gave us now to see and to sing of! To do these justices what Argive lament, what songs of Egyptians or Phrygians will suffice? What Aeschylus of Eleusis will sing it in the chorus? (259.21)[37]

The speaker plays with Eleusinian concepts of things revealed, things kept hidden, things that should, should not, and cannot be seen:

O Demeter ... for whom should I groan more? For the initiates, who are now deprived of the fairest things they had ever seen? Or for the uninitiated, deprived of the fairest things they could have seen. O you who wickedly betrayed the Mysteries! O you who revealed the things not to be revealed! (260.5)[38]

He uses verbs of singing, speaks of lyres and citharas, in order to transfer Eleusis and the destruction of the Telesterion into a tragic realm, make out of it a tragedy in the Aeschylean style fit to be counted among the canonic texts of *paideia*. Hence the frequent references to singing and canonic singers, especially in the opening sentence in which Orpheus, Thamyris, and Musaeus are appealed to as the sole musicians able to celebrate adequately the current disaster. The position is one of complete and utter loss: the speaker insists that the Mysteries are dead and the city of Athens is the next target. The Greeks are babies, fools who cannot or will not resist, and it is the end of the world or *paideia* as we know it: ὦ πάλαι τε δὴ καὶ νῦν ὡς ἀληθῶς παῖδες Ἕλληνες ... οὐ τάς γε Ἀθήνας αὐτὰς περισώσετε; Aristides' speaker has assumed, in historical terms, a much exaggerated position. Neither were the Costoboci in reality headed to Athens, nor did their attack damage Eleusis beyond repair. Marcus Aurelius and Commodus would themselves be initiated at the site in 176 (Mylonas 1961, 161, 231). Did Aristides have a political point to make in taking so extreme a position about the Mysteries? I do not believe so. Aristides is experimenting with applying the structure of the sophistic lamentation for a person to the 'death' of a cultural monument (see note 18). The graveside associations of the monody recited for an individual human have determined his choices. In the ritual lamentation for an individual, the concepts of total loss, eternal deprivation, and despair are appropriate. These Aristides has applied to the damage done at Eleusis. And because the monody had an intrinsic connection with tragedy,[39] Aristides' speaker adopts a tragic isolation, not connecting with the circumstances of 171 p.C. but entering the timeless art world of Greek *paideia*.

What Did Libanius Borrow from Aristides?

If, as I believe is the case, Aristides developed the concept of applying the monody to a cultural monument, then Libanius's monody for Daphne represents a second borrowing: as we have seen, his monody for Nicomedia had been performed four years previously. In addition to this more general feature, however, there are some striking figures in the *Eleusinios* that Libanius immediately accessed.

Clearly the reference to the King of Persia, whom Aristides used as the quintessential Asian barbarian, struck Libanius as an important point to borrow. For Aristides, Xerxes contributed to the catalogue of men of power forced to respect Eleusis. For Libanius, the figure of Sapor I restraining his ardour before the statue of Apollo served a very similar purpose.

The mysterious calm and meditative bliss of the holy place destroyed by violence provided both Aristides and Libanius an ironic contrast to the enormity of the site's destruction. Aristides touches upon the awe associated with Eleusis, without developing the point. 'Who could there be,' he rhetorically asks at 256.7–12, 'who did not consider Eleusis to be the common holy precinct of the earth, and the most awesome and most brilliant of all divine things among men?'[40] Libanius, whose thesis requires that the peace of Daphne's temple suffuse the hearts of the Antiocheans as well, develops the thought further. The temple was a place of such serenity that he is driven to wonder, 'Who would not have stripped away his disease here, his fear, his lamentation? Who being here would long to be in the Isles of the Blessed?' (6).[41]

Libanius follows Aristides in referring to the near future, when the rest of the world will look to the wasted spot in horror. In Aristides' more extreme vision, the Eleusinian Mysteries are effectively destroyed: '*This* month of Boedromion begs for a different cry, not such as when Ion shouted out, "To Athens!" O proclamation, O schedule of holy days and nights, in such a day did you reach your end' (259.9–260).[42] Libanius calls upon civic pride to remind his fellow citizens the shame and loss they will feel during the coming Olympic Games at Antioch. The loss of the temple of course does not affect the performance of these athletic competitions. However, the city has been deformed by the disaster:

The Olympic festival is not very far off, and the national assembly will summon the cities. What shall we do? ... Who will call the Olympics a festival, when this ruin, so near at hand, imposes lamentation? (7)[43]

If we had the complete text of Libanius's monody for Daphne we could probably lengthen this list. Even judged by the fragments, however, Libanius has put himself under a clear obligation to Aristides on the verbal level. What Libanius *did not* find in the *Eleusinios*, and what his thesis depended upon, was a closely defined audience. Aristides addressed the Greeks: it may be that he was addressing the *oikoumene*, or giving his monody a specific historic setting. At any rate, he is not concerned to solidify a body of like-minded listeners. For the orators of the Second Sophistic, among whom Aristides represented the brightest star for Libanius, constructed their orations for an audience essentially Hellenic. Such an audience Libanius tries his best to address, but he knows – and we know he knows – that the Greeks of Antioch represented a number of positions and parties that for Libanius loomed threateningly. Before his idealized audience lamenting the cult statue of Apollo, Libanius can afford to ignore what historians have identified as grave challenges to the Hellenism of his day: Christianity, the strain upon the traditional culture of the Greek *polis* effected by the imperial presence, and the lure of service in an imperial bureaucracy that drew bright young people away from the city of their birth. Standing on the edge of the period covered by the Second Sophistic, Libanius does what he can to join hands with the earlier sophists, to carry on as though he could still hope to enjoy sophistic *parrhesia* before an Antonine emperor. The *Kulturkampf* of the fourth and fifth centuries looms threateningly before him;[44] but with Aristides in his corner, he can hope to defend the sophistic concept of *logos* and its centrality to the Hellenic community for a little while longer.

NOTES

1 *Letter* 1534 Förster: Ἔχω τὸν Ἀριστείδην, πρᾶγμα πάλαι ποθούμενον, καὶ σοὶ χάριν ἔχω μικροῦ τοσαύτην, ὅσηνπερ ἄν, εἰ αὐτὸν ἡμῖν ἀναστήσας τὸν ἄνδρα ἐπεπόμφεις. καὶ παρακάθημαί γε τῇ γραφῇ τῶν ἐκείνου τι βιβλίων ἀναγινώσκων ἐρωτῶν αὐτόν, εἰ αὐτὸς ταῦτα. εἶτ' αὐτὸς ἀποκρίνομαι ἐμαυτῷ· ναί, ταῦτα γε ἐκεῖνος. καὶ γὰρ ἔπρεπε τοιούτων λόγων τοιαύτην μορφὴν εἶναι μητέρα· οὕτω πάντα θεοειδῆ καὶ καλὰ καὶ κρείττω τῶν πολλῶν; all translations in this paper are my own. For Theodorus see Jones, Martindale, and Morris (1971, 897) (Theodorus 11), also Cribiore (2007, 23).
2 See, for example, Martin and Petit (2003, 211), Boulanger (1923, 448–52).
3 See Libanius *Oration* 1.29 sq. for his early performing career, and Wintjes (2005, 77–8).
4 The temple and its statue were commissioned by Antioch's founder, Seleucus I. See Downey (1961, 81–6).
5 Some seventeen years later, in his homily *For Saint Babylas against the Hellenes*, John Chrysostomus referred his readers to the relicts of the temple, still standing at Daphne (sections 114–19 in Shatkin, Blanc, and Grillet 1990).
6 *Letter* 98 Bidez: Ἔνθεν ὑποδέχονταί με Βάτναι, χωρίον οἷον παρ' ὑμῖν οὐκ εἶδον ἔξω τῆς Δάφνης, ἢ νῦν ἔοικε ταῖς Βάτναις· ὡς τά γε πρὸ μικροῦ, σωζομένου τοῦ νεὼ καὶ τοῦ ἀγάλματος, Ὄσσῃ καὶ Πηλίῳ καὶ ταῖς Ὀλύμπου κορυφαῖς καὶ τοῖς Θετταλικοῖς Τέμπεσιν ἄγων ἐπίσης, ἢ καὶ προτιμῶν ἁπάντων ὁμοῦ τὴν Δάφνην οὐκ αἰσχυνοίμην, ἱερὸν Διὸς Ὀλυμπίου καὶ Ἀπόλλωνος Πυθίου [τὸ] χωρίον. Ἀλλ' ἐπὶ μὲν τῇ Δάφνῃ γέγραπταί σοι λόγος, ὁποῖον ἄλλος οὐδὲ εἷς τ ῶ ν ο ἳ νῦν βροτοί εἰσι καὶ μάλα ἐπιχειρήσας ἂν καμεῖν ἐργάσαιτο, νομίζω δὲ καὶ τῶν ἔμπροσθεν οὐ πολλοὺς πάνυ. Τί οὖν ἐγὼ νῦν ἐπιχειρῶ περὶ αὐτῆς γράφειν, οὕτω λαμπρᾶς <σοι μονῳδίας> ἐπ' αὐτῇ συγγεγραμμένης;
7 ἃ δ' ἐπὶ τῷ πυρὶ καὶ οἷς ἔδρασεν ἅμα δάκρυσιν ἐφθεγξάμην, ἀπέσταλκά σοι. τέχνης δὲ γέμων καὶ τῶν τοῖς πρεσβυτέροις πεποιημένων οὐ δήπου καταγνώσῃ τοῦ τὰ τοιαῦτα θρηνοῦντος. *Letter* 785 Förster. For Demetrius see Jones, Martindale, and Morris (1971, 247–8) (Demetrius 2).
8 Although Libanius did not perform all of his orations, we can be fairly certain that the *Monody for the Temple at Daphne* was one of those delivered before

an audience. For a discussion of those orations that were probably performed see Rother (1915), Petit (1956), and Cribiore (2007, 7).

9 For the classroom use of Libanius's works and those of other contemporary sophists see Cribiore (2007, 152–3).

10 Libanius's monody in its current state is fragmentary, *non integra sed nihil nisi compages est membrorum solutorum*, as Förster described it: nothing but a collection of excerpts (1908 tom. 4, 200). It was in this state when it was incorporated into the archetype. The monody, included as the sixtieth oration, is identical to the passages quoted from it in John Chrysostomus's *For Saint Babylas against the Hellenes*; Förster felt that it had been added to the corpus of Libanius's work, long after the sophist's death, by a reader who compiled from Chrysostomus's homily the excerpted passages and set them down in the same order in which Chrysostomus had quoted them. Two earlier editors, however, Morel and Reiske, read the monody as a complete work. Reiske felt that something was not quite right with the text, stating: *aut non habemus integram hanc monodiam, et sane e Chrysostomo solummodo excerpta est, qui non uidetur totam retulisse, aut, ut in affectu luctus contingit, auctor conturbatius effundit animi sui sensa, sine rerum ordine et uinculis uerborum ab alio argumento ad aliud transsiliens* (Reiske 1791, 335n25). Chrysostomus does in fact state in his homily that he had omitted passages of the monody; however, that Reiske attributed many if not all of the abrupt transitions in this text to Libanius's emotional state is stylistically relevant.

In the *For Saint Babylas against the Hellenes*, Chrysostomus used only those portions of the monody which supported his thesis: that the statue of Apollo had been destroyed by the Christian God at the instigation of Saint Babylas, whose bones Julian had previously removed from the temple grounds. Chrysostomus quoted passages of the monody to illustrate the wrong-headedness of paganism and to demonstrate the powerlessness of the Apollo in the presence of the sainted martyr Babylas; see note 17 below. He was attempting to make Libanius incriminate or contradict himself; hence the portions of Libanius's monody quoted are those Chrysostomus felt contained the most substance for such an attack.

11 See the commentary to Menander's presentation of *monoidia* in Russell and Wilson (1981, 347–8).

12 For the ritual lament as literature see Alexiou (2002, 131–205).

13 I have used Förster's Teubner text of Libanius's orations as the basis for the following translations.

14 *Antonomasia* is particularly characteristic of high epic and tragic poetry. See Lausberg (1998, 264–5).

15 This seems to be one of the effects Libanius is seeking in his autobiography (*Oration* 1), where *antonomasia* is used in abundance. For an example of the frustration this figure can cause, see Martin and Petit (2003, 228–9n90).

16 τί ποτε ἄρα πρὸς αὐτὸν εἶπεν ὁ τὸν πόλεμον ἀράμενος; πόθεν ποτὲ τὸ θάρσος; πῶς δ' ἐφύλαξε τὴν ὁρμήν; πῶς δ' οὐκ ἔλυσε τὸ δόγμα τοῦ θεοῦ τὸ κάλλος αἰδεσθείς;

17 Τιτυός τις οὗτος ἕτερος ἢ Ἴδας ... ἀλλ' ἓν τοῦτο εἰδὼς τὸ κατὰ θεῶν μαίνεσθαι. τοὺς μὲν Ἀλωέως ἔτι διανοουμένους τὰς κατὰ τῶν θεῶν ἐπιβουλὰς θανάτῳ κατέπαυσας, Ἄπολλον· τούτῳ δὲ πόρρωθεν φέροντι τὸ πῦρ οὐκ ἀπήντησεν οἰστὸς ἐπ' αὐτὴν πετόμενος τὴν καρδίαν;

18 We have to be careful when dealing with the King of Persia in paragraph 2. The king Libanius refers to here is Sapor I, who was very much in Antioch's mind, as he had captured the city just a century ago. Julian will fall in the expedition against Sapor II, his grandson. For the third-century capture of Antioch by the Sassanids see Ball (2000, 153–5), Wintjes (2005, 29–35).

19 Τόν τοι βασιλέα Περσῶν ... μετέβαλεν ὁ θεός ... Ὁ μὲν στρατὸν ἐφ' ἡμᾶς ἀγαγὼν ᾤετο αὐτῷ βέλτιον εἶναι σεσῶσθαι τὸν νεών, καὶ τὸ κάλλος τοῦ ἀγάλματος ἐκράτει θυμοῦ βαρβαρικοῦ.

20 ὁ νεώς, οἷον λιμένος ἐπὶ λιμένι παρ' αὐτῆς πεποιημένου τῆς φύσεως, ἀκυμάντοιν μὲν ἀμφοῖν, πλείω δὲ τὴν ἡσυχίαν παρεχομένου τοῦ δευτέρου.

21 Ἄνδρες, ἕλκομαι τὴν ψυχὴν πρὸς τὸ εἶδος τοῦ θεοῦ καί μοι πρὸ τῶν ὀμμάτων ἵστησιν ὁ λογισμὸς τὸν τύπον, ἡμερότητα μορφῆς, ἁπαλότητα δέρης ἐν λίθῳ, ζωστῆρα περὶ τῷ στήθει συνάγοντα χιτῶνα χρυσοῦν, ὡς αὐτοῦ τὰ μὲν ἐνιζάνειν, τὰ δὲ ὑπανίστασθαι. τὸ δὲ ὅλον σχῆμα τίνος οὐκ ἂν ζέοντα ἐκοίμισε θυμόν; ἐῴκει γὰρ ᾄδοντι μέλος. καί πού τις αὐτοῦ καὶ ἤκουσεν, ὥς φασιν, ἐν μεσημβρίᾳ κιθαρίζοντος. ὦτα εὐδαίμονα.

22 δὸς τόξα μοι κερουλκά, φησὶν ἡ τραγῳδία. ἐγὼ δὲ λέγω, καὶ μαντικῆς τι μικρόν, ὅπως τῇ μὲν ἕλω, τοῖς δὲ τοξεύσω τὸν δράσαντα. ὦ τόλμης ἀσεβοῦς, ὦ ψυχῆς μιαρᾶς.

23 Ἐβόα μὲν ὁδοιπόρος ἀνιούσης τῆς αὐγῆς, ἐκυκᾶτο δὲ φίλη Δάφνης ἔνοικος, ἱέρεια τοῦ θεοῦ. πληγαὶ δὲ στέρνων καὶ οἰμωγή τις ὀξεῖα διὰ χωρίου πολυδένδρου δραμοῦσα πίπτει μὲν εἰς τὸ ἄστυ δεινή τε καὶ φρικώδης.

24 We feel the pull of Libanius's rhetoric – and his persistent use of the figure of *antonomasia* – when we recognize in 'an obnoxious proximity, some human corpse' the earthly remains of Saint Babylas, a former bishop of Antioch who had been transplanted from the Christian cemetery at Antioch to Daphne, and whom Julian had quite recently commanded his people to rebury back in his old crypt outside the walls of Antioch. See note 10 above.

25 Εἶτα διψώντων μέν σοι τῶν βωμῶν αἵματος ἔμενες, Ἄπολλον ... δὲ μετὰ πολλὰ μὲν πρόβατα, πολλοὺς δὲ βοῦς στόμα βασιλέως τῷ ποδὶ δεξάμενος ... πονηροῦ γειτονήματος ἀπαλλαγείς, νεκροῦ τινος ἐνοχλοῦντος ἐγγύθεν, ἐκ μέσης τῆς θεραπείας ἀποπεπήδηκας.

26 ἦ που μέγαν μὲν ἤγειραν γόον ἐκπηδήσασαι τῶν πηγῶν αἱ Νύμφαι, μέγαν δὲ ὁ Ζεὺς ὁ ἐγγύς που καθήμενος, ὁποῖον εἰκὸς ἐπὶ τιμαῖς υἱέος συγκεχυμέναις, μέγαν δὲ δαιμόνων μυρίων ὅμιλος ἐν τῷ ἄλσει

διαιτωμένων, οὐδὲν ἐλάττω θρῆνον ἐκ μέσης τῆς πόλεως ἡ Καλλιόπη τοῦ χοροποιοῦ τῶν Μουσῶν ἠδικημένου τῷ πυρί.

27 Ἥφαιστος δὲ δὴ πυρὸς ταμίας οὐκ ἠπείλησε τῷ πυρὶ λυμαινομένῳ τὴν χάριν ὀφείλων τῷ θεῷ μηνύματος ἀρχαίου; ἀλλ' οὐδὲ ὁ Ζεὺς ὄμβρων ἡνίας ἔχων ὕδωρ ἀφῆκεν ἐπὶ τὴν φλόγα καὶ ταῦτα Λυδῶν ποτε βασιλεῖ δυστυχήσαντι σβέσας πυράν.

28 See Curtius (1953, 95–8). *Adynaton* is a standard figure of thought in the monody for individual human beings. Menander insists that the monody is only really appropriate for someone who dies young, before one could reasonably expect his time had come; the passionate arousal of the monody would be quite inappropriate at the funeral of an elderly person.

29 Russell and Wilson, in discussing Menander Rhetor's rules for the monody (1981, 347), state that 'it is noteworthy that Menander gives no rules for what appears to be a common type of *monodia* in the Second Sophistic, namely the lament over a town ruined by sack or natural disaster: Aristides *Oration* 18 (Smyrna), *Oration* 22 (Eleusis); Libanius *Oration* 60 (Daphne), *Oration* 61 (Nicomedia).' The lack of information on monodies for monuments performed by other sophists suggests to me that Aristides established and Libanius developed this form.

30 Discussion of the Costoboci at Delphi can be found in Mylonas (1961, 156, 160), Humbel (1994, 7), Russu (1959).

31 Philostratus (*VS* 522–3) mentions a *threnos* for Chaeronea spoken in the person of Demosthenes, composed and performed by Dionysius of Miletus. We have no further details about this declamation.

32 I have accessed Aristides' text through the *Thesaurus Linguae Graecae*; citations are according to the Jebb page.

33 Δωριεῖς ἐπ' Ἀθήνας ἐστράτευον. ὡς δ' Ἐλευσῖνι γίγνονται, καταισχυνθέντες, εἴτε καὶ δείσαντες χρὴ λέγειν, ἀπιόντες ᾤχοντο τὴν αὐτήν. ... γενομένου δὲ τοῦ Μηδικοῦ στόλου καὶ μεγίστων δὴ πραγμάτων καὶ κινδύνων οὐ μόνον τὴν Ἑλλάδα, ἀλλὰ καὶ πᾶν ὅσον ἔξω τῆς Περσικῆς ἀρχῆς ἦν κατασχόντων, πολλὰ μὲν τῶν ἐν τοῖς Ἕλλησιν ἱερῶν ἐμπίμπραται, καὶ πρός γε ἡ κορυφὴ τῆς Ἑλλάδος ἡ τῶν Ἀθηναίων πόλις· τῇ δ' Ἐλευσῖνι τοσοῦτον περιῆν ... πολέμου δὲ συμβάντος τοῖς Ἕλλησι πρὸς ἀλλήλους πολλοῦ ... μόνη δὴ τρόπον γέ τινα Ἐλευσὶς ἠρέμει ... Σφοδρίου τοίνυν ὕστερον ὁρμηθέντος ἐκ Θηβῶν ἤρκεσαν αἱ δᾷδες φανεῖσαι κατασβέσαι τὴν τόλμαν. ... ἀλλὰ Φίλιπποι καὶ Ἀλέξανδροι καὶ Ἀντίπατροι καὶ πᾶς ὁ τῶν κάτω δυναστῶν οὗτος κατάλογος ... μόνην τὴν Ἐλευσῖνα ὡς ἀληθῶς ἄβατόν τι καὶ κρεῖττον ἑαυτῶν ἡγήσαντο. καὶ σιωπῶ Κελτούς.

34 τίς γὰρ Ἑλλήνων ἢ τίς βαρβάρων οὕτω σκαιὸς ἢ ἀνήκοος, ἢ τίς οὕτω σφόδρα ἔξω τῆς γῆς ἢ θεῶν, ἢ συλλήβδην εἰπεῖν καλῶν ἀναίσθητος, πλὴν τῶν κάκιστ' ἀπολουμένων, οἳ ταῦτ' ἔδρασαν, ὅστις οὐ κοινόν τι τῆς γῆς

τέμενος τὴν Ἐλευσῖνα ἡγεῖτο, καὶ πάντων ὅσα θεῖα ἀνθρώποις, ταυτὸν φρικωδέστατόν τε καὶ φαιδρότατον.

35 τὸ δὲ δὴ μέγιστον καὶ θειότατον, μόνην γὰρ ταύτην πανηγύρεων εἷς οἶκος συλλαβὼν εἶχε, καὶ ταυτὸν ἦν τῆς τε πόλεως πλήρωμα καὶ τοῦ Ἐλευσινίου. πλάσματα τοίνυν καὶ γραφὰς καὶ τὸν κύκλῳ κόσμον τοῦτον τίς ἂν οὐχὶ καὶ ἐν ταῖς τριόδοις ὁρῶν ἐγανώθη, μή τί γε δὴ ἐν προσθήκῃ τῶν σεμνοτέρων εἶδεν.

36 ἐγὼ μὲν καὶ προσάγων ἐμαυτὸν τῷ λόγῳ ναρκῶ καὶ ἀναστρέφω καὶ καθ' ἓν τοῦτο λέγειν ἀναγκάζομαι, ὅτι σιγᾶν οὐκ ἔχω.

37 ἃ δὲ νῦν ὁρᾶν τε καὶ ὑμνεῖν ὁ δαίμων παρέδωκε τίς θρῆνος Ἀργεῖος, τίνες Αἰγυπτίων ἢ Φρυγῶν ᾠδοὶ συμμετρήσονται; τίς Ἐλευσίνιος Αἰσχύλος πρὸς χορὸν ᾄσεται.

38 ὦ Δήμητερ … ποτέροις καὶ ἄξιον στενάξαι μεῖζον; πότερον τοῖς ἀμυήτοις, ἢ τοῖς μεμυημένοις; οἱ μὲν γὰρ ὧν εἶδον, οἱ δ' ὧν εἶχον ἰδεῖν τὰ κάλλιστα ἀπεστέρηνται. ὦ κακῶς ἐξορχησάμενοι τὰ μυστήρια. ὦ τὰ ἄφαντα φήναντες.

39 *Monōidia* is literally a song for solo voice, and applies to the lyrics sung by an actor as opposed to a choral ode. For a discussion of the etymology of this word see Hadzis (1964).

40 οἳ ταῦτ' ἔδρασαν, ὅστις οὐ κοινόν τι τῆς γῆς τέμενος τὴν Ἐλευσῖνα ἡγεῖτο, καὶ πάντων ὅσα θεῖα ἀνθρώποις, ταυτὸν φρικωδέστατόν τε καὶ φαιδρότατον;

41 τίς μὲν οὐκ ἂν αὐτόθι νόσον ἀπέδυ, τίς δὲ οὐκ ἂν φόβον, τίς δὲ οὐκ ἂν πένθος; τίς δὲ ἂν ἐπόθησε τὰς [τῶν] Μακάρων νήσους;

42 Βοηδρομιὼν δὲ οὗτος ἑτέρας τὰ νῦν δεῖται βοῆς, οὐχ οἵας ὅτε Ἴων Ἀθήναζε ἐβοήθησεν. ὦ πρόρρησις, ὦ τῶν ἱερῶν ἡμερῶν καὶ νυκτῶν κατάλογος, εἰς οἵαν ἡμέραν ἐτελευτήσατε.

43 Ὀλύμπια μὲν οὐ μάλα πόρρω, συγκαλέσει δὲ ἡ πανήγυρις τὰς πόλεις. … τί δράσομεν; … τίς ἑορτὴν ἐρεῖ τὰ Ὀλύμπια τοῦ πτώματος ἐγγύθεν ἐπεμβάλλοντος ὀδυρμόν.

44 Hunger's term (1978, 43); his assessment of this period is still worth noting.

Thémistios et la Seconde Sophistique : le thème du tyran

Christian R. Raschle

Entre le 28 septembre 365 et le 27 mai 366, l'empereur Valens se vit confronté à une usurpation qui prit naissance dans la capitale orientale, Constantinople, et qui s'étendit rapidement dans les provinces voisines.[1] L'usurpateur Procope mettait de l'avant sa parenté avec l'empereur Julien et, à travers lui, avec la dynastie constantinienne. Il appuya ses intentions au moyen de la « protection forcée » de la veuve et de la fille de Constance II, Faustina et Constantia Postuma. Procope, qui avait pris la pourpre en tant que simple citoyen sans être chef d'une armée – la voie employée par la majorité des usurpateurs du IVe siècle – réussit rapidement à s'associer les troupes stationnées provisoirement à Constantinople pour contrer en Bithynie les efforts de Valens, qui voulait regagner la capitale. Les partisans de Procope se recrutaient principalement parmi les ex-fonctionnaires de Julien, qui avaient perdu leurs postes, leurs privilèges et parfois leurs fortunes après l'élection de Valens et Valentinien ; un ralliement des tenants de la tradition païenne, en réaction contre la politique chrétienne des empereurs frères, est en revanche plutôt improbable.[2] Malgré l'appui des bataillons d'élite des *Diuitienses* et des *Tungricani*, Procope perdit les batailles contre les forces loyales à Valens à Nicolea, de sorte que la majorité de ses troupes optèrent pour la désertion. Procope fut capturé et mis à mort le 27 mai 366.

Parmi nos sources historiques de cette usurpation, le discours VII de Thémistios[3] occupe une place particulière.[4] D'une part, les manuscrits nous ont transmis le titre Περὶ τῶν ἠτυχηκότων ἐπὶ Οὐαλέντος, ce qui laisse penser à un discours d'ambassade dans un contexte politique tendu, d'autre part, le texte fut considéré comme un discours panégyrique, parce qu'il loue la *clementia Caesaris* (la ἐπιείκεια en synonyme de φιλανθρωπία) de Valens, et qu'il dénigre, voire ridiculise l'adversaire Procope, qualifié de tyran et comparé au monstre Typhon qui avait osé provoquer Zeus, le roi légitime du monde (cf. 4, 86b–c). La majorité des commentateurs modernes se concentre sur la deuxième interprétation: ils soulignent le caractère panégyrique du discours (Vanderspoel 1995, 163). Mais si l'on regarde de plus près les circonstances de l'usurpation et de la production du discours, on se rend compte que la relation entre Thémistios et l'empereur, le Sénat de Constantinople et les forces militaires victorieuses, était plus complexe, parce que la conspiration de Procope avait gagné plus de soutien que souhaité dans la ville de Constantinople. Pour Thémistios, il ne s'agit pas seulement d'une fête de victoire, mais surtout d'un acte de réconciliation entre la ville et l'empereur.[5]

La présente contribution cherche à illustrer de quelle manière le thème du discours sur la royauté de la Seconde Sophistique a continué à influencer le genre littéraire du discours royal pendant l'Antiquité tardive. Notamment elle étudiera en détail de quelle manière les éléments classiques de la description d'un tyran dans un traité *peri basileias* sont réutilisés, adaptés ou soumis à des innovations qui sont dues aux circonstances politiques de l'Empire romain tardif. En particulier, elle visera d'abord à expliquer l'attitude de Thémistios, qui s'attribue lui-même le rôle du philosophe politique, conscient de la tradition des écrits *peri basileias*, et du représentant politique de la ville de Constantinople dans une affaire qui s'était transformée en grand danger pour le Sénat et la ville.

Pour mieux comprendre la position de Thémistios, il faudra ensuite explorer le changement sémantique du mot *tyrannus* durant l'Antiquité tardive. Valerio Neri (1997), entre autres, a essayé de prouver que l'on utilisait *tyrannus* dans l'historiographie latine et dans les écrits panégyriques du IVe siècle pour désigner le « monarque/empereur illégitime » et non plus seulement comme synonyme de *dominus*, mauvais empereur, et que ce changement sémantique vaut également pour le langage politique grec contemporain.[6] En analysant le discours dans lequel Thémistios traite de l'usurpation de Procope, qui voyait plusieurs membres de la couche dirigeante de Constantinople impliqués, nous nous demanderons de quelle façon Thémistios suit ces nouveaux courants sémantiques et de quelle manière il continue à utiliser les *topoi* de la tradition des écrits *peri basileias*.

Il sera finalement nécessaire d'examiner la façon dont Thémistios retravaille les thèmes traditionnels du « tyran », surtout à l'égard du vainqueur d'une guerre civile et de la légitimité de son pouvoir, et quels sont les « nouveaux thèmes » qu'il introduit dans le répertoire rhétorique.

L'attitude de Thémistios

Thémistios lui-même n'était pas un complice actif de l'usurpateur et le discours ne fut pas prononcé directement après la victoire, mais au moins six mois plus tard (1, 84b–d), après que le régime de terreur de Valens eut déjà pris sa revanche contre la majorité des partisans de Procope.[7] Il faut donc exclure l'idée que le discours est une déclaration hâtive d'alliance, et il est trop simple de le résumer comme « shameless flattery ».[8] Thémistios fut assez réaliste pour prévoir que l'usurpation de Procope, malgré les premiers succès, serait précaire. Sa relation antérieure plutôt froide avec l'empereur Julien ne l'avait pas porté à soutenir Procope, qui ne cessait pas de souligner son lien de parenté comme justification de son acte. Il semble donc fort probable que, pendant ces temps de troubles, Thémistios se soit retiré de la vie active pour ne pas être compromis, notamment en donnant un panégyrique de Procope lui-même, une tâche à laquelle un *princeps senatus* ne pouvait pas échapper si facilement, comme le montre l'expérience faite par Symmaque en 387, qui prononça un discours panégyrique lors de l'*aduentus* de l'usurpateur Magnus Maximus à Rome.[9] Thémistios préférait le rôle des anciens philosophes grecs, qui se taisaient au lieu de louer les tyrans. Cette attitude lui sert également à expliquer son comportement après la chute de Procope: bien qu'on ait critiqué le délai de six mois qu'il fallut à Thémistios pour répondre aux actions de Valens, il argumente en disant qu'il n'agit pas émotionnellement, mais laisse écouler du temps pour mieux analyser et juger la situation, et enfin donner des conseils plus pertinents, parce que tout autre comportement aurait été considéré comme une flatterie de sophiste, indigne d'un philosophe politique (cf. 3, 85d–86b). D'ailleurs, ce thème est récurrent dans plusieurs de ses discours privés, où il défend sa position et ses actions contre les attaques de ses contemporains qui le considèrent comme un flatteur insensé et un panégyriste sans scrupule.[10] Thémistios se considère donc comme un philosophe/ambassadeur de la ville de Constantinople et se place ainsi dans la longue tradition des écrits *peri basileias* de l'époque hellénistique.

À l'égard d'une *polis* qui se définit comme autonome, un roi hellénistique est avant tout un facteur qui dérange la vie politique, soit parce qu'il favorise un parti dans la ville et s'ingère ainsi dans le processus politique interne, soit que ses demandes politiques augmentent considérablement les dépenses des cités. La tâche du philosophe/ambassadeur qui s'adresse au roi dans son traité *peri basileias* – soit en prononçant le discours devant le monarque lors d'une ambassade officielle, soit en faisant circuler le traité par des copies en ville et à la cour du roi – est double: d'abord, le philosophe doit essayer de convaincre le roi d'agir dans l'intérêt de la cité et, deuxièmement, il doit, de façon préventive, veiller à ce que le roi n'agisse pas contre les intérêts de la cité même. C'est pourquoi une partie des traités *peri basileias* est vouée à l'antithèse entre le bon et le mauvais roi, entre le βασιλεύς et le τύραννος. En règle générale, le tyran devient la négation pure du bon roi, et ses traits caractéristiques, ses vices, ne sont souvent que la négation des vertus du bon roi. Dans cette logique, le roi qui accepte les conseils du philosophe/ambassadeur – qui dispose lui-même de l'ἀρετή du discours libre, la παρρησία – évite ainsi de devenir un tyran (Haake 2003, 94). Pendant l'Empire romain et notamment durant la période de la Seconde Sophistique, on peut constater que cette conception de la relation entre le monarque et l'intellectuel, qui lui donne les bons conseils concernant l'antithèse entre *princeps* comme βασιλεύς et *dominus* comme τύραννος, persiste dans les écrits de Dion de Pruse, de Marcellos de Pergame et d'Aelius Aristide.[11] Mais la dimension politique était en train de changer rapidement: bien que les villes auparavant autonomes fussent encore en relation directe avec l'empereur, leurs anciens privilèges se perdaient de plus en plus (Malosse 2006, 172–6). Les demandes concernant la bienfaisance impériale et le soutien de l'infrastructure remplacent les négociations politiques avec les rois hellénistiques. L'allocution à l'empereur lors d'une ambassade qui offre l'*aurum coronarium* ou lors de la visite impériale de la ville (*aduentus principis*) devient un acte cérémonial (MacCormack 1981, 17–61). Ainsi s'explique le besoin d'un manuel comme celui du rhéteur Ménandre de Laodicée qui donnait des conseils pour formuler correctement des discours lors de ce type d'événement (Russell et Wilson 1981 et Russell 1998). À cause de leur nature festive et cérémonielle, on utilise fréquemment pour ce genre de discours le terme « panégyrique », même si les seuls traités qui nous soient parvenus à ce sujet ignorent ce terme et parlent de βασιλικοὶ λόγοι; ces écrits sont dès lors souvent considérés comme de purs moyens de propagande du pouvoir impérial (Whitby 1998, 1–2). C'est pourquoi les interprètes modernes du premier discours *Peri basileias* de Dion de Pruse continuent à se demander si le but de Dion était d'abord de prononcer un discours purement panégyrique ou s'il avait vraiment l'intention de donner des conseils pour influencer le comportement de l'empereur Trajan, ou si ces traités ne sont que des oeuvres philosophico-rhétoriques d'une haute qualité littéraire mais sans véritable ancrage dans la vie politique de l'Empire.[12]

Contrairement à la position de Dion Chrysostome devant Trajan, la situation était en effet très difficile pour Thémistios et le Sénat de Constantinople en 366. La capitale orientale avait été le centre de l'usurpation et de la résistance contre Valens et ses troupes. Il n'est guère surprenant que l'administration civile sur place ait obéi à Procope après qu'il eut changé les chefs des départements. En considérant les autres usurpations et le traitement du cadre civil avant, pendant et après cette crise, on peut observer que les fonctionnaires subalternes n'avaient rien ou peu à craindre (Delmaire 1997). Ceux qui portaient la responsabilité politique – soit véritable soit seulement représentative, comme le Sénat de Constantinople – devaient se justifier amplement. Il était donc très important pour Thémistios non seulement de louer la victoire de Valens, mais bien davantage encore de prendre l'attitude du philosophe/ambassadeur hellénistique qui affronte le roi et ses amis pour les empêcher de se comporter en tyran, l'antinomie du βασιλεύς. Thémistios créa ainsi une situation typique pour un discours *peri basileias* dans la Grèce pré-romaine, qui va au-delà des conventions habituelles du panégyrique.[13]

La sémantique du mot τύραννος

Concernant le septième discours, on peut affirmer que Thémistios joue habilement sur ce clavier de la tradition rhétorique et suit les *topoi* classiques de la caractérisation du bon et du mauvais monarque. S'il met ainsi en contraste caricatural le τύραννος/Procope et le βασιλεύς/Valens, il faut toujours se rappeler que Thémistios prononce son discours dans la perspective d'un miroir de prince: si le bon roi Valens se livre à la rage et à la vengeance et continue ainsi à terroriser les membres de l'ordre sénatorial, il deviendra un tyran.[14] Le discours même est ainsi dominé par deux grands thèmes: en premier lieu, Thémistios loue l'ἐπιείκεια βασιλέως et la φιλανθρωπία envers ceux qui se sont associés à la révolte de Procope sans avoir commis des crimes. Il développe ensuite le thème du tyran Procope, seul et soutenu par des esclaves et des criminels en le comparant à Spartacus et Crixus (4, 86c–87a), pour le dissocier de toutes les activités du Sénat et des siennes. Cependant, son choix de champ sémantique du mot τύραννος montre que Thémistios suit deux traditions distinctes. Dans le corpus entier de ses discours, l'auteur utilise les mots provenant de la racine τυραννν- à 39 reprises. Cependant, dans les passages où Thémistios fait allusion aux révoltes de Magnence et de Procope, on sent la nuance péjorative associée au terme, présente, comme le soulignait V. Neri (1997), dans les panégyriques latins: le tyran est ici un usurpateur et la τυραννίς est synonyme d'« usurpation ».[15] En ce qui concerne l'usurpation de Magnence, qui grâce à son suicide donne à Thémistios la possibilité de l'appeler τυραννοκτόνος, « tyrannicide » (II, 17, 38b), on peut citer les paragraphes suivants: II, 15, 35c, III, 5, 44a–b, IV, 8, 55d–56b et 15, 62b. Dans tous les autres passages, notre auteur emploie de nombreuses variantes sémantiques. De préférence, il contraste le bon roi, βασιλεύς,[16] *princeps*, avec le mauvais roi, τύραννος, *dominus* (cf. I, 9, 6a, II, 15, 35c, VIII, 2, 102a, voir l'opposition entre la clémence et la cruauté), qui ne sait pas contrôler ses émotions et n'agit ainsi guère rationnellement,[17] traite ses sujets comme un garde de prison (cf. I, 15, 11b) et constitue un danger mortel pour les meilleurs membres de la société civique (cf. XIX, 8, 232a–b, XXXII, 11, 362d). Plusieurs fois, on trouve τύραννος dans des exemples historiques traitant des tyrans grecs (XIX, 8, 232a–b, XX, 9, 239a et 10, 240a, XXXII, 1, 356b) ou comme épithète des rois perses (cf. XXXII, 10, 362b). Par ailleurs, dans la justification de son rôle comme philosophe actif en affaires politiques, Thémistios souligne plusieurs fois que la philosophie n'est pas la compagne de la τυραννίς (cf. VI, 3, 72c–d et 73a, XXI, 16, 256a, XXXIV, 1 p. 445 Dindorf), mais de la βασιλεία, de sorte qu'il illustre également la relation entre le philosophe et le tyran avec les exemples historiques, comme la relation entre Platon et Denys de Syracuse ou Musonius et Néron (cf. II, 16, 37a, IX, 10, 126c, XVII, 5, 215c).

En deuxième lieu, on constate que Thémistios utilise la tradition rhétorique pour définir le tyran. Ainsi, le passage sur le caractère de Procope décrit le tyran comme suit:

On ne le considérait même pas comme un subordonné utile, mais il était un calomniateur, un fléau, toujours replié sur lui-même, ayant toujours un visage sombre, haussant les sourcils par arrogance, tenant son silence pour vénérable, un solitaire, un homme dont on se détournait avec horreur, un caractère plein d'aversion qui se vantait de haïr tout le monde et d'être haï par tous. (10, 90b)[18]

On retrouve le modèle de ce catalogue dans le premier *Discours sur la royauté* de Dion Chrysostome (I, 79–80), qui avait déjà servi de modèle pour le deuxième discours de Thémistios devant Constance II:[19] la personnification de la Τυραννίς se distingue de la Βασιλεία par son visage sombre, son allure farouche; elle est méprisante, arrogante, incapable de rester immobile et calme, elle doit se retourner fréquemment et elle rit avec impudence au nez de tous.

Le troisième moyen stylistique très fréquent dans les écrits *peri basileias* pour illustrer le comportement modèle d'un bon roi ou d'un tyran redoutable sont les exemples historiques (cf. Portmann 1988 et Roduit 2007). Si on se concentre exclusivement sur les tyrans,[20] on peut classer les exemples historiques chez Thémistios en trois groupes:

(a) Les catalogues des tyrans grecs de la période classique, connus à cause de leurs cruautés excessives. Thémistios est un témoin fidèle de la tradition de la théorie politique hellénistique et de la Seconde Sophistique, telle qu'elle apparaît dans les traités de Plutarque[21] et de Dion Chrysostome,[22] et il donne un catalogue de quatre exemples[23] (10, 90a–c): Phalaris d'Agrigente,[24] Aristomachos d'Argos,[25] Apollodore[26] et Denys de Syracuse.[27]

(b) Parmi les empereurs romains, Néron est le τύραννος par excellence dans les discours de Thémistios. Au centre de ses intérêts se trouve la relation entre le tyran et le philosophe. Thémistios s'en tient aux anecdotes qui sont devenues canoniques dans la discussion du bon et du mauvais monarque.²⁸ Dans le discours VII, notre auteur montre grâce à une démonstration *a contrario* sa créativité rhétorique et son style recherché. Néron, avec le traitement favorable du philosophe Musonius,²⁹ et Alexandre le Grand, avec sa réaction cruelle contre Callisthène et la « conspiration des pages »,³⁰ sont d'excellents exemples pour montrer que ni le τύραννος ni le βασιλεύς ne peuvent échapper à la Τύχη, de sorte qu'ils agissent même contre leur comportement habituel. Mais l'orateur veut laisser entendre que les deux *exempla* sont en effet des illustrations de sa propre position face à l'empereur; l'autre but de ce discours est le pardon pour le philosophe Maximus d'Ephèse, partisan de Julien, qui avait refusé de soutenir l'usurpation de Procope (cf. 22, 98b–101a).³¹ Thémistios est tout à fait conscient de la situation précaire de quelques membres du Sénat de Constantinople, qui ont ouvertement soutenu la révolte de Procope ou qui ont montré leurs sympathies, parce que l'usurpateur proclamait un programme traditionnel. N'ayant pas compromis son propre statut, Thémistios explique à Valens que l'empereur lui-même pouvait se transformer en tyran envers les philosophes, c'est-à-dire Maximus et lui-même.

(c) Le thème le plus traditionnel dans le groupe des exemples historiques est le roi de Perse, l'archétype du tyran dans les écrits de la Grèce classique. Également dans ce domaine (21, 98d–99b), Thémistios ne s'éloigne pas de la doctrine hellénistique reflétée dans les écrits de la Seconde Sophistique, qui culmine dans le troisième *Discours sur la royauté* de Dion de Pruse. Ce traité cherche à savoir si on pouvait qualifier le roi perse d'εὐδαίμων. Dion utilise un vocabulaire semblable à la description de la tyrannie dans son premier discours sur la royauté pour caractériser le roi perse, qui est dépourvu d'intelligence, impudent, sans loi et orgueilleux dans toutes les actions qu'il accomplit par *hybris* (cf. Dion Chrysostome, III, 33–4 et 116). Ainsi l'histoire de l'*hybris* de Xerxès que Thémistios avait reprise dans le septième discours est d'abord attestée chez Hérodote (VII, 22–37) et avait déjà été utilisée par Dion Chrysostome (III, 30) pour illustrer le comportement d'un tyran. Thémistios avait déjà eu recours à cet *exemplum* dans son deuxième discours devant Constance II pour caractériser l'usurpateur de Magnence (II, 36c). En outre, un τύραννος peut manifester de la folie et de l'ivresse, ce qui permet à Dion de le comparer au roi Cambyse, comme Thémistios le fait à plusieurs reprises.³² L'exemple remonte aussi à Hérodote (III, 35) et fut également employé par Dion Chrysostome (XXV, 5), Julien (*Discours* I, 9a et III, 117a) et Libanios (*Discours* LIX, 234, 1).

Le quatrième point essentiel du discours de Thémistios est le thème de la légitimité du pouvoir. En faisant allusion au thème de l'influence de la Τύχη sur le comportement du τύραννος et du βασιλεύς, le philosophe mentionne tout au début du discours le fait que même la légitimité du pouvoir dépend principalement de la Τύχη (1–2, 84b–85d). Que Thémistios lui donne beaucoup plus d'espace en comparaison d'un traité *peri basileias* classique s'explique par les circonstances politiques de l'Empire romain. Selon la tradition des *peri basileias*, le roi reçoit sa légitimité d'une divinité, par descendance dynastique[33] ou, dans le cas des rois philosophes, par leur éducation et leurs vertus. Mais les changements de dynasties dans l'Empire romain, qui ne se produisent jamais en accord avec ces idées philosophiques, nécessitent que l'auteur d'un écrit *peri basileias* aborde ce thème dès le début et qu'il justifie le *statu quo*. Ainsi, Pline le Jeune avait dédié une partie de sa *gratiarum actio* pour Trajan au problème de son adoption et de la prise de pouvoir de son père adoptif Nerva, après l'assassinat du tyran Domitien.[34]

Tandis que Thémistios avait dû souligner que le sang était le lien qui unissait les empereurs légitimes dans les discours devant Constance II,[35] le fait d'aborder la question de la légitimité grâce à la consanguinité était très délicat, voire subversif, dans le cas de l'usurpation de Procope (Dagron 1968, 78), parce que Procope était apparenté au dernier empereur de la dynastie constantinienne, Julien l'Apostat. Pour renforcer sa légitimité, il se montrait en public avec Faustina, la veuve de Constance II, et Constantia Postuma, sa fille avec Constance II, à Constantinople (Ammien Marcellin XXVI, 7, 10), il s'assurait le soutien de plusieurs ex-fonctionnaires du règne de Julien, chassés par Valentinien et Valens (Austin 1972, 187–94), et il feignait d'accueillir plusieurs ambassades de l'Empire entier (12, 91d–92a), et construisait ainsi pour la population de Constantinople l'idée que sa prise de pouvoir était acceptée par tous les peuples et instances de l'État (cf. Ammien Marcellin XXVI, 7, 3). Si Thémistios voulait contrecarrer ces manipulations de l'opinion publique et rassurer l'empereur Valens sur le fait que le peuple de Constantinople ne se laissa pas influencer par cette mascarade, le philosophe devait élaborer un autre concept de transmission légitime du pouvoir et souligner que l'ascension au pouvoir de Valentinien et de Valens avait suivi d'autres usages. Ainsi, Thémistios développe le thème de la τοῦ γένους μεταβολή, du changement de dynastie conforme aux lois et coutumes à la fin du discours (22): Valens et Valentinien avaient pris le pouvoir selon le droit du meilleur, écartant de fait le prétendant dynastique jugé médiocre: οἱ σὺν νόμῳ τὰς βασιλείας διαδεξάμενοι (99b); ἀλλὰ τὴν ὀργὴν τῶν ἐννόμως βασιλευόντων τῆς φιλανθρωπίας ἀνεκτοτέραν ὑπέλαβε τοῦ τοῖς νόμοις ἐπαναστάντος (100a).[36] L'élection de Valentinien et la cooptation de son frère par l'armée – deux officiers d'une humble origine pannonienne – s'expliquent seulement selon des critères philosophiques: Thémistios se concentrait sur leurs vertus militaires et prétendait que celles-ci étaient accompagnées d'une sensibilité pour la philosophie; il reprendra ce thème lors de l'établissement de l'empereur Théodose en 379 (cf. XIV, 3, 182b).[37]

Thèmes et innovations

Une première innovation apportée par Thémistios dans son traité *peri basileias* est inspirée par les coutumes de l'Empire tardif: les renvois à l'apparition de Procope. Nous avons déjà vu que les traités classiques *peri basileias* montrent le tyran comme un homme misanthrope qui ne supporte pas les autres personnes, qui est toujours de mauvaise humeur, qui montre par-là son insécurité, et qui est ainsi toujours éloigné du peuple. Mais avec l'introduction d'une nouvelle idéologie impériale par Dioclétien et puis avec l'avènement de Constantin, le personnage de l'empereur romain devient un être sacré, difficilement abordable, qui se trouve dans des sphères éloignées du peuple. Le nouveau cérémoniel de la cour et les signes du pouvoir comme le diadème, les *insignia imperii* et le manteau de pourpre (*paludamentum*) sont devenus les éléments constitutifs de toute prise de pouvoir. Pour attaquer le tyran et pour invalider son ascension au trône de Constantinople, Thémistios doit ridiculiser les efforts de Procope pour se montrer en public avec les *regalia* impériaux: il verse donc dans l'invective, procédé peu présent dans les écrits *peri basileias* classiques, mais utilisé dans les panégyriques du IVe siècle.[38] Dans le récit de Thémistios et dans celui d'Ammien Marcellin (XXVI, 6, 14–15, cf. Boeft et al. 2008, 155–8), la propagande anti-procopienne est manifeste. Les actions populaires de Procope montrent clairement l'incertitude de l'usurpateur:

Ensuite il mena un cortège à partir des bains [*scil*. d'Anastasie] avec bouclier et lance, orné d'un collier [*scil*. un torque], acclamé *imperator*, souriant béatement et s'adressant à tout le monde, arborant un sourire faux, un sourire rempli des chants funèbres, un sourire qui provoquait beaucoup de larmes. Il faisait en effet tout ce que le divin Platon avait dit sur la façon dont les tyrans se présentent au début: l'abolition des dettes, la redistribution des terres, le temps heureux sous Cronos et Rhéa, des appâts amers pour ceux qui se laissent attraper par eux. (12, 91c)[39]

Quel contraste avec un empereur comme Constance II, qui – si l'on suit le récit d'Ammien Marcellin (XVI, 10) – resta immobile sur un char de triomphe pour souligner sa sacralité lors de son *aduentus* à Rome en 355 après la victoire contre l'usurpateur Magnence (MacCormack 1981, 17–61). En revanche, les réformes sociales sont un thème classique pour dénigrer les actions des tyrans et des usurpateurs; c'est un lieu commun de la rhétorique de l'Antiquité tardive: on prendra comme exemple un passage du *De rebus bellicis* II, 2–3, qui souligne la relation étroite entre la pauvreté dans plusieurs régions de l'Empire et l'apparition des usurpateurs (*tyranni*).[40] Thémistios fait allusion, lorsqu'il évoque Platon, à un passage de la *République* où le philosophe décrit le comportement du tyran dans les premiers jours de son pouvoir (cf. Maisano 1995, ad loc.):[41]

Les premiers jours, les premiers temps, il sourit à chacun; il salue tous ceux qu'il rencontre. Il refuse le nom de tyran. Il fait quantité de promesses privées ou publiques, où les dettes sont libéralisées, la terre distribuée au peuple et à son entourage. Tout le monde bénéficie des faveurs et de l'amabilité qu'il affecte. (VIII, 17 566e, cf. Cazeaux 1995, 391)[42]

L'image qui montre le mieux la continuité des thèmes de la Seconde Sophistique dans les écrits du IVe siècle et leur adaptation novatrice au contexte politique par Thémistios est la comparaison de l'usurpateur avec Typhon (Thémistios, VII, 4, 86c et 10, 90d), le monstre chthonien mentionné dans la *Théogonie* d'Hésiode (Baudy 1992, 52–9). Le fils de Gaia et de Tartare défie le pouvoir de Zeus sur les cieux et la terre d'abord pendant la Titanomachie et ensuite par son propre coup d'État. La littérature poétique et rhétorique développa ensuite cet archétype en une antithèse entre Zeus, le βασιλεύς (le roi légitime) et Typhon, le τύραννος (l'usurpateur) (e.g., Eschyle, *Prométhée enchaîné*, 351–72). Ainsi Dion Chrysostome raconte dans son premier *Discours sur la royauté* le mythe d'Héraclès à la croisée des chemins, devant les montagnes de la Βασιλεία avec le pic *Zeus* et de la Τυραννίς avec le sommet *Typhon* (67). L'*interpretatio graeca* des mythes d'Osiris mène Plutarque dans son traité sur Isis et Osiris à identifier Typhon avec le dieu égyptien Seth et à le peindre comme l'archétype de l'usurpateur à plusieurs reprises (e.g., 356b, 362e, 363e et 366c). Thémistios reprend expressément ce récit quand il mentionne les usurpations de Magnence et Vétranio (II, 13, 34a).[43]

Dans le discours VII, en revanche, Thémistios se concentre sur la variante asiatique qui considère Typhon comme originaire de la chaîne du *Corycus* en Cilicie, qui provoque des séismes et des marées:

Mais qui n'aurait pas été effrayé, même s'il possédait selon la formule homérique une « âme courageuse », par ce déluge, cette marée, cette vague énorme qui s'éleva pendant la nuit et qui avait acquis sa pleine force le matin, quand un homme détesté par les dieux, qui avait passé sa vie comme greffier, osa quitter l'encre et le roseau pour écrire et se mettre en tête l'empire romain, le plus grand fléau de tous les fléaux, un Typhon de la montagne Corycos en Cilicie par hasard, qui monta des fournaises, et qui après qu'il eut fait comme seule base de son audace un coup de surprise, surpassa en insolence même Crixus et Spartacus. (VII, 4, 86c)[44]

Thémistios associe alors à Procope, qui était originaire de la même région, toute une série des caractéristiques monstrueuses de Typhon en peignant l'usurpation grâce à une rhétorique mythique; ainsi l'orateur souligne le fait que Typhon et Procope ont commencé leur révolte pendant la nuit (cf. Ammien Marcellin, XXVI, 6, 14), et que le monstre dispose de plusieurs têtes ou tentacules,[45] comme la révolte qui fut menée par un groupe d'ex-fonctionnaires de Julien. Ceux-ci crachent du feu (πῦρ πνέοντες, VII, 5, 87a), tandis que les yeux de Typhon émettent du feu chez Hésiode (cf. *Théogonie* 827).

Mais le caractère chthonien du monstre est prépondérant et se manifeste surtout dans sa capacité à déclencher des séismes, des vents violents et des vagues gigantesques. Ainsi Thémistios (VII, 4, 86b) compare l'usurpation de Procope à un cataclysme, une marée qui se lève pendant la nuit pour frapper avec force pendant la matinée, une image qu'il avait déjà choisie pour décrire l'usurpation de Magnence:

Lorsque cette révolte barbare eut lieu, alors que l'Empire romain était tenu en suspens par un orage féroce et une triple vague, et que la dynastie de Constantin était en danger de tomber dans les mains de cet épouvantable meurtrier barbare, seul le bon destin de cette cité put préserver la flamme de cette famille et l'envoyer à l'ancien foyer des Énéades ... (II, 4, 43a–b)[46]

Pour filer la métaphore de l'orage, Thémistios associe également à l'histoire de Typhon l'image du vaisseau de l'État, qui est secoué par cet orage et les vagues, un thème amplement répandu dans la rhétorique de la Seconde Sophistique comme dans le troisième *Discours sur la royauté* de Dion Chrysostome (III, 63–5). Thémistios l'a réutilisé notamment pour mettre en évidence le danger dans lequel l'État romain se trouvait lors de l'usurpation de Procope (VIII, 24, 119c) et l'invasion des Goths repoussée par les actions de Théodose en 381 (XV, 13, 194d–195d).[47] En Occident, Ammien Marcellin l'avait utilisé dans un discours de Constance II pour illustrer les dangers d'une guerre civile (XXI, 13, 10–14) et il le réutilise apparemment dans son récit de l'usurpation de Procope, mais cette fois-ci le tremblement de terre et un tsunami deux mois avant le début de l'usurpation de Procope le 28 septembre 365 sont les prodiges annonçant la guerre civile (cf. Ammien Marcellin, XXVI, 10, 15–19). Les *Chronica consularia* et le *Chronicon paschale* nous donnent la date du 21 juillet 365 (cf. I, 240–1). Le seul historien qui place le tremblement de terre pendant la révolte de Procope et pour qui le tremblement de terre et le tsunami sont des prodiges qui annoncent la chute de Procope est Socrate de Constantinople (cf. *Histoire ecclésiastique* IV, 3). On a souvent voulu construire un lien direct entre ce texte et la propagande anti-procopienne de Thémistios. Mais regardons de plus près son récit: bien que Thémistios fasse une allusion à la catastrophe naturelle, il choisit seulement une comparaison indirecte. Son but n'est pas de développer une vision des phénomènes naturels comme signes des dieux, comme le fait Ammien Marcellin (Boeft et al. 2008, 293), mais il se concentre sur l'antinomie entre Zeus et Typhon, le βασιλεύς et le τύραννος, le roi du monde et le monstre chthonien, le modèle de l'empereur et l'usurpateur illégitime. Dans le cas de Procope, la patrie de Typhon et de l'usurpateur coïncidaient, et il semble clair que Thémistios se fait ainsi l'écho d'un thème amplement connu.

L'apparat mythologique sert à styliser le règne de Procope à Constantinople comme un monde tourné à l'envers. Le trait innovateur consiste dans le fait que Thémistios va au-delà des conventions habituelles que nous connaissons des écrits *peri basileias* de la Seconde Sophistique, parce que les thèmes contemporains de l'idéologie impériale sur la royauté sacrée nécessitent un langage et un type de comparaison plus élevés et recherchés.[48]

Conclusion

Dans ses esquisses sur le paysage littéraire de la « Troisième Sophistique », Jacques Schamp (2006) a montré que les orateurs et écrivains de l'Antiquité tardive en Orient, païens ou chrétiens, ou sur le chemin de la christianisation, avaient tous été marqués par l'enseignement classique et les goûts de la Seconde Sophistique. Mais les auteurs de cette période ne se contentent pas de répéter bêtement les *topoi* de la Seconde Sophistique. Le christianisme et la lutte menée par les rhéteurs en défense de la religion traditionnelle peuvent largement expliquer l'adaptation et l'innovation des genres littéraires (Schamp 2006, 336). Thémistios s'insère dans la tradition avec son attitude de philosophe, qui pense que la philosophie doit jouer un rôle actif dans la vie politique. À l'occasion d'une présentation officielle à l'hiver 366–7, il rétablit avec un discours *peri basileias* la relation interrompue entre la ville de Constantinople et l'empereur Valens. Ce septième discours de son corpus rhétorique est moins un panégyrique qui fête la défaite de Procope, qu'un λόγος πρεσβευτικός, une ambassade, qui rétablit également des bonnes relations entre les philosophes et l'empereur. Thémistios prend ainsi l'attitude des philosophes/ambassadeurs hellénistiques, à l'origine de la tradition des *peri basileias*. En exaltant la clémence de l'empereur et en dénigrant l'usurpateur Procope, Thémistios utilise, adapte et transforme les thèmes classiques du genre du λόγος βασιλικός. Son but est de montrer à Valens, dans un miroir déformant, l'usurpateur Procope comme son antithèse, afin que Valens calme sa colère contre la ville de Constantinople et les philosophes. En citant le passage biblique des Proverbes 21:1 (VII, 9, 89c–d), Thémistios rappelle aux empereurs qu'ils doivent leur pouvoir au Dieu suprême, Dieu, ou avec l'hémistiche adapté d'Hésiode (cf. *Théogonie* 96), à Zeus, thème qu'il reprendra en XI, 9, 147d–148c et XIX, 3, 228d–229a, et à la

Τύχη qui influence le comportement et peut faire en sorte que le βασιλεύς agit comme un τύραννος et vice versa. L'usurpateur devient le modèle du tyran, non seulement du mauvais βασιλεύς de la tradition rhétorique, mais surtout du βασιλεύς illégitime devant Dieu et les hommes. Pour ce thème, Thémistios se montre novateur, quand il mentionne les cérémonies impériales de l'*aduentus* et la prise du pouvoir, quand il développe le thème de Typhon comme parabole mythologique, et quand il inclut la sagesse assyrienne (voire juive et conséquemment chrétienne) dans sa conception du roi (Schamp 2006, 304–7). Assurément, Thémistios ne se concevait pas comme un membre d'un nouveau mouvement culturel appelé la « Troisième Sophistique » et probablement ne faisait-il pas une grande distinction entre les thèmes impériaux du Ier ou IIe siècle et ceux du IVe siècle. Il se percevait plutôt comme un continuateur du mouvement de la παιδεία, qu'il présentait avec tant de brio dans ses discours. Mais les circonstances politiques et culturelles de l'Empire tardif, nettement différentes du temps de la Seconde Sophistique, comme la sacralisation de l'empereur et l'influence du christianisme, donnent au paysage littéraire de nouvelles stimulations. Par conséquent, ce paysage peut être défini comme suffisamment distinct par nous modernes, comme une troisième étape de l'art sophistique, de la rhétorique parénétique et appliquée, dont Thémistios et son traitement du τύραννος sont des témoins exemplaires.

NOTES

1 Sur l'usurpation cf. Ammien Marcellin, XXVI, 6–9 (cf. Boeft et al. 2008, 125–262); Eunape, F 34 (Blockley 1983); Socrate, *Histoire ecclésiastique* IV, 3 et 5; Sozomène, *Histoire ecclésiastique* 6, 8; Philostorgios, *Histoire ecclésiastique* 9, 5; Zosime, 4, 2–8; Jean d'Antioche F 276 (Roberto 2005 = F 184, 1 Müller); Zonaras 13, 16; Consularia Constantinopolitana *s.a.* 365 et *s.a.* 366, avec Grattarola (1986), Matthews (1989, 191–203), Wiebe (1995, 3–85), Vanderspoel (1995, 161–7), Lenski (2002, 68–115).
2 Cf. Lenski (2002, 73–4, 88–9, 98–102), et Wiebe (1995, 68–72). Sur la parenté entre Procope et Julien et la politique traditionaliste cf. Austin (1972) avec les sources Ammien Marcellin, XXIII, 3, 2, XXVI, 7, 10, XXVI, 6, 1 et XVIII, 7 et XXVII, 5, 1; Libanios, *Discours*, XXIV, 13; Philostorgios, 9, 5; Zosime, III, 35, 2 et IV, 4, 7; sur les partisans de Procope cf. Lenski (2002, 104–15). Notamment Libanios avait dû se justifier contre des soupçons qui le mettaient en relation avec l'usurpateur (*Discours* I, 163 et 171).
3 On trouve un ample traitement du personnage et ses relations avec les empereurs chez Dagron (1968, 1–242), Stertz (1976), Vanderspoel (1995), Heather (1998, 125–50), Errington (2000), Heather et Moncur (2001, 1–42), Gerhardt

(2002). Un commentaire philologique portant sur le discours VII fut l'objet de la thèse de doctorat non publiée de Sugars (1997); pour d'autres éditons annotées, cf. Maisano (1995) et Leppin et Portmann (1998).

4 En attendant la publication des discours de Thémistios dans la Collection des Universités de France par J. Schamp et O. Balleriaux, je cite les textes de Thémistios d'après la numérotation en paragraphes proposée dans l'édition et la traduction italienne de Maisano (1995). On trouvera également la référence traditionnelle aux pages de l'édition de Hardouin (1684), pour permettre une vérification plus rapide avec l'édition critique de Downey (1965) et Downey et Norman (1970), et la traduction allemande de Leppin et Portmann (1998).

5 Concernant les relations tendues entre Valens et Constantinople cf. Socrate, *Histoire ecclésiastique* IV, 38, 5, et Sozomène, *Histoire ecclésiastique* VI, 39, 2–4, avec Lenski (2002, 112–15) et Vanderspoel (1995, 191–2).

6 La propagande constantinienne contre Maxence n'utilise pas *tyrannus* pour attaquer un comportement éthique condamnable, mais se concentre sur l'origine inférieure de Maxence. Le seul point de comparaison avec l'utilisation antérieure est le slogan de *libertas restituenda*, repris de la propagande des vainqueurs des *Domini* Domitien et Commode (Neri 1997). Avec la nouvelle conception de la monarchie charismatique sous Constantin, cette métamorphose du mot *tyrannus* prend sa pleine force dans la propagande contre Licinius, de sorte qu'on peut retracer un peu plus tard ce changement sémantique dans des écrits grecs comme chez Julien (*Banquet des Césars* 329b) et chez Themistios (*Discours* II, 13, 34a et 15, 35d), où les deux qualifient l'usurpateur Magnence de tyran pour le stigmatiser comme empereur illégitime (Neri 1997, 75). Voir également Malosse (2006, 157 et 174–5), qui ne mentionne pas la preuve-clé et le passage de Servius, *Commentaire à l'Énéide* VII, 266 *Tyranni Graece dixit, id est regis, nam apud eos tyranni et regis nulla discretio est: licet apud nos incubator imperii tyrannus dicatur.*

7 Sur le régime de la terreur voir Ammien Marcellin, XXVI, 10, 6–14 (cf. Boeft et al. 2008, 276–7); Zosime, IV, 8, 4–5 et 10, 1 avec sa source Eunape, F 34, 9 (Blockley 1983); cf. Lenski (2002, 111–12), Vanderspoel (1995, 167), Wiebe (1995, 56–61).

8 E.g., Errington (2000, 882) et Heather (1998, 126) se prononcent catégoriquement contre cette qualification.

9 Sur le cas de Symmaque cf. *PLRE* I p. 868 *s.v.* Symmachus no. 4 avec Symmaque, *Lettres* II, 13, 28, 30 et 31, Socrate, *Histoire ecclésiastique* V, 14, 6, Libanios, *Lettres* 1004 et Jean d'Antioche F 279 (Roberto 2005, 467–9 = F 186 Müller).

10 En ce qui concerne le temps écoulé de six à neuf mois cf. Themistios, *Discours* VII, 1, 84b–c et 3, 85d–86a et également Libanios, *Discours* XIX, 15, et XX, 25–6, avec des allusions directes au texte de Thémistios. Au centre de ses préoccupa-

tions dans les discours privés figure le problème de la relation entre la philosophie et la vie active. Thémistios confirme que le philosophe doit participer activement à la vie politique de sa cité, une idée qu'il avait héritée de son père, cf. *Discours* XX, 8–10 238a–240c, Vanderspoel (1995, 39–40), Penella (2000, 4–5 et 10–14), Heather et Moncur (2001, 4–5). Ainsi, il semble logique que le philosophe défende son engagement politique à plusieurs reprises lorsqu'on l'accuse d'être un sophiste; cf. *Discours* XXIII et XXIX, prononcés déjà sous le règne de Constance II.

11 Pour la tradition des écrits *peri basileias* dans la Seconde Sophistique et leur position dans le contexte historique, cf. par exemple Swain (1996, 192–200), Schmitz (1997, 197–231), Veyne (1999, 558–64), Gill (2000) et Whitmarsh (2001, 200–46), qui citent les travaux antérieurs trop nombreux pour être énumérés ici.

12 Cf. Dvornik (1966, 537–45), Jones (1978, 115–23) et surtout Moles (1990). Dion semble laisser ouverte l'interprétation quand il dit en *Discours* I, 36: ἐγὼ μὲν οὖν ἁπλῶς εἶπον τὰ περὶ τὸν ἀγαθὸν βασιλέα. τούτων δὲ εἴ τι φαίνεται προσήκειν σοι, μακάριος μὲν αὐτὸς τῆς εὐγνώμονος καὶ ἀγαθῆς φύσεως, μακάριοι δὲ ἡμεῖς οἱ συμμετέχοντες: « J'ai seulement parlé du bon roi. Si un de ces aspects coïncide avec ta situation, tu es heureux dans ta nature généreuse et excellente, heureux sommes-nous, qui peuvent y participer ».

13 On ne sait pas où le discours fut prononcé, mais Leppin et Portmann (1998, 129) avec Scholze (1911, 28) en se référant au §15, 93c–d, ne voient rien qui empêche de situer la prononciation au Sénat de Constantinople en 366–7.

14 Ce thème du discours protreptique est fortement présent dans le paragraphe 2, 84d–85d, où Thémistios affirme que les actes des hommes sont soumis à la Tychè, et sont motivés par les désirs intérieurs et les circonstances extérieures.

15 Ainsi Libanios désigne Procope comme *tyrannos* dans ses écrits après la chute de l'usurpateur, cf. *Discours* I, 163, XVIII, 214 et 260, XIX, 15, XXIV, 13, et la description en *Discours* LXII, 58 « celui qui s'était arraché la royauté ».

16 Sur le thème du bon roi, cf. Straub (1939, 160–74), Dvornik (1966, 622–6), Dagron (1968, 121–46), Vanderspoel (1995, 77–83, 124–5, 131–2, 251–2), Heather et Moncur (2001, 6–11).

17 Thémistios, *Discours* I, 9, 6a (cf. Dagron 1968, 125n24).

18 οὐδὲ ὑπηρέτης ποτὲ χρηστὸς ἐνομίσθη, ἀλλὰ βάσκανος, ἀλιτήριος, ἀεὶ συγκεκυφώς, ἀεὶ συννεφής, ἐφελκόμενος τὰς ὀφρῦς, τὴν σιωπὴν ὥς τι σεμνὸν μετιών, ἄμικτος, ἀποτρόπαιος, ἀηδίας μεστός, ἐπὶ τῷ μισεῖν ἅπαντας καὶ πρὸς ἁπάντων μισεῖσθαι μεγαλαυχούμενος.

19 Cf. Colpi (1987, 148–63). La *communis opinio* veut que l'on trouve peu de citations directes de Dion de Pruse dans les écrits de Thémistios même si les idées des discours *peri basileias* sont omniprésentes, particulièrement dans le deuxième discours pour Constance II (cf. Dagron 1968, 85–7). Thémistios saisit

amplement les traditions rhétoriques et philosophiques de sorte que Colpi (1987, 151) parle de la: « gedanklichen Übereinstimmung ... doch selten im sprachlichen Ausdruck ». Cf. aussi Vanderspoel (1995, 7–9 et 126–8) ainsi que Scharold (1912), qui se concentre seulement sur les emprunts textuels directs sans être complet (cf. Dagron 1968, 85n4).

20 Pour persuader Valens que la clémence envers les adversaires est la vraie vertu du roi, Thémistios lui montre les exemples historiques suivants: les réactions d'Alexandre le Grand envers le satrape Memnon (XVII, 95d, cf. Diodore de Sicile, XVII, 18) et le roi indien Poros (VIII, 88d–89c, cf. Plutarque, *Vie d'Alexandre* 60, cf. Desideri 2002, 174–5); Périclès qui ne poursuivait pas ses adversaires politiques à Athènes (XVI, 94b, cf. Plutarque, *Vie de Périclès* 38); Philippe II en face de la révolte de Nicanor (XVII, 95b–c, cf. Plutarque, *Dits des rois et des généraux* 177d); Lycurgue blessé à un oeil (XIX, 97b–c, cf. Plutarque, *Vie de Lycurgue* 11); Epaminondas après la bataille de Leuctres (VII, 88c et XVII, 95d–96a, cf. la vie perdue d'Epaminondas de Plutarque, cf. Sugars 1997, 372–4 ad loc., et Plutarque, *Dits des rois et généraux* 192e); et les nombreux épisodes de l'histoire romaine de la République tardive et du principat qui montraient le général victorieux / l'empereur clément envers ses adversaires, comme Pompée envers les partisans de Sertorius, César envers ceux de Pompée, Auguste envers ceux de Marc Antoine ou Marc Aurèle envers ceux de Cassius (XVIII, 96b).

21 E.g., le catalogue dans Plutarque, *Un philosophe doit surtout converser avec les princes* 778e, mentionne Apollodore de Cassandreia (Potidée), Phalaris d'Agrigente et Denys de Syracuse.

22 Dion Chrysostome, *Discours* II, 76 nomme Phalaris d'Agrigente et Apollodore de Potidée.

23 Aristote, *Politique* V, 10, 6 1310b 21–6, donne un grand catalogue des tyrans: Phidias d'Argos, Phalaris et les tyrans ioniens (e.g., Polycrate), Panaitios de Leontinoi, Kypselos de Corinthe, Pisistrate d'Athènes et Denys de Syracuse.

24 Phalaris d'Agrigente est devenu le modèle du tyran cruel dans la rhétorique classique (cf. Aristote, *Politique* V, 10, 1310b 28 et *Rhétorique* II, 20, 1393b 5–8).

25 Aristomachos III tyran d'Argos au IIIe siècle, connu pour sa trahison de la ville en faveur de Cléomène III de Sparte contre le voeu d'Aratos, le chef de la ligue achéenne, fut exécuté lors de la prise de la ville par Antigone Doson, cf. Polybe, II, 44 et 59, Plutarque, *Vie d'Aratos* 5, 25 et 44, Pausanias, II, 8, 6; cf. Sugars (1997 ad loc.).

26 Apollodore, le tyran de Cassandreia (l'ancienne Potidée) était connu pour sa politique fiscale très libérale (cf. Pausanias, IV, 5, 5 et Diodore de Sicile, XXII, 5) et sa cruauté proverbiale (cf. Sénèque, *De la colère* II, 5, 1 et *De la bienveillance* VII, 19, 5, Plutarque, *De la fausse honte*, 556d, Dion Chrysostome, *Discours* II, 76).

27 Thémistios l'utilise comme modèle du tyran dans *Discours* VI, 3, 72d (motif du tyran et le philosophe Platon), IX, 10, 126c, XVII, 5, 215c et XIX, 9, 232c.

28 Néron comme exemple du tyran, qui n'avait pas respecté le calendrier divin et déplacé les jeux olympiques §13, 93a, cf. Suétone, *Néron* XXII, 3–XXIII, 1, Philostrate, *VA* V, 7.

29 Le philosophe Musonius Rufus (30–100 p.C.) était soupçonné d'être en contact avec les cercles sénatoriaux de la conjuration de Pison en 65. Mais au lieu de le tuer, l'empereur fut pour une fois clément et l'exila sur l'île de Gyara dans les Cyclades septentrionales; cf. Philostrate, *VA* VII, 16 qui est probablement la source de Thémistios. Notre auteur cite cette relation emblématique entre philosophe et tyran encore en VI, 3, 72d et XXXIV, 15, 460 (Dindorf), ce thème faisant partie de l'arsenal rhétorique au IVe siècle comme nous le montre Julien, *Lettre à Thémistios* 265b–266b.

30 Le traitement de Callisthène comme tache aux exploits d'Alexandre le Grand se trouve également en Thémistios, *Discours* X, 2, 130a, pour expliquer la relation entre le roi et le philosophe qui applique le discours libre (cf. Desideri 2002, 175).

31 Cf. *PLRE* I 583–4 no. 21 *s.v.* Maximus. Pour une biographie antique, cf. Eunape, *VPS* VII, 3–6. L'ancien professeur et conseiller de Julien tombe en disgrâce sous Valentinien et Valens (cf. Eunape, *VPS* VII, 4, 11 et 13, Zosime, IV, 2, 2).

32 Thémistios, *Discours* I, 10, 7b (cf. Dion Chrysostome, *Discours* XXV, 5), II, 16, 36c, III, 7, 45a (Néron et Cambyse comme tyrans), V, 7, 68b, VI, 5, 74c (le fratricide, cf. également Néron), VIII, 11, 109d (en même combinaison avec Xerxès), XI, 2, 143a et XIX, 9, 233a, avec Dion Chrysostome, *Discours* XXXVII, 44.

33 À noter l'exemple de Constantin le Grand pour qui l'auteur anonyme du *Panégyrique* VI construit une généalogie fictive allant jusqu'à Claude II le Gothique, cf. e.g. *Panégyrique Latin* VI, 2 (cf. Nixon et Rodgers 1994, 219–20). Thémistios souligne les liens de sang en *Discours* III, 8, 45c et 12, 48b–d en opposant l'empereur légitime au tyran. Cf. *Discours* IV, 11–12, 55a–d et le problème d'élection de Jovien en *Discours* V, 5, 65b–d et de Théodose, *Discours* XIV, 3, 182b.

34 Cf. Pline, *Panégyrique* I, 5: *ab Ioue ipso coram ac palam repertus electus est* se trouve nettement en contraste avec les arguments développés aux paragraphes 6 et 7, où Pline justifie l'adoption de Trajan par Nerva comme un acte de bon jugement, parce que le jeune prince avait déjà prouvé qu'il avait mérité cet honneur grâce à ses vertus et ses exploits militaires.

35 Cf. *Discours* III, 5, 44a et 10, 47a, IV, 11–12, 57b–59b.

36 La valeur personnelle est une meilleure recommandation pour l'élection d'un empereur que les droits de sang (cf. Dagron 1968, 77–8). En *Discours* V, 5, 65b et 9, 70d, Thémistios loue Jovien qui avait conclu la paix avec la Perse, ce qui lui fut fortement reproché plus tard en *Discours* IX, 7, 124d. Cf. également la

description de la prise de pouvoir de Valens et Valentinien en *Discours* VI, 5, 74d et IX, 7, 124c, ou encore l'*adlectio* de Théodose par Gratien en 379 qui est suivie par une critique cachée de la cruauté de Valens en *Discours* XIV, 5, 182b, qui avait purgé l'administration de Julien (cf. *Discours* VIII, 21–2, 116c–118b). Par ailleurs, la continuité de la dynastie est soulignée en *Discours* III, 4, 43a et 10, 47a (l'ambassade à Rome, quand Thémistios loue Constance II et sa persévérance contre l'usurpateur Magnence) et *Discours* IX à l'occasion du consulat de Valentinien Galates (*366–†370), le jeune fils de Valens, nommé le 1er janvier 369 (cf. *PLRE* I p. 381 *s.v.* Galates).

37 *Panégyrique Latin* II (X) 12, 10–12, sur Théodose est également sensible à cette question de succession par adoption ou *adlectio* (Nixon et Rodgers 1994, 460–4).

38 Dans le premier *Discours sur la royauté* de Dion Chrysostome, la *tyrannis* tente d'imiter la *basileia* et sa gloire en exagérant son ornement (73) : elle se trouve sur un trône plus élevé, paré de sculptures en bois, d'innombrables pièces en or et en ivoire et des matériaux précieux de toutes les couleurs. Les vêtements de la *tyrannis* sont faits de toutes les matières précieuses du monde, mais le bon observateur remarque qu'il s'agit de donner une bonne apparence, sans fondations réelles.

39 κἄπειτα ἐπόμπευεν ἐκ βαλανείου ἐν ἀσπίδι καὶ δορατίῳ περιδέραια περικείμενος, παράσημος αὐτοκράτωρ, προσσεσηρώς, ἅπαντας προσκαλούμενος, μειδιῶν μειδίαμα δολερόν, μειδίαμα θρήνων μεστόν, μειδίαμα ἄρξαν πολλῶν δακρύων, ἄντικρυς τὰ Πλάτωνος τοῦ θεσπεσίου καὶ ἅ φησιν ἐκεῖνος προδεικνύναι τοὺς τυράννους ἐν τοῖς προοιμίοις, χρεῶν ἀποκοπάς, γῆς ἀναδασμούς, τὴν ἐπὶ Κρόνου καὶ Ῥέας εὐδαιμονίαν, πικρὰ δελεάσματα τοῖς ὑπὸ τούτων ἁλισκομένοις.

40 Cf. Ste Croix (1981, 190–1, 298–9, 357–8 et 489–90), Brandt (1988, 45–7). Thémistios fait probablement allusion à la propagande monétaire de Procope qui mentionne ces temps heureux, Fel(icium) Temp(orum) Reparatio cf. *RIC* IX 209, 239 et 250, cf. Wiebe (1995, 73–81) et Lenski (2002, 99–102).

41 Au contraire, Sugars (1997, 281) veut y voir plutôt une allusion à Platon, *Lois* 713e : μιμεῖσθαι δεῖν ἡμᾶς οἴεται πάσῃ μηχανῇ τὸν ἐπὶ τοῦ Κρόνου λεγόμενον βίον : « Il croit qu'il nous faut imiter par tout moyen le mode de vie appelé par le nom de Cronos ». L'expression est largement utilisée pour évoquer l'âge d'or, promesse de chaque usurpateur et nouveau prince, comme le montre la lettre de Julien à Thémistios (258d).

42 Ἆρ' οὖν, εἶπον, οὐ ταῖς μὲν πρώταις ἡμέραις τε καὶ χρόνῳ προσγελᾷ τε καὶ ἀσπάζεται πάντας, ᾧ ἂν περιτυγχάνῃ, καὶ οὔτε τύραννός φησιν εἶναι ὑπισχνεῖταί τε πολλὰ καὶ ἰδίᾳ καὶ δημοσίᾳ, χρεῶν τε ἠλευθέρωσε καὶ γῆν διένειμε δήμῳ τε καὶ τοῖς περὶ ἑαυτὸν καὶ πᾶσιν ἵλεώς τε καὶ πρᾷος εἶναι προσποιεῖται;

43 En revanche, Julien l'Apostat a recouru à la version de la Titanomachie chez

Hésiode (*Théogonie* 617–20) pour se moquer de la taille de Magnence, cf. *Discours* III [II], 7, 56d.

44 Καίτοι τίνα οὐκ ἂν ἐξέπληξε καὶ λίαν ὄντα καθ' Ὅμηρον ταλασίφρονα ὁ κατακλυσμὸς ἐκεῖνος καὶ ἡ ζάλη καὶ ἡ τρικυμία, ἀωρὶ μὲν ἀρξαμένη, πολλὴ δὲ ἐν ὥρᾳ κατασκευασθεῖσα, ὅτε θεοῖς ἐχθρὸς ἄνθρωπος ἐν ὑπογραφέως ἀεὶ μοίρᾳ διαβιοὺς ἐκ τοῦ μέλανος καὶ τῆς καλαμίδος ἐτόλμησεν εἰς νοῦν ἐμβαλέσθαι τὴν Ῥωμαίων ἡγεμονίαν, ὄλεθρος ἐξ ὀλέθρων, τυφὼν ἀτεχνῶς ἐκ τοῦ Κιλικίου Κωρύκου, ἐκ τῶν πνιγέων ἀναδὺς καὶ μόνον τὸ πανταχόθεν ἀδόκητον τόλμης ποιησάμενος ὁρμητήριον ὑπὲρ τὸν Κρίξον, ὑπὲρ τὸν Σπάρτακον ἐθρασύνετο.

45 Hésiode, *Théogonie* 825, décrit les cent têtes de serpent sur les épaules du monstre contrairement à la tradition qui le dépeint avec cent pieds-serpents; cf. Hygin, *Fables* 152 et Stace, *Thébaïde* II, 595, qui imitent Hésiode, tandis qu'Apollodore, *Bibliothèque* I, 6, 3 combine les deux variantes.

46 Γενομένης γὰρ τῆς βαρβαρικῆς ἐκείνης ἐπαναστάσεως καὶ τῆς Ῥωμαίων ἀρχῆς αἰωρουμένης ὥσπερ ἐν κλύδωνι χαλεπῷ καὶ τρικυμίᾳ καὶ κινδυνευούσης ἐκπεσεῖν τῆς Κωνσταντίνου διαδοχῆς εἰς ἀλάστορα βάρβαρον καὶ παλαμναῖον, ἡ τῆς πόλεως ἐκείνης ἀγαθὴ μοῖρα μόνη τοῦ γένους τὸ ζώπυρον διεσώσατο καὶ παρέπεμψεν ἐπὶ τὴν ἀρχαίαν ἑστίαν τῶν Αἰνεαδῶν ... Cf. également Thémistios, *Discours* VIII, 13, 111a, qui fait allusion à l'usurpation de Procope.

47 Le motif de l'orage et du vaisseau de l'État se trouve depuis Alcée (F 141 Loebel-Page) dans la littérature grecque; cf. Aristophane, *Les Guêpes* 29, Platon, *République* VI, 4, 488b–c et Polybe, VI, 44, 3–8, ainsi que chez les auteurs de la Seconde Sophistique, e.g. Plutarque, *Vie de Périclès* XXXIII, 5, Philostrate, *VA* IV, 9 et Dion Cassius, LII, 16, 3, cf. Fuhrmann (1964, 234–7), Pöschl (1964, 561–2), Étienne (1993).

48 En revanche, Baudy (1992) avait argumenté que ce passage de Thémistios est à interpréter comme *aition* pour tous les autres passages qui associent le tremblement de terre avec l'usurpation de Procope, donc également pour ce texte d'Ammien Marcellin. De plus, il met en question l'historicité du tremblement de terre et du tsunami et associe le Typhon de Thémistios avec les cultes apocalyptiques égyptiens et chrétiens qui voyaient dans Julien et Procope l'incarnation de la tradition païenne, voire l'avènement de l'Antéchrist. Pour conclure, Baudy proposa de voir dans l'association du tremblement de terre avec la chute de Procope un oracle *ex euentu* inventé par des cercles chrétiens. Contre cette argumentation et pour l'historicité du tsunami, ont récemment pris position Kelly (2004), Bleckmann (2007), et Boeft et al. (2008, 291–305).

BIBLIOGRAPHY/BIBLIOGRAPHIE

Ailloud, H. 1931. *Suétone, Vies des Douze Césars, César – Auguste*. Paris.
Alcock, S.E. 1996. 'Landscapes of Memory and the Authority of Pausanias.' In J. Bingen, ed., 241–76.
– ed. 1997. *The Early Roman Empire in the East*. Oxford.
Alcock, S.E., J. Cherry, and J. Elsner, eds. 2001. *Pausanias. Travel and Memory in Roman Greece*. Oxford.
Alexandre, M. 1979. 'Le travail sur la sentence chez Marc-Aurèle. Philosophie et rhétorique.' *La licorne* 3: 125–54.
Alexiou, M. 2002. *The Ritual Lament in Greek Tradition*, 2nd ed. Lanham, MD.
Amato, E., and J. Schamp, eds. 2005. Ethopoiia, *La représentation de caractères entre fiction scolaire et réalité vivante à l'époque impériale et tardive*. Salerne.
Amato, E., A. Roduit, and M. Steinrück, eds. 2006. *Approches de la Troisième Sophistique. Hommages à Jacques Schamp*. Collection Latomus 296. Bruxelles.
Ameling, W. 1983. *Herodes Atticus, vol. I, Biographie*, Hildesheim.
– 1996. 'Pausanias und die hellenistische Geschichte.' In J. Bingen, ed., 117–60.
Anderson, G. 1986. *Philostratus. Biography and Belles Lettres in the Third Century* A.D. London.
– 1989. 'The *Pepaideumenos* in Action: Sophists and Their Outlook in the Early Roman Empire.' *ANRW* II 33, 1: 79–208.
– 1990. 'The Second Sophistic: Some Problems of Perspective.' In D.A. Russell, ed., 91–110.
– 1993. *The Second Sophistic: A Cultural Phenomenon in the Roman Empire*. London and New York.
– 1994a. 'Lucian: Tradition versus Reality.' *ANRW* II 34, 2: 1422–47.
– 1994b. *Sage, Saint and Sophist: Holy Men and Their Associates in the Early Roman Empire*. London.
– 1997. 'Athenaeus: The Sophistic Environment.' *ANRW* II 34, 3: 2173–85.

- 2000. 'The Banquet of Belles-Lettres: Athenaeus and the Comic Symposium.' In D. Braund and J. Wilkins, eds, 316–26.
Ando, C. 2003. 'Review of S. Goldhill (ed.), *Being Greek under Rome: Cultural Identity, the Second Sophistic and the Development of Empire.*' *Phoenix* 57: 355–60.
André, J. 1981. *Anonyme latin: Traité de physiognomonie.* Paris.
Angelo, A.D. 1995. 'Un "encomio" di Alessandro Magno in Plutarco: il *De Alexandri Magni fortuna aut virtute*, or. I.' In I. Gallo, ed., 173–84.
- 1998. *Plutarco, la fortuna o la virtù di Alessandro Magno, prima orazione.* Corpus Plutarchi Moralium 29. Napoli.
Arasse, D. 1992. *Le Détail. Pour une histoire rapprochée de la peinture.* Paris.
Arnim, H. von 1898. *Leben und Werke des Dio von Prusa.* Berlin.
Astarita, M.L. 1992. 'Appiano e Frontone: rapporti sociali e culturali.' In E. Flores, A.V. Nazzaro, L. Nicastri, and G. Polara, eds, 159–71.
Auberger, J. 1992. 'Pausanias romancier? Le témoignage du livre IV.' *DHA* 18: 257–81.
- 2000. 'Le livre IV de Pausanias: une leçon pour l'Empire.' *Phoenix* 54: 255–81.
- 2001. 'Le lait des Grecs: boisson divine ou barbare?' *DHA* 27: 131–57.
Austin, N.J.E. 1972. 'A Usurper's Claim to Legitimacy.' *RSA* 2: 187–94.
Avotins, I. 1975. 'The Holders of the Chair of Rhetoric at Athens.' *SCP* 79: 313–24.
Babbitt, F.C. 1927–36. *Plutarch's Moralia, vol. 1–4.* Cambridge, MA and London.
Balaudé, J.-F. 1997. 'Parenté du vivant et végétarisme radical: le défi d'Empédocle.' In B. Cassin and J.-L. Labarrière, eds, 31–53.
Baldwin, B. 1976. 'Athenaeus and His Work.' *Acta classica* 19: 21–42.
- 1977. 'The Minor Characters in Athenaeus.' *Acta classica* 20: 37–48.
Ball, W. 2000. *Rome in the East: The Transformation of an Empire.* London and New York.
Bardong, K. 1942. 'Beiträge zur Hippokrates- und Galenforschung.' *NAWG* 7: 577–640.
Barney, R. 2001. *Names and Nature in Plato's* Cratylus. New York and London.
Baslez M.F., P. Hoffman, and L. Pernot, eds. 1993. *L'invention de l'autobiographie d'Hésiode à saint Augustin.* Études de littérature ancienne 5. Paris.
Baudy, G.J. 1992. 'Die Wiederkehr des Typhon. Katastrophen-Topoi in nachjulianischer Rhetorik und Annalistik: zu literarischen Reflexen des 21. Juli 365 nC.' *JbAC* 35: 47–82.
Baumgart, H. 1874. *Aelius Aristides als Repräsentant der sophistischen Rhetorik des zweiten Jahrhunderts der Kaiserzeit*, Leipzig.
Bearzot, C. 1992. *Storia e storiografia ellenistica in Pausania il Periegeta.* Venezia.
Behr, C.A. 1968a. *Aelius Aristides and the Sacred Tales.* Amsterdam.
- 1968b. 'Citations of Porphyry's *Against Aristides* preserved in Olympiodorus.' *AJP* 89: 186–99.

- 1981–6. *P. Aelius Aristides, The Complete Works.* Leiden.
- 1994. 'Studies on the Biography of Aelius Aristides.' *ANRW* II 34, 2: 1140–1233.

Belting, H. 2007. *Image et culte. Une histoire de l'art avant l'époque de l'art.* Trad. de l'allemand par F. Muller. Paris.

Bennett, J. 1997. *Trajan, Optimus Princeps. A Life and Times.* London.

Berenson Maclean, J.K., and E. Bradshaw Aitken. 2001. *Flavius Philostratus: Heroikos.* Atlanta.

Berardi, E. 1997. 'Un uso della figura di Alessandro Magno: la seconda orazione *Sulla regalità* di Dione di Prusa.' *Quaderni*: 225–43.

- 1998. 'Avidità, lussuria, ambizione: tre demoni in Dione di Prusa, *Sulla regalità* IV 75–139.' *Prometheus* 24: 37–56.

Berg, R.M. van den. 2008. *Proclus' Commentary on the Cratylus in Context: Ancient Theories of Language and Naming.* Philosophia Antiqua 112. Leiden.

Betz, H.D. 1996. 'Heroenverehrung und Christusglaube. Religionsgeschichtliche Beobachtungen zu Philostrats *Heroicus*.' In H. Cancik, H. Lichtenberger, and P. Schäfer, eds, 119–39.

Bhabha, H.K. 1994. *The Location of Culture.* London.

Bieler, L. 1935–6. θεῖος ἀνήρ, *das Bild des göttlichen Menschen in Spätantike und Frühchristentum*, Wien (réimpression: Darmstadt 1967).

Billault, A. ed. 2000. *L'Univers de Philostrate.* Paris.

Billerbeck, M. 1996. 'The Ideal Cynic from Epictetus to Julian.' In R. Bracht Branham and M.-O. Goulet-Cazé, eds, 205–21.

Bingen, J., ed. 1996. *Pausanias Historien.* Entretiens sur l'Antiquité classique 41. Vandoeuvres and Genève.

Birley, A.R. 1997. 'Marius Maximus: The Consular Biographer.' *ANRW* II 34, 3: 2678–2757.

Bleckmann, B. 2007. 'Vom Tsunami von 365 zum Mimas-Orakel: Ammianus Marcellinus als Zeithistoriker und die spätgriechische Tradition.' In J. den Boeft, J.W. Drijvers, D. den Hengst, and H.C. Teitler, eds, 7–31.

Blockley, R.C. 1983. *The Fragmentary Classicizing Historians of the Later Roman Empire, II: Text, Translation and Notes.* Liverpool.

Boeft, J. den, J.W. Drijvers, D. den Hengst, and H.C. Teitler, eds. 2007. *Ammianus after Julian, The Reign of Valentinian and Valens in Books 26–31 of the* Res Gestae, Mnemosyne Suppl. 289. Leiden and Boston.

- 2008. *Philological and Historical Commentary on Ammianus Marcellinus XXVI.* Leiden and Boston.

Bollók, J. 1996. 'The Description of Paul in the *Acta Pauli*.' In J.N. Bremmer, ed., 1–15.

Bompaire, J. 1958. *Lucien écrivain, imitation et création.* Paris.

- 1993. 'Quatre styles d'autobiographie au IIe siècle après J.C.: Aelius Aristide, Lucien, Marc Aurèle, Galien.' In M.F. Baslez, P. Hoffman, and L. Pernot, eds, 199–209.

Borg, B.E., ed. 2004. *Paideia: The World of the Second Sophistic*. Berlin and New York.

Bost-Pouderon, C. 2006a. *Dion Chrysostome, trois discours aux villes (Orr. 33–35), tome I: prolégomènes, édition critique et traduction*. Salerne.

— 2006b. *Dion Chrysostome, trois discours aux villes (Orr. 33–35), tome II: commentaires, bibliographie et index*. Salerne.

Boudon-Millot, V. 2007. *Galien tome I*. Paris.

Boulanger, A. 1923. *Aelius Aristide: la Sophistique dans la Province d'Asie au IIe siècle de notre ère*. Paris.

Bouton, C., V. Laurand, and L. Raïd, eds. 2005. *La physiognomonie, problèmes philosophiques d'une pseudo-science*. Paris.

Bowden, H. 2005. 'Herakles, Herodotos and the Persian Wars.' In L. Rawlings and H. Bowden, eds, 1–13.

Bowersock, G.W. 1969. *Greek Sophists in the Roman Empire*. Oxford.

— ed. 1974. *Approaches to the Second Sophistic: Papers Presented at the 105th Annual Meeting of the American Philological Association*. Pennsylvania.

Bowie, E.L. 1970. 'The Greeks and Their Past in the Second Sophistic.' *P&P* 46: 3–41 (reprinted with revisions in M.I. Finley, ed., *Studies in Ancient Society*. London 1974: 166–209).

— 1978. 'Apollonius of Tyana: Tradition and Reality.' *ANRW* II 16, 2: 1652–99.

— 1982. 'The Importance of the Sophists.' *YCS* 27: 29–59.

— 1991. 'Hellenes and Hellenism in Writers of the Early Second Sophistic.' In S. Saïd, ed., 183–204.

— 1994. 'Philostratus: Writer of Fiction.' In J.R. Morgan and R. Stoneman, eds, 181–99.

— 2004. 'The Geography of the Second Sophistic: Cultural Variations.' In B.E. Borg, ed., 65–83.

— 2009. 'Philostratus: The Life of a Sophist.' In Bowie and Elsner, eds, 19–32.

Bowie, E.L., and J. Elsner, eds. 2009. *Philostratus*. Cambridge.

Bowman, F.P. 1990. 'Genetic Criticism.' *Poetics Today* 11: 627–46.

Boys-Stones, G. 2003. *Metaphor, Allegory, and the Classical. Ancient Thought and Modern Revisions*. Oxford.

— 2007. 'Physiognomy and Ancient Psychological Theory.' In S. Swain, ed., 19–124.

Bracht Branham, R. and M.-O. Goulet-Cazé, eds. 1996. *The Cynics, The Cynic Movement in Antiquity and Its Legacy*. Berkeley.

Brancacci, A. 1985. *Rhetorike Philosophousa, Dione Crisostomo nella cultura antica e byzantina*. Roma.

Brandt, H. 1988. *Zeitkritik in der Spätantike: Untersuchungen zu den Reformvorschlägen des Anonymus De rebus bellicis*. München.

Branham, R.B. 1989. *Unruly Eloquence: Lucian and the Comedy of Traditions*. Cambridge, MA.

Brassat, W., ed. 2005. *Bild-Rhetorik*. Ein internationales Jahrbuch 24. Tübingen.
Braun, W., ed. 2005. *Rhetoric and Reality in Early Christianities*, Waterloo, ON.
Braund, D. 1997. 'Greeks and Barbarians: The Black Sea Region and Hellenism under the Early Empire.' In S.E. Alcock, ed., 121–36.
Braund, D., and J. Wilkins, eds. 2000. *Athenaeus and His World: Reading Greek Culture in the Roman Empire*. Exeter.
Bréhier, E. 1951. *Chrysippe*. Paris.
Breitenbach, A. 2003. 'Kritias und Herodes Attikos: Zwei Tyrannen in Philostrats Sophistenviten.' *WS* 116: 109–13.
Bremmer, J.N. 1996. 'Magic, Martyrdom and Women's Liberation in the *Acts of Paul and Thecla*.' In J.N. Bremmer, ed., 36–59.
– ed. 1996. *The Apocryphal Acts of Paul and Thecla*. Kampen.
Bremmer, J.N., and H. Roodenburg, eds. 1991. *A Cultural History of Gesture: From Antiquity to the Present*. Cambridge.
Brisson, L. 1994. *Platon, les mots et les mythes: comment et pourquoi Platon nomma le mythe?* Paris.
– 1996. *Introduction à la philosophie du mythe, I. Sauver les mythes*. Paris.
Broadhurst, L. 2005. 'Melito of Sardis, the Second Sophistic, and "Israel."' In W. Braun, ed., 49–74.
Brunschwig, J., M.F. Burnyeat, and M. Schofield, eds. 1982. *Science and Speculation: Studies in Hellenistic Theory and Practice*. Cambridge.
Brunschwig, J., C. Imbert, and A. Roger, eds. 1985. *Histoire et structure, à la mémoire de Victor Goldschmidt*. Paris.
Brunt, P.A. 1994. 'The Bubble of the Second Sophistic.' *BICS* 39: 25–52.
Burkert, W. 1987. *Ancient Mystery Cults*. Cambridge, MA.
Cairns, F., and M. Heath, eds. 1990. *Papers of the Leeds International Latin Seminar Sixth Volume 1990: Roman Poetry and Drama, Greek Epic, Comedy and Rhetoric*. Arca, Classical and Medieval Texts, Papers and Monographs 29, Leeds.
Cameron, A. 1967. 'Iamblichus at Athens.' *Athenaeum* 45: 146–8.
Cammarota, M.R. 1992. 'Il *De Alexandri Magni fortuna aut virtute* come espressione retorica: il panegirico.' In I. Gallo, ed., 105–24.
– 1998. *Plutarco, La fortuna o la virtù di Alessandro Magno, seconda orazione*. Corpus Plutarchi Moralium 30. Napoli.
Cancik, H., H. Lichtenberger, and P. Schäfer, eds. 1996. *Geschichte-Tradition-Reflexion, Festschrift für Martin Hengel zum 70. Geburtstag, Bd. II, Griechische und Römische Religion*. Tübingen.
Carrié, J.-M., and R. Lizzi-Testa, eds. 2002. *Humana sapit: études d'Antiquité tardive offertes à Lellia Cracco Ruggini*. Bibliothèque de l'Antiquité Tardive 3. Turnhout.
Carruthers, M. 2002. *Machina memorialis. Méditation, rhétorique et fabrication des images au Moyen Âge*. Trad. de l'anglais par F. Durand-Bogaert. Paris.

Cassin, B. 1986. 'Du faux ou Du mensonge à la fiction (de *pseudo* à *plasma*).' In B. Cassin, ed., 3–29.
– ed. 1986. *Le plaisir de parler*. Paris.
– 1990. 'Le lien rhétorique de Protagoras à Aelius Aristide.' *Philosophie* 28: 3–31.
Cassin, B., and J.-L. Labarrière, eds. 1997. *L'animal dans l'Antiquité*. Paris.
Castelli, C. 2005. 'Ritratti di sofisti. Ethos e fisiognomica nelle *Vitae sophistarum* di Filostrato.' In E. Amato and J. Schamp, eds, 1–10.
Catoni, M. L. 2005. *Schemata. Comunicazione non verbale nella Grecia antica*, Pisa.
Cazeaux J. 1995. *Platon*, La République. Paris.
Cébeillac-Gervasoni, M., and L. Lamoine, eds. 2003. *Les élites et leurs facettes. les élites locales dans le monde hellénistique et romain*. Rome and Clermont-Ferrand.
Chamoux, F. 1996. 'La méthode historique de Pausanias.' In J. Bingen, ed., 45–69.
Champlin, E. 1980. *Fronto and Antonine Rome*. Cambridge.
Charles-Saget, A. 1986. 'Un miroir-du-prince au Ier siècle après J.-C.: Dion Chrysostome, *Sur la royauté*, I.' In B. Cassin, ed., 111–29.
Chevallier, R., ed. 1995. *Homme et animal dans l'antiquité romaine, actes du colloque de Nantes 1991*. Tours.
Chiabò, M., and F. Doglio, eds. 1982. *Spettacoli conviviali dall'antichità classica alle corti italiane del '400: Atti del VII convegno di studio*. Viterbo.
Christ, W. von 1905. *Geschichte der griechischen Literatur bis auf die Zeit Justinians*. 4. Aufl. München.
Civiletti, M. 2002. *Filostrato:* Vite dei sofisti. Milano.
Clay, D. 1992. 'Lucian of Samosata: Four Philosophical Lives (*Nigrinus, Demonax, Peregrinus, Alexander Pseudomantis*).' *ANRW* II 36, 5: 3406–50.
Clinton, K. 1974. *The Sacred Officials of the Eleusinian Mysteries*. Philadelphia.
Colpi, B. 1987. *Die Paideia des Themistius*. Bern.
Connolly, J. 2001. 'Problems of the Past in Imperial Greek Education.' In Y.L. Too, ed., 339–73.
Constantin, D. 2008. *Masques et mirages: genèse du roman chez Cortázar, Perec et Villemaire*. New York.
Cortellazzo, M.A., ed. 1983. *Retorica e classi sociali, Atti del IX Convegno interuniversitario di Studi (Bressanone, 1981)*. Padova.
Costantini, M., F. Graziani, and S. Rolet, eds. 2006. *Le défi de l'art: Philostrate, Callistrate et l'image sophistique*. Rennes.
Côté, D. 2006. 'Les deux sophistiques de Philostrate.' *Rhetorica* 24: 1–35.
Cova, P. 1971. 'Problematica frontoniana.' *BStudLat* I: 460–82.
Cox, P. 1983. *Biography in Late Antiquity, A Quest for the Holy Man*. Berkeley.
Cribiore, R. 2007. *The School of Libanius in Late Antique Antioch*. Princeton.
– 2008. 'Vying with Aristides in the Fourth Century: Libanius and His Friends.' In Harris and Holmes, eds, 263–78.

Croiset, A., and M. Croiset, 1899. *Histoire de la littérature grecque*, vol. 5. Paris.
Curtius, E.R. 1953. *European Literature and the Latin Middle Ages*. Trans. W. Trask. New York.
Curty, O. 1995. *Les parentés légendaires entre cités grecques*. Genève.
– 2001. 'Les parentés entre cités chez Polybe, Strabon, Plutarque et Pausanias.' In V. Fromentin and S. Gotteland, eds, 49–56.
Dagron, G. 1968. 'L'Empire romain d'Orient au IVe siècle et les traditions politiques de l'hellénisme. Le témoignage de Thémistios.' *T&MByz* 3: 1–242.
– 1987. 'Image de bête ou image de Dieu. La physiognomonie animale dans la tradition grecque et ses avatars byzantins.' In *Poikilia. Études offertes à Jean-Pierre Vernant*. Paris.
Dale, A.M. 1969. 'Stasimon and Hyporcheme.' In A.M. Dale, ed., *Collected Papers*. Cambridge: 34–40.
Dauge, Y.A. 1981. *Le barbare: recherche sur la conception romaine de la barbarie et de la civilisation*. Bruxelles.
Davidson, J. 2000. 'Pleasure and Pedantry in Athenaeus.' In D. Braund and J. Wilkins, eds, 292–303.
De Lacy, P. 1975. 'Plato and the Intellectual Life of the Second Century A.D.' In G. Bowersock, ed., 1–9.
– 1981. *Galen:* On the Doctrines of Hippocrates and Plato. Berlin.
Delmaire, R. 1997. 'Les usurpateurs du Bas-Empire et le recrutement des fonctionnaires (Essai de réflexion sur les assises du pouvoir et leurs limites).' In F. Paschoud and J. Szidat, eds, 111–26.
Deppman J., D. Ferrer, and M. Groden, eds. 2004. *Genetic Criticism: Texts and Avant-Textes*. Philadelphia.
Desideri, P. 1978. *Dione di Prusa, un intelletuale greco nell'Impero romano*. Firenze.
– 1991. 'Dione di Prusa fra ellenismo e romanità.' *ANRW* II, 33, 5: 3882–3902.
– 2002. 'Alessandro nei discorsi politici di Temistio.' In J.-M. Carrié and R. Lizzi-Testa, eds, 169–78.
Desrousseaux, A.M. 1956. *Athénée: Les Deipnosophistes*. Paris.
Detienne, M. 1960. 'Héraclès, héros pythagoricien.' *RHR* 158: 19–53.
Dihle, A. 1989. *Die griechische und lateinische Literatur der Kaiserzeit von Augustus bis Justinian*, München.
– 1994. *Die Griechen und die Fremden*, München. (English translation by M. Malzahn, *Greek and Latin Literature of the Roman Empire*. London.)
Dill, U., and C. Walde, eds. 2009. *Antike Mythen. Medien, Transformationen, Konstruktionen*. Berlin and New York.
Dixsaut, M., ed. 1993. *Contre Platon I: Le platonisme dévoilé*. Paris.
Dodds, E.R. 1951. *The Greeks and the Irrational*. Berkeley.
– 1965. *Pagan and Christian in an Age of Anxiety*. New York.

Donini. P.L. 1992. 'Galeno e la filosofia.' *ANRW* II, 36, 5: 3484–3504.
Dorandi, T. 2000. *Le stylet et la tablette: dans le secret des auteurs antiques*. Paris.
Downey, G. 1961. *A History of Antioch in Syria from Seleucus to the Arab Conquest*. Princeton.
– 1965. *Themistii orationes*, vol. 1. Leipzig.
Downey, G., and A.F. Norman. 1970. *Themistii orationes*, vol. 2. Leipzig.
Dubel, S. 1997. '*Ekphrasis* et *Enargeia*: la description antique comme parcours.' In C. Lévy and L. Pernot, eds, 249–64.
Dvornik, F. 1966. *Early Christian and Byzantine Political Philosophy. Origins and Background*, Dumbarton Oaks Studies 9, Washington, DC.
Edlow, R.B. 1972. *Galen on Ambiguity*. Philadelphia.
Edwards, M., M. Goodman, and S. Price, eds. 1999. *Apologetics in the Roman Empire, Pagans, Jews, and Christians*. Oxford.
Eijk, P. van der, H.F.J. Horstmanshoff, and P.H. Schrijvers, eds. 1995. *Ancient Medicine in Its Cultural Context*. Amsterdam.
Eitrem, S. 1929. 'Zu Philostratos *Heroikos*.' *SO* 8: 1–56.
Elm von der Osten, D. 2006. 'Die Inszenierung des Betruges und seiner Entlarvung: Divination und ihre Kritiker in Lukians Schrift *Alexandros oder der Lügenprophet*.' In D. Elm von der Osten, J. Rüpke, and K. Waldner, eds, 141–57.
Elm von der Osten, D., J. Rüpke, and K. Waldner, eds. 2006. *Texte als Medium und Reflexion von Religion im römischen Reich*, Potsdamer Altertumswissenschaftliche Beiträge 14, Stuttgart.
Elsner, J. 1992. 'Pausanias: A Greek Pilgrim in the Roman World.' *Past and Present* 135: 5–29.
– 2009. 'A Protean Corpus.' In Bowie and Elsner, eds, 3–18.
Emonds, H. 1941. *Zweite Auflage im Altertum*, Leipzig.
Errington, R.M. 2000. 'Themistius and His Emperors.' *Chiron* 30: 861–904.
Eshleman, K. 2008. 'Defining the Circle of Sophists: Philostratus and the Construction of the Second Sophistic.' *CP* 103: 395–413.
Étienne, A. 1993. 'Essai de navigation platonicienne. Remarques sur quelques images nautiques chez Platon.' *EL* 1: 111–28.
Evans, E.C. 1969. *Physiognomonics in the Ancient World*. Philadelphia.
Everson, S., ed. 1994. *Philosophy of Language: Companions to Ancient Thought*, vol. 3. Cambridge.
Ewald, B. 2004. 'Men, Muscle, and Myth: Attic Sarcophagi in the Cultural Context of the Second Sophistic.' In B.E. Borg, ed., 229–75.
Fatouros, G., and T. Krischer, eds. 1983. *Libanius*. Darmstadt.
Fedeli, P. 1989. 'Il *Panegirico* di Plinio nella critica moderna.' *ANRW* II, 33, 1: 387–514.
Fein, S. 1994. *Die Beziehungen der Kaiser Trajan und Hadrian zu den litterati*. Stuttgart and Leipzig.

Felten, J., ed. 1913. *Nikolaos Progymnasmata.* Leipzig.
Festugière, A.-J. 1954. *Personal Religion among the Greeks.* Berkeley.
– 1969. 'Sur les *Discours Sacrés* d'Aelius Aristide.' *REG* 82: 117–153.
– 1986. *Discours sacrés: rêve, religion, médecine au IIe siècle après J.-C.* Paris.
Flacelière, R., and E. Chambry. 1977. *Plutarque, Vies, Tome XIII, Démétrios – Antoine.* Paris.
Flashar, M., H.-J. Gehrke, and E. Heinrich, eds. 1996. *Retrospektive, Konzepte von Vergangenheit in der griechisch-römischen Antike.* München.
Fleury, P. 2001. 'La flûte, le général et l'esclave: analyse de certaines métaphores rhétoriques chez Fronton.' *Phoenix* 55: 108–23.
– 2006. *Lectures de Fronton.* Paris.
– 2007. 'Éroticos: un dialogue (amoureux) entre Platon et la Seconde Sophistique?' *REG* 120: 776–87.
Flinterman, J.-J. 2002. 'The Self-Portrait of an Antonine Orator: Aristides, *Or.* 2.429ff.' In E.N. Ostenfeld, K. Blomqvist, and L. Nevett, eds, 198–211.
Flores, E., A.V. Nazzaro, L. Nicastri, and G. Polara, eds. 1992. *Miscellanea di studi in onore di Armando Salvatore.* Napoli.
Förster, R. 1893. *Scriptores physiognomonici graeci et latini,* vols 1 and 2. Leipzig (réimpression: Stuttgart, 1994).
– 1903–27. *Libanii opera.* Leipzig.
Francis, J.A. 1998. 'Truthful Fiction: New Questions to Old Answers on Philostratus' *Life of Apollonius.*' *AJPh* 119: 419–41.
Frateantonio, C., and H. Krasser, eds. 2007. *Religion und Bildung. Medien und Funktionen religiösen Wissens in der Kaiserzeit.* Stuttgart.
Frede, M. 1981. 'Galen's Epistemology.' In V. Nutton, ed., 65–86.
– 1982. 'The Method of the So-Called Methodical School of Medicine.' In J. Brunschwig, M.F. Burnyeat, and M. Schofield, eds, 1–23.
Fried, M.N., and S. Unguru, eds. 2001. *Apollonius of Perga's Conica: Text, Context, Subtext.* Leiden.
Fromentin, V., and S. Gotteland, eds. 2001. *Origines gentium.* Bordeaux.
Fuhrmann, F. 1964. *Les images de Plutarque.* Paris.
– 1978. *Plutarque, Oeuvres morales, tome IX, 2e partie: Propos de table, livres IV–VI.* Paris.
Gallo, I., ed. 1992. *Ricerche plutarchee.* Napoli.
– ed. 1995. *Seconda miscellanea filologica.* Quaderni del dipartimento di scienze dell'antichità 17. Napoli.
Gallo, I., and B. Scardigli, eds. 1995. *Teoria e prassi politica nelle opere di Plutarco: atti del V convegno plutarcheo (Certosa di Pontignano, 7–9 giugno 1993).* Napoli.
Gangloff, A. 2001. 'Les mythes dans les principaux discours aux villes de Dion Chrysostome: une approche de la notion d'hellénisme.' *REG* 114: 456–77.

– 2006. *Dion Chrysostome et les mythes. Hellénisme, communication et philosophie politique.* Grenoble.

Garelli, M.-H. 2007. *Danser le mythe. La pantomime et sa reception dans la culture antique.* Louvain.

Gerhardt, T. 2002. 'Philosophie und Herrschertum aus der Sicht des Themistios.' In A. Goltz, A. Luther, and H. Schlange-Schöningen, eds, 187–218.

Ghersetti, A. 2007. 'The Istanbul Polemon (TK Recension): Edition and Translation of the Introduction.' In S. Swain, ed., 465–85.

Gigli, D. 1977. 'Stile e linguaggio onirico nei *Discorsi sacri* di Elio Aristide.' *C&S* 61–2: 214–24.

Gill, C. 2000. 'Stoic Writers of the Imperial Era.' In C. Rowe and M. Schofield, eds, 597–615.

Giner Soria, M.C. 1981. 'Sofistas en Atenas del s. II d. C.' *Helmantica* 32: 227–37.

Gleason, M. 1995. *Making Men. Sophists and Self-Presentation in Ancient Rome.* Princeton.

Goffart, W. 1988. *The Narrators of Barbarian History.* Princeton.

Goldhill, S. ed. 2001. *Being Greek under Rome: Cultural Identity, the Second Sophistic, and the Development of Empire.* Cambridge.

Goltz, A., A. Luther, and H. Schlange-Schöningen, eds. 2002. *Gelehrte in der Antike: Alexander Demandt zum 65. Geburtstag.* Köln and Wien.

Goulet-Cazé, M.-O. 1996. 'Religion and the Early Cynics.' In R. Bracht Branham and M.-O. Goulet-Cazé, eds, 47–80.

Gourevitch, D. 1984. *Le Triangle Hippocratique dans le monde gréco-romain.* Rome.

Graf, F. 1993. 'Gestures and Conventions: The Gestures of Roman Actors.' In J. Bremmer and H. Roodenburg, eds, 36–58.

Graindor, P. 1930. *Un milliardaire antique, Hérode Atticus et sa famille.* Le Caire.

Grattarola, P. 1986. 'L'usurpazione di Procopio e la fine dei Constantinidi.' *Aevum* 60: 82–105.

Graziani, F., and B. de Vigenere 1995. *Philostrate: les images ou tableaux de platte-peinture.* Paris.

Greenblatt, S. 1980. *Renaissance Self-Fashioning: From More to Shakespeare.* Chicago.

Groningen, B.A. van 1963. 'ΕΚΔΟΣΙΣ.' *Mnemosyne* 16: 1–17.

– 1965. 'General Literary Tendencies in the Second Century A.D.' *Mnemosyne* 18: 41–56.

Guelfucci, M.-R., ed. (forthcoming). *Jeux et enjeux de la mise en forme, Aux marges de l'histoire?* DHA Supp. Besançon.

Gulick, C.B. 1970. *Athenaeus, The Deipnosophists,* vol. 6. Cambridge, MA, and London.

Gurd, S. 2006. 'Richard Bentley's Radical Philology.' *CML* 26: 1–21.

Haake, M. 2003. 'Warum und zu welchem Ende schreibt man peri basileias? Überlegungen zum historischen Kontext einer literarischen Gattung im Hellenismus.' In K. Piepenbrink, ed., 83–138.

Habicht, Ch. 1985. *Pausanias und seine* Beschreibung Griechenlands, München. (English edition, University of California Press, 1986).

Hadot, P. 1992. *La citadelle intérieure*. Paris.

Hadzis, D. 1964. 'Was bedeutet "Monodie" in der byzantinischen Literatur?' In J. Irmscher, ed., 177–85.

Hall, E. 1989. *Inventing the Barbarian, Greek Self-Definition through Tragedy.* Oxford.

– and R. Wyles, eds. 2008. *New Directions in Ancient Pantomime*. Oxford.

Hall, J.M. 2002. *Hellenicity: Between Ethnicity and Culture*. Chicago.

Halliwell, S. 1998. *Aristotle's* Poetics. Chicago and London.

– 2002. *The Aesthetics of Mimesis*. Princeton and Oxford.

Hankinson, R.J. 1990. 'Galen's Philosophical Eclecticism.' *ANRW* II 36, 4: 3505–22.

– 1991. *Galen:* On the Therapeutic Method. Oxford.

– 1994. 'Usage and Abusage: Galen on Language.' In S. Everson, ed., 166–93.

Hanus, P. 1998. 'Apollonius de Tyane et la tradition du θεῖος ἀνήρ.' *DHA* 24: 200–31.

Hardouin, J. 1684. *Themistii Orationes XXXIII*. Paris.

Harris, B.F. 1991. 'Dio of Prusa: A Survey of Recent Work.' *ANRW* II, 33, 5: 3853–81.

Harris, W.V., and B. Holmes, eds. 2008. *Aelius Aristides between Greece, Rome and the Gods*. Columbia Studies in the Classical Tradition, vol. 33. Leiden and Boston.

Harrison, S.J. 2000a. 'Apuleius, Aelius Aristides and Religious Autobiography.' *AncNarr* 1: 245–59.

– 2000b. *Apuleius: A Latin Sophist*. Oxford.

Harrison, S.J., J.L. Hilton, and V. Hunink. 2001. *Apuleius: Rhetorical Works*. Oxford.

Hartog, F. 1980. *Le miroir d'Hérodote. Essai sur la représentation de l'Autre*. Paris.

Heath, T.L. 1962. *Apollonius of Perga:* Treatise on Conic Sections. Cambridge.

Heather, P. 1998. 'Themistius, a Political Philosopher.' In M. Whitby, ed., 125–50.

Heather, P., and D. Moncur. 2001. *Politics, Philosophy, and Empire in the Fourth Century: Select Orations of Themistius*. Translated Texts for Historians 36. Liverpool.

Heiberg, J.L. 1974. *Apollonii Pergaei quae Graece exstant*. Leipzig.

Henderson, I.H. 2003. 'Speech Representation and Religious Rhetorics in Philostratus' *Vita Apollonii*.' *SR* 32: 19–37.

– 2010. 'Memory, Text and Performance in Early Christian Formation.' In C. Frateantonio and H. Krasser, eds.

Herington, J. 1985. *Poetry into Drama: Early Tragedy and the Greek Poetic Tradition*. Berkeley.

Herschberg, A. 2005. *Le style en mouvement: littérature et art*. Paris.

Heuzé, P. 1995. '"Épargnez-vous, mortels, de vous souiller le corps …" Un témoignage sur le végétarisme des Anciens.' In R. Chevallier, ed., 367–72.
Hornblower, S., ed. 1994. *Greek Historiography*. Oxford.
Hout, M. van den 1950. 'Reminiscences of Fronto in Marcus-Aurelius' Book of Meditations.' *Mnemosyne* 3: 330–5.
Hoyland, R. 2007. 'A New Edition and Translation of the Leiden Polemon.' In S. Swain, ed., 329–463.
Hubert, C. 1938. *Plutarchi Moralia*, vol. 4. Leipzig (repr. 1971).
Humbel, A. 1994. *Ailios Aristeides, Klage über Eleusis* (Oratio 22). *Lesetext, Übersetzung und Kommentar*. Wien.
Hunger, H. 1978. *Die hochsprachliche profane Literatur der Byzantiner I: Philosophie, Rhetorik, Epistolographie, Geschichtsschreibung, Geographie*. München.
Ilberg, J. 1889. 'Über die Schriftstellerei des Klaudios Galenos.' *RhM* 44: 207–39, 47: 489–514, 51: 165–96, 52: 591–623.
Innes, D. 2003. 'Metaphor, Simile, and Allegory as Ornaments of Style.' In G.R. Boys-Stones, ed., 7–27.
Innes, D., and M. Winterbottom 1988. *Sopatros the Rhetor. Studies in the Text of the Διαίρεσις Ζητημάτων*. BICS Supplement 48. London.
Innes, D., H. Hine, and C. Pelling, eds. 1995. *Ethics and Rhetoric, Classical Essays for Donald Russell on His Seventy-Fifth Birthday*. Oxford.
Irmscher, J., ed. 1964. *Byzantinische Beiträge*. Berlin.
Jeuckens, R. 1907. *Plutarch von Chaeronea und die Rhetorik*. Strassburg.
Jones, A.H.M., J.R. Martindale, and J. Morris, eds. 1971. *The Prosopography of the Later Roman Empire*, vol. 1. Cambridge.
Jones, B.W. 1990. 'Domitian and the Exile of Dio of Prusa.' *PP* 45: 348–57.
Jones, C.P. 1972. 'Aelius Aristides, *ΕΙΣ ΒΑΣΙΛΕΑ*.' *JRS* 62: 134–52.
– 1978. *The Roman World of Dio Chrysostom*. Cambridge, MA.
– 1997. *Themistius and the Speech* To the King, *CP* 92: 149–52.
– 2001. 'Philostratus' *Heroikos* and Its Setting in Reality.' *JHS* 121: 141–9.
– 2002. 'Philostratus and the Gordiani.' *MedAnt* 5: 759–67.
– 2007. 'A Forgotten Sophist.' *CQ* 57: 328–31.
Jong, I. De, R. Nünlist, and A. Bowie, eds. 2004. *Narrators, Narratees, and Narratives in Ancient Greek Literature*, Mnemosyne Supp. 257. Leiden and Boston.
Jost, M. 1998. *Description de la Grèce, livre VIII: l'Arcadie*. Paris.
Jung, M. 2006. *Marathon und Plataiai, Zwei Perserschlachten als 'lieux de mémoire' im antiken Griechenland*. Göttingen.
Jüthner, J. 1923. *Hellenen und Barbaren, Aus der Geschichte des Nationalbewusstseins*. Leipzig.
Kaldellis, A. 2007. *Hellenism in Byzantium. The Transformation of Greek Identity and the Reception of the Classical Tradition*. Cambridge.

Kaster, R.A. 1988. *Guardians of Language: The Grammarian and Society in Late Antiquity*. Berkeley.

Kasulke, C.T. 2005. *Fronto, Marc Aurel und kein Konflikt zwischen Rhetorik und Philosophie im 2. Jh. n. Chr.* München and Leipzig.

Kelly, G. 2004. 'Ammianus and the Great Tsunami.' *JRS* 94: 141–67.

Kemezis, A. 2010. 'Lucian, Fronto and the Absence of Contemporary Historiography under the Antonines.' Forthcoming in *AJP*.

Kennedy, G. 1974. 'The Sophists as Declaimers.' In G.W. Bowersock, ed., 17–22.

Kennell, N.M. 1997. 'Herodes Atticus and the Rhetoric of Tyranny.' *CP* 92: 346–63.

Kenney, E.J. 1974. *The Classical Text: Aspects of Editing in the Age of the Printed Book*. Berkeley.

– 1982. 'Books and Readers in the Roman World.' In E.J. Kenney and W.V. Clausen, eds, 3–32.

Kenney, E.J., and W.V. Clausen, eds. 1982. *The Cambridge History of Classical Literature, II, Latin Literature*. Cambridge.

Keulen, W. 2009. *Gellius the Satirist: Roman Cultural Authority in* Attic Nights. Leiden.

Kindstrand, J.F. 1979–80. 'Sostratus – Heracles – Agathion: The Rise of a Legend.' *Kungl. Humanistiska Vetenskaps-Samfundet i Uppsala. Årsbok 1979–1980*, Uppsala 1981: 50–79.

Kirchner, R. 2005. 'Die Mysterien der Rhetorik: Zur Mysterienmetaphor in rhetoriktheoretischen Texten.' *RhM* 148: 165–80.

Koch, N.J. 2000. 'ΣXHMA. Zur Interferenz technischer Begriffe in Rhetorik und Kunstschriftstellerei.' *IJCT* 6: 503–15.

– 2005. 'Bildrhetorische Aspekte der antiken Kunsttheorie.' In W. Brassat, ed., 1–13.

Kohl, R. 1915. *De scholasticarum declamationum argumentis ex historia petitis*. Paderborn.

Koller, H. 1954. *Die Mimesis in der Antike. Nachahmung, Darstellung, Ausdruck*. Bern.

König, J. 2005. *Athletics and Literature in the Roman Empire*. Cambridge.

Konstan, D., and S. Saïd, eds. 2006. *Greeks on Greekness. Viewing the Greek Past under the Roman Empire*, PCPhS Supp. 29. Cambridge.

Korenjak, M. 2000. *Publikum und Redner: ihre Interaktion in der sophistischen Rhetorik der Kaiserzeit*. Zetemata 104. München.

– 2005. '"Unbelievable Confusion": Weshalb sind die *Hieroi Logoi* des Aelius Aristides so wirr?' *Hermes* 133: 215–34.

Koskenniemi, E. 1998. 'Apollonius of Tyana: A Typical θεῖος ἀνήρ?' *JBL* 117: 455–67.

Kowalzig, B. 2004. 'Changing Choral World: Song-Dance and Society in Athens and Beyond.' In P. Murray and P. Wilson, eds, 39–65.

Kuch, H. 1996. 'A Study on the Margin of the Ancient Novel: Barbarians and Others.' In G. Schmeling, ed., 209–20.
Kühn, C.G. 1821. *Galeni Opera omnia*. Leipzig.
Lada-Richards, I. 2007. *Silent Eloquence, Lucian and Pantomime Dancing*. London.
Lamberton, R., and J.T. Keaney, eds. 1992. *Homer's Ancient Readers: The Hermeneutics of Greek Epic's Earliest Exegetes*. Princeton.
Laurand, V. 2005. 'Les hésitations méthodologiques du Pseudo-Aristote et de l'Anonyme latin.' In C. Bouton, V. Laurand, and L. Raïd, eds, 17–44.
– 2006. 'Du morcellement à la totalité du corps: lecture et interprétation des signes physiognomoniques chez le Pseudo-Aristote et chez les Stoïciens.' In F. Prost and J. Wilgaux, eds, 191–207.
Lausberg, H. 1998. *Handbook of Literary Rhetoric: A Foundation for Literary Study*. Trans. M.T. Bliss, J. Annemiek, and D.E. Orton. Leiden.
Lawler, L.B. 1954. '*Phora, Schêma, Deixis* in the Greek Dance.' *TAPhA* 85: 148–58.
Lemerle, P. 1971. *Le premier humanisme byzantin: notes et remarques sur enseignement et culture à Byzance des origines au Xe siècle*. Paris.
Lenski, N. 2002. *Failure of Empire. Valens and the Roman State in the Fourth Century A.D.* Berkeley, Los Angeles, and London.
Lenz, F.W. 1959. *The Aristeides Prolegomena*. Leiden.
Leppin, H., and W. Portmann 1998. *Themistius: Staatsreden*, Stuttgart.
Lévy, C. 1992. *Cicero Academicus*. Rome.
Lévy, C., and L. Pernot, eds. 1997. *Dire l'évidence (philosophie et rhétorique antiques)*. Paris/Montreal.
Lévy, C., B. Besnier, and A. Gigandet, eds. 2003. *Ars et Ratio, Sciences, art et métiers dans la philosophie hellénistique et romaine*. Latomus 273. Bruxelles.
Lissarrague F., A. Bougot, and P. Hadot. 2004 [1991]. *Philostrate: La galerie de tableaux*. Paris.
Long, A.A. 1996. 'The Socratic Tradition: Diogenes, Crates, and Hellenistic Ethics.' In R. Bracht Branham and M.-O. Goulet-Cazé, eds, 28–46.
Lonnoy, M.-G. 1986. 'L'expérience initiatique d'Aelius Aristide.' *BAGB* (1986): 41–50.
Loraux, N. 1985. 'Socrate, Platon, Héraklès: sur un paradigme héroïque du philosophe.' In J. Brunschwig, C. Imbert, and A. Roger, eds, 93–105.
Lukinovich, A. 1983. 'Tradition platonicienne et polémique antiphilosophique dans les *Deipnosophistes* d'Athénée.' *Concilium Eirene* XVI: 228–33.
– 1990. 'The Play of Reflections between Literary Form and the Sympotic Theme in the *Deipnosophistae* of Athenaeus.' In O. Murray, ed., 263–71.
MacCormack, S. 1981. *Art and Ceremony in Late Antiquity*. Berkeley, Los Angeles, and London.

Maier-Eichhorn, U. 1989. *Die Gestikulation in Quintilians Rhetorik*. Frankfurt am Main and Bern.
Maisano, R. 1995. *Discorsi di Temistio*. Torino.
Malherbe, A.J. 1986. 'A Physical Description of Paul.' *HThR* 79: 170–5.
Malkin, I., ed. 2001. *Ancient Perceptions of Greek Ethnicity*. Center for Hellenic Studies Colloquia 5. Cambridge, MA.
Malosse, P.-L. 2003. *Libanios*, Discours *LIX*. Paris.
– 2006. 'Sophistiques et tyrannies.' In E. Amato, A. Roduit, and M. Steinrück, eds, 157–72.
Mansfeld, J. 1994. *Prolegomena: Questions to be settled before the Study of an Author or a Text*. Leiden.
Mantero, T. 1966. *Ricerche sull'Heroikos di Filostrato*. Genova.
Martin, J. 1931. *Symposion, die Geschichte einer literarischen Form*. Studien zur Geschichte und Kultur des Altertums 17. Paderborn.
– and P. Petit 2003. *Libanios*, Discours *I: Autobiographie*. Paris.
Martyn, J.L. 1997. *Galatians: A New Translation and Commentary*. Anchor Bible 33A. New York.
Matthews, J. 1989. *The Roman Empire of Ammianus*. London.
McGann, J. 1983. *A Critique of Modern Textual Criticism*. Chicago.
Mélanges Bidez, Annuaire de l'Institut de philologie et d'histoire orientales, tome 2. 1934. Bruxelles.
Mesk, J. 1937. 'Libanios *Or*. LXI und Aristeides.' *PhilWoch* 47–8: 1326–7.
Méthy, N. 2000. 'Éloge rhétorique et propagande politique sous le Haut-Empire: l'exemple du *Panégyrique* de Trajan.' *MEFRA* 112: 365–411.
Michel, A. 1982. *La parole et la beauté. Rhétorique et esthétique dans la tradition occidentale*. Paris.
– 1985. 'Le vocabulaire esthétique à Rome. Rhétorique et création artistique.' *MEFRA* 97: 495–514.
– 1993. 'Rhétorique et philosophie au second siècle après J.-C.' *ANRW* II 34, 1: 3–78.
Michenaud, G., and Dierkins, J. 1972. *Les Rêves dans les* Discours Sacrés *d'Aelius Aristide*. Mons.
Miller, P.C. 1994. *Dreams in Late Antiquity: Studies in the Imagination of a Culture*. Princeton.
Minar, E.L., F.H. Sandbach, and W.C. Helmbold. 1941. *Plutarch's Moralia*, vol. 9. Harvard, MA, and London.
Misch, G. 1951. *A History of Autobiography in Antiquity*. Trad. E.W. Dickes. Cambridge, MA.
Mitchell, L. 2007. *Panhellenism and the Barbarian in Archaic and Classical Greece*. Swansea.

Moles, J. 1983. 'The Date and Purpose of the *Fourth Kingship Oration* of Dio Chrysostom.' *ClAnt* 2: 251–78.
- 1990. 'The *Kingship Orations* of Dio Chrysostom.' In F. Cairns and M. Heath, eds, 297–375.
- 1995. 'Dio Chrysostom, Greece, and Rome.' In D. Innes, H. Hine, and C. Pelling, eds, 177–92.

Molloy, M.E. 1996. *Libanius and the Dancers*. Hildesheim.

Mondésert, C. 1949. *Clément d'Alexandrie*, le Protreptique. Paris.

Moraux, P. 1981. 'Galien comme philosophe.' In V. Nutton, ed., 87–116.

Morgan, J.R. and R. Stoneman, eds. 1994. *Greek Fiction. The Greek Novel in Context*. London.

Mosch, H.-Chr. von 1996. 'Das panegyrische Münzprogramm Athens in der Kaiserzeit.' In M. Flashar, H.-J. Gehrke, and E. Heinrich, eds, 159–78.

Mullen, W. 1982. *Choreia: Pindar and Dance*. Princeton.

Murray, O. 1990. 'Sympotic History.' In O. Murray, ed., 3–13.
- ed. 1990. *Sympotica. A Symposium on the Symposion*. Oxford.

Murray, P., and P. Wilson, eds. 2004. *Music and the Muses. The Culture of Mousike in the Classical Athenian City*. Oxford.

Musti, D. 1984. 'L'itinerario di Pausania: dal viaggio alla storia.' *QUCC* 46: 7–18.

Mylonas, G.E. 1961. *Eleusis and the Eleusinian Mysteries*. Princeton.

Nasrallah, L. 2005. 'Mapping the World: Justin, Tatian, Lucian, and the Second Sophistic.' *HTR* 98: 283–314.

Neri, V. 1997. 'Usurpatore come tiranno nel lessico politico della tarda antichità.' In F. Paschoud and J. Szidat, eds, 71–86.

Nesselrath, H.-G. 2001. 'Lukian: Leben und Werk.' In M. Ebner, H. Gzella, H.-G. Nesselrath, and E. Ribbat, eds, *Lukian: Die Lügenfreunde oder: Der Ungläubige*. SAPERE 3. Darmstadt, 11–34.

Nijf, O. van 1999. 'Athletics, Festivals and Greek Identity in the Roman East.' *PCPhS* 45: 175–200.
- 2001. 'Local Heroes: Athletics, Festivals and Elite Self-fashioning in the Roman East.' In S. Goldhill, ed., 306–34.
- 2003. 'Athletics, *andreia* and the *askesis* Culture in the Roman East.' In R.M. Rosen and I. Sluiter, eds, 263–86.

Nikolaïdis, A.G. 1986. '*Hellenikos* and *barbarikos*. Plutarch on Greek and Barbarian Characteristics.' *WS* 20: 229–44.

Nixon, C.E.V., and B.S. Rodgers. 1994. *In Praise of Later Roman Emperors. The Panegyrici Latini, Introduction, Translation, and Historical Commentary, with the Latin Text of R.A. B. Mynors*. Berkeley.

Norden, E. 1898. *Die antike Kunstprosa*. Leipzig. (Éd. italienne par B. Heinemann Campa 1988. Rome.)

Norman, A.F. 1953. 'Philostratus and Libanius.' *CP* 48: 20–3.

- 1964. *Libanius' Autobiography.* Oxford.
Nutton, V. 1972. 'Galen and Medical Autobiography.' *PCPhS* 18: 50–62.
- 1979. *Galeni* De praecognitione (*CMG V.8.1*). Berlin.
- ed. 1981. *Galen: Problems and Prospects.* London.
Obbink, D., ed. 1995. *Philodemus and Poetry. Poetic Theory and Practice in Lucretius, Philodemus and Horace.* Oxford.
Oliensis, E. 1998. *Horace and the Rhetoric of Authority.* Cambridge.
Olson, S. D. 2006. *The Learned Banqueters.* London.
Ostenfeld, E.N., K. Blomqvist, and L. Nevett, eds. 2002. *Greek Romans and Roman Greeks: Studies in Cultural Interaction.* Aarhus *Studies* in Mediterranean Antiquity 3. Aarhus.
Pack, R.A. 1948. 'Two Sophists and Two Emperors.' *CPh* 42: 17–20.
Papalas, A.J. 1979–80. 'Herodes Atticus and the Wrath of Philagrus.' *RCCM* 21–2: 93–104.
Paschoud, F., and J. Szidat, eds. 1996. *Usurpationen in der Spätantike.* Historia Einzelschriften 111. Stuttgart.
Pearcy, L.T. 1988. 'Theme, Dream, and Narrative: Reading the *Sacred Tales* of Aelius Aristides.' *TAPhA* 118: 377–91.
Pellini, S. 1912. 'Frontone, Marco Aurelio, Lucio Vero I.' *Classici e neolatini* 2: 220–48.
Pellizer, E. 1990. 'Outlines of a Morphology of Sympotic Entertainment.' In O. Murray, ed., 177–84.
Penella, R.J. 2000. *The Private Orations of Themistius.* Berkeley, Los Angeles, and London.
Pennacini, A. 1974. *La funzione dell'arcaismo e del neologismo nelle teorie della prosa da Cornificio a Frontone.* Torino.
Perkins, J. 1995. *The Suffering Self: Pain and Narrative Representation in the Early Christian Era.* London.
Pernot, L. 1993a. *La rhétorique de l'éloge dans le monde gréco-romain.* Paris.
- 1993b. 'Platon contre Platon: le problème de la rhétorique dans les *Discours Platoniciens* d'Aelius Aristide.' In M. Dixsaut, ed., 315–38.
- 1998a. 'Periautologia: Problèmes et méthodes de l'éloge de soi-même dans la tradition éthique et rhétorique gréco-romaine.' *REG* 111: 101–24.
- 1998b. 'La rhétorique de l'Empire ou comment la rhétorique grecque a inventé l'Empire romain.' *Rhetorica* 16: 131–48.
- 2000. *La rhétorique dans l'Antiquité.* Paris.
- 2002. 'La survie de Démosthène et la contestation de la figure de l'orateur dans le monde gréco-romain.' *Comptes-rendus des séances de l'année 2002, Académie des inscriptions et belles lettres* 146: 615–36.
- 2003. 'L'art du sophiste à l'époque romaine: entre savoir et pouvoir.' In C. Lévy, B. Besnier, and A. Gigandet, eds, 126–42.

- 2006. *L'Ombre du tigre. Recherches sur la réception de Démosthène.* Naples.
Petit, P. 1956. 'Recherches sur la publication et la diffusion des discours de Libanius.' *History* 5: 479–509.
- 1983. 'Zur Datierung des Antiochikos (*Or.* 11) des Libanios.' In G. Fatouros and T. Krischer, eds, 129–49.
Petrilli, R., and D. Gambarara, eds. 2004. *Actualité des anciens sur la théorie du langage, Actes du colloque franco-italien Langage et pensée sur la langue dans l'Antiquité: l'enjeu théorique de la recherche historique, à Cosenza les 8 et 10 Avril 1999.* Münster.
Petsalis-Diomidis, A. 2008. 'The Body in the Landscape: Aristides' *Corpus* in the Light of *The Sacred Tales.*' In Harris and Holmes, eds, 131–50.
Piepenbrink, K., ed. 2003. *Philosophie und Lebenswelt in der Antike.* Darmstadt.
Pilhofer, P., M. Baumbach, J. Gerlach, and D.U. Hansen. 2005. *Lukian: Der Tod des Peregrinos, Ein Scharlatan auf dem Scheiterhaufen.* SAPERE 9. Darmstadt.
Portalupi, F. 1974. *Nota Frontoniana.* Torino.
- 1995. 'Il pensiero politico di Plutarco in Frontone.' In I. Gallo and B. Scardigli, eds, 391–7.
Porter, J. 1992. 'Hermeneutic Lines and Circles: Aristarchus and Crates and the Exegesis of Homer.' In R. Lamberton and J.T. Keaney, eds, 67–114.
- 1995. 'Content and Form in Philodemus: The History of an Evasion.' In D. Obbink, ed., 97–147.
- 2001. 'Ideals and Ruins. Pausanias, Longinus and the Second Sophistic.' In S.E. Alcock, J. Cherry, and J. Elsner, eds, 63–92.
Portmann, W. 1988. *Geschichte in der spätantiken Panegyrik.* Frankfurt am Main.
Pöschl, V. 1964. *Bibliographie zur antiken Bildersprache.* Heidelberg.
Pougeoise, M. 2001. *Dictionnaire de Rhétorique.* Paris.
Pouilloux, J., and M. Casevitz. 2001 [1992]. *Description de la Grèce, livre I: l'Attique.* Paris.
Prost, F., and J. Wilgaux, eds. 2006. *Penser et représenter le corps dans l'Antiquité.* Rennes.
Puech, B. 2002. *Orateurs et sophistes dans les inscriptions grecques d'époque impériale.* Paris.
Quattrocelli, L. 2008. 'Aelius Aristides' Reception at Byzantium: The Case of Arethas.' In W.V. Harris and B. Holmes, eds, 279–93.
Quet, M.-H. 1978. 'Rhétorique, culture et politique. Le fonctionnement du discours idéologique chez Dion de Pruse et dans les *Moralia* de Plutarque.' *DHA* 4: 51–117.
- 1993. 'Parler de soi pour louer son dieu: le cas d'Aelius Aristide.' In M.-F. Baslez, P. Hoffman, and L. Pernot, eds, 211–51.
- 2003. 'Le sophiste M. Antonius Polémon de Laodicée, éminente personnalité politique de l'Asie romaine du IIe siècle.' In M. Cébeillac-Gervasoni and L. Lamoine, eds, 401–43.

- 2006. 'Voir, entendre, se ressouvenir.' In M. Costantini, F. Graziani, and S. Rolet, eds, 31–62.
Rabe, H., ed. 1932. *Prolegomenon Sylloge, Accedit Maximi libellus de obiectionibu insolubilibus* (Rhet. graeci; XIV). Leipzig.
Rackham, H. 1948. *Cicero*, De oratore, vol. 2. London and Cambridge, MA.
Ramirez de Verger, A. 1973. 'Fronton y la segunda sofistica.' *Habis* 4: 115–26.
Rawlings, L., and H. Bowden, eds. 2005. *Herakles and Hercules. Exploring a Graeco-Roman Divinity*. Swansea.
Reader, W.W. 1996. *The Severed Hand and the Upright Corps: The Declamations of Marcus Antonius Polemo*. Atlanta.
Reardon, B.P. 1971. *Courants littéraires grecs dans les II*^{e} *et III*^{e} *siècles après J.-C.* Paris.
- 1984. 'The Second Sophistic.' In W. Treadgold, ed., 23–41.
Reiske, I.I. 1791. *Libanii Sophistae Orationes et Declamationes I*. Altenburg.
Rich, J., and G. Shipley, eds. 1993. *War and Society in the Roman World*. London and New York.
Roberto, U. 2005. *Ioannis Antiocheni Fragmenta ex* Historia chronica, *introduzione, edizione critica e traduzione*. Texte und Untersuchungen zur Geschichte der altchristlichen Literatur 154. Berlin.
Robiano, P. 1994. 'Philostrate et la chevelure d'Apollonios de Tyane.' *Pallas* 41: 57–65.
Rocca-Serra, G. 1997. 'Homme et animal dans la physiognomonie antique.' In B. Cassin and J.-L. Labarrière, eds, 133–9.
Roduit, A. 2007. *L'utilisation des* exempla *dans les discours de Thémistios*. Diss. Fribourg (Suisse).
Romeo, I. 2002. 'The Panhellenion and Ethnic Identity in Hadrianic Greece.' *CP* 97: 21–40.
Romeri, L. 2002. *Philosophes entre mots et mets: Plutarque, Lucien et Athénée autour de la table de Platon*. Grenoble.
Romilly, J. De. 1976. *Magic and Rhetoric in Ancient Greece*. Cambridge.
Roselli, A. 2004. 'Galen and the Ambiguity of Written Language: The *De Captationibus* and the Commentaries.' In R. Petrilli and D. Gambarara, eds, 51–63.
Rosen, R.M., and I. Sluiter, eds. 2003. *Andreia: Studies in Manliness and Courage in Classical Antiquity*. Mnemosyne Supp. 238. Leiden.
Rösler, W. 1990. 'Mnemosyne in the Symposion.' In O. Murray, ed., 230–7.
Rossi, L.E. 1983. 'Il simposio greco arcaico e classico come spettacolo a se stesso.' In M. Chiabò and F. Doglio, eds, 41–50.
Rothe, S. 1989. *Kommentar zu ausgewählten Sophistenviten des Philostratos*. Heidelberg.
Rother, C. 1915. *De Libanii arte rhetorica quaestiones selectae*. Diss. Universitas Friderica Guilelma Silesiaca, Lignitz.

Rowe, C., and M. Schofield, eds. 2005. *The Cambridge History of Greek and Roman Political Thought*. Cambridge.
Russell, D.A., and N.G. Wilson. 1981. *Menander Rhetor*. Oxford.
Russell, D.A. 1983. *Greek Declamation*. Cambridge.
– 1990. 'Greek and Latin in Antonine Literature.' In D.A. Russell, ed., 1–17.
– ed. 1990. *Antonine Literature*. Oxford.
– 1992. *Dio Chrysostom, Orations VII, XII and XXXVI*. Cambridge.
– 1998. 'The Panegyrists and their Teachers.' In M. Whitby, ed., 17–50.
– 2001. *Quintilian, The Orator's Education, Books 11–12*. Cambridge, MA, and London.
Russu, I.I. 1959. 'Les Costoboces.' *Dacia* 3: 341–52.
Rutherford, I. 1995. 'The Poetics of the Paraphthegma: Aelius Aristides and the Decorum of Self-Praise.' In D. Innes, H. Hine, and C. Pelling, eds, 193–204.
– 1999. '"To the land of Zeus …": Patterns of Pilgrimage in Aelius Aristides.' *Aevum(ant)* 12: 133–48.
– 2001. 'Pausanias and the Sacred: Pausanias and the Tradition of Greek Pilgrimage.' In S. Alcock, J. Cherry, and J. Elsner, eds, 40–52.
Saïd, S., ed. 1991. *Ἑλληνισμός, Quelques jalons pour une histoire de l'identité grecque, Actes du Colloque de Strasbourg, 25–27 oct. 1989*. Leiden, New York, Copenhagen, and Köln.
– 2000. 'Dio's Use of Mythology.' In S. Swain, ed., 161–86.
– 2001. 'The Discourse of Identity in Greek Rhetoric from Isocrates to Aristides.' In I. Malkin, ed., 275–99.
– 2006. 'The Rewriting of the Athenian Past: From Isocrates to Aelius Aristides.' In D. Konstan and S. Saïd, eds, 47–60.
Saïd, S., M. Trédé, and A. Le Boulluec. 1997. *Histoire de la littérature grecque*. Paris.
Sandbach, F. H. 1961. *Plutarch's* Moralia, vol. 9. Cambridge, MA and London.
Schamp, J. 2006. 'Sophistes à l'ambon, esquisses pour la Troisième Sophistique comme paysage littéraire.' In E. Amato, A. Roduit, and M. Steinrück, eds, 286–338.
Scharold, J. 1912. *Dion Chrysotomus und Themistius*. Burghausen.
Schenkl, H. 1906. 'Eine verlorene Rede des Themistius.' *RhM* 61: 554–66.
Schissel, O. 1927. 'Lollianus aus Ephesus.' *Philologus* 36: 181–201.
– 1930. 'Markos 3.' *RE* 14: 1853–6.
Schlapbach, K. 2008. 'Lucian's *On Dancing* and the Models for a Discourse on Pantomime.' In E. Hall and R. Wyles, eds, 314–37.
– 2009. 'Stoff und Performance in pantomimischen Mytheninszenierungen der Antike.' In U. Dill and C. Walde, eds, 740–56.
Schmeling, G., ed. 2003. *The Novel in the Ancient World*. Leiden. New York and Köln.
Schmid, W., and O. Stählin. 1920. *Geschichte der griechischen Literatur*. München.

Schmidt, T.S. 1999. *Plutarque et les barbares. La rhétorique d'une image.* Louvain and Namur.
- 2000. 'La rhétorique des doublets chez Plutarque: le cas de βάρβαρος καί ...' In L. van der Stockt, ed., 455–64.
- 2002. 'Plutarch's Timeless Barbarians and the Age of Trajan.' In P.A. Stadter and L. van der Stockt, eds, 57–71.
- 2005. 'Les historiens d'Alexandre et la rhétorique des barbares.' *CEA* 42: 1–29.
- (forthcoming). 'Enjeux littéraires du portrait d'Alexandre: les barbares dans l'*Anabase* d'Arrien.' In M.-R. Guelfucci, ed.

Schmitt, A. 1934. *Das Bild als Stilmittel Frontos.* München.
Schmitz, T. 1997. *Bildung und Macht. Zur sozialen und politischen Funktion der zweiten Sophistik in der griechischen Welt der Kaiserzeit.* Zetemata 97. München.
- 1999. 'Performing History in the Second Sophistic.' In M. Zimmermann, ed., 71–92.
- 2009. 'Narrator and audience in Philostratus' *Lives of the Sophists.*' In Bowie and Elsner, eds, 49–68.

Scholze, H. 1911. *De temporibus librorum Themistii.* Diss. Göttingen.
Schröder, O. 1986. *Heilige Berichte.* Heidelberg.
Schubert, P. 1995. 'Philostrate et les sophistes d'Alexandrie.' *Mnemosyne* 48: 178–88.
Scobie, A. 1973. 'Barbarians in the Greek Romances.' In A. Scobie, ed., 19–34.
- ed. 1973. *More Essays on the Ancient Romance and Its Heritage.* Meisenheim am Glan.
Seeck, G.A. 1996. 'Gegenwart und Vergangenheit bei Dion von Prusa.' In M. Flashar, H.-J. Gehrke, and E. Heinrich, eds, 113–23.
Seeck, O. 1906. *Die Briefe des Libanius zeitlich geordnet.* Leipzig.
Seeck, O., and H. Schenkl. 1906. 'Eine verlorene Rede des Themistios.' *RhM* 61: 554–66.
Shatkin, M., C. Blanc, and B. Grillet. 1990. *Jean Chrysostome:* Discours sur Babylas. Sources Chrétiennes 362. Paris.
Sidebottom, H. 1993. 'Philosopher's Attitudes to Warfare under the Principate.' In J. Rich and G. Shipley, eds, 241–64.
Sirago, V.A. 1989. 'La seconda sofistica come espressione culturale della classe dirigente del II sec.' *ANRW* II 33, 1: 36–78.
Skenteri, F. 2005. *Herodes Atticus Reflected in Occasional Poetry of Antonine Athens.* Lund.
Sluiter, I. 1995. 'The Embarrassment of Imperfection: Galen's Assessment of Hippocrates' Linguistic Merits.' In P. van der Eijk, H.F.J. Horstmanshoff, and P.H. Schrijvers, eds, 519–35.
Smith, R. 1995. *Julian's Gods: Religion and Philosophy in the Thought and Action of Julian the Apostate.* London.

Smith, R.R.R. 1998. 'Cultural Choice and Political Identity in Honorific Portrait Statues in the Greek East in the Second Century A.D.' *JRS* 68: 56–93.
Snodgrass, A. 2001. 'Pausanias and the Chest of Kypselos.' In S. Alcock, J. Cherry, and J. Elsner, eds, 127–41.
Sorabji, R. ed. 1997. *Aristotle and After*. BICS supp. 68. London.
– 2000. *Emotion and Peace of Mind, From Stoic Agitation to Christian Temptation*. Oxford.
Spawforth, A. 1994. 'Symbol of Unity? The Persian-Wars Tradition in the Roman Empire.' In S. Hornblower, ed., 233–47.
Staden, H. von 1995. 'Science as Text, Science as History: Galen on Metaphor.' In P. van der Eijk, H.F.J. Horstmanshoff, and P.H. Schrijvers, eds, 499–518.
– 1997. 'Galen and the Second Sophistic.' In R. Sorabji, ed., 33–54.
Stadter, P.A., and L. van der Stockt, eds. 2002. *Sage and Emperor, Plutarch, Greek Intellectuals, and Roman Power in the Time of Trajan (98–117 A.D.)*. Leuven.
Stamatis, E.S. 1977. *Euclidis Elementa V, I*. Leipzig.
Stanton, G.R. 1973. 'Sophists and Philosophers: Problems of Classification.' *AJPh* 4: 350–64.
Starr, R.J. 1987. 'The Circulation of Literary Texts in the Roman World.' *CQ* 37: 213–23.
Ste Croix, G.E.M. de 1981. *The Class Struggle in the Ancient Greek World from the Archaic Age to the Arab Conquests*. London.
Steineker, H. 1967. *Peithous dèmiourgia. Observations sur la fonction du style dans le Protreptique de Clément d'Alexandrie*. Nimègue.
Stertz, S.A. 1976. 'Themistius, A Hellenic Philosopher-Statesman in the Christian Roman Empire.' *CJ* 71: 349–58.
Stockt, L. van der 1992. *Twinkling and Twilight. Plutarch's reflections on Literature*. Brussels.
– ed. 2000. *Rhetorical Theory and Praxis in Plutarch. Acta of the IVth International Congress of the International Plutarch Society, Leuven, July 3–6*. Leuven and Namur.
Straub, J. 1939. *Vom Herrscherideal in der Spätantike*. Stuttgart.
Sugars, J.M. 1997. *Themistius' 7th Oration: Text, Translation and Commentary*. Diss. University of California at Irvine.
Svoboda, K. 1934. 'Les idées esthétiques de Plutarque.' In *Mélanges Bidez*, tome 2: 917–46.
Swain, S. 1991. 'The Reliability of Philostratus' *Lives of the Sophists*.' *Classical Antiquity* 10: 148–63.
– 1996. *Hellenism and Empire, Language, Classicism, and Power in the Greek World, A.D. 50–250*. Oxford.
– 1999. 'Defending Hellenism: Philostratus, *In Honour of Apollonius*.' In M. Edwards, M. Goodman, and S. Price, eds, 157–96.

- ed. 2000. *Dio Chrysostom. Politics, Letters, and Philosophy.* Oxford.
- 2004. 'Sophists and Emperors: The Case of Libanius.' In S. Swain and M. Edwards, eds, 355–400.
- 2007. 'Polemon's Physiognomy.' In S. Swain, ed., 125–201.
- ed. 2007. *Seeing the Face, Seeing the Soul. Polemon's Physiognomy from Classical Antiquity to Medieval Islam.* Oxford.
- 2009. 'Culture and Nature in Philostratus.' In Bowie and Elsner, eds, 33–48.

Swain, S., and M. Edwards, eds. 2004. *Approaching Late Antiquity: The Transformation from Early to Late Empire.* Oxford.

Tagliasacchi, A.M. 1961. 'Le teorie estetiche e la critica letteraria in Plutarco.' *Acme* 14: 71–117.

Teodorsson, S.-T. 1989. *A Commentary on Plutarch's* Table Talks, *Vol. 1, Books 1–3.* Studia Graeca et latina Gothoburgensia 51. Göteborg.

- 1996. *A Commentary on Plutarch's* Table Talks, *Vol. 3, Books 7–9.* Studia Graeca et latina Gothoburgensia 62. Göteborg.

Terrei, S. 2000. 'I *Getica* di Dione Crisostomo.' *Aevum* 74: 177–86.

Tolmie, D.F., ed. 2007. *Exploring New Rhetorical Approaches to Galatians.* Papers Presented at an International Conference at the University of the Free State, Bloemfontein 13–14 March 2006. Acta Theologica Supplementum 9. Bloemfontein.

Too, Y.L., ed. 2001. *Education in Greek and Roman Antiquity.* Leyden.

Toomer, G.J. 1990. *Apollonius:* Conics, Books V to VII. New York.

Trapp, M. 1990. 'Plato's *Phaedrus* in Second-Century Greek Literature.' In D.A. Russell, ed., 141–73.

Treadgold, W., ed. 1995. *Renaissances before the Renaissance. Cultural Revivals of Late Antiquity and the Middle Ages.* Stanford.

Trisoglio, F. 1972. 'Le idee politiche di Plinio il Giovane e di Dion Crisostomo.' *Ppol* 5: 3–43.

Urena Bracero, J. 1995. *El diálogo de Luciano: ejecución, naturaleza, y procedimientos de humor.* Amsterdam.

Ussani, V. 1923. 'Frontone.' *RFIC:* 40–60.

Vanderspoel, J. 1989. 'The "Themistius Collection" of Commentaries on Plato and Aristotle.' *Phoenix* 43: 162–4.

- 1995. *Themistius and the Imperial Court: Oratory, Civic Duty and Paideia from Constantius to Theodosius.* Ann Arbor.

Veith, I. 1959. 'Galen, The First Medical Autobiographer.' *A Modern Medicine* 27: 232–45.

Veyne, P. 1999. 'L'identité grecque devant Rome et l'empereur.' *REG* 112: 510–67.

Vos, J.S. 2007. 'Paul and Sophistic Rhetoric: A Perspective on His Argumentation in the Letter to the Galatians.' In D.F. Tolmie, ed., 29–52.

Wachsmuth, C., and O. Hense 1974. *Ioannis Stobaei Anthologicum.* Dublin and Zürich.

Walkins, J. 2000. 'Dialogue and Comedy: The Structure of the *Deipnosophistae*.' In D. Braund and J. Wilkins, eds, 23–37.
Webb, R. 1997. 'Mémoire et imagination: les limites de l'*enargeia* dans la théorie rhétorique grecque.' In C. Lévy and L. Pernot, eds, 229–48.
– 2006. 'Fiction, Mimesis and Performance of the Greek Past in the Second Sophistic.' In D. Konstan and S. Saïd, eds, 27–46.
Wenkebach, E. 1934. *Galeni In Hippocratis Epidemiarum, Librum I, Commentaria III* (CMG V.10.1). Berlin.
– 1956. *Galeni In Hippocratis Epidemiarum, Librum VI, Commentaria I–VI* (CMG V.10.2). Berlin.
Whitby, M., ed. 1998. *The Propaganda of Power, The Role of Panegyric in Late Antiquity*, Mnemosyne Supp. 183. Leiden, Boston, and Köln.
White, P. 1996. 'Martial and Pre-Publication Texts.' *EMC* 15: 397–412.
Whitmarsh, T. 2001. *Greek Literature and the Roman Empire, The Politics of Imitation*. Oxford.
– 2004. 'Dio Chrysostom.' In I. de Jong, R. Nünlist, and A. Bowie, eds, 451–64.
– 2005. *The Second Sophistic*. Oxford.
Wiebe, F.J. 1995. *Kaiser Valens und die heidnische Opposition*. Antiquitas Reihe 1 Abhandlungen zur Alten Geschichte 44, Bonn.
Wilamowitz, U. von 1900. 'Asianismus und Atticismus.' *Hermes* 35: 1–52.
– 1912. *Die griechische und lateinische Literatur und Sprache*. Leipzig and Berlin.
– 1922. *Pindaros*. Berlin.
– 1925. 'Compte rendu d'A. Boulanger, *Aelius Aristide: la Sophistique dans la Province d'Asie au IIe siècle de notre ère* (1923).' *Litteris* 2: 125–30.
– 1969. *Kleine Schriften 3: Griechische Prosa*. Berlin.
Winter, B.W. 2002. *Philo and Paul among the Sophists: Alexandrian and Corinthian Responses to a Julio-Claudian Movement*, 2nd ed. Grand Rapids, MI.
Wintjes, J. 2005. *Das Leben des Libanius*. Historische Studien der Universität Würzburg 2. Rahden, Westf.
Wohl, V. 2004. 'Dirty Dancing: Xenophon's *Symposion*.' In P. Murray and P. Wilson, eds, 337–63.
Woolf, G. 1994. 'Becoming Roman, Staying Greek: Culture, Identity and the Civilizing Process in the Roman East.' *PCPhS* 40: 116–43.
Zacharia, K. 2008. *Hellenisms. Culture, Identity, and Ethnicity from Antiquity to Modernity*. Aldershot.
Zimmermann, M. 1999. 'Enkomion und Historiographie: Entwicklungslinien der kaiserzeitlichen Geschichtsschreibung vom 1. bis zum frühen 3. Jh. n. Chr.' In M. Zimmermann, ed., 17–56.
– ed. 1999. *Geschichtsschreibung und politischer Wandel im 3. Jh. n. Ch.: Kolloquium zu Ehren von Karl-Ernst Petzold (Juni 1998) anlässlich seines 80. Geburtstags*. Historia-Einzelschriften 127. Stuttgart.

INDEX LOCORUM

Aelianus
Varia historia, 2.3: 93
Aelius Aristides
Orationes sacrae
1.17: 85n28; 65: 79
2: 198n31; 21–3: 85n30; 27–8: 85n28; 28: 85n30; 32–3: 85n28; 47: 84n26; 60: 190, 197n19; 76: 85n26; 77: 85n28
4: 76, 80, 82, 83n5; 7: 85n28; 7–8: 80, 85n31; 11: 81, 86n35; 14–62: 83n5; 22: 80–1, 85n32; 26: 81, 86n33; 71–108: 83n5
5.32–3: 97n1; 35: 81, 86n34; 49 *sq*.: 85n28
Orationes (ed. Behr)
1 (*Panathenaica*), 330: 71
2 (*Platonica prima, pro rhetorica*), 34: 71; 49: 71, 77; 210: 71; 396–9: 71–2
3 (*Platonica secunda, pro quatuorviris*), 50: 71
13 (*Leuctrica tertia*): 190
15 (*Leuctrica quinta*): 190
18 (*Monodia de Smyrna*): 214n29
22 (*Eleusinia*): 214n29; 13: 83n10; 256.5–7: 208, 215n36; 256.7–12: 209; 257.7–8: 207, 214–15n34; 257.26–259: 207, 214n33; 259.7: 208, 215n35; 259.9–260: 210, 215n42; 259.21: 208, 215n37; 260.5: 208, 215n38
24 (*Ad Rhodios de concordia*): 84n18
26 (*In Romam*): 190, 191
27 (*Cyzicena*): 190
28 (*De paraphthegmate*): 77; 110: 71; 112–13: 71; 113: 77; 114: 78, 84n16; 114–17: 71, 83n11; 135: 71
34 (*Contra proditores mysteriorum*): 77, 78, 83n10; 23: 79, 84n21; 56: 78, 84n19; 60: 78–9, 84n20
[35] (*In Regem*): 189, 195n6
42 (*Lalia in Aesculapium*): 84n22
43 (*in Jovem*).5: 79, 84n23
Alcaeus, *fr.* 141: 234n47
Ammianus Marcellinus
16.10: 224; 18.7: 228n2; 21.13.10–14: 226; 22.12: 200; 23.3.2: 228n2; 26.6–9: 228n1; 26.6.14: 226; 26.6.14–15: 224; 26.7.3: 223; 26.7.10: 223, 228n2; 26.10.6–14: 229n7; 26.10.15–19: 226; 27.5.1: 228n2
Anthologia Palatina
11.274: 21n46
Aphthonius
Progymnasmata, 12: 37

260   Index Locorum

Apollodorus (Pseudo-)
Bibliotheca, 1.6.3: 234n45
Apollonius Pergaeus
Conica, 1.7–9: 178; 14–15: 179; 15: 179
Appianus
Praef., 7–9: 22n56
Apuleius
Florides, 9.8: 98n5
Aristophanes
Nubes, 987–9: 168n41
Ranae, 727–30: 168n42
Vespae, 29: 234n47
Aristoteles
Physica, 807a 31: 54n59; 807b 13–19: 54n59; 814b 4–5: 54n59
Poetica, 1.1253a7–10: 75n18; 1.1447a13–23: 164n14; 1.1447a27: 154, 165n22; 21.1457b1: 155; 21.1458a22: 155
Politica, 5.10 1310b28: 231n24; 5.10.6 1310b21–6: 231n23
Rhetorica, 2.20 1393b5–8: 231n24; 3.10 1411a26–8: 165n16
Aristoteles (Pseudo-)
Physiognomonica, 805a1–8: 43, 53n46; 812b: 55n63
Aristoxenus
fr. 124 Wehrli: 167n39
Artemidorus
Onirocriticon, 2: 92; 4.56: 53n49
Athenaeus
Deipnosophistae, 1c: 125; 1f: 128n7; 2b: 131n23; 2b–3d: 126; 97c–d: 131n25; 121f: 124, 130n19; 121f–122e: 125; 126f: 131n27; 130e–f: 123; 130e–f: 130n16; 138c–d: 122, 129n12; 147f: 131n21; 148b: 131n21; 148d: 123, 130n17; 229c: 131n21; 231b: 126, 131–2n30; 274e: 131n21; 362a: 126, 132n32; 368d: 131n27; 376d: 131n29; 431e: 123; 431f: 129n13; 461b: 123, 129–30n14; 631a–b: 160; 632b: 167n39; 669e: 131n24

Biblia sacra
Acta Pauli et Theclae, 3: 55nn62, 63
Actus Apostolorum, 19.9: 34
Ad Corinthios, 1.1.17: 89; 1.1.21: 31, 35n6; 2.10–13: 29; 2.10.8–11: 30, 34n4; 2.11.5: 30; 2.11.6: 30, 35n5; 2.11.8–13: 30; 2.11.13: 30; 2.12.11: 30; 2.12.16–18: 30
Ad Galatas, 1.10–12: 31
Liber Proverbiorum, 21.1: 227

Caesar
De Bello Gallico, 6.21: 52n37
Cicero
De finibus, 4.21–2: 74–5n13
De inventione, 2.49: 101n30
De natura deorum, 2.148: 69
De officiis, 1.107–14: 74–5n13
De oratore, 1.202: 69; 3.220: 166n26
Clemens Alexandrinus
Protrepticus, 1.1: 94; 2.11.3: 94, 100n23; 2.30.7: 55n61; 3.1: 94; 4.57: 90; 4.57.3–6: 90–1, 99n13; 4.58.3: 94, 100n24; 4.59.1–2: 94, 100n25; 10.97.1: 100n23; 12.118.1–4: 94–5, 100–1n26; 12.118.5–120.2: 95, 101n27

De physiognomonia
10: 54n59; 18: 55n63
De rebus bellicis
2.2–3: 224
Dio Cassius
52.16.3: 234n47; 67.18.1: 56–7n71; 72.[71]: 21n42; 72.24: 183n25
Dio Chrysostomus
Orationes, 1: 136; 1.1–3: 110; 1.3: 117n23; 1.14: 110, 117n24; 1.36: 230n12; 1.38: 109, 110, 119n58; 1.50:

110; 1.57: 70; 1.67: 225; 1.78–82: 110, 117n24; 1.79–80: 221; 1.84: 110; 2.34: 110; 2.35: 110, 117n23; 2.36: 110; 2.37–42: 108, 110; 2.48: 110; 2.50–1: 110; 2.52–4: 110; 2.57–8: 110; 2.64: 110; 2.75: 109, 110; 2.76: 231nn22, 26; 3: 136; 3.1–2: 110, 117n24; 3.12–25: 111; 3.18: 111; 3.30: 222; 3.30–42: 110, 117n24; 3.33–4: 222; 3.63–5: 226; 3.72: 111, 117n23; 3.116: 222; 3.118: 117n24; 4.10: 108, 111; 4.16: 108, 111; 4.25: 117n24; 4.30: 107; 4.45: 111, 117n24; 4.98: 111, 117n24; 4.101–2: 111, 117n23; 4.109–15: 111, 117n23; 4.134–5: 111, 117n23; 5: 107; 6.35–9: 117n24; 6.56–9: 117n24; 7.66: 108; 7.94: 108; 8.28: 53n43; 8.29: 117n23; 8.40: 107; 9.12–13: 108, 119n59; 10.4: 108, 119n59; 10.30: 108; 11.37: 107; 11.48–51: 108; 11.62: 109; 11.120–2: 108; 11.148–9: 107; 11.150: 117n17; 12.10–11: 108; 12.20: 119n55; 12.23–4: 70; 12.27: 119n58; 12.33–4: 119n58; 12.59–61: 108; 13.23–6: 107; 13.32: 119n59; 14.8: 117n24; 14.16: 119n58; 14.18–24: 108, 117n24; 15.16: 108; 15.22: 108, 109; 16.10: 109; 20.8: 119n58; 20.19–21: 108; 21.3–5: 108; 21.3–6: 108; 21.11: 109, 119n59; 25.4–9: 109, 119n59; 25.5: 222, 232n32; 26.1: 70; 31.113–12: 109; 31.157–63: 109; 32.3: 108, 109; 32.12–13: 70; 32.40–4: 109; 32.44: 109; 32.56: 109; 32.63: 107; 32.88: 108; 32.92–4: 108, 117n23; 32.101: 107; 33.19–23: 108; 33.23–30: 119n59; 33.41–2: 108, 109; 33.47–9: 108; 34.4–5: 70; 35: 70; 35.8: 119n58; 35.18–24: 107; 35.18–34: 109; 35.22: 109; 36: 107; 36.4–5: 108; 36.5: 108; 36.8: 108; 36.15: 108; 36.24: 108; 36.39: 107; 36.39–54: 107; 37.22: 27; 37.44: 232n32; 38.8–9: 108; 38.46: 108; 43.3: 116n14; 47.5: 119n58; 47.10: 108; 47.13: 108; 47.14–15: 108; 49.7–9: 109, 119n59; 50.2: 116n14; 53.6–8: 108; 55.15–16: 108; 56.4: 109, 119n59; 62.5–6: 117n23; 68.2: 108, 109; 70.3: 109; 73.2: 108, 119n59; 73.6: 107, 108; 74.8: 109; 74.14: 108, 119n59; 77: 107, 117n23; 80.3: 108

Diodorus Siculus
17.18: 231n20; 22.5: 231n26

Diogenes Laertius
1.7–8: 49n15; 6.24: 51n27; 6.71: 51n31

Dionysius Halicarnassensis
De compositione verborum, 6.16.2–3: 75n18; 25: 84n15

Euclides
Elementa, 14: 179

Eunapius
Fr. 34: 228n1, 229n7
Vitae philosophorum et sophistarum, 2.1.1: 18n5; 2.1.9: 28; 7.3–6: 232n31; 7.4.11: 232n31; 7.4.13: 232n31

Euripides
Bacchae, 918: 95

Florus
Praef. 4–8: 22n56

Fronto
Ad Antoninum, 1.2.5: 74n11
Additamentum epistularum variarum acephalum, 4–5: 73n7
Ad Marcum, 1.3: 68; 1.3.5–9: 66–7, 73–4n9; 2.1.3: 74n10; 4.1: 75n14
De eloquentia, 2.6: 67–8, 74n11, 74–5n13; 2.8: 74n11; 2.12–13: 74n11; 2.16–17: 74n11; 2.19–20: 67, 74n12; 4.10: 74n11
De nepote amisso, 5: 74n11; 7: 74n11

Galenus
De libris propriis (ed. Boudon-Millot),
  Prol. 5: 183n26; 6–7: 183n24; 8.1.1:
  174; 9: 183n29, 184nn31–2; 10:
  183n29; 1.1: 174; 1.6: 174, 184n36;
  1.12: 177; 1.14: 181n8; 1.17: 184n36;
  2.4: 174; 2.6: 183n24; 3.15: 178;
  3.7: 183n25; 8.2–5: 175; 9.1–5: 177;
  9.1–6:174; 9.1–8: 183n28; 9.6: 183n23
Opera omnia (ed. Kühn), 1.362–3: 177;
  2.217: 183n29; 2.215–16: 184n36;
  2.216: 177; 2.677: 184n46; 3.576:
  83n13; 4.768: 53n48; 8.143: 184n47;
  8.457: 184n33; 8.763–4: 184n47;
  8.958: 182n20; 10.53: 178; 10.62.81:
  182n18; 13.362: 177, 183n25; 14.651:
  184n31; 17a.648: 181n11; 17a.795–6:
  183n30; 17a.796: 171; 17a.922: 171,
  181n11; 17a.1001: 172, 181n11,
  182n15; 17b.13: 172, 184nn12–13;
  17b.52: 181n11, 182n16; 17b.153:
  181n11, 182n19; 17b.183: 181n11;
  17b.241: 181n11; 17b.647: 177;
  17b.796: 184n11; 17b.1001: 181n11;
  18b.230: 184n31; 18b.319: 182–3n20;
  18b.320: 172; 18b.321: 183n22;
  18b.790: 181n11; 18b.879: 181n11;
  19.13: 184n46; 19.22: 184n46

Gorgias
Encomium Helenae, 8–11: 93; 9: 68

Herodianus
Ab excessu divi Marci, 1.14.2–6: 183n25

Herodotus
2.57: 131n20; 3.23: 52n41; 3.35: 222;
  7.22–37: 222; 9.82: 129n12

Hesiodus
Theogonia, 96: 227; 617–20: 233–4n43;
  825: 234n45; 827: 226

Hieronymus
Epistulae, 125.12: 89

Hippocrates
De morbis popularibus (= Epidemiae),
  1: 171; 2: 171; 3: 171; 6: 171, 172;
  6.3.1: 172; 6.3.25: 172, 184n14

Historia Augusta
Marc. 2.4: 21n42

Homerus
Odyssea, 8.266–70: 94; 12.178: 94;
  12.184: 95; 12.219: 95

Horatius
Ars rhetorica, 387–91: 184n41
Epistulae, 2.2.109–14: 184n41
Saturae, 1.4: 184n41; 1.10: 184n41

Hyginus
Fabulae, 152: 234n45

Hypsicles
Elementorum liber xiv, 1.7–8:179;
  1.8–9: 179; 1.14–15: 179

IG (Inscriptiones Graecae)
II^2 3632: 21n39; II^2 3709: 21n39; III 625:
  21n46

Isocrates
De permutatione, 253: 68; 254: 68
Nicocles, 3.5: 68; 6: 68; 9: 68
Panegyricus, 47: 68; 48: 68

Joannes Antiochenus
fr., 276: 228n1; 279: 229n9

Joannes Chrysostomus
Homelia de sancto Babyla, 114–19:
  211n5

Julianus Imperator
Epistulae, 98: 211n6
Orationes, 1: 189; 1.9a: 222; 2: 189;
  3: 189; 3.7.56d: 233–4n43; 3.117a:
  222; 6.258d: 233n41; 6.265b–266b:
  232n29; 7.209b: 51n26; 7.210d:
  51n26; 10.329b: 229n6

Juvenalis
Saturae, 3.74: 21n40

Index Locorum

Libanius
Epistulae, 36: 189; 59: 189; 785: 211n7; 1004: 229n9; 1534: 195n4, 211n1
Orationes, 1: 195n3, 212n15; 1.29: 211n3; 1.163: 228n2, 230n15; 1.1721: 228n2; 11: 188; 18.214: 230n15; 18.260: 230n15; 19.15: 229n10; 20.25–6: 229n10; 24.13: 228n2, 230n15; 59: 190, 191, 196n59; 59.234.1f: 222; 60: xviii, 199, 201, 214n29; 60.1: 203; 60.2–3: 203; 213n19; 60.5: 204, 213n25; 60.6: 203, 210, 213n20, 215n41; 60.7: 210, 215n43; 60.8: 202, 213nn17, 22; 60.9: 205, 214n27; 60.10: 202, 213n16; 60.11: 203, 213n21; 60.12: 204, 213n23; 60.13: 205, 213–14n26; 60.14: 205; 61: 188, 199, 201, 202, 205, 214n29; 62.58: 230n15; 64: 168n40, 188

Longinus (Pseudo-)
De Sublimitate, 2.2: 69; 9.1: 69; 15.1: 96; 22.1: 69

Lucianus
Anacharsis, 29: 86n37
De dea Syria, 1: 29
De domo, 1: 97n1
Demonax, 1: 34n3, 50n16; 19: 51n30; 24: 28
De morte Peregrini, 7–31: 33; 11: 33; 13: 33, 34
De saltatione, 78: 168n42
Imagines, 3: 94
Juppiter tragoedus, 32: 106
Rhetorum praeceptor, 14: 84n15; 18: 106; 20: 163n7
Scytha, 1–3: 29

Ovidius
Amores, 1 *Praef.*: 180n2

Panegyrici latini
2.12.10–12: 233n37; 6.2: 232n33

Pausanias
1: 133, 135, 136; 1.5.5: 136; 1.6.1: 145n15; 1.8.3: 137; 1.19.6: 135; 1.22.7: 140; 1.25.1: 140; 1.25.3: 145n13; 1.28.2–3: 140, 145n16; 1.29.3: 140; 1.29.12: 140; 1.29.16: 140; 1.32.4: 50n20; 1.32.5: 50n20; 1.40.1–5: 139; 1.44.6: 136; 2: 133, 144n9; 2.8.6: 231n25; 2.17: 139; 3: 133; 3.11.1: 138; 4: 133, 136, 137, 139; 4.5.5: 231n26; 4.35.12: 135; 5: 144nn1, 9; 5.10.1: 141, 145n21; 5.10.5: 144n9; 5.11.1–11: 138; 5.13.7: 144n1; 5.17.5–19.10: 138; 5.24.4: 144n9; 5.24.8: 144n9; 5–6: 133; 7: 133, 144n9; 7.16.7–8: 144n9; 7.17.4: 145n13; 8: 133, 136; 8.7.3: 135; 8.8.12: 135, 144n7; 8.10.2: 136, 144n8; 8.11.8: 136; 8.42.11: 141; 8.51: 136; 9: 133; 10: 133; 10.25.1–31.12: 138; 5.27.3: 93

Philostorgius
Historia Ecclesiastica, 9.5: 228nn1–2

Philostratus
Heroicus, 2.6: 58–9n79; 4.4: 46; 4.7–10: 59n80; 4.10: 59n80; 7.8: 58n78; 10.2–4: 59n83; 11.9: 60n87; 22.1: 46; 32.1–2: 60–1n95; 33.1: 60–1n95; 33.4–7: 60–1n95; 33.14–15: 60–1n95; 33.39–40: 59n84; 33.44: 60n93; 48.2: 59n85; 48.19: 60n88
Imagines, 1.1: 93; 1.16: 91; 1.23: 92, 99n17; 1.28: 91, 99n14; 1.31: 92, 99n16; 2.1: 92, 100n18; 2.4: 91, 99n15; 2.15: 59–60n86; 2.20.2: 53n43; 2.23.1: 53n43
Vita Apollonii, 1.1.2: 57–8n74; 1.3: 57n73; 1.4: 57n73; 1.5: 57n73; 1.6: 57n73, 58n75; 1.7: 58n75; 1.8.2: 57–8n74; 1.13.3: 52n35; 1.23.3: 22n54; 1.24.3: 22n54; 2.2.1: 57n74; 3.13:

60–1n95; 4.9: 234n47; 4.10: 41; 5.7: 232n28; 6.11: 71; 7.16: 232n29; 8.5.1: 57–8n74; 8.7.31: 41; 8.12: 52n42; 8.26: 56–7n71

Vitae sophistarum, Praef.: 88; 18: 145n19; 24: 98n3; 238: 50n20; 480: 20n33, 70; 480–1: 48n4, 70–1; 481: 94; 483: 18–19n9; 484: 19n10, 48n4, 116n7; 486: 20nn29, 30; 487: 106; 489: 27–8; 489–92: 27; 490: 19n17, 20n30; 493: 19n13; 507: 145n19; 509: 19n10, 71, 75n22; 509–10: 84n17; 511: 19n11; 512: 27; 513: 14, 21n38, 71; 514: 20n36; 519–20: 105; 520: 75n22, 94; 521: 9; 522: 20n36; 522–3: 214n31; 524: 20n33; 526–7: 21n46; 527: 20n36; 527–8: 14; 528: 19n20, 54n55; 528–9: 34n2, 54n57; 529: 54n56; 533: 8, 12; 535: 8, 71; 536: 22n54, 53n51; 537–8: 9; 541: 84n22, 106; 542: 75n22, 84n17; 544–5: 19n14; 544–55: 27; 545: 56n67; 546–7: 19n20, 105; 549–50: 10; 551–2: 44; 552: 36–7, 48nn5–8; 552–4: 36; 553: 37–8, 48nn9–11, 51n29; 553–4: 10, 15, 38, 49n12; 554: 38, 42, 49n13; 559: 19n21; 564: 19nn17, 21, 56n66; 564–5: 19n19; 567: 12, 54n56; 568: 71; 570: 22n54; 570–1: 54n57; 571: 20nn23, 33, 54n53; 571–5: 106; 572–3: 10; 574: 20n33; 576: 54n57, 106; 578: 3; 580: 12; 580–1: 54n57; 581: 20n26; 582: 27, 188; 585: 20n26, 196n15; 585–91: 27; 586: 47n1; 587: 11, 20n27, 71; 589: 20nn29–30; 592: 27; 593: 106; 594: 34n2; 595: 19n18; 595–6: 106; 596–7: 12; 597: 19n18; 599: 27; 601: 12; 607: 12; 612: 54n57; 613–15: 27; 617: 20n28; 618: 54nn54, 57; 618–19: 20n28, 34n2; 622: 12; 623: 54n57; 624: 22n51; 626: 12; 605: 11; 613: 11; 627–8: 13

Pindarus
fr. 107a* Maehler: 158–9

Plato
Cratylus, 422e–423a: 156; 423a1–3: 156, 166n28; 423a4–6: 156, 166n29; 423b1–2: 156; 423c–e: 157
Io, 533d–535a: 75n16
Leges, 654a–655b: 168n42; 713e: 233n41; 814d–e: 165n22
Phaedrus, 224a–245b: 73n8; 243d: 161; 271d–272b: 175; 488b–c: 234n47
Protagoras, 316d: 73n4
Respublica, 5.475e–476b: 161; 10: 92; 10.607c–608b: 164n14
Symposium, 180d sq.: 160
Theaetetus, 175d: 131n20

Plinius Maior
Naturalis historia, 11.242: 49n15; 31.113: 86n36; 31.122: 86n36

Plinius Minor
Epistulae, 1.2.6: 184n42; 1.8: 184n42; 2.3: 14; 2.10: 184n42; 3.10: 184n42; 5.3: 184n42; 7.9: 184n42; 7.17: 184n42; 8.21: 184n42
Panegyricus Trajani, 111–113, 115; 1.5: 232n34

Plotinus
Enneades, 5.9.11: 168n42

Plutarchus
Alexander, 60: 231n20
Antonius, 4: 55n63
Aratus, 5.25: 231n25; 5.44: 231n25
Cato Maior, 22.2–3: 20n29
De adulatore et amico, 58b: 163n1
De audiendis poetis, 17f–18a: 163n1; 29d–e: 118n35
De audiendo, 41d: 164n8; 43f: 164n8
De gloria Atheniensium, 346f: 163n1; 3 (347a–e): 149
De Iside et Oriside, 356b: 225; 362e: 225; 363e: 225; 366c: 225

De laude ipsius, 543e–f: 164n8
De profectibus in virtute, 80a: 164n8
De tranquillitate animi, 20.477d: 51n27
De vitioso pudore, 556d: 231n26
Lycurgus, 11: 231n20
Maxime cum principibus philosopho esse disserendum, 778e: 231n21
Pericles, 33.5: 234n47; 38: 231n20
Praecepta gerendae reipublicae, 814c: 117n16
Quaestiones convivales, 1: 163n4; 2: 150; 2.1 (629d): 163n4; 4.1: 39; 4.1 (660e): 49n15; 7.8: 161; 7.5: 161; 7.5 (704d–e): 161; 7.5 (705a): 161; 7.5 (706a): 161; 7.5 (706d): 161–2; 7.5 (706e): 162; 7.8 (711e–f): 161; 9.15: xvi, 149–51, 157, 159, 162; 9.15 (747a): 167n35; 9.15 (747a–b): 168n42; 9.15 (747b): 159; 9.15 (747b–d): 152, 164n10; 9.15 (747c): 153–4, 157; 9.15 (747d): 153; 9.15 (747e): 152–5, 165n20; 9.15 (748a–b): 167n34; 9.15 (748b–c): 166–7n33; 9.15 (748c): 167n37; 9.15 (748d): 160
Regum et imperatorum apophthegmata, 177d: 231n20; 192e: 231n20

Polybius
2.44: 231n25; 2.59: 231n25; 6.44.3–8: 234n47

Quintilianus
Institutio oratoria, 1.10.7: 75n16; 2.4.10–14: 184n32; 3.6.3: 21n45; 10.4.1: 183n26; 11.3.88: 166n26; 11.3.89 *sq.*: 155, 165n25; 12.11.30: 75n16
Rhetorica ad Herennium, 3: 97

Seneca
De beneficiis, 7.19.5: 231n26
De ira, 2.5.1: 231n26

Servius
Commentaria in Vergilii Aeneidem, 7.266: 229n6

Socrates Scholasticus
Historia Ecclesiastica, 4.3: 226, 228n1; 4.5: 228n1; 4.38.5: 229n5; 5.14.6: 229n9

Sozomenus
Historia Ecclesiastica, 6.8: 228n1; 6.39: 229n5

Statius
Thebaida, 2.595: 234n45

Suetonius
Augustus, 79: 54n60, 55n63
Nero, 22.3–23.1: 232n28

Symmachus
Epistulae, 2.13: 229n9; 2.28: 229n9; 2.30: 229n9; 2.31: 229n9

Synesius
Dio, 3.2: 107

Themistius
Orationes, 1: 189, 190; 1.9.6a: 220, 230n17; 1.10.7b: 232n32; 1.15.11b: 220; 2: 189; 2.4.43a–b: 226, 234n46; 2.13.34a: 225, 229n6, 234n44; 2.15.35c: 220; 2.15.35d: 229n6; 2.16.36c: 232n32; 2.16.37a: 221; 2.17.38b: 220; 2.36c: 222; 3: 189, 197n18; 3.4.43a: 233n36; 3.5.44a: 232n35; 3.7.45a: 232n32; 3.8.45c: 232n33; 3.10.47a: 232n35; 3.12.48b–d: 232n33; 3.55.44a–b: 220, 233n36; 4: 189, 190, 192, 197nn18, 19; 4.8.55d–56b: 220; 4.11–12.55a–d: 232n33; 4.11–12.57b–59b: 232n35; 4.15.62b: 220; 5.5.65b: 232n36; 5.5.65b–d: 232n33; 5.7.68b: 232n32; 5.9.70d: 232n36; 6: 190, 196n15; 6.3.72c–d: 221; 6.3.72d: 232nn27, 29; 6.3.73a: 221; 6.5.74c: 232n32;

6.5.74d: 232–3n36; 7: xviii, 216; 7.1–2.84b–85d: 223; 7.1.84b–c: 229n10; 7.1.84b–d: 218; 7.2.84d–85d: 230n14; 7.3.85d–86a: 229n10; 7.3.85d–86b: 218; 7.4.86b: 226; 7.4.86b–c: 217; 7.4.86c: 225; 7.4.86c–87a: 220; 7.5.87a: 226; 7.9.89c–d: 227; 7.10.90a–c: 221; 7.10.90b: 221, 230n18; 7.10.90d: 225; 7.12.91c: 224, 233n39; 7.12.91d–92a: 223; 7.21.98d–99b: 222; 7.22: 223; 7.22.99b: 223; 7.22.98b–101a: 222; 8.2.102: 220; 8.11.109d: 232n32; 8.13.111a: 234n46; 8.17.566e: 225, 233n42; 8.21–2.116c–118b: 233n36; 8.24.119c: 226; 9: 233n36; 9.7.124d: 232n36; 9.9.147d–148c: 227; 9.10.126c: 221, 232n27; 10.2.130a: 232n30; 11.2.143a: 232n32; 14.3.182b: 223, 232n33; 14.5.182b: 233n36; 15.13.194d–195d: 226; 16: 196n14; 17.5.215c: 221, 232n27; 19.3.228d–229a: 227; 19.8.232a–b: 220–1; 19.9.232c: 232n27; 19.9.233a: 232n32; 20.8–10.238a–240c: 230n10; 20.9.239a: 220–1; 20.10.240a: 221; 21.16.256a: 221; 23: 230n10; 27: 190, 196n16; 29: 230n10; 32.1.356b: 221; 32.11.362d: 220; 34.1: 221

Xenophon
Symposium, 2.16: 165n22; 8.9 sq.: 160; 9: 160

Zonaras
Epitome historiarum, 13.16: 228n1
Zosimus
3.35.2: 228n2; 4.2.2: 232n31; 4.2–8: 228n1; 4.4.7: 228n2; 4.8.4–5: 229n7

INDEX OF PROPER NAMES/ INDEX DES NOMS PROPRES

Achilles, 45, 46, 152
Aelius Aristides, 10–12, 17, 27,
　71–2, 76–86, 106, 127, 134, 142, 161,
　187–98, 199–215, 219
Agathion, 10, 15, 37–47, 56–7n71
Alcibiades, 140
Alexander, 17, 110, 111, 112, 113,
　119n51, 135, 136, 137, 139, 143, 207,
　222
Alexandria, 13, 20n33, 29, 90, 179
Ammonius, 149–63
Antiochia, 13, 189, 199, 200–4, 210
Aphrodite, 90, 92, 160
Apollo, 152, 199–215
Apollonius Pergaeus, 178–9
Apollonius Tyanensis, 27, 41, 45, 52n35,
　56–8nn71, 74–5
Apuleius, 88, 98n5
Arcadia, 141–2
Aristoteles, 90, 153, 155, 161
Arrianus, 32, 143
Asclepius, 77, 79–81
Asia, 107, 124, 142
Athenae, 3–17, 20n31, 38, 90, 133, 135,
　188, 209
Athenaeus, 120–32, 133, 160
Attica, 38–40, 44

Augustinus, 88

Balbus, 69

Christiani, 29–34
Clemens Alexandrinus, 87–101
Constantinopolis, 189, 192, 194, 199,
　216–19, 222–4, 227
Constantinus, 224, 226
Constantius, 189–92
Constantius II, 216, 221–4, 226
Corinthi Isthmus, 44, 136
Corinthus, 29–32, 136
Costoboci, 206–9
Cratylus, 156–8, 163
Cynici, 41
Cynulcus, 124–6

Daphne, 199–215
Darius, 105–6, 108, 110–12, 118n37,
　119n51
Demeter, 141, 206, 208
Demetrius, 201
Demonax, 28, 39, 41
Demosthenes, 4, 136, 137, 140, 199
Dio Chrysostomus, 70, 72, 105–19, 136,
　179, 219, 221, 222

268 Index of Proper Names/Index des noms propres

Diogenes, 111, 113
Dionysus Halicarnassensis, 155

Eleusis, 14, 71, 77, 78, 141, 200, 205–10
Ephesus, 7, 11, 14, 34, 81, 134
Epictetus Hierapolitanus, 32, 143

Favorinus, 9, 14–16, 19n17, 21n41, 27–8, 88, 106, 179
Fronto, 16, 65–9, 72, 89

Galenus, 28, 43, 78, 133, 169–84
Getae, 106, 113, 143
Gordianus, 18n7
Gorgias, 4, 7, 15, 65, 68, 72n3, 87, 93
Graeci, 105, 108–11, 114, 122–3, 126–7, 136, 139, 141, 143, 208–9
Graecia, 107, 133, 142

Hadrianus, 135, 138–9, 142
Heracles, 36–61
Herodes Atticus, 3–4, 7–15, 17, 28, 36–61, 105, 127, 135
Herodotus, 42, 122, 124, 134–5, 143, 222
Hippocrates, 171–5, 177
Hippodromus, 43
Horatius, 171, 178

Iamblichus, 192–3
India, 107, 109
Ionia, 3–12, 15
Isaeus, 14

Julianus Imperator, 189–91, 200, 204, 216, 218, 222–3, 226
Juppiter (Zeus), 71, 200, 205, 216, 225, 227

Lamprias, 161
Libanius, 187–9, 190–2, 194, 199–215
Lollianus, 12, 14–15

Lucianus, 28–9, 33–4, 39, 40–1, 94, 106–7, 127, 136, 140, 161

Magnentius, 220, 222, 224–6
Magnesia ad Sipylum, 133–4, 144n1
Mantineia, 135
Marathon, 37, 39–40, 42, 44, 50n20, 106
Medi, 105, 107
Menander, 201, 206
Musonius, 221–2
Myrtilus, 126–7

Narcissus, 92
Naucratus, 179
Neapolis, 91
Nero, 221–2
Nicias, 140
Nicomedia, 188–9, 199, 201, 209

Odysseus, 95–6
Olympia, 188–9, 210
Orpheus, 90, 94, 101n28, 209

Palamedes, 46–7, 60–1nn93, 95
Paphlagonia, 190
Paulus Tarseus, 29–31, 34, 89
Pausanias, 120, 133–45
Peregrinus, 33–4
Pergamum, 134
Pericles, 140
Persae, 110, 200
Persicum Bellum, 105–7, 139, 140
Philagrus Ciliciensis, 3–4, 11–13, 21n37
Philostratus, 3–23, 25–8, 36–61, 70, 72, 87–101, 105–6, 114, 133, 138, 151, 179, 188
Phrygia, 107
Pindarus, 158, 162
Plato, 65, 121, 149, 151, 153, 155–6, 160–1, 175–6, 191, 193, 197–8n27, 221, 224

Index of Proper Names/Index des noms propres

Plinius Minor, 111–12, 115, 171, 178, 223
Plutarchus, 108, 111–12, 115, 122, 140, 149–68, 221
Polemon, 8–16, 43, 75n22, 137, 140
Porphyrus, 197–8n27
Procopius, 216–27
Protesilaus, 45–7
Puteoli, 135

Roma, 5, 11–14, 17, 121, 125–7, 133, 142, 171, 177, 179, 190–1

Sardanapalus, 108, 110–11
Sapor, 209, 213n18
Scopelianus, 4, 9, 14, 58n75, 75n22, 105
Simonides, 149, 158
Sirenes, 96, 101n28
Smyrna, 7, 10–12, 15, 134, 188, 199, 206

Socrates, 156, 157, 175
Solon, 123
Sopater, 192–4, 198n29
Sostratus, 39–40, 47, 49n15

Themistius, 189–92, 194, 216–34
Theodorus, 199
Timocrates, 121, 123
Trajan, 16, 110–13, 219, 223
Troja (bellum), 46–7, 139
Typhon, 216, 225–8

Ulpianus, 124–6

Valens, 190, 216, 218–20, 222–3, 227
Valentinianus, 216, 223

Xerxes, 105–6, 108, 110–12, 209, 222
Xenophon, 162

SUBJECT INDEX/INDEX THÉMATIQUE

agôn, 27, 79, 81
altérité, 105
ambiguity, 27–8, 92, 154
archaïsme, 87, 135, 142
art(s), 91–4, 112, 152, 154, 158, 160–2, 201, 228
art oratoire. *See* 'oratory'
asianism(e), 27, 90, 133
athenocentrism(e), 5, 7, 10, 16, 40
athlète, 77, 79, 80–1; concours athlétiques, 38, 79, 210; entraînement, 79, 81–2
attic (verbal purity), 3, 10, 28, 39–40, 42, 44–5, 87. *See also* purity
atticism(e), 27, 32, 40, 90, 124–5, 127, 133, 142–3
audience, 3, 13, 18, 24–6, 30, 32, 34, 66, 71, 76, 81, 82, 87, 89, 90, 107, 111, 113, 150–2, 159, 162, 174, 178, 201–5, 208, 210
auditeurs. *See* audience
aulos (player), 161–2
autochthony (Greek), 15

bacchant, 71, 152
banquet. *See* symposion
barbarism(e), 3, 39, 124

barbaroi, 41, 42, 44, 105, 107–12, 114, 122–5, 202–3, 207, 209, 226; vs. Greeks, 105, 108–11, 114, 122–4, 126
basileus, 220, 222, 225, 227–8; bon/mauvais roi, 110–13, 218–21
basilikos logos, 218–19, 227
body, 43, 77, 79–81, 152, 156, 159, 161–2, 204, 207, 210; bodily imitation, 156–7; bodily movements, 43, 154
bon sauvage, 36, 44, 109

christianisme, 24–5, 29–31, 32–4, 69, 88, 90, 92, 227–8
clementia Caesaris, 216
colours, 159
commentary, 173–5, 177, 179, 189
corps. *See* body
cult(es), 92, 160, 199, 200–4, 206, 210
culture, 4, 6, 7, 13, 15–18, 25–6, 34, 36, 87–91, 96, 121, 151, 200–1, 205–6, 209; cultural métissage, 29; culture grecque, 121, 126, 134, 135; culture romaine, 124, 126; mondialisation culturelle, 134
cynisme, 34, 41–3, 114, 125

dance, 126, 149, 151–2, 154–5, 158,

Subject Index/Index thématique

160–3; dance and language, 155, 158; dance and poetry, 149, 158–60, 163; dancers, 71, 78, 152–3, 159–61, 189; forms of dance, 149; theory of dance, 151–2, 156–8, 160, 162; unity of dance, 159–60; wild dancing, 162
declamation, 4, 9, 10, 16–17, 80, 106, 140, 151
deixis, 152–5, 157
dialexis, 28, 206
dieux, 41, 42, 69, 70–2, 76–7, 78–81, 89, 92, 94–5, 112, 138, 204–5, 207–8, 223, 225, 227
divin, 42–3, 46, 65, 70, 72, 92; être divin, 42; inspiration divine, 77, 94; lumière divine, 78; nature divine, 38, 41–2, 44, 47, 68
divination, 68, 70, 95

education, 33, 36, 44–5, 47, 68, 87, 114, 134, 142–3, 173. *See also* paideia
eidolon, 89
eikon, 89
ekdosis, 169–71, 174–8
ekphrasis, 28, 37, 87, 89, 93, 96, 97, 138, 149, 203
elite, 17, 23–4, 26, 34, 87, 134, 216
éloge, 88, 107, 112, 126, 136, 137. *See also* encomium
éloquence. *See* parole
Empire (romain), 16–17, 31, 87, 97, 113, 121, 123, 127, 143, 151, 160, 191, 217, 219, 223, 225–6
enargeia, 89, 94, 96, 163
encomium, 3, 9, 10, 28, 112, 136. *See* éloge
epidictic (genre), 87, 90, 97, 110, 114, 179, 201
epitaphios logos, 206
évergétisme, 10, 47
ex tempore. *See* improvisation

feu/fire, 71–2, 77, 95, 174, 177, 200, 202, 205, 226

gesture, 154–8, 170; deictic gesture, 153, 155–7; language of gesture, 163; pictorial gestures, 156–7
gods. *See* dieux
grécité. *See* hellénisme; identity
Greekness. *See* hellénisme; identity
Greeks vs. barbaroi. *See* barbaroi
guerres médiques, 107
gymnastique, 81. *See also* athlète

Hellenes (as pupils), 10, 87
Hellenicity, 29, 121
Hellenism(e), 5, 15, 23, 26, 29, 34, 40, 44–6, 56, 58, 109, 111, 112, 114, 120–1, 138, 141–3, 210; Hellenic culture, 5, 7, 15, 17, 26, 87–8, 89, 90, 121, 123, 126, 134, 210; Hellenic identity, 15, 17, 39, 45, 87, 105, 121, 122, 127, 135, 138, 141, 143, 204, 205, 211
héros, 28, 39–47, 67, 72, 76–8, 88, 96, 136–7, 140; exploits, 39, 42, 44, 47, 57, 79, 107, 112–13, 140
histoire/history, 3–5, 15–16, 24, 31, 37, 76, 82, 92–3, 134–5, 139–40, 142–3, 222, 226
hybris (du tyran), 222
hypomnema, 169, 170, 176, 177
hyporchema, 158–9, 162
hypotheseis, 192–4

identity (Greek), 15, 24–6, 27–8, 105, 109, 121–2, 124, 126–7, 133, 135, 137–9, 141–4, 194
illusion, 89, 90, 91, 93–4, 205
image(s), 65, 66, 70, 77, 78, 81, 89, 90, 92, 94–7, 109, 112–14, 120–1, 138, 152–3, 158, 171, 203, 225–6
imitation. *See* mimesis

impérialisme (romain), 113
improvisation, 3–4, 9, 27, 71, 171, 177–9, 180, 190, 206
initiation, 77, 79–82, 95–6, 208; initié, 71, 77–8, 80, 95, 208
inspiration, 69, 70, 72, 77, 81–2, 92
irony (rhetorical), 28–30, 32, 107, 204, 209

lamentation, 204–7, 209–10
lang(u)age, 15, 32–3, 47, 78, 87, 120, 124–7, 142, 149, 151–8, 162–3, 172, 173, 178, 188, 217, 227
liberté, 113, 137, 140, 143
littérature/literature, 4–6, 10, 13–17, 28–9, 33, 69, 93, 94, 107, 125, 136–7, 149–51, 155, 159, 162, 163, 169, 225
Logos (chrétien), 90, 94–5
luxe, 77, 110, 122–4

mémoire, 81, 89, 96–7, 120, 137–42
mimesis, 5, 10, 16, 17, 24, 32, 40, 89, 143, 152–4, 156–8
monstre, 216, 225–7
music, 150, 152, 154–5, 157–8, 160–1, 209
mystères (culte), 71, 78, 94–5, 208; chrétiens, 94–5. *See also* initiation
mysticisme, 76
myth(es), 38, 40, 92, 94, 97, 107, 139, 160, 225
mythologie, 93, 109, 138

narration/narrative, 4–6, 8, 11–18, 26, 33, 76–7, 80, 89, 117, 121–3, 127
nature/fortune, 66–9

olympic (festival), 135, 141, 188–9, 210
onomatopoeia, 152–3, 155, 157–8
orator/orateur, 12, 66, 68–72, 79, 93, 96, 105, 120, 124–5, 137–8, 141, 143, 156, 166, 178, 187, 189, 191, 193–4, 199, 210, 222, 226–7; aède (poète inspiré), 69–70; athlète, 77, 79–81; initié des mystères, 71, 77–82; oracle, 65, 68–70
oratory, 10, 12, 14, 28, 71, 76, 78, 133, 155, 187–8, 193–4. *See also* parole

paideia, 21, 24, 40, 42, 51, 107, 109, 134, 144, 171, 180, 205, 209, 228. *See also* education
painting, 149, 150, 152, 155, 157–9. *See also* images; peinture
panegyric, 112, 188–91, 216–20, 224, 227
pantomime, 78, 151, 160–1
parole (*logos*), 65, 68, 69–70, 89, 94, 97, 124; civilisée, 66, 68; divine, 65, 68–9, 70–1; et magie, 68; naturelle, 68–9; oraculaire, 65, 68–70, 90, 94; sophistique, 93; trompeuse, 67; pouvoir, 71, 93–4; théâtralité, 94
past (Greek), 5, 10, 16–17, 26, 31, 40, 105, 107, 127, 135–40, 143, 151, 160, 162–3, 200, 205
pauvreté (des Grecs), 122–3
peinture(s), 89, 90–3, 97. *See also* images; painting
pepaideumenos, 51, 87, 180, 204
performance, 3, 6, 10, 12, 23–32, 76, 79, 80, 149–50, 159, 160, 162, 179, 206, 210; bodily performance, 149, 158, 161; performance culture, 149, 163, 171; text and performance, 150
picture, 152–3, 156, 158, 179, 199. *See also* painting; peinture
philosophe, 7, 12, 14, 27–8, 40–2, 105–6, 112, 114, 121, 178, 192–4, 218, 221–3, 225, 227; philosophe ambassadeur, 218–20; philosophe politique, 217–18; philosophes-sophistes, 106, 114; rois philosophes, 223

physiognomonie, 43
poetry, 149–68
pose (*schêma*), 152–4, 157, 159, 161
public. *See* audience
public (speech), 12, 23–4, 29, 34, 150, 170–1, 178
purity (linguistic), 3, 10, 28, 40, 47, 52, 87, 122–7, 142. *See also* attic
pythagorism(e), 41–2, 45

religion, 25, 71, 96, 138
rhetor/rhéteur. *See* orator
rhétorique. *See* oratory; parole
rite/rituel, 78, 95, 141, 201

sagesse (d'origine divine), 36, 42, 44–7, 57, 67, 89, 90, 107, 109, 228
schêma. *See* pose
self-representation, 26, 33, 87, 171, 174, 180, 199
sophia, 33, 35, 47, 57, 59. *See also* sagesse
sophiste. *See* orator
spectateurs, 89, 92, 94, 96
statue(s), 15, 37, 66, 89, 90, 92, 137–8, 140–2, 188, 200–5, 208–10

stéréotypes (barbares), 105, 109, 114, 122
stoïcisme, 67–8, 114, 165
style, 27, 33, 37, 76, 90, 124, 133, 135, 143, 153, 161, 201–2, 208, 222
symposion, 120–7, 149–51, 159–63

tableaux. *See* peintures
text (edition): circulation, 169–70, 175–7; copies, 170, 174, 176–7, 189, 194, 201, 218; draft, 170, 172; edition, 169, 189–90 (*see also* ekdosis); for/not for publication. 169–70, 172–9; revision, 171, 174–5, 177–9
theatricality, 33, 89, 94, 150, 151, 161
theios anêr, 41, 44, 56, 57
tropes, 152–3, 155
tyrannos, 10, 109–11, 136, 216–25, 227–8; modèle du tyran, 228; tyran barbare, 136; tyran et philosophe, 221; tyrannicide, 220
usurpation, 216–19, 222–3, 225–6

visual (element), 158–9

zoroastrisme, 107

Phoenix Supplementary Volumes

1 *Studies in Honour of Gilbert Norwood* edited by Mary E. White
2 *Arbiter of Elegance: A Study of the Life and Works of C. Petronius* Gilbert Bagnani
3 *Sophocles the Playwright* S.M. Adams
4 *A Greek Critic: Demetrius on Style* G.M.A. Grube
5 *Coastal Demes of Attika: A Study of the Policy of Kleisthenes* C.W.J. Eliot
6 *Eros and Psyche: Studies in Plato, Plotinus, and Origen* John M. Rist
7 *Pythagoras and Early Pythagoreanism* J.A. Philip
8 *Plato's Psychology* T.M. Robinson
9 *Greek Fortifications* F.E. Winter
10 *Comparative Studies in Republican Latin Imagery* Elaine Fantham
11 *The Orators in Cicero's Brutus: Prosopography and Chronology* G.V. Sumner
12 *Caput and Colonate: Towards a History of Late Roman Taxation* Walter Goffart
13 *A Concordance to the Works of Ammianus Marcellinus* Geoffrey Archbold
14 *Fallax opus: Poet and Reader in the Elegies of Propertius* John Warden
15 *Pindar's Olympian One: A Commentary* Douglas E. Gerber
16 *Greek and Roman Mechanical Water-Lifting Devices: The History of a Technology* John Peter Oleson
17 *The Manuscript Tradition of Propertius* James L. Butrica
18 *Parmenides of Elea Fragments: A Text and Translation with an Introduction* edited by David Gallop
19 *The Phonological Interpretation of Ancient Greek: A Pandialectal Analysis* Vít Bubeník
20 *Studies in the Textual Tradition of Terence* John N. Grant
21 *The Nature of Early Greek Lyric: Three Preliminary Studies* R.L. Fowler

22 Heraclitus *Fragments: A Text and Translation with a Commentary* edited by T.M. Robinson
23 *The Historical Method of Herodotus* Donald Lateiner
24 *Near Eastern Royalty and Rome, 100–30 BC* Richard D. Sullivan
25 *The Mind of Aristotle: A Study in Philosophical Growth* John M. Rist
26 *Trials in the Late Roman Republic, 149 BC to 50 BC* Michael Alexander
27 *Monumental Tombs of the Hellenistic Age: A Study of Selected Tombs from the Pre-Classical to the Early Imperial Era* Janos Fedak
28 *The Local Magistrates of Roman Spain* Leonard A. Curchin
29 Empedocles *The Poem of Empedocles: A Text and Translation with an Introduction* edited by Brad Inwood
30 Xenophanes of Colophon *Fragments: A Text and Translation with a Commentary* edited by J.H. Lesher
31 *Festivals and Legends: The Formation of Greek Cities in the Light of Public Ritual* Noel Robertson
32 *Reading and Variant in Petronius: Studies in the French Humanists and Their Manuscript Sources* Wade Richardson
33 *The Excavations of San Giovanni di Ruoti, Volume I: The Villas and Their Environment* Alastair Small and Robert J. Buck
34 *Catullus Edited with a Textual and Interpretative Commentary* D.F.S. Thomson
35 *The Excavations of San Giovanni di Ruoti, Volume 2: The Small Finds* C.J. Simpson, with contributions by R. Reece and J.J. Rossiter
36 The Atomists: Leucippus and Democritus *Fragments: A Text and Translation with a Commentary* C.C.W. Taylor
37 *Imagination of a Monarchy: Studies in Ptolemaic Propaganda* R.A. Hazzard
38 *Aristotle's Theory of the Unity of Science* Malcolm Wilson
39 Empedocles *The Poem of Empedocles: A Text and Translation with an Introduction, Revised Edition* edited by Brad Inwood
40 *The Excavations of San Giovanni di Ruoti, Volume 3: The Faunal and Plant Remains* M.R. McKinnon, with contributions by A. Eastham, S.G. Monckton, D.S. Reese, and D.G. Steele
41 *Justin and Pompeius Trogus: A Study of the Language of Justin's* Epitome *of Trogus* J.C. Yardley
42 *Studies in Hellenistic Architecture* F.E. Winter
43 *Mortuary Landscapes of North Africa* edited by David L. Stone and Lea M. Stirling
44 Anaxagoras of Clazomenae *Fragments and Testimonia: A Text and Translation with Notes and Essays* by Patricia Curd
45 *Virginity Revisited: Configurations of the Unpossessed Body* edited by Bonnie MacLachlan and Judith Fletcher

46 *Roman Dress and the Fabrics of Roman Culture* edited by Jonathan Edmondson and Alison Keith
47 *Epigraphy and the Greek Historian* edited by Craig Cooper
48 *In the Image of the Ancestors: Narratives of Kinship in Flavian Epic* Neil W. Bernstein
49 *Perceptions of the Second Sophistic and Its Times – Regards sur la Seconde Sophistique et son époque* edited by Thomas Schmidt and Pascale Fleury

www.ingramcontent.com/pod-product-compliance
Lightning Source LLC
Chambersburg PA
CBHW030307080526
44584CB00012B/476